Little Capital
Entrepreneurship

소자본 창업경영

Little Capital Entrepreneurship

유재욱 · 안수진

도서출판
청람

머리말

창업은 제2의 인생을 개척하고 성공으로 나아갈 수 있는 도전의 장이다. 최근 한 발표에 따르면 하반기 서울시의 경제성장률은 상반기에 비해 0.5%p 높은 3.2%를 기록할 것이라고 관측했다. 이렇게 경제성장률이 높아진다고 하지만 높게 치솟는 물가와 함께 낮아지는 체감경기는 서민들이 살아가기 힘들기만 하다.

대학생들은 높은 등록금에 치이고, 직장인 가장들은 가정을 이끌어 나가야 하는 상황이라 힘들고, 주부들은 남편의 월급만으로는 아이들의 교육비 마련과 저축에 턱 없이 부족하기 때문에 아르바이트 혹은 창업을 생각할 수밖에 없는 상황으로 몰리고 있다.

이러한 상황의 돌파구로서 한번쯤은 창업을 생각하고 그 생각을 구체화 · 현실화시키려고 한다. 이와 같은 노력과 분위기로 나이와 경력과 관계없이 다양한 계층의 사람들이 창업을 하고 있다.

그러나 국내창업자의 100명 중의 80%가 1년이 지난 후 폐업한다는 통계가 있다. 왜 80%에 해당하는 창업자들이 사업초기에 가졌던 확신과 믿음이 폐업이라는 결말로 끝나는지 원인을 살펴보니 원인은 창업과정에 있었다. 물론 업종 및 창업주 개인의 자질에 따라 약간의 차이는 있겠지만 대부분이 제대로 된 창업과정을 밟지 않고서 무리한 창업을 시도했기 때문이다.

창업을 하는 사람은 누구나 성공을 꿈꾼다. 하지만 창업 이후 성공의 길은 참으로 지고지난(至苦至難)한 길이다. 따라서 성공할 수 있는 방법과 스킬이 무엇인지에 대하여 관심을 가져야 하고 그 노하우를 반드시 파악해야 할 것이다. 따라서 창업희망자 내지 준비자들은 창업의 준비단계에서부터 경영단계에 이르기까지 체계적인 과정과 교육이 필수적인 것이다.

본서는 불투명하고 불확실한 현재에서 벗어나 보다 확실한 성공을 꿈꾸는 예비창업자에게는 창업실무와 경영에 실질적인 도움을 줄 수 있도록 하였고 창업을 학문으로 배우고자 하는 학생에게는 실용성이라는 측면에서 도움이 될 수 있도록 구성하였다.

창업이라는 꽃밭에 작은 꽃삽으로도 날마다 손질한다면 창업의 꽃밭에 성공이라는 아름다운 꽃씨를 틔울 수 있을 것이다. 본서가 작은 꽃삽이 되기를 바라며 지면의 한정 때문에 일일이 열거하지 못하여 죄송스러운 마음 금할길 없음을 미리 밝혀두며, 본서가 출간될 수 있도록 최대한의 지원과 배려를 아끼지 않으신 많은 분들에게 진심으로 머리 숙여 감사드린다.

2012년 1월
저자 씀

목차

Chapter 1 창업의 이해

학습목표

1. 창업의 중요성을 설명할 수 있다.
2. 창업의 4요소를 열거할 수 있다.
3. 기업가정신의 정의를 이해하고 설명할 수 있다.

학습목차

1. 창업의 개념과 중요성
2. 기업가정신

Chapter 01

창업의 이해

1 | 창업의 개념과 중요성

1) 창업의 의의

창업이란 새로이 기업을 만드는 것이다. 학문적으로 말하면 인적·물적자원을 적절히 결합하여 미리 설정된 기업 목적을 달성하기 위하여 상품이나 서비스를 조달, 생산, 판매하거나 그와 부수된 활동을 수행하는 것으로 정의할 수 있으나, 새로이 사업을 시작하는 것이 곧 창업이다.

따라서, 개인적 입장에서는 기존에 있는 사업체를 인수하는 것이든 완전히 처음부터 사업체를 새롭게 시작하는 것이든 모두 창업이요, 다루는 상품이나 서비스의 유형 또는 자금의 대소와 관계없이 새롭게 사업을 시작하면 이는 곧 창업이라 할 수 있다.

그러나, 법률적 의미에서의 창업에 대한 정의는 다소 엄격한데 그것은 창업에 따른 정부의 지원이나 이에 따른 악용을 미연에 방지하려는 방어적 입장에서 생겨난 것이라 이해하면 될 것이다.

우리나라의 "중소기업창업지원법"에 따르면 창업이란 "새로이 중소기업을 설립하는 것"을 말하며 다음 각 호에 해당되지 아니하여야 한다고 규정되어 있다.

가. 타인으로부터 사업을 승계하여 승계 전의 사업과 동종의 사업을 계속하는 경우
나. 개인 사업자인 중소기업자가 법인으로 전환하거나 법인의 조직변경 등 기업형태를 변경하여 변경 전의 사업과 동종의 사업을 계속하는 경우
다. 폐업 후 사업을 개시하여 폐업 전의 사업과 동종의 사업을 계속하는 경우

| 표 1-1 | 사례별 창업인정 여부

주체	사업장소	사례		창업 여부
A 개인이	갑 장소에서	갑장소의 기존사업을 폐업하고	B법인을 설립, 동종생산	조직변경
			B법인을 설립, 이종생산	★ 창업
		갑장소의 기존사업을 폐업않고	B법인을 설립, 동종생산	형태변경
			B법인을 설립, 이종생산	★ 창업
B 법인이	갑 장소에서	갑장소의 기존사업을 폐업하고	B법인을 설립, 동종생산	위장창업
			B법인을 설립, 이종생산	★ 창업
		갑장소의 기존사업을 폐업않고	B법인을 설립, 동종생산	형태변경
			B법인을 설립, 이종생산	★ 창업
A 개인이	을 장소에서	갑장소의 기존사업을 폐업하고	B법인을 설립, 동종생산	법인전환
			B법인을 설립, 이종생산	★ 창업
		갑장소의 기존사업을 폐업않고	B법인을 설립, 동종생산	★ 창업
			B법인을 설립, 이종생산	★ 창업
A 법인이	을 장소에서	갑장소의 기존사업을 폐업하고	B법인을 설립, 동종생산	사업승계
			B법인을 설립, 이종생산	★ 창업
		갑장소의 기존사업을 폐업않고	B법인을 설립, 동종생산	★ 창업
			B법인을 설립, 이종생산	★ 창업
A 개인이	을 장소에서	갑장소의 기존사업을 폐업하고	다시 A명의로 동종생산	사업이전
			다시 A명의로 이종생산	★ 창업
		갑장소의 기존사업을 폐업않고	다시 A명의로 동종생산	사업확장
			다시 A명의로 이종생산	업종추가

2) 창업환경의 변화

최근 우리 사회의 전반적인 흐름이 각계각층에서 많은 사람들이 창업을 열망하고 있고, 또한 이런 사람들 중에는 많은 사람들이 실제로 창업전선에 뛰어 들고 있는데, 이것은 그만큼 창업의 환경의 폭이 넓어지고 창업의 여건이 좋아지고 있으며 창업환경이 바뀌고 있다는 것이다. 이러한 창업환경 변화를 종합해 보면 다음과 같다.

첫째, 현재 직장을 갖고 있는 직장인들도 평생직장에 대한 사고가 변화하고 있다는 점이다. 예전에는 대개 한 직장을 들어가게 되면 특별한 사유가 없는 한 한평생 내지 적어도 수년 이상을 근무하는 것을 당연하게 생각해 왔다. 그러나 최근 들어 급변하는 사회변화와 연봉제, 계약제 등 새로운 제도의 도입으로 회사는 회사대로 또한 개인은 개인대로 단기고용을 전제로 직장생활을 하는 경우가 많아졌다. 따라서 직장인들도 언젠가는 창업을 하여 자아실현을 하고자 항상 창업을 준비하고 있다.

둘째, 창업연령이 점차 낮아지고 있다는 점이다. 과거에는 창업을 하는 이는 어느 정도의 사회생활을 경험한 후 창업하는 경우가 대부분이었으나 최근에는 사회 경험이 그리 많지 않은 경우나 학교를 졸업하고 바로 창업을 하거나 아니면 학교를 다니고 있으면서 시간을 쪼개 자기사업을 함께 하는 이들이 많이 늘어났다는 점이다.

셋째, 소자본창업이 크게 증가했다는 점이다. 과거에는 창업을 하는 사람들은 어느 정도의 자본이 충분한 상태이거나, 제조업이 중심이 되어 창업하려는 사람들이 대부분이었으나 오늘날에는 서비스업을 중심으로 유통업이나 도·소매업, 음식업 등을 중심으로 자본이 그리 많지 않아도 창업할 수 있는 기회가 늘어났고, 많은 자본이 아니어도 참신한 아이디어나 자신의 독창적 기술만 있으면 비교적 적은 자본으로 창업할 수 있는 여건이 그 어느 때보다도 좋아졌다.

넷째, 창업으로 인한 사회적 영향이 커졌다는 점이다. 오늘날 창업은 창업자 개인의 문제로 그치고 않고 전 가족의 미래 생활과 관련되는 경우가 많아졌다. 이는 국가의 경쟁력이고 사회적인 문제로 부각되어지고, 이렇게 소규모 가족단위의 창업은 성공하느냐 실패하느냐에 따라 사회 전반에 큰 영향을 미치게 된다.

다섯째, 창업유형이나 아이템이 다양화되고 있다는 점이다. 최근의 창업유형은 매우 다양해 졌다. 1인창업, 가족창업, 무점포창업, 인터넷창업 등은 시대적 변화를 반영하는 것으로 볼 수 있고 창업분야도 과거 주로 제조업, 무역업중심의 창업이 최근에는 서비스업을 중심으로 다양한 형태의 아이템이 개발되고 또한 전문화되어 사업이 다양화·전문화되고 있다.

3) 창업의 4요소

창업을 하기 위해서는 사업에 필요한 요소들이 있는데 이것은 사업을 직접 수행할 창업자, 사업을 할 수 있는 창업자금, '구체적으로 무엇을 할것인가'와 관련한 창업아이템, 정확한 상권분석에 의한 사업장이라고 할 수 있다.

(1) 창업자

창업자는 기업의 창업아이디어의 확보, 사업성분석, 사업계획 수립 및 실행 등을 주도하고 책임진다. 그러므로 창업자의 능력, 가치관 등은 기업의 성패와 효율에 지대한 영향을 미치게 되므로 창업자는 매우 중요한 요소이다. 창업자가 창업에 성공하기 위해서는 기본적으로 갖추어야 할 자질이 있다. 사업에 관련되는 것이라면 조그만 일에도 최선을 다하고자 하는 프로정신, 기술의 극한까지 파고 들려는 장인정신, 나 자신만이 나의 주인이 된다는 굳건한 주인의식은 창업가가 갖추어야 할 자질이다.

이러한 자질은 크게 3가지로서 기술적 자질, 인간적 자질, 개념적 자질로 구분한다.

1 기술적 자질

기술적 자질은 사업을 함에 있어 목적을 달성하기 위한 경험·교육·훈련을 통해서 얻은 지식·방법·기술·장비 등을 이용할 수 있는 능력을 의미한다.

2 인간적 자질

인간적 자질은 종업원들에게 동기를 부여할 수 있고, 효과적인 리더십을 발휘할 줄 알며, 사람들에게 지시하거나 조직원들과 함께 즐겁게 일할 수 있는 능력을 의미한다.

3 개념적 자질

개념적 자질은 환경 및 전체 조직의 문제를 명료하게 파악하여 대처할 수 있고, 조직구성원들의 활동이 어떻게 조직 목표에 연결되는가를 이해할 수 있는 능력과 판단을 말한다.

(2) 창업자금

창업을 하기 위해서는 사업규모에 맞는 자금이 필요하며, 창업자의 대부분이 창업과정에서 자금문제로 많은 고민을 하게 된다. 그리고 실제로 사업을 진행하는 과정에서도 일반적으로 당초 계획된 자금소요액보다 더 많은 지출이 따르게 되는 경우가 많다. 이는 예기치 않은 투자요인이 발생할 수도 있기 때문인데, 이로 인해 계획한 사업이 진행과정에서 차질을 빚을 수도 있다.

그러므로 초기 창업자금은 자신의 능력에 맞게 최소화하는 것이 좋으며 예산 편성은 운전자금인 개업준비자금, 운영자금 및 고정자금인 시설자금 등으로 구분하여 계획하는 것이 좋다. 왜냐하면 시설자금과 같이 장기적으로 투자해야 하는 자금은 조달과정에서부터 미리 알고 장기적으로 사용할 수 있는 자기자본이나 장기차입금으로 충당하여야만 유동성 부족으로 인한 자금 곤란 현상을 막을 수 있기 때문이다.

한편 창업 시 남에게 돈을 많이 빌려 부채의존도가 높게 되면 과중한 이자로 인한 비용부담으로 경영이 부실해질 수가 있으므로 창업자의 자금능력에 맞는 규모의 창업이 좋다.

1 자금의 종류

사업을 하기 위해서는 필요한 자금을 투자하게 되는데 이러한 투자자금을 회계적 용어로는 자본이라고 한다. 그리고 이러한 자본은 유동성 유무에 따라 운전자본, 고정자본으로 구분된다.

① 운전자본

운전자본이란 기업을 운영하는 데 소요되는 단기자금을 말한다. 예를 들면 각종 재고자산(기초상품재고)과 인건비, 사업장 임차료, 세금 등 제반경비 및 보유현금 등이다.

일반적으로 사업을 시작하게 되면 바로 수익이 창출되는 것이 아니라 사업기반을 확보하기까지 얼마 정도의 기간이 필요하다. 즉 고정거래처나 고객을 확보하기 위해서는 자기의 물건이나 기술 등에 대한 상대방의 검증 및 평가기간이 필요하다.

그리고 경영이나 기술에 대한 경험 축적으로 원가를 절감할 수 있는 기간도 필요하다. 이러한 기간 동안은 판매된 수익만으로 인건비 등 모든 비용을 충당할 수 없으므로 운영자금이 추가로 필요하게 된다. 사업정상화 기간은 업종에 따라 차이가 있지만 보통 3개월에서 6개월 정도로 예상하고 있다.

② 고정자본

고정자본은 고정자산 구입 등에 투자된 자본이다. 즉, 토지, 건물, 기계, 집기, 비품, 시설비 등에 투자된 자본을 말한다. 이러한 자금은 회전되지 않고 고정되므로 자금조달 과정에서부터 장기성을 고려하여 자기자본이나 장기차입금으로 조달하는 것이 유리하다.

1년 이내의 단기차입금으로 조달할 경우 짧은 상환기간으로 인하여 단기사업자금의 압박요인이 될 수 있다.

2 자금조달의 방법

사업자금의 조달은 개인의 능력에 따라 다양하지만 일반적으로 자본출자에 의한 자기자본과 차입금 등에 의한 타인자금의 조달방법이 있다.

① 자기자본(자본출자)

자기자본은 창업자가 가지고 있는 자금, 즉 은행의 예·적금이나 퇴직금 또는 환금성이 있는 부동산 등을 팔아서 만든 현금 등이다. 이때 창업자가 단독이 아니고 공동인 경우에는 동업자의 투자금액도 자기자금에 해당된다. 한편 주식회사와 같은 법인기업의 경우에는 여러 사람의 주주가 출자한 금액도 자기자본에 해당된다.

동업의 경우 동업자의 투자액은 담보를 요구하지 않으며, 정해진 날에 원금을 돌려주지 않아도 되는 돈으로 창업자 또는 창업자의 사업에 뜻을 같이하여 투자된 자금이다. 자금의 유입경로를 보면 외부자금이지만 사업주 입장에서는 운용의 부담이 없는 자기자본이다.

그러나 동업의 경우 창업자의 사업에 대한 위험부담을 감소시키고 자금조달에 유리한 조건을 확보할 수 있는 등 장점도 있으나 좋은 동업관계를 유지하기란 현실적으로 어려움이 많다.

② 타인자본

- **은행을 통한 차입금** : 은행에는 여러 종류의 예금상품이 마련되어 있듯이 여러 종류의 대출상품도 있다. 이러한 대출상품 중에서 창업자에게 유리한 것을 활용하기 위해서는 미리 주거래은행을 선정하여 예금실적을 쌓고 은행과의 관계를 유지하는 것이 유리하다.

  은행을 통한 차입은 사업을 처음으로 시작하는 창업자의 경우 많이 접한 업무가 아니므로 차입 절차도 생소하고 창업과정에서 은행에서 요구하는 여러 가지 서류를 갖추는 데에도 익숙하지 않다. 그러므로 융자 상담을 하면서 차입 규정을 충분히 숙지하여 차입 자격을 파악하고 관계서류를 일괄적으로 챙겨둔다면 적기에 필요한 자금을 차입받을 수 있다.

  특히 주의할 점은 은행과 약속한 규정을 꼭 지켜야 한다는 것이다. 사소한 부주의나 방심으로 이자 연체 등을 하게 되면 신용불량으로 피해를 입게 된다. 또한 불량거래처에 대한 제재 제도는 금융기관과의 거래실적이 불량한 거래처에 관한 정보를 금융기관 간에 상호 교환을 하게 되므로 신용불량의 경우 거래은행뿐만 아니라 다른 은행에서도 거래가 어려워지게 된다.

은행에서 대출받을 수 있는 방법은 신용대출, 담보대출, 보증서대출 등이 있다. 신용대출의 경우에는 은행 거래 실적이나 사업 실적이 우수한 우량고객을 대상으로 하기 때문에 실적이 없는 창업 기업의 경우에는 적용받기가 어렵다. 그러므로 대부분의 대출이 담보 위주로 이루어지고 있다.

담보대출은 은행에서 돈을 빌린 사람이 이자나 원금을 약속기일에 갚지 못할 것을 대비하여 부동산 등의 담보를 미리 확보하고 돈을 빌려주는 방법이다. 이때 약속기일이 경과되어도 계속 돈을 갚지 않을 경우에는 담보물을 경매 처분하여 은행에서는 빌려준 돈을 회수하게 된다.

이때 주로 이용되는 담보물로서는 아파트, 주택, 사업용 건물, 토지 등이 있다. 그리고 차량이나 국·공채, 회사채 등의 채권도 해당되며 장기예금이나 적금예금이 있는 경우에는 예금 잔액의 한도 내에서 담보 제공이 가능하다.

담보력이 취약한 경우에는 신용보증기관에서 보증서를 발급받아서 은행에 담보로 활용하는 방법도 있다.

• **개인을 통한 차입금** : 금융제도가 현재와 같이 발전하기 전에는 사업자금의 조달 원천은 대부분 개인이었다. 특히 친척이나 친구 등은 대표적인 자금 지원자들이었다. 이들은 자금을 직접 대여해주거나 채무보증을 하는 형태로 자금 조달에 도움을 주었기 때문에 사업이 실패하였을 경우에는 함께 큰 고통을 당하기도 했다. 현재와 같이 금융제도가 발달된 시점에도 친척과 친구는 손쉬운 자금원이기도 하다. 그러나 실패하였을 때를 고려하여 절제와 보완조치를 강구할 필요가 있다. 그러므로 개인으로부터 자금을 차입하는 경우 일반적으로 차용증을 작성하여 차용금액, 이자율, 이자지급일, 상환기일 등을 명시하게 된다.

  그리고 이 내용을 더욱 확실하게 하기 위하여 채무자나 채권자의 합의하에 공증을 하는 경우도 있다.

• **마이크로크레딧 자금활용** : 국내의 대표적인 마이크로크레딧 기관인 미소금융에서는 담보가 없거나 저신용 상태여서 은행 등 금융회사 이용이 곤란한 사업자들에게 자활에 필요한 창업자금·운영자금 등을 무담보·무보증으로 지원하는 소액대출사업(Microcredit)을 실시하고 있으므로 이를 활용하여 경제적으로 자립할 수 있는 기반을 마련해 볼 수 있다.

• 기타의 방법 : 그 외의 자금조달 방법으로는 창업 후에 거래관계를 유지해야 할 주요 매입처나 매출처에 협조를 구하여 자금 운용의 융통성을 발휘하는 방법이 있다. 즉 매입처에서 물품을 외상으로 구입하고 그 대금을 늦게 지급함으로써 자금을 운용하고 반대로 매출처에 대한 물품대금을 공급 전에 미리 선수금으로 조달하여 자금을 활용하는 방법이다.
또, 기계설비의 경우 리스회사가 직접 구매하여 장기 대여해주는 방법이 있고 담보력이 취약한 경우 신용보증기관에서 보증서를 발급받아서 은행에 담보로 활용하는 방법도 있다.

(3) 창업 아이템

어떤 창업 아이템을 선택하느냐의 문제는 창업에 있어서 중요한 사항이다. 실제 많은 창업자들은 성공을 위한 확실한 아이템을 선택하기 위하여 많은 준비를 하게 되는데, 이러한 준비과정에서 창업 희망 업종에 대한 정보수집, 체험자 또는 종사자와의 면담, 사업 아이템에 대한 정밀 분석 및 검토 등의 과정을 거치게 된다.

업종을 선정할 경우에 주의할 사항은 자기가 하고자 하는 업종의 미래에 대한 성장 가능성과 창업자의 경험이나 특성을 충분히 활용할 수 있는 업종인지를 먼저 살펴보아야 한다. 일반적으로 제품의 수명주기는 도입기 → 성장기 → 성숙기 → 쇠퇴기의 과정을 거치게 되는데, 신규 창업에 가장 적합한 것은 성장기 업종이다. 만약 성숙기 후반에 뒤늦게 사업에 참여하게 된다면 소위 막차를 타게 되어 사업에 실패할 우려가 높다.

어떤 업종을 선택하더라도 창업자의 경험, 지식, 기술, 특성 등을 활용할 수 있는 사업이라면 그만큼 성공확률이 높아질 것이다.

(4) 사업장

제조업의 경우에는 제품의 특성이 매출에 중요한 요인으로 작용하지만 점포사업에서는 상품성보다 오히려 상권이나 입지가 더 중요할 수도 있다. 특히 소매업, 서비스업, 음식업 창업의 경우에는 점포의 입지가 사업 성패에 중요한 요인으로 작용할 수 있기 때문에 사업장 선정이 매우 중요하다. 사업장의 중요성을 실제 사례를 통해 살펴보면 다음과 같다.

창업자 K는 한 아파트 단지에서 최근에 인기를 끌고 있는 돈가스전문점을 창업하였다. 물론 창업 준비과정에서는 세대 수가 많으므로 별 무리 없이 사업이 잘 될 것이라고 생각하였다.

그러나 수개월이 지나도 사업이 제대로 되지 않았다. 그래서 여러 가지 사항들을 분석·검토한 결과 사업장 선정에 문제가 있음을 알 수 있었다. 아파트 입주자들의 성별, 연령, 직업 등을 집중 분석한 결과 이 아파트는 세대수는 많지만 영세한 노령층의 인구가 의외로 많아 소득수준과 소비성향이 낮음을 알 수 있었다. 더구나 돈가스의 경우 어린이들이 좋아하는 음식인데 입주자들의 연령 분포상 노령층이 많으므로 소비가 제대로 이루어지지 않음을 알 수 있었다.

이상과 같이 아무리 좋은 아이템을 가지고 좋은 시설투자를 하여 창업을 하더라도 사업장 선정이 잘못되면 결과는 실패로 나타나게 된다. 결국 사업장 이전이나 새로운 아이템 변경 등으로 많은 추가부담을 안게 되는 것이다.

4) 창업의 중요성

창업이 개인 및 사회에 미치는 영향을 통해 창업의 중요성을 알 수 있는데, 그 영향을 살펴보면 다음과 같다.

1 부의 창출

창업의 가장 직접적인 목표는 부를 창출하는 것이다. 창업이 창출하는 부는 개인적으로 소중할 뿐만 아니라 사회적으로도 유용한 것이다.

2 일자리의 창출

창업은 일자리를 제공한다. 일자리는 개인에게는 생활의 수단이며, 국가적으로는 경제활동인구를 늘리고 실업문제를 해결하는 중요한 역할을 한다.

3 자원의 활용

창업된 기업은 자원을 활용하여 고부가가치를 생산한다. 기업이 창업되지 않는다면 천연자원이 아무리 풍부하다 하더라도 그것을 활용하여 부를 창출하는 활동이 이루어지지 못하거나 저조할 것이다.

4 생활공간의 창조

직장생활은 생계에 필요한 물질을 얻기 위한 활동이라는 차원을 넘어서 삶 자체에서도 매우 중요한 일부이다. 따라서 직장생활을 하는 동안의 삶의 질은 조직구성원들의 삶의 질을 결정하는 중요한 요소가 된다. 창업은 창업자 본인과 종업원에게 중요한 삶의 공간을 창출하는 행위이다.

5 국제수지의 개선

창업은 여러 가지 다양한 기능을 하는 것 이외에 국제수지 개선에도 많은 영향을 미칠 수 있는 경제활동이다.

6 혁신을 촉진

기업이 창업되기 위해서는 기존의 재화와 서비스에 비하여 가격, 품질 등에 있어서 우월해야만 한다. 창업은 혁신을 바탕으로 이루어지며, 창업기업은 지속적인 혁신을 통하여 존립하게 된다.

7 과학기술의 발달 촉진

창업은 기술을 활용하는 경우가 많아 새로운 기술의 발달을 요구하게 된다. 그러므로 창업은 결과적으로 과학과 기술의 발달을 촉진한다.

2 | 기업가정신

1) 기업가와 기업가정신

(1) 기업가의 의미

기업가(Entrepreneur, 앙트르프르너)의 어원은 경제학자 세이(Jean B. Say)가 처음 말한 것으로 원래 "수행하다" 또는 "모험하다" 등을 의미하는 불어동사 'ntreprendre (앙트르프랑드르)'에서 유래되었다. 각종 사전에서 말하는 기업가란 "사업을 조직하고 운영하며, 이익을 위해서 위험을 감수하는 사람", "기업에 자본을 투자하고, 그 기업의 경영을 담당하는 사람" 등으로 표현하고 있다.

즉, 기업가란 새로운 시장을 발굴하고 개척하며 시대적 변화에 대응하면서 창조와 혁신을 통하여 기업의 모든 요소를 만들어 가는 사람이라고 정의할 수 있다.

Tip 기업가에 대한 다양한 견해

① **슘페터** : 현대 기업가 사상(entrepreneurial thought)의 아버지라고 지칭되는 슘페터는 앙트르프르너는 사장, 관리자, 또는 기존 기업을 단순히 운영하고 있는 사업가 등과는 다르다고 하였다.
앙트르프르너는 생산요소들을 '새로이 결합하는 것'이 다른 사람들과 구별되게 하는 특징이다. 앙트르프르너의 도전은 가만히 두면 정체될 경제를 발전시키기 위하여 아이디어를 발견하고 이용한다는 것이다. 슘페터는 기업가적 행동을 촉발할 수 있는 여러 가지 방안들을 발견하였는데 다음과 같은 5가지 결합이 새로운 것을 촉발하는 방법이라고 하였다.
- 새로운 제품과 서비스 도입
- 새로운 생산방법 도입
- 새로운 시장 개방
- 새로운 공급원 개방
- 새로운 형태의 조직

슘페터는 성장과 소득향상의 궁극적인 원천은 기업가들(entrepreneurs)에 의한 혁신 즉, '창조적 파괴'(creative destruction) 행위에 의해 일어난다고 주장한다. 즉 "기업가들은 신제품, 참신한 경쟁기법, 혁신적인 기술 등으로 기존의 회사들을 공격하고 무너뜨린다. 이러한 전쟁은 끊임없이 이어지므로, 어떤 회사도 안전할 수는 없다. 혁신을 하지 않는 경영자, 즉 현재의 성공적인 경영모델로 언제까지나 버틸 수 있다고 생각하는 경영자는 조만간에 무너지게 될 것이다"라고 보고 있다.

② **피터 드러커** : 피터 드러커의 저서 「이노베이션과 기업가정신」에서 기업가란 "변화를 탐구하고, 변화에 대응하며, 또한 변화를 기회로써 이용하는 사람"이라고 정의하고 있다.
그리고 기업가적 행동을 발휘하는 수단을 혁신(Innovation)으로 보고 있다. 혁신적 사고와 정신을 통하여 창업을 시도하는 사람을 기업가로 보고 있다.

(2) 기업가정신의 의미

기업가정신에 대한 학문적 가치는 최근에 와서야 본격적으로 연구되었다. 시대적 상황과 변화에 맞추어 기업의 탄생과 소멸은 지속적으로 나타나고 있다. 이러한 과정에서 기업가정신은 "목표달성을 위하여 위험을 감수하며, 지속적으로 변화와 혁신 추구를 통해 기업을 성장시키고 더 나아가 국가경제 발전에 이바지하는 창조적인 조직적 행동"이라고 정의할 수 있다. 최근에 와서는 기업가의 사회적 책임을 강조하고 있으며, 획득한 부를 사회적 환원을 통한 아름다운 기부문화를 만들어가는 모습도 기업가정신에 포함되고 있다.

Tip 기업가정신에 대한 다양한 견해

① **슘페터(Schumpter)** : 기업가정신의 개념을 경제학에 처음으로 도입한 슘페터는 「경기순환론」에서 "경제발전을 일으키는 힘은 혁신에 있으며, 그것을 수행하는 주체는 기업가정신을 갖고 있는 기업가이다"라고 하였다. 이를 구체적으로 살펴보면 이윤획득 기회에 의한 창조성, 기동성, 민첩성, 위험에 도전하는 용기, 인생과 재산을 기업경영에 맡기고, 모든 것을 투자하는 것으로부터 생성되는 물러서지 않는 책임감, 집념과 근면한 정신 등을 기업가정신으로 정의하였다.

② **호퍼(Hofer)** : 호퍼는 기업가에 대한 권위적인 정의를 찾고자 노력하는 것은 더 이상 무의미하다고 지적하였다. 호퍼는 기업가정신이란 "기회를 감지하고 이를 추구하기 위해 조직을 창출하는 능력"으로 정의하였다.

③ **피터 드러커(Peter F. Drucker)** : 드러커는 기업가정신이란 '실천'일 뿐이라고 강조하면서 변화와 혁신의 실천적 행동이라고 정의하였다.

2) 기업가의 특성

사업의 성패는 창업자의 기업가로서의 자질, 사업수행 능력에 따라 결정된다. 사업을 성공적으로 이끌기 위해서는 창업자 본인의 경험이나 선행지식, 성공에 대한 집념, 리더십, 의지력, 성격, 체력 등이 뒷받침되어야 하기 때문이다. 창업자의 역할이 사업에 얼마나 중요한가를 알아보기 위하여 성공한 창업자와 실패한 창업자의 특성을 살펴보면 다음과 같다.

(1) 성공한 기업가의 특성

사업 성공을 보장하는 완벽한 기업가 특성은 존재하지 않는다. 물론 개인특성들이 사업의 성공에 도움을 주는 것은 사실이나 사업의 성공은 이러한 개인특성 외에 핵심인력과의 조화나 환경으로부터의 기회 등 많은 상황적 요인에 영향을 받는다.

또한 바람직한 특성을 모두 갖춘 완벽한 기업가란 사실상 존재하기 어렵다. 보통 창업자는 동업자, 협조자, 관리자들로부터 자신의 약점을 보완할 수 있으며, 특히 이미 성공한 기업가들로부터 바람직한 개인특성을 체득하고 성공비결을 배울 수 있다.

성공한 기업가들은 다음과 같은 특성을 지닌다.

① 높은 사업몰입도, 결단력, 인내심

성공한 창업자들은 사업에 대한 몰입도가 높고 결단력과 인내심이 강하다고 한다. 특히 많은 벤처캐피탈 회사들은 투자 여부를 결정할 때 기업가가 자신의 시간적·재정적 자원을 얼마만큼 투입하고 있는가를 중시한다고 한다. 이는 사업에 대한 몰입 정도가 사업성공에 중요한 영향을 미침을 나타낸다고 할 수 있다.

② 강한 성취욕구와 성장욕구

성공한 창업자들은 스스로 설정한 도전적인 목표를 뛰어넘는 데 주력한다. 그리고 이 목표가 달성되면 상향 조정된 새로운 목표와 기준을 설정하여 계속적으로 도전한다. 따라서 이들은 다른 사람을 능가하는 데 주력하기보다는 자신의 과거 실적을 계속하여 뛰어넘는 데 노력한다.

③ 기회 및 목표지향적 성향

현재 보유하고 있는 자원에 근거하여 행동하기보다는 기회를 먼저 포착하고 자원과 전략을 기회에 맞추어 나가려는 기회지향적인 성향이 있다. 그리고 높지만 달성

가능한 목표를 설정하고 그 목표에 모든 힘을 집중하려 한다.

④ 주도적이고 강한 책임감

주도적으로 문제를 탐색하고 해결책을 제시하려 한다. 그리고 일의 결과에 대해 스스로 책임지려 한다.

⑤ 끈질긴 문제해결력

하고자 하는 일에 장애 요인들이 나타날 경우 이를 극복하려는 욕구가 강하고 문제해결을 위해 끈기있게 노력하며 인내심이 강한 편이다.

⑥ 긍정적 현실주의

외부환경이나 자신의 강점, 약점에 관한 냉철한 판단을 중시하는 등 매우 현실적이며 매사를 긍정적으로 보는 낙관적 자세를 견지한다. 그리고 어려운 여건에서도 유머를 잃지 않는 등 정신적 여유를 갖고 있는 경우가 많다.

⑦ 지위와 권력에 대한 낮은 욕구

권력욕구보다는 성취욕구에 의해 행동한다. 지위나 권력은 성공의 결과 얻을 수 있는 것으로 생각하며 처음부터 이것을 얻기 위해 노력하지는 않는다. 이에 따라 유능한 창업자는 독재자보다는 중재자 또는 협조자의 역할을 수행한다.

⑧ 정직과 신뢰

정직과 신뢰가 없이 달성한 일시적 성공은 궁극적으로 실패한다는 신념으로 장기적 관점에서 인간관계를 유지하고 사업활동을 한다.

⑨ 신속한 결단과 실천

신속하게 움직여야 하는 일에 대하여는 빠른 결정을 내리고 곧바로 실천에 들어간다. 그러나 그 일이 장기적으로 진행되거나 일의 결과가 오랜 기간에 걸쳐 나타나는 경우 인내심을 가지고 기다린다.

⑩ 실패에 관한 적절한 관리

실패에 실망하지 않고 두려워하지도 않는다. 오히려 실패를 통하여 배우려는 자세가 강하다. 비관적 상황에서 낙관을 발견하고 위기 속에서 기회를 발견하는 지혜를 발휘한다. 위와 같이 성공한 창업자의 특성은 상당부분 후천적으로 학습이 가능하다. 특히 자신의 성공에 대하여 강한 성취 동기가 유발되었을 때 더욱 빠르게 학습될 수 있다.

(2) 실패한 기업가의 특성

다음은 바람직하지 못한 특성으로 실패한 기업가에게서 나타나는 현상이다.

① 무계획적이고 즉흥적인 사고

모든 일을 그 당시의 상황과 기분으로 결정하고 처리하는 성향을 의미한다. 이 경우 어떤 행위나 결정에 대하여 그것이 갖는 궁극적인 의미나 실제 결과를 파악하기 어렵다. 또한 더 나은 대안을 찾지 못하는 결점을 갖는다.

② 자기 우월적이고 남을 무시하는 경향

항상 남보다 우월하고 어떤 경쟁자라도 제거할 수 있다는 자만을 의미한다. 이 경우 경쟁자와 소모적 경쟁을 벌임으로써 사업에 해를 끼칠 수 있다. 또한 다른 사람의 지시와 조언을 기피하는 성향으로 이 경우 주위로부터 조언이 부족하여 잘못된 의사결정이나 행동을 수정할 기회를 놓치기 쉽다.

③ 단독으로 일을 처리하는 경향

문제에 관한 해답을 자신이 모두 안다는 식의 사고를 가지고 주위로부터 도움이나 협조를 받지 않고 모든 것을 혼자 결정하고 처리하려는 자세를 말한다. 이 경우 주위로부터 더 나은 해답을 얻을 기회를 잃기 쉽다.

④ 운명론적 철학관

잘되면 운이 좋은 결과이며 잘못되어도 운이 나빠서 그렇게 되었다고 생각하는 성향으로, 운명론적 철학을 가진 사람들에게 많이 나타나는 성향이다. 이 경우 모든 일을 운명에 의존하여 노력을 게을리하게 되므로 실패의 확률이 높게 나타나고 있다.

이상에서 살펴본 바와 같이 창업자의 특성 중 기업의 실패를 가져올 수 있는 유형은 자기 자신을 너무 과대평가하거나 업무처리가 계획적이지 못한 경우이다. 창업자가 특히 주의해야 할 점은 어제의 지식과 정보가 오늘은 아무런 쓸모가 없을 수도 있는 급변하는 기업환경 속에 처해 있다. 그러므로 새로운 정보와 지식을 습득하기 위해 끊임없이 자기 계발을 위해 노력하는 자세가 필요하다.

3) 기업가정신의 구성

기업가정신은 슈퍼맨과 같다고 할 수 있다. 기업가정신을 언급할 때 많은 사람들이 사고, 이념, 사상 등과 같은 기업가의 정신적 세계를 강조하는데, 실제로는 경영 기술 능력이 더욱 요구된다.

창조적 정신과 혁신·도전정신으로 창업을 통해 기업을 만들었다고 했을 때 과연 이 기업을 어떻게 이끌어가고 성장시킬 것인가는 바로 경영능력에 의해 좌우된다. 기업경영에 필요한 지식을 필수로 알아야 하며, 인간적으로 갖추어야 할 덕목 역시 필요하다. 이러한 기업가정신을 구성하는 요소에는 어떤 것이 있는지 알아보자.

① 위험감수(risk taking)

기업가 정신의 첫째 조건은 위험을 기꺼이 부담할 수 있는 능력이라고 할 수 있다. 정주영 회장은 그의 자서전「시련은 있어도 실패는 없다」에서 "내가 살아있고 건강한 나한테 시련은 있을지언정 실패는 없다. 낙관하자. 긍정적으로 생각하자"라고 말했다. 이처럼 기업가는 모든 위험을 감수하는 정신이 있어야 아무리 어려운 일에 부딪쳐도 주저하지 않고 성공을 할 수 있다.

② 창조성(creativity)

창조란 기존 유형·무형의 요소를 창조자가 새롭게 만들어 낸 것을 말하며, 창조성은 과학이나 예술의 기본적 요소이다. 이는 새로운 세계를 개척하고자 하는 개척자적 정신에 기초를 두는 것으로서, 창업한 기업이 세계적인 기업으로 성장하기 위해서는 창조성을 바탕으로 한 조직문화가 형성되어야 한다.

③ 독립성(independence)

독립성은 창조성과도 밀접한 관계가 있다. 사업아이디어가 독창적일수록 부의 규모도 커진다. 인터넷 혁명 이후 다양한 아이디어를 가진 새로운 기업들이 탄생하고 있으며, 새로운 신사업분야나 개척분야 등은 독립성이 없이는 나타날 수 없다.

④ 부의 실현(realization of wealth)

기업가정신은 막대한 부를 실현할 수 있어야 한다. 아무리 좋은 사업구상이라 할지라도 부에 대한 기대효과가 없다면 어렵고 힘든 시련을 극복할 수 없을 것이다. 부의 실현이 이루어질 수 있는 사업의 구상과 실천을 통하여 부를 창출할 수 있는 정신을 지녀야 한다.

⑤ 경영능력(management ability)

기업가는 기업경영의 책임자로서 기업성장에 필요한 경영 능력을 가지고 있어야 기업을 발전시킬 수 있다. 경영능력에는 창업능력, 재무적 판단능력, 성장을 위한 M&A 능력, 마케팅 경영능력 등 경영과 관련된 모든 활동을 포함한다. 기업가는 이러한 경영요소를 판단할 수 있는 능력을 가지기 위해 끊임없이 탐구해야 한다.

⑥ 사회적 책임(social responsibility)

존경받는 기업가로 존재하기 위해서는 단순히 부의 획득만을 목표로 해서는 안 된다. 실현된 부를 사회에 환원하는 사회적 책임을 가지고 있어야 한다. 억만장자 중의 한 명인 빌 게이츠는 한해 평균 2억 5,000만 원 달러 이상의 현금과 물품을 사회에 환원하고 있으며, 총재산 99%를 사회에 환원하고 1%만 자녀에게 물려주겠다고 하였다. 진정한 기업가라면 사회로부터 실현된 부를 다시 사회에 환원함으로써 올바른 기업가정신을 실천하는 것이라고 말할 수 있다.

쉬어가기 | 마이크로크레딧(Microcredit)

- 마이크로크레딧(Microcredit)은 '금융에서 소외된 사회적 취약계층을 대상으로 창업 대출 및 경영지원서비스 등을 통해 이들의 자활노력을 지원하는 대안적 금융'을 의미함.
- 1997년 개최된 마이크로크레딧 회의에서 마이크로크레딧을 가난한 사람들에게 자신과 가족들을 돌볼 수 있도록 수익을 창출하는 자기고용 프로젝트에 소액을 대출하는 프로그램이라고 정의함.
- 1976년 방글라데시의 농촌 빈민층에게 금융서비스를 제공한 그라민은행에서 시작
- 마이크로크레딧의 특징(그라민은행 시스템 중심으로)
  - 여성들을 대상으로 삼는 대출정책
  - 분할상환기법(frequent repayment schedule)
  - 공동대출기법(group lending method)
  - 누진대출 프로그램(progressive lending program)
- 마이크로파이낸스 세계적 현황
  - 마이크로파이낸스 기관 : 1,800곳, 수혜자 : 9천1백만 명
  - 총대출규모(건당 평균대출) : 646억 달러(710달러 수준)

    * 자료 : Microfinance Information Exchange(2009)
  - 대부분 개발도상국에 분포되어 있으나, 최근 미국, 유럽 등 선진국에서도 일자리 창출 필요에 따라 활발히 확대
- 국내 마이크로파이낸스 현황
  - 2000년 이후 '신나는조합'과 '사회연대은행'과 같은 시민단체를 중심으로 저소득층 생계형 창업지원을 위한 소액 무담보 신용대출사업을 전개
  - 2008년 「휴면예금관리재단설립등에관한법률」에 의거하여 휴면예금관리재단이 설립됨으로써 국내 마이크로파이낸스의 재정적 한계의 실마리를 마련하였고, 2009년 9월 미소금융중앙재단으로 확대·개편됨에 따라 한국형 마이크로파이낸스 모델을 점차 발전시키고 있음.

Chapter 2 창업의 절차

학습목표

1. 창업 전 준비사항을 알 수 있다.
2. 일반적인 창업절차를 설명할 수 있다.
3. 업종별 창업절차를 구분할 수 있다.

학습목차

1. 창업의 준비
2. 창업의 기본절차

Chapter 02

창업의 절차

1 | 창업의 준비

1) 창업 시기의 선택과 특징

실제로 창업을 시작할 시기를 언제로 할 것인가 하는 것은 매우 어려운 고민거리 중의 하나이다. 내적 동기에 의해서든 외적 동기에 의해서든 가장 적절한 창업의 시기는 창업에 대한 열정이 높고 이를 구체적으로 실현할 수 있는 각종 준비가 된 때가 가장 적합하다. 그러나 너무 치밀하게 준비한다고 해서 창업의 성공이 반드시 보장되는 것은 아니다. 그러므로 창업의 길로 접어든다는 것은 마치 배낭여행을 떠나는 것과 같아서 필수적인 것만 챙겨 길을 떠나다가 그때그때 일어나는 일들에 잘 적응해 나가야 하는 것이고 이런 환경 변화에 얼마나 잘 적응하느냐에 따라 성공의 성패도 좌우된다는 것을 잊어서는 안될것이다.

사업을 시작하는 데는 여러 가지로 제약이 따르겠지만 아마도 나이에 따른 한계가 매우 큰 제약요인이 될 것이다. 그리고 나이에 맞는 유형의 창업을 고려하지 않고 의욕적인 창업이나 매우 안정적 창업만 고집한다면 결코 바람직한 창업이 될 수 없을 것이다. 그러면 나이에 따른 사업의 유형을 살펴보면 다음과 같다.

(1) 20대의 모험창업

모험창업에 속하는 연령은 20대로서 이 연령층은 자기의 전공, 직업과 관계없이 자기가 자신 있는 분야에 적극적으로 참여하여 선택한 분야를 개척하고 이에 따른 어려움을 헤쳐 나아가는 창업의 형태다. 설령 실패하더라도 재기의 가능성이 있고 이는 다음 창업에도 좋은 경험이 되기 때문에 차기에는 실패요인보다는 성공요인이 높다.

다만, 이 시기에 보통 창업의 열정은 높으나 개인적으로 가진 인적·물적 자원이 적고 사회적 경험도 충분치 못하므로 사전준비를 보다 철저하게 하는 의식적인 노력이 필요하다.

유형	성향	가능창업	자금규모
모험창업	모험·도전적인 자세	인터넷창업	500만 원~3천만 원
	새로운 사업시도 경향	소호(SOHO)창업	
	또래집단에 맞는 창업	소규모 유통관련 창업	

(2) 30대의 선택창업

30세 이상 40세까지의 연령층의 창업 특징은 선택적 창업이다. 즉 자신의 적성에 맞는 분야를 찾아서, 자기의 적성에 맞는 분야를 선택하여 창업을 하는 것이다. 이는 자기 적성과 업무와의 상관관계를 고려하여 사업 아이템을 발굴해야 하고, 이 시기에는 회사생활 중 이루어 놓은 인간적 유대와 준비한 사업아이템, 사업관계 등을 잘 설정하고 이용할 수 있도록 하고, 그렇지 못할 경우에는 자신이 즐겨 할 수 있는 아이템이나 일을 찾아 창업하는 것이 좋다.

유형	성향	가능창업	자금규모
선택창업 기반창업	계획적이고 독립성향이 높음	벤처창업	3천만 원~5천만 원
	적성과 직업의 활용	직업과 적성 고려 창업	
	가족과 사회의 책임 높음	서비스 및 유통업 창업	

(3) 40대의 전문창업

40대 연령층은 전문적인 창업이다. 사회생활 및 일정 분야에서 자기가 지금까지 닦아 놓은 기반을 최대한 활용할 수 있어야 하고, 이를 적극 활용하여 창업을 하는 것이다. 즉 자기의 전공이나 학력을 불문하고 자기 업무 분야에서는 최고의 실무 전문가인 점을 십분 활용할 수 있으면 좋다. 이 연령층은 사회적 혹은 회사 내의 경력상 어느 정도 자신의 고유한 지위를 확보하게 되는 경우가 대부분이며 가족이나 사회에 대한 책임도 다른 연령층보다 무겁게 주어지며 따라서 운신의 범위도 다소는 신중해질 수밖에 없으므로 인맥이나 개인적 경력을 충분히 활용하여 창업의 불확실성을 줄여야 한다.

따라서, 가급적 자신이 해오던 일의 연장선상에서 새로운 일을 찾아 창업하여야 하고, 이렇게 하는 것이 비교적 용이할 것이다.

유형	성향	가능창업	자금규모
전문창업	기술과 노하우 발휘 가능	•직무관련 창업 •전문분야 창업	5천만 원~1억 원
	성장기 업종에 도전		
	직무의 연계성 유지		

(4) 50대 이후의 안정창업

50대 이상의 연령층은 대개 인생의 경력이 결정되어 있고 완전히 새로운 경력을 개발하는 기회가 다양하지 못하다. 그러나 비록 신체적·정신적으로는 다소 불리할 수 있지만 풍부한 경륜과 삶에 대한 지혜 그리고 연장자로서의 여유와 관대함을 창업과 잘 접목시킬 경우 의외로 이들의 창업성공 가능성은 높을 수 있다. 다만, 너무 광범위하게 계획을 잡거나 급진적인 변화가 요구되는 분야나 업종보다는 가급적 보수적인 입장에서 유지 가능하고 모험이 적은 쪽을 선택하는 것이 바람직할 것이다.

유형	성향	가능창업	자금규모
안전창업	수익성보다 안정성 중시	•소자본창업 •유행에 무관한 창업	5천만 원~이상
	소자본 창업이 유리		
	연륜을 고려한 약점 보완		

2) 사업분야의 결정

(1) 사업규모의 결정

창업자는 적정한 사업규모로 사업을 시작하여야 한다. 일반적으로 사업규모가 크면 이에 따르는 규모의 이익이 나타날 수도 있지만 능력을 크게 벗어나 무리를 하면 크게 낭패를 볼 수도 있다.

지금까지 숱한 창업 실패자들의 경험을 심층 분석해 보면 매출부진, 경영능력 부족, 자금부족 등의 외관상 요인 이외에 과다한 사업규모에 기인하는 바가 크다. 그만큼 적정 사업규모의 결정은 창업성공의 주요 요소가 된다. 사업규모의 결정에서 고려되어야 할 사항들은 다음과 같다.

1 창업하고자 하는 업종이 고려되어야 한다

창업과 관련된 사업 분야는 산업분류표상 크게 나누어,

① 제조업
② 전기, 가스 및 수도사업
③ 폐기물, 환경복원
④ 건설업
⑤ 도매 및 소매업
⑥ 운수업
⑦ 숙박 및 음식점업
⑧ 출판 · 영상 · 정보 등
⑨ 부동산 및 임대업
⑩ 전문, 과학, 기술
⑪ 사업시설, 사업지원
⑫ 교육서비스
⑬ 예술, 스포츠, 여가
⑭ 협회, 수리, 개인 등으로 분류해 볼 수 있다.

이들 업종은 일반적으로 제조업이 가장 큰 규모를 요구하고 있으며, 소매업과 서비스업은 비교적 적은 규모로도 시작할 수 있는 업종이다.

2 취급하고자 하는 제품과 상품을 고려하여야 한다

같은 음식점이라도 한식, 일식, 중식, 양식 등으로 구분되어질 뿐만 아니라 한식업종 중에서도 해장국, 콩나물국밥, 분식, 설렁탕집 등 취급하고자 하는 제품의 종류나 상품의 내용이 각기 다르므로 어떤 업종의 어떤 제품을 취급할 것인가에 대하여 사전에 충분한 검토가 필요하다. 특히 제조업의 경우에는 많은 시설투자가 필요한 설비산업인 경우와 좁은 공간에 기계 몇 대만 설치하고서도 사업을 영위할 수 있는 사업도 있기 때문이다.

3 경쟁자의 사업규모를 고려하여야 한다

같은 업종, 같은 제품을 생산・판매하는 경우에는 경쟁회사들의 규모를 조사・분석하여 동종업계 평균 사업규모를 정확히 파악하는 일도 중요하다. 특히 같은 상권 내에서의 경쟁 회사의 정확한 분석 없이 사업에 뛰어든다면 십중팔구는 실패할 수밖에 없기 때문이다. 사업규모의 결정도 마찬가지이다.

4 자금조달능력의 정도도 고려되어야 한다

경영자적 요소와 결부된 창업자의 경영능력, 특히 창업자금조달능력을 기준으로 자금조달 규모가 결정되고, 이 자금조달 규모가 결국은 사업규모를 결정하는 핵심요소로 작용한다. 현명한 창업자라면 여기서 한발 더 나아가 사업규모를 자기자금조달능력의 1.5분의 1 내지 2분의 1 규모로 축소하여 책정할 필요가 있는 것이다.

5 금융지원 등 각종 정부지원제도의 수혜 가능성도 고려되어야 한다

우리나라 금융지원제도는 제조업에 집중되어 있다. 또한 기업정책의 상당한 부분도 제조업에 편중되어 있는 것이 사실이다. 다소 역설적인 표현일지 모르나 자기자본이 전혀 없는 예비창업자가 도・소매업이나 서비스업을 창업하는 것은 불가능하나 제조업을 창업하는 것은 가능하다.

도・소매업이나 서비스업은 금융지원이 한정되어 있기 때문에 상당한 액수의 자기자본이 없으면 창업이 불가능하지만, 제조업은 다양한 금융지원제도가 존재하기 때문에 여러 금융기관을 활용하다 보면 자기자본 없이 타인자본, 즉 금융기관 차입에 의해서도 창업이 가능한 경우가 있다. 이렇듯 금융기관을 활용할 수 있는 능력 여부에 따라 제조업, 도・소매업, 서비스업을 선택할 수도 있다.

(2) 기업 형태의 결정

창업할 기업의 형태를 어떻게 할 것인가를 결정하는 것도 중요하다. 자신이 영업, 자금조달, 종업원관리, 구매, 생산관리 등 기업 전반에 걸쳐 직접 총괄 경영을 하는 개인기업의 형태로 창업을 할 수도 있다. 아니면 조직을 갖추어서 회사 업무의 대부분을 능력 있는 종업원에게 분담시키고 창업자 자신은 전체를 총괄할 수 있는 법인형태로 창업을 할 수도 있다.

따라서, 창업자는 여러 가지 기업 환경과 경영능력, 그리고 개인기업과 법인기업의 장·단점을 비교·평가하여 자기 실정에 맞는 기업 형태를 선택해야 한다.

개인기업과 법인기업의 장·단점을 비교해 보면 다음과 같다.

| 표 2-1 | **개인기업과 법인기업의 장·단점**

장·단점 / 구분	장점	단점
개인기업	• 이윤을 기업주가 독점 • 설립 용이 • 적은 자금소요 • 신속한 의사결정 • 영업상 비밀유지 가능 • 인적 관계 긴밀	• 기업주의 무한책임 • 기업 영속성 부족 • 자본조달능력의 한계 • 경영능력의 한계 • 납세상 불리
법인기업	• 대자본 조달 용이 • 주주의 유한 책임 • 주식의 양도·매입 자유 • 소유와 경영의 분리 • 높은 공신력	• 설립 절차 복잡 • 대표자의 이윤축소 • 의사결정의 지연 • 주주 간의 대립 우려

위의 표와 같이 개인기업과 법인기업의 특징과 장·단점에도 불구하고 창업자의 특수한 사정 내지 선호하는 경향과 성격에 따라 둘 중에 한 가지 형태로 임의 선택하여 창업할 수 있다.

3) 경영기능의 습득

사업은 여러 가지 지식이나 기능을 필요로 하며 업종에 따라서는 각각 독자적인 관리요령이 있다. 소자본 창업자의 경우 이러한 지식과 기능을 미리 익혀 두는 것이 필요하다. 또한 일정한 자격을 갖추지 않으면 개업할 수 없는 업종도 있다. 물론 경우에 따라서는 유자격자나 경험자를 고용하여 도움을 받을 수도 있지만 적절한 시기에 좋은 인재를 발견하기도 쉽지 않고 자금부담도 만만치 않으며 비록 개업 시 채용했다고 하더라도 도중에 그만둔다면 당장 경영에 곤란을 겪게 된다.

사업을 원활하게 운영하기 위한 경영지식과 기능은 다음과 같은 수단을 통해 얻을 수 있다.

첫째, 업계의 전문지 또는 전문서적을 되도록 많이 읽는다.

창업을 고려하는 동업계의 전문지는 사업에 관한 중요한 내용들을 많이 포함하고 있다. 여기에서 업계의 동향과 문제점, 해결방법, 경영감각을 익히는 것은 도움이 된다. 또한 창업이나 점포경영에 관한 내용을 다루는 경영관련 전문서적을 통해 경영관리에 대한 전반적인 노하우를 알아두어야 한다.

둘째, 기존점포의 관리운영 방식을 눈여겨본다.

창업희망자는 자신이 구상하는 조건과 서로 닮은 점포를 몇 개 선택해서 그 운영방식을 파악한다. 물론 실제로 손님이 되어 점포를 이용하면서 느낀 바를 정리해 두는 것도 좋다.

셋째, 현재 운영자의 실제 경험을 청취한다.

창업희망자가 고려하고 있는 경영자나 사원, 점원 등 동업계의 경험자로부터 직접 이야기를 듣거나 자문을 얻는 것이 가능하다면 사업운영에 유익한 지식이나 정보를 얻을 수 있다. 계획하고 있는 입지와 전혀 관계없는 지역의 점포를 방문하여 직접 부딪쳐 보는 것도 좋은 방법이다.

넷째, 미리 실제 경험을 쌓는 기회를 갖는다.

어떤 업종이라도 겉으로 보는 것과는 달리 실제로 해봐야 비로소 알 수 있는 어려움이나 사업요령이 있게 마련이다. 매입요령, 값을 결정하는 요령, 고객 수와 고객 한 사람당의 매출액, 접객요령, 재고처리법, 유통규칙 등이 그것이다. 경영관리나 영업요령을 익히기 위해서는 미리 견습생으로 취직하여 경험을 쌓으면서 눈여겨보는 것이 좋다.

4) 창업 멤버 · 인원의 구성

창업을 위한 인적 자원의 조달은 창설 팀을 만드는 데서 시작된다. 창설 팀이 형성되는 과정은 크게 두 가지로 나누어지는데 그 중 하나는 한 사람의 사업 아이디어 발안 및 주도하에 동료를 규합하는 것이고 또 다른 하나는 여럿이 공통된 아이디어 경험 및 친분을 바탕으로 팀을 형성하는 것이다.

이러한 과정에서 팀 요원의 선발, 형성 및 팀웍의 조성 문제를 고려하여야 한다. 창설 팀은 주요 활동목표 및 범위를 결정하고 제품을 설계하며 기업규모와 입지선정, 공정・설비・건물의 선정, 소요자금액 및 자금조달계획 등과 같이 기업 창설에 중요한 의사결정을 수립해야 한다.

소자본으로 창업할 경우에는 이상과 같은 창설 팀을 만드는 것이 비현실적일 수 있다. 사람을 고용하려면 그만큼 자금부담이 커지며 어느 정도 시간이 경과하기까지는 기대하는 만큼의 성과를 내지 못하는 경우가 대부분이다. 따라서 사업이 본 궤도에 오르기까지는 혼자서 일하는 편이 나을 수도 있다. 만일 혼자서 점포를 운영하는 것이 무리라고 느껴진다면 가족에게 협력을 구하여 도움을 받거나 시간제 아르바이트 등을 활용하는 것이 좋다.

영업 형태가 외근을 나가는 형태일때는 핸드폰, 팩스 등을 이용하고 착신전환서비스로 고객의 접촉에 적절히 대응할수 있다.

개점, 할인 대매출 등 일시적으로 일손이 필요할 때도 친척이나 아르바이트 인원의 도움을 받을 수 있지만 이때는 영업과 관련된 약간의 사전교육을 실시하는 것이 좋다.

한편 창업자가 가족 노동력을 활용할 때는 다음과 같은 사항을 유의하여야 한다.

첫째, 점포 및 사무실과 자택과의 거리가 멀지 않아야 한다.

개업을 하면 낮 동안은 열심히 일하고 밤에는 그날 일의 마감과 장부작성, 다음날 준비를 해야 하기 때문에 대개 장시간 노동을 하게 된다. 가급적 1시간 이내에 도착할 수 있는 곳이 좋다. 특히, 남편이 부인의 협력을 구할 때에는 가사와의 균형문제가 있으므로 특별히 점포와 집과의 거리가 가까운 것이 중요한 조건으로 된다. 이것은 출근 시 교통체증 등에 따라 그날의 업무시작 시간에 대지 못하게 될 사태를 방지하는데도 유효하다.

둘째, 점포 및 사무실과 가까운 장소에 친한 사람을 두는 것이 좋다.

빠듯한 인원으로 일을 하다 보면 돌발사고가 일어나서 곤란해지는 경우가 종종 있는데 그때 가까운 곳에 친한 사람이 있으면 큰 도움이 된다. 이것은 점포나 사무실의 경우는 물론 자택의 경우도 마찬가지이다.

셋째, 배우자에게 협력을 받고자 할 경우 사전에 필요한 지식을 배우자에게도 익히게 하는 것이 좋다.

개업에 관해서 배우자가 충분히 납득하고 있어야 하며 일과 가사를 함께 하지 않으면 안 되는 주부의 경우는 남편의 충분한 이해가 절실하다.

2 | 창업의 기본절차

1) 일반적인 창업절차

창업은 여러 기본요소를 사업운영이 가능한 형태로 결합함으로써 이루어진다. 즉, 창업자는 자기가 창업을 하기에 적합한가를 우선 판단하고 만일 그렇다면 창업을 위해서 아이템을 정하고, 자금은 어떻게 구할 것인지, 광고는 어떻게 할 것인지, 개인회사로 세울 것인지, 주식회사로 세울 것인지 또는 다른 사람과 할 것인지, 혼자 할 것인지 등에 대한 계획을 세우고 다양한 의사결정을 수립·실행하는 과정을 거치게 된다. 이러한 과정은 일반적으로 다음과 같이 이루어진다.

(1) 창업예비분석

창업희망자는 먼저 자신의 창업자질 및 적성 등을 파악하여 창업이 바람직한 것인가를 알아보아야 한다. 나아가 자신이 가진 자원이 창업하기에 충분한지 또, 창업 시기는 적당한지에 대해서도 미리 생각해 보아야 한다.

(2) 사업목표설정

일단 자기사업을 시작하기로 했으면 창업의 기본적 이유와 기본적인 운영방향에 대해 명확히 해 두어야 한다. 오늘날 다원화된 사회 속에서 사업의 목적은 단순히 이윤 극대화에만 있지 않으며 여러 목적이 동시에 추구되거나 이윤이 수단화 되는 경우도 많기 때문이다. 이러한 사업목적은 창설자에게 있어서는 창업이념이 되며 그에 따라 업종선택이나 기업활동의 내용이 달라질 수 있는 것이다.

(3) 사업분야의 결정과 사업아이디어의 모색

사업이 성공적으로 운영되는가의 여부는 얼마나 유망하고 자신의 적성, 경력. 취미 등을 고려하여 적합한 업종을 선택하였는가에 따라 결정된다. 나아가 사업아이디어가 얼마나 시장조건에 잘 들어맞는가 하는 점도 중요하다. 사업아이디어를 이끌어냄에 있어서는 어떤 제품, 서비스를 생산·판매할 것이며 그 시기를 언제로 할 것인가에 관한 고려가 중요하다. 이를 위해 먼저 시장조사, 특히 소비자조사를 통하여 소비자 수요의 동향을 파악하고 이를 충족할 수 있는 제품으로는 어떠한 것이 있는가를 발견하게 된다.

사업아이디어를 탐색하는 과정에서 창업가는 다음의 기준 중 하나를 만족시키는 제품을 찾도록 해야 한다.

① 현재 만족되지 않은 욕구를 만족시키는 제품
② 공급의 부족을 만족시키는 제품
③ 유리한 조건 때문에 기존 제품과 성공적으로 경쟁할 수 있는 제품

(4) 사업성분석

모든 사업은 시행하기 전에 어떤 형태로든지 사업을 통하여 발생될 손해와 이익에 관한 분석을 실시해야 한다. 사업성분석은 흔히 수익성, 시장성, 기술성분석을 주요 내용으로 분석하게 되며, 고려하고 있는 사업이 공익과 관계되는 경우에는 사업성분석에서 이상의 3가지뿐만 아니라 공익성분석을 추가하여 실시한다.

보다 신뢰할 수 있는 사업성분석을 위해서는 기존 사업사례를 참조하고 나아가 희망 사업분야의 총투자 및 비용, 예상입지 및 상권분석에 대한 정보를 얻는 것이 좋다.

(5) 사업 인·허가사항 점검

누구나 자유롭게 경제활동을 할 수 있으며, 창업도 대부분의 업종에서는 특별한 규제나 제한 없이 할 수 있다. 그러나 특별한 업종은 관계 법령에 따라 사업개시 전에 행정기관으로부터 사업에 대한 허가를 받아야 하거나 행정기관에 등록 또는 신고를 해야 하는 경우가 있다.

창업하는 업종의 인·허가 대상 여부에 대해서 잘 모르면 시·도청에 알아보거나 '대한민국 정부' 홈페이지에서 '기업·경제'분야의 민원업무를 검색하면 해당사업에 대한 내용을 쉽게 찾을 수 있다.

(6) 인적·물적 자원의 조달과 구성

사업성분석에서 자신의 사업아이디어가 유망한 것으로 판단되면 이를 실행하기 위한 인적·물적 자원을 조달하여야 한다. 우선, 인적 자원의 조달은 창업팀을 만드는 데서 시작된다. 창업팀은 주로 활동목표 및 범위를 결정하고 제품을 설계하며 사업규모와 입지 선정, 공정·설비·건물의 선정, 소요자금액 및 자금 조달계획 등과 같이 새로운 사업시작에 주요한 의사결정을 수립해야 한다.

다음으로 물적 자원의 조달이 필요한데 여기서 가장 중요한 것은 소요자금의 조달문제이다. 창업에 필요한 자금은 자기자본에 의하거나 타인자본에 의해 조달할 수 있다. 타인자본에 의해 자금을 조달하여야 할 경우 정부의 다양한 창업자금지원제도를 활용하여 도움을 받을 수 있다.

(7) 사업계획서의 작성과 조직구조의 설정

인적·물적 자원의 조달이 이루어지면 구체적으로 수행하게 될 실행계획을 수립해야 한다. 여기에는 제품계획, 시장성과 판매계획, 생산 및 설비계획, 일정계획 등이 구체적인 활동의 내역별로 포함되어야 한다. 나아가 기업의 주요 기능에 따라 업무, 책임, 권한 등을 체계적으로 구분하고 이를 담당할 인력을 선발, 배치하여야 한다.

(8) 사업장 확보

한정된 자금으로 소규모 기업을 창업할 때, 사업장을 확보하는 과정 역시 자금 조달 못지않게 중요한 문제이다. 요즘은 많은 사업이 직·간접적으로 인터넷과 유비쿼터스 같은 IT기반 매체에 기반을 두고 있으므로, 이에 대한 인프라가 사업의 경쟁력을 좌우할 수 있다.

따라서 사업장을 구할 때는 저가이면서도 IT기반 인프라를 저렴하게 활용할 수 있는 곳을 찾게 되는데, 대학 부설 창업보육센터나 정부기관의 등록된 창업지원센터, 벤처기업집적시설 등을 알아보는 것이 좋다.

창업보육센터나 벤처빌딩에 입주하면 센터에서 제공하는 금융, 경영, 세무 등에 대한 여러 가지 컨설팅을 받을 수 있고, 정부에서 제공하는 정책자금에 대한 정보도 쉽게 얻을 수 있다.

(9) 사업자 등록

창업을 위한 사전 준비가 완료되면 관할 세무서에 사업자등록을 신청한다. 사업자등록은 사업장을 경영하는 세무서에 하는 것으로, 해당 서류를 제출하면 된다.

(10) 개업 준비

개업준비를 위하여 종업원의 채용과 관리, 점포운영을 위한 상품구매법, 점포의 효과적인 인테리어 방법과 매출증대를 위한 간판 활용법을 알아야 한다.

(11) 개업

소자본 창업성공전략과 점포운영전략, 소규모 사업의 홍보방법과 전략, 오픈행사 진행방법, 고객관리전략에 대하여 알아야 한다.

(12) 개업 후 세무상식

창업을 위한 기본절차를 완료하고 처음 부딪치는 문제가 세무업무이다. 규모가 있는 사업장은 경리 전문가를 채용하여 세무 업무를 처리하지만, 대부분의 소규모 사업장은 장부기장과 세금에 대한 신고, 납부업무를 세무사 사무실에 위임하여 처리한다.

2) 업종별 창업절차

사업을 구상하게 되면 여러 가지 문제에 직면하게 된다. 즉 업종의 선택, 사업자금의 규모, 자금의 조달처, 사업장 위치, 직원채용, 개인기업과 법인기업 형태 중 어느 편이 유리한가 등 결정해야 할 사항들이 많다.

이렇게 많은 문제들에 대하여 창업자는 결단을 내려야 한다. 창업자의 이러한 의사결정은 사업 성패에 대한 책임이 수반되는 일이므로 대부분의 경우 힘든 정신적 작업이다. 그래서 창업이란 종합예술 또는 종합과학이라고 하기도 한다.

사업을 하기 전에 최소한 창업의 기본절차에 포함된 사항 정도는 체크하는 것이 실패를 줄일 수 있는 방법이다. 창업에 대한 기본절차는 업종에 따라 다소 차이가 날 수 있으며, 특히 제조업을 창업할 경우 많은 준비절차가 필요하다.

(1) 업종의 개념

업종이란 업태와 종목의 복합어로, 업태는 제조업, 도·소매업, 서비스업 등을 의미하고, 종목은 취급 품목을 말한다. 예를 들어 컴퓨터를 일반 소비자에게 판매하는 사업을 하는 경우에는 업태는 소매업, 종목은 컴퓨터가 되며, 컴퓨터가 관련 기술력을 가지고 컴퓨터 수리를 전문적으로 하는 사업을 하는 경우에는 업태는 서비스업, 종목은 컴퓨터수리가 된다.

창업절차는 업종에 따라 많은 차이가 있다. 예를 들어 제조업을 창업하는 경우에는 다른 업종에 비하여 제품을 생산할 수 있는 공장과 기계설비, 기술 등이 추가로 필요하게 되므로 창업절차가 더욱 복잡하다. 따라서 창업의 기본절차를 설명하기 전에 업종에 대한 이해가 필요하다.

1 제조업

제조업이란 유기물 또는 무기물 재료에 물리적, 화학적 변화를 주어서 새로운 형태의 물품으로 전환시키는 활동으로 넓은 의미의 공업은 생산적 개념과 경제적 개념의 통합이다. 즉 농업, 수산업 등 1차산업에서 제공되는 원료를 가공하여 자연에 존재하지 않는 형태나 성질의 재화를 만들어 사용가치를 창조 증대하는 것으로 2차산업을 가리킨다.

통계청에서 작성하는 한국표준산업분류표에서는 제조업의 종목을 음식료품·담배 제조업, 섬유·의복·가죽제품 제조업, 목재나무제품 제조업, 펄프·종이제품 제조업, 화합물·석유·석탄·고무·플라스틱제품 제조업, 비금속광물제품 제조업, 제1차 금속산업 제조업, 조립금속제품 기계장비 제조업, 기타 제조업 등으로 분류하고 있다.

2 도·소매업

상품을 사고파는 유통업은 크게 도매업과 소매업으로 구분할 수 있으며, 이에 대한 구체적인 내용은 다음과 같다.

① 도매업

도매업이란 재판매 또는 사업을 목적으로 하는 소매업자 등에게 상품이나 서비스를 판매하는 데 관련된 모든 활동을 수행하는 업종이다. 도매업은 최종소비자를 대상으로 하는 소매업과는 다르므로, 소매업처럼 입지, 판촉, 점포분위기 등과 관련한 마케팅보다 오히려 넓은 상권을 대상으로 판매업을 수행하게 된다.

도매업은 크게 생산자, 즉 제조업자를 위한 역할과 소매업자를 위한 역할로 나누어 살펴볼 수 있다. 일반적인 유통과정을 보면 도매상은 여러 제조업자들의 제품을 구매하여 적정이윤을 붙여서 소매상에게 판매하고 소매상은 다시 이 상품에 이윤을 남겨서 소비자에게 판매하는 것이다.

예를 들어 우리가 일상 마시고 있는 콜라의 경우 소비자가 최종 소비하는 단계까지의 생산 및 유통과정을 살펴보면, 콜라 공장(제조업)에서 제품을 생산하여 전국 각 지역대리점(도매업)에 상품을 공급하게 되며 소매상인 슈퍼마켓에서는 도매상에서 구입한 콜라를 최종소비자에게 판매를 하게 된다.

결국 도매업을 하는 도매상은 생산과 소비를 조절하는 기능을 하게 되며 유통 생산성 향상에 기여할 수 있다.

② 소매업

소매업이란 유통경로 중 마지막 단계로 상품과 서비스를 최종소비자에게 직접 판매하는 활동을 말한다. 소매업은 점포판매 및 무점포판매를 포함하며 소수의 품종을 대량생산하는 제조업, 대량으로 판매하는 도매업과는 달리 소량으로 많은 종류의 상품을 취급하여 상품구성, 상품구매, 재고관리, 상품진열, 판촉활동 등을 펼치므로 제조업이나 도매상이 직접 할 수 없는 기능을 수행하게 된다.

최근 경제환경이 급변함에 따라 소매업의 판매방식도 매우 다양해지고 있다. 점포판매 또는 방문판매가 대부분이던 상품판매도 케이블 TV, 전화, 컴퓨터, 우편주문 등을 통한 무점포판매 등 새로운 판매기법을 활용하여 활성화되고 있다.

점포형 소매업은 일상적으로 가장 보편화된 판매방식으로 백화점, 대형 쇼핑센터, 슈퍼마켓, 편의점, 재래시장, 상점, 상가 등에서 판매하는 방식이다. 점포판매는 현재 우리나라 소매업의 90% 이상을 차지하고 있어 아직도 점포판매가 보편적인 판매방식임을 알 수 있다.

현재 급속히 성장하고 있는 무점포 소매업의 경우에는 TV홈쇼핑, 인터넷 전자상거래, 자동판매기 판매, 텔레마케팅 등이 있다. TV홈쇼핑은 TV를 통해 소비자에게 직접 제품과 서비스를 판매하는 것으로 홈쇼핑 채널을 통해 제품을 판매한다. 또한 인터넷상의 전자상거래는 컴퓨터 인터넷상에 제공되는 사이버 마켓에서 상품과 서비스를 판매하는 방법이다.

사이버마켓을 통한 판매는 국내는 물론 외국의 소매점에서 자유롭게 제품을 구매할 수 있어 매우 편리한 판매방법으로 각광받기 시작하고 있다. 장소와 시간적 제약을 받지 않으며, 소비자와 판매자가 모두 여러 단계에 걸친 부대비용을 절감할 수 있어 급속히 확장될 전망이다. 우리나라에서도 대부분의 백화점이나 소매업체들이 인터넷상에 사이버마켓을 개점하여 판매하고 있다.

그리고 자동판매기에 의한 판매는 이제 우리 생활에서 쉽게 접할 수 있는 대표적인 무점포 판매라 하겠다. 음료, 담배, 신문, 위생용품, 스낵 등은 오래 전부터 자판기를 통해 판매되기 시작하였고, 점차 판매제품이 확대되어 양말, 화장품, 티셔츠, 오디오 및 비디오테이프까지 확대되고 있다.

텔레마케팅은 전화를 사용하여 제품이나 서비스를 판매하는 것이다. TV・라디오 광고, 카탈로그, 직접우편 등을 통해 제품이나 서비스를 알게 된 소비자가 전화를 통해 주문하여 구입하는 형태를 취하고 있다.

텔레마케팅은 상품구매 권유에서 사후 고객관리까지 포함하며 시간과 공간의 제약을 뛰어 넘는 판매기법으로 각광받고 있다. 특히 시내 통화료가 저렴하여 전화로 소비자와 직접 대화를 할 수 있다는 장점이 있어 높은 광고비에 비하면 경제적이다. 그러나 소비자들은 아직도 물건을 직접 확인하지 않는 텔레마케팅을 신뢰하지 않고 있어 텔레마케팅이 아직 활성화되지 못하고 있다.

방문판매는 판매원들이 직접 소비자를 대상으로 가정방문을 통해 제품이나 서비스를 판매하는 방법이다. 방문판매는 소비자에게 점포를 방문하지 않아도 되는 편리함을 제공하고 있다.

3 서비스업

서비스업은 크게 나누어 개인서비스업과 사업서비스업으로 나누어진다.

개인서비스업이란 일반 개인을 고객으로 하여 각종 서비스(용역)를 제공하는 것을 말하며, 부동산 관련 서비스업, 여행알선업, 수리업 등이 이에 속한다. 반면 사업서비스업은 주로 사업체를 주 대상 고객으로 하여 각종 서비스(용역)를 제공하는 사업을 말하며, 한국표준산업분류표에 의하면 사업서비스업은 정보처리 및 기타 컴퓨터 운영 관련업, 연구 및 개발업, 전문과학 및 기술서비스업, 사업지원서비스업이 있다.

규모면에서 개인서비스업보다 사업서비스업이 더 크며, 업무 자체도 전문적이고 복잡하다. 따라서 사업서비스업은 법인 형태로 설립되는 경우가 많기 때문에 회사설립절차가 필요하며, 아울러 사무실 입지도 비교적 중요하다.

(2) 제조업 창업절차

제조업은 도·소매업에 비해서 풍부한 경험을 필요로 하는 분야이다. 따라서, 제조업을 경영하고자 하는 창업 예비자는 최소한 제조업체에 직접 근무한 경험이 있거나 간접적으로 깊은 관계가 있는 경우에 선택하여야 한다. 보다 사업성공률을 높이기 위해서는 제조업체에 근무하는 동안 생산, 관리, 판매의 3대 분야 중 적어도 2개 이상의 분야에서 직접 근무한 경험을 쌓아서 창업한다면 그만큼 성공 가능성은 높다고 볼 수 있을 것이다. 최근 경영환경상 종업원 구인난 등으로 제조업 경영이 어려운 현실을 고려하여 제조업 자체를 기피하는 예비창업자가 있는가 하면, 사업을 할 바에야 생산적인 제조업을 경영해야 하겠다는 확고한 경영철학을 갖고 있는 예비창업자도 있을 수 있다.

제조업 창업절차에 따라 창업자가 주의해서 살펴보아야 할 사항은 다음과 같다.

| 그림 2-1 | 제조업 창업절차

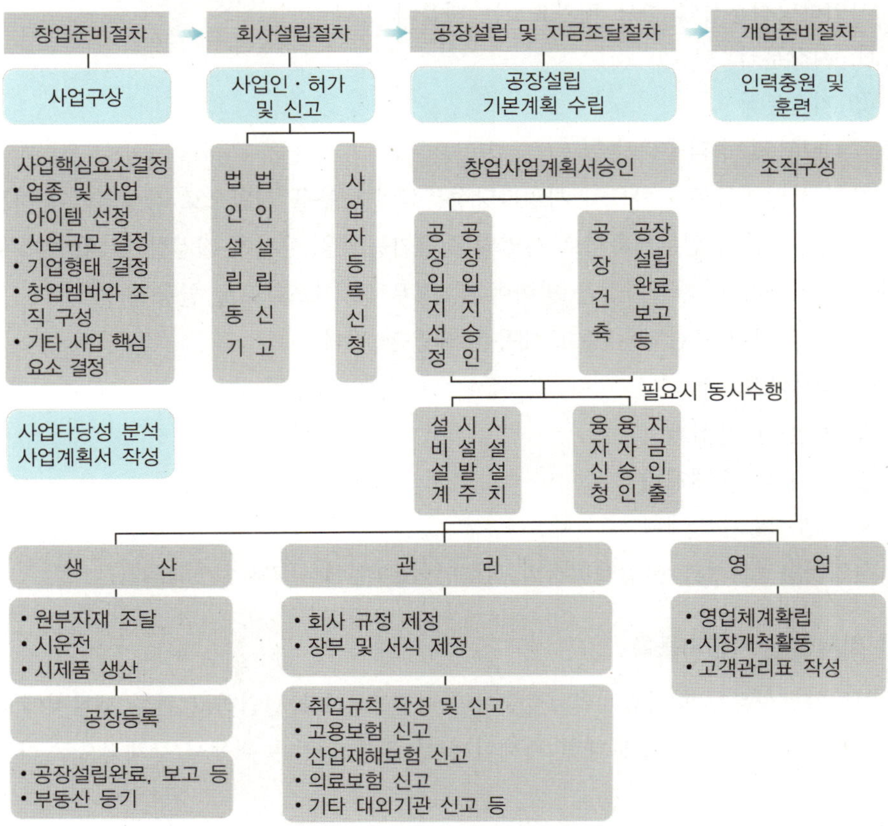

1 업종의 선정

업종의 선정은 사업 핵심요소의 결정에서 가장 중요한 항목으로써 사업의 성공 여부를 결정짓는 핵심요소이다. 그러므로 주어진 여건과 능력에 대한 정확한 판단을 기반으로 업종을 선택하지 않는다면 선택한 사업은 실패할 확률이 높다.

업종을 선택할 때 창업자가 고려해야 할 사항은 다음과 같다.

① 시장성과 경쟁력

② 육성/보호 대상 업종 여부

③ 초기투자비용

2 사업타당성분석 및 사업계획서 작성

사업 핵심요소가 결정되고 나면 사업의 성공 가능성을 평가하기 위하여 사업타당성분석을 하게 된다. 사업타당성분석은 많은 전문성을 요구하기 때문에 창업자 본인이 스스로 하기에는 힘든 점이 많다. 이 경우 전문가의 도움을 받는 것이 유리하다.

사업타당성분석의 중요 평가요소는 다음과 같다.

① 시장분석

② 기술분석

③ 재무 및 수익성분석

한편 사업계획서는 반드시 사업타당성분석의 내용을 기반으로 작성되어야 하는데, 이는 창업초기에 업무계획서로 사업의 성공가능성을 사전에 점검할 수 있으며, 투자자를 유치하거나, 자금지원을 받아야 할 경우 그 기초자료로 활용된다.

사업계획서에 포함되는 중요 내용은 다음과 같다.

① 회사개요

② 시설 및 생산계획

③ 구매 및 판매계획

④ 재무 및 수익계획

사업타당성분석과 사업계획서의 작성방법은 뒤에서 자세히 다룬다.

3 회사설립/사업자등록

사업타당성분석과 사업계획서작성이 끝나면, 회사를 설립하고 관할 세무서에 사업자등록을 해야 한다. 이에 대한 자세한 실무 진행 과정은 뒤에서 구체적으로 다룬다.

4 공장설립 및 자금조달

회사를 설립한 후 공장을 신축하거나 매입하게 되면 이 경우 필요한 자금계획을 수립하고 자기자금이나 은행차입금 등을 통하여 조달하게 된다.

5 개업준비

회사와 공장설립, 설비 및 자금조달이 끝나면 창업의 전체적인 골격이 완성된다. 이제 개업을 위한 준비를 해야 하는데, 이는 완성된 골격을 어떻게 운영할 것인지를 결정, 수행하는 창업절차다. 즉, 경영 각 부문(인사, 생산, 영업, 관리)에 대한 구성으로 원활한 사업수행을 위한 절차를 갖추는 것이다.

개업 준비 시 고려해야 할 사항은 다음과 같다.

① 사풍의 확립
② 원활한 업무 협조 및 일체감 조성
③ 사규 및 제도에 대한 공감대 형성
④ 효율적인 조직구성 및 운영
⑤ 관공서에 신고할 항목 확인 및 기간 내 처리

(3) 도 · 소매업 창업절차

도 · 소매업은 흔히 제조업이나 서비스업에 비해 비전문가가 도전하기 쉬운 분야로 알려져 있다. 도 · 소매업은 대개 중간 내지 최종소비자와 직접 만나는 분야이므로 어느 업종 못지않게 고도의 친밀성과 시장감각이 필요한 분야이다. 도 · 소매업이라고 하더라도 사업하기 어려운 분야와 쉬운 분야의 구별이 있다는 점을 알아야 한다.

도 · 소매에서 주로 다루는 소비재는 취급하는 품목에 따라 편의품, 선매품, 전문품으로 구분된다. 여기서 편의품은 손님이 근처 가게에서 사는 식료품이나 일용잡화 등이고, 선매품은 손님이 여러 가게에서 상품을 둘러본 후에 사는 가구나 의료품 등이며, 전문품은 취미에 따라 기호도가 높은 고급 의류나 귀금속 등이다.

이 중 편의품점은 대개 착수하기가 쉽고, 선매품점은 경험이나 상술이 필요하기 때문에 초보자인 사람에게는 어렵다. 전문품은 상품에 대한 전문지식이 필요하고 더군다나 자본금이 많이 들므로 신규 개업은 어렵다. 하지만 편의품이라도 정육이나 생선은 특수기능을 필요로 하기 때문에 어렵고, 선매품이라도 문구, 꽃, 스포츠용품 등은 취급하기 쉬운 편이다.

| 그림 2-2 | **도 · 소매업 창업절차**

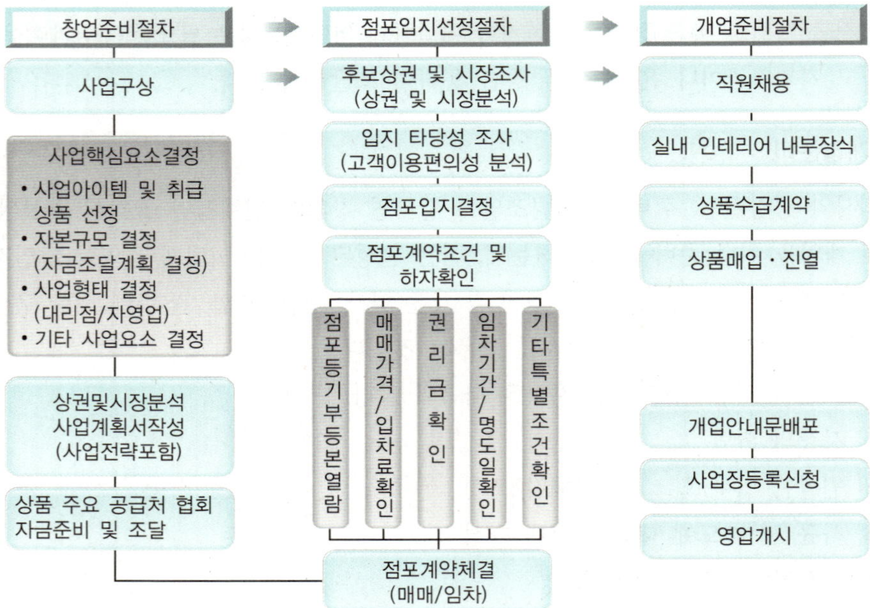

도 · 소매업 창업절차에 따라 창업자가 주의해서 살펴보아야 할 사항은 다음과 같다.

1 업종 선정

어떤 품목으로 창업할 것인가는 모든 창업자에게 중요한 과제이다. 그러므로 업종 선정은 신중한 자세로 다양한 정보와 자료를 분석하고 이를 바탕으로 실제 시장조사 과정을 거쳐 결정되어야 한다.

업종 선정 시 아래의 사항을 고려한다.

① 잘 팔리는 품목, 즉 시장성이 있는 업종을 선정해야 한다.

② 창업자 자신의 경험 범위 안에서 적성과 능력에 맞는 업종을 골라야 한다.

③ 취급하려는 품목이나 업종이 한창 번성하고 있는 쪽보다는 시장 적응을 끝내고 성장기에 접어든 비교적 새로운 것에 도전하는 것이 좋다.

④ 외상 거래가 가능하고 공급과 반품이 원활하여 재고 부담이 적어서 자금이나 상품의 거래가 부담이 적은 업종이나 품목을 택해야 한다.

2 인 · 허가사항 및 점포용도 확인

창업자는 창업 업종이 인 · 허가가 필요한 업종인지 아닌지를 파악하여 필요한 소정의 절차에 따라 인・허가를 취득해야 하며, 인・허가가 필요 없는 업종의 경우 사업자등록을 함으로써 영업활동을 할 수 있다.

또한, 점포 입지선정에 있어서도 점포 용도를 확인하여 창업 업종의 영업활동이 가능한지를 살펴보아야 한다.

3 상권 및 시장분석

상권이란 상점 또는 집단에 관계된 고객이 분포하고 있는 지리적 범위로 창업자는 신설 점포의 입지 선정 시 기존 상권을 선택할 것인가 아니면 스스로 독자적인 상권을 개발할 것인가를 결정해야 한다.

상권 및 시장을 분석하는 데 창업자가 참고할 사항은 다음과 같다.

① 창업 업종에 맞는 적절한 상권을 선택하기 위하여, 주 수요층, 유동인구, 도로상황, 경쟁점포 유무 등을 분석한다.

② 창업 업종의 매출성장 가능성 및 지역개발 가능성 등 상권에 영향을 줄 수 있는 요인들을 파악하여 장기적인 안목을 가지고 상권을 선택한다.

③ 이미 시장 상권이 형성된 곳이나 동종 업종이 모여 있는 상권, 업종 특색에 적합하고 시장개척 가능성이 높은 상권을 선정한다.

4 점포입지 선정

도・소매업은 소비자가 점포에 직접 찾아오지 않으면 상품을 팔 수 없으므로 입지 선정이 사업성공의 가장 큰 부분을 차지한다. 그러나 최근에 활성화되고 있는 인터넷 판매나 통신판매 등의 경우는 사무실만 확보하고 별도 점포를 갖추지 않는 것이 일반적이다.

입지 선정 시 고려해야 할 사항은 다음과 같다.

① 후보지의 환경에 대한 조사(해당 상권의 인구 수, 인구 구성, 세대 수, 소비수준, 목표소비자의 수 등)를 철저히 한다.

② 점포 후보지의 장래성(시가지 형성 상황, 주변 도시의 인구증가 속도, 도시 개발 계획의 유무, 도로의 신설이나 변경)과 경쟁업체의 유무 등에 대해서도 확실히 조사해 두어야 한다.

③ 새로운 점포가 창업자 자신의 능력에 적합한가를 사전에 확인해야 한다. 즉, 점포 보증금 및 권리금, 점포 임대기간 연장 가능성과 임대료 인상률, 창업자의 거주지와의 통근거리 등을 살펴보아야 한다.

④ 점포 규모의 적합성과 기존 점포와의 경쟁관계를 조사하여 주변의 여타 점포에 비해 규모면에서 경쟁력이 있어야 한다.

5 개업 준비

도·소매업에서는 종업원의 의식구조와 능력이 판매액에 직접적인 영향을 미치므로 신뢰를 바탕으로 인간적인 유대관계가 형성, 유지되도록 해야 한다. 그리고 상품 수급의 계약에 있어서도 적정가격에 안정적으로 공급받도록 문서로 계약하되, 주문방법, 납품방법, 가격, 발주 후 입고까지의 기간, 하차 및 진열 유무, 선수금, 하자 반품조건, 결제방법, 재고품의 반품방법, 유사상품을 취급할때의 계약조건, 계약기간, 수급 해약 조건, 위약금 등을 계약서에 명시하여 책임소재를 명확히 하고, 자금조달 범위 내에서 적정한 상품 종류와 적정 구매량을 발주한다.

점포의 내·외관 디자인은 고객이 노력하지 않고도 쉽게 점포를 발견할 수 있도록 해야 한다. 고객흡인형 점포는 고객이 외부에서 점포 내의 분위기를 느낄 수 있도록 설계하여 고객을 끌어들일 수 있도록 하고, 고객선별형 점포는 목표고객만이 점포 내로 들어오도록 점포 성격을 알릴 수 있는 외관 설계에 치중해야 한다.

(4) 서비스업 창업절차

서비스업은 창업자의 지식, 경험, 노하우 등이 사업에 직접 적용되는 업종으로 창업자의 능력 자체가 사업의 핵심요소이며 이들 요소가 수익력의 원천이 되는 경우가 대부분이다. 따라서 서비스업 창업자는 해당 분야에 대한 전문지식을 보유하고 있는 것이 매우 유리하게 작용한다. 서비스업을 영위하기 위해서 창업자 자신이 모든 업무 수행에 필요한 자격요건이나 능력을 갖출 필요는 없지만 최소한 사업 분야의 전체 흐름에 대한 이해는 할 수 있는 수준 이상이어야 한다.

서비스업 분야에서 새로 창업할 때 흔히 사업의 운영에 필요한 자격요건을 갖춘 이를 고용하고 스스로는 관리자 내지 경리의 역할에만 한정하고 있는 경우를 보는데 이는 그다지 바람직하지 못한 것이라고 여겨진다. 왜냐하면 창업자 자신이 업무에 정통하여 전체 흐름을 주도하면서 새로운 아이디어와 방향 제시로 사업을 이끌어 가야만 성공가능성이 높아지기 때문이다.

때로는 지금 현재 준비가 부족하나 어느 정도 준비기간을 가지면 사업 분야에 대한 이해와 실제 창업이 가능한 분야를 선정하는 것이 바람직할 것이다. 일반적으로 서비스업은 사무직 종사자 또는 지식산업 분야 종사자들에게 적합하다고 여겨진다.

| 그림 2-3 | **서비스업 창업절차**

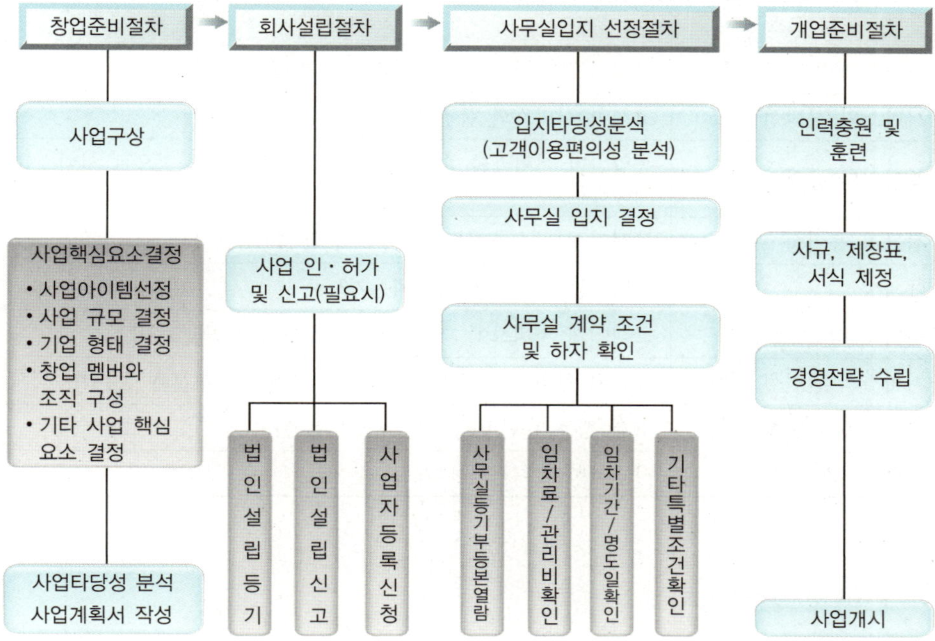

서비스업 창업에 소용되는 자금은 다른 업종에 비하여 비교적 적게 소요되어 초기 창업 비용은 사무실 개설비가 대부분이며, 이후 관리 업무비도 유지관리비와 인건비가 대부분이다.

음식점이나 그 외 서비스업도 도·소매업과 같은 분류가 가능하다. 또한 업종 중에는 주류 판매업이나 음식점처럼 허가가 필요한 것, 약국처럼 면허를 필요로 하는 것, 세탁업과 같이 신고를 필요로 하는 것 등이 있다.

인가나 허가를 필요로 하는 업종은 일정기준을 충족시키지 않으면 개업할 수 없다. 하지만 인가나 허가의 조건이 엄격한 대신 일단 개업한 후의 경영은 어느 정도 안정을 유지할 수 있으므로, 조건의 양면을 충분히 검토해야 한다.

소비자가 서비스의 품질을 평가하는 요소는 서비스의 종류에 따라 다를 수 있지만 일반적으로 [표 2-2]와 같은 내용의 질문에 대하여는 긍정적인 답변이 나올 수 있도록 해야 한다.

| 표 2-2 | **서비스 품질의 평가요소**

결정요소	내용
서비스의 차별화	경쟁업체와 비교하여 서비스는 차별화되어 있는가?
서비스의 신뢰성	고객이 서비스의 품질을 신뢰할 수 있는가?
종업원의 능력과 태도	종업원이 서비스를 수행할 능력이 있으며, 능동적으로 서비스를 제공하는가?
접근의 용이성	고객이 서비스를 쉽게 항상 이용할 수 있는가?
예의성	서비스는 친절하게 제공되는가?
서비스 정보 제공	고객에게 서비스에 대한 적절한 정보가 제공되는가?
서비스의 완전성	제공된 서비스에 불만스럽거나 의심스러운 부분은 없는가?
고객행동의 변화 파악	고객 행동의 변화를 파악하고 있는가?
사후서비스(A/S)	사후서비스는 적시에 제공되는가?

3) 인터넷 창업절차

인터넷 창업이란 창업을 함에 있어 인터넷 기반 활용을 통해 창업을 하는 것으로 컴퓨터와 인터넷 등의 정보통신 설비를 이용하여 재화와 용역을 소비자에게 제공하는 일련의 사이버 공간 창업이다. 즉 소비자가 현실세계의 백화점이나 슈퍼마켓에서 물건을 구매하듯 웹 브라우저를 이용하여 원하는 상품을 구하는 것을 말한다. 이러한

| 그림 2-4 | **인터넷 창업절차**

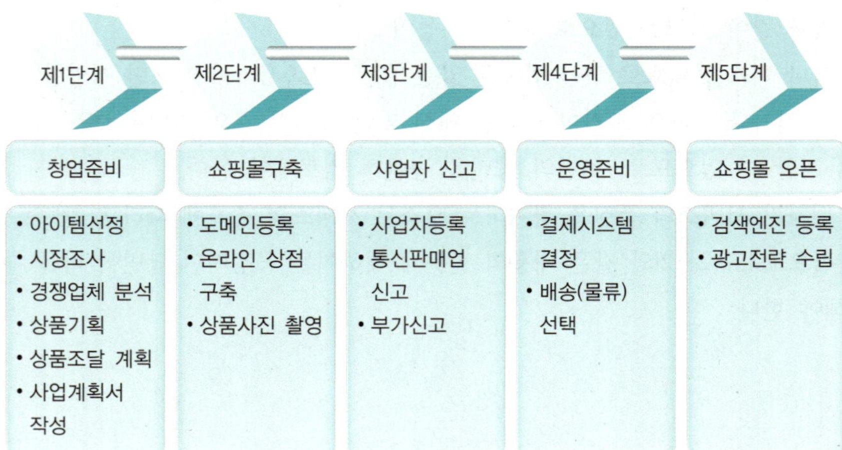

인터넷 창업의 종류는 다양하지만 가장 중심이 되는 창업이 쇼핑몰 창업이며, 쇼핑몰 창업을 정확히 이해해야만 성공적인 인터넷 창업을 할 수 있다.

(1) 창업준비단계

창업준비단계는 발로 뛰면서 정보를 수집하는 단계로 아이템 선정, 시장조사, 상품기획, 상품조달계획, 사업계획서 작성, 초도물품 구입 등이 포함된다.

1 아이템 선정

일반 창업의 아이템 선정이 중요하듯이 인터넷 쇼핑몰 창업도 안정적이며 높은 수익성이 예상되는 아이템 선정이 요구된다.

2 시장조사

후보 아이템이 선정되면 크게 온라인조사와 오프라인조사를 한다. 온라인조사에서는 그 아이템이 인터넷에서 잘 팔리는지, 전망이 좋은 아이템인지, 경쟁상태가 심한지 등을 기본적으로 조사한다. 오프라인조사에서는 상품을 눈으로 직접 보고 어떤 상품이 잘 팔릴만한 상품인지, 전체적인 트렌드는 어떠한지 등을 본다. 그 밖에 유통구조와 상품조달 방안을 파악한다.

3 경쟁업체 분석

창업할 아이템과 유사한 아이템으로 이미 사업을 하고 있는 업체에 대해 분석하는 것을 말한다. 경쟁업체가 어떠한 광고 전략을 이용하고 있는지, 고객에게 어떠한 서비스를 하는지 등 여러 가지를 분석하는 것이다.

4 상품기획

판매할 상품의 종류를 결정하고 어떻게 분류 및 조합할 것인가를 구상한다. 예를 들어 의류 아이템을 선정한 경우 성품 분류를 남성, 여성, 청소년, 유아 등으로 분류할 것인가 아니면 명품, 커플, 선물용 등으로 분류할 것인가를 생각한다. 판매하고자 하는 상품의 콘셉트가 없다면 성공할 가능성이 없기에 자신의 회사만이 가질 수 있는 특정 부분이 있어야 성공할 수 있다.

5 상품조달 계획수립

어떤 상품을, 어디서, 얼마만큼 구매할 것이가를 계획하는 일이다. 일단 유통시장을 나가서 확인하고, 쇼핑몰 강의나 각종 창업강좌 등을 통해 조달계획을 수립하여야 한다.

6 사업계획서 작성

사업계획서는 창업단계에서 사업타당성이 있다고 판단되었을 때 작성된다. 인터넷 창업 시 사업계획서를 만들어 보지 않고 창업을 하는 경우가 많은데, 창업에 관한 제반사항을 사전 검토 차원에서도 꼭 필요한 부분인 만큼 사업계획서 작성을 반드시 하도록 한다.

7 초도물품 구입

상품기획에 따라 초도물품을 구매하게 되는데, 중요한 것은 리스크를 최대한 줄이는 방향으로 초도물픔을 구입해야 한다는 점이다. 시장에서 고객이 원하는 상품이 어떤 것인지 잘 파악하여 초도상품 구입에 신중을 기해야 한다.

(2) 쇼핑몰 구축단계

쇼핑몰 구축단계에서는 도메인 등록, 쇼핑몰 운영 정책 수립, 쇼핑몰 제작유형 결정, 쇼핑몰 기획, 쇼핑몰 제작, 디자인 의뢰 등의 온라인상점 구축 과정과 상품사진 촬영 등이 포함된다.

1 도메인 등록

인터넷 창업을 준비하면서 제일 중요한 일 중의 하나가 도메인 등록에 대한 일이다. 창업 아이템에 맞는 도메인 이름을 설정하여 회사의 이미지를 구축할 수 있도록 한다.

2 쇼핑몰 운영정책 수립

회원 혹은 비회원 모두 대상으로 할 것인지에 관한 회원정책, 마일리지를 도입할 것인지, 환불은 어떤 기준에서 할 것인지, 배송료는 어떻게 부담할 것인지, 교환 시 배송료 부담은 어떻게 할 것인지 등을 결정하게 된다.

3 쇼핑몰 제작유형 결정

쇼핑몰을 제작하는 방법은 쇼핑몰 호스트를 이용하는 방법, 웹에이전시에 의뢰하는 방법, 개발자를 고용하는 방법 등이 있을 수 있다. 일반적으로 저렴하고 안정적인 쇼핑몰 호스팅을 선택한다.

4 쇼핑몰 기획

쇼핑몰의 카테고리를 정하고 상품진열 방법을 구상하며, 카피, 메뉴명, 이벤트나 기획전의 위치, 고객지원 안내방식 등의 쇼핑몰 화면을 기획한다.

5 쇼핑몰 제작

쇼핑몰 호스팅을 이용할 때는 사용설명서를 잘 읽어보고 제작방법에 대한 유료나 무료교육을 들어보면 별다른 IT지식이 없어도 쇼핑몰 기본골격을 만들 수 있다.

이런 골격을 잡아 놓은 후 웹디자인 전문가에게 부분적인 디자인을 의뢰할 수도 있다. 홈페이지는 본인이 직접 만들어도 되겠지만 인터넷 쇼핑몰은 디자인이 생명이라고 할 수 있을 만큼 중요하므로 가능한 전문가에게 맡기는 것이 나을 수 있다.

6 디자인 의뢰

쇼핑몰 호스팅을 이용해 메뉴 분류, 이벤트 방식, 사이트 맵 설정 등 기본적인 골격을 완성한 후 로고나 이미지로 제작된 타이틀, 배너, 약도 등을 웹디자이너에게 의뢰하면 된다.

7 상품사진 촬영

상품사진을 구하는 방법은 제조사가 제공하는 카탈로그나 이미지 사진을 이용하는 방법, 인터넷 쇼핑몰용 상품 사진 세트를 구입해 직접 촬영하는 방법, 사진 스튜디오에 맡기는 방법 등이 있으며, 서로 장・단점을 비교하여 결정하여야 한다.

(3) 사업자신고단계

인터넷 창업을 하려면 사업자 등록, 통신판매업 신고, 부가통신사업자 신고를 하여야 한다. 인터넷 쇼핑몰의 경우는 지방자치단체에서 통신판매업 신고를 먼저 해야 사업자등록증을 만들 수 있다. 사업자등록증은 세무서에서 발급하며 첨부서류는 통신판매업 신고증, 전월세계약서(무점포인 경우 본인의 집 계약서가 있어야 함), 도장, 신분증 등이 있어야 한다.

(4) 운영준비단계

운영준비단계에서는 결제시스템 선정과 물품배송에 따른 포장준비, 고객지원준비, 상품등록이 포함된다.

1 결제시스템 결정 및 배송 선택

결제에 따른 지불중계업체 신청은 쇼핑몰 호스팅업체에서 대행하며, 배송은 포장과 배송준비로 나눌 수 있다. 포장준비를 위한 배송용 포장용기는 아이템 크기별로 구입해야 하는데, 박스 전문 인터넷 쇼핑몰에서 구매할 수 있다.

배송준비는 택배사를 정하고 택배가격을 협의한 후 월 단위, 주 단위 혹은 일일 결제시스템 등을 협의하여 결정한다.

2 고객지원준비 및 상품등록

고객게시판은 어떻게 운영할지 등을 정하고, 쇼핑몰에 상품사진과 가격, 상세설명 등을 등록한다.

(5) 쇼핑몰 오픈단계

쇼핑몰 오픈단계에서는 검색엔진 등록, 광고전략 수립을 통해 판매를 할 수 있다.

1 검색엔진 등록

전체 방문자의 약 40~50%가 검색엔진을 통해 유입되므로 검색엔진을 등록할 때 제목과 설명문 작성에 관한 글들을 꼭 읽어봐야 한다. 대표적 검색엔진으로서는 네이버, 야후, 다음, 엠파스 등이 있다.

2 광고전략 수립

인터넷 사업에서 주로 사용하는 광고는 검색엔진의 검색어(키워드) 광고이다. 유료광고에 의존하면 마케팅 비용이 상승하므로 카페나 게시판을 이용한 무료 광고전략을 적극적으로 전개해야만 매출을 상승시킬 수 있다.

쉬어가기 | 한국표준산업분류

- 각 생산단위가 계속적으로 수행하는 생산적인 경제활동의 유형을 결정하는 데 사용하기 위하여 모든 생산적인 경제활동을 일정한 기준과 원칙에 따라 체계적으로 유형화한 것이 산업분류임.
- 각 생산주체의 산업활동에 관련된 통계자료의 수집, 제표, 분석 등 각종 통계목적에 모든 통계작성기관이 통일적으로 사용할 수 있도록 표준화한 것이 표준산업분류임.
- 한국표준산업분류란 "국내경제활동의 구조분석에 필요한 통계자료의 생산과 그 생산된 자료 간의 국내·외 비교분석 목적에 모든 기관이 통일적으로 사용하도록 국내의 산업구조 및 실태하에서 각 생산단위가 수행하고 있는 모든 산업활동을 일정한 분류기준과 원칙에 따라 일반적인 형태로 유형화한 것"이라 할 수 있음.
- 한국표준산업분류의 주요 목적은 산업활동에 관련된 각종 통계자료를 산업활동의 유사성에 따라 분류하고자 할 때 이용될 수 있는 일련의 산업활동 유형을 제공하기 위한 것이다. 이러한 목적에 따라 설정된 표준산업분류에 의하여 산업 관련 통계를 작성하여 이를 분석함으로써 경제 및 산업구조, 산업 간의 유기적 구성 및 상관성 등을 파악, 분석함은 물론 작성된 국내·외 통계자료 간의 비교도 가능토록 함.
- 세법에서는 사업의 범위 및 업종의 분류에 대하여 특별한 규정이 있는 것을 제외하고는 한국표준산업분류를 기준으로 하고 있음.

Chapter

3 사업 아이템 선정

학습목표

1. 창업 아이템 선정방법을 알 수 있다.
2. 수명주기별 아이템 선정방법을 설명할 수 있다.
3. 유망 아이템과 유행 아이템을 구별할 수 있다.

학습목차

1. 창업 아이템 선정전략
2. 업종의 발전단계 및 유망업종 찾기
3. 업종의 유형

Chapter 03

사업 아이템 선정

1 | 창업 아이템 선정전략

창업 아이템 혹은 아이디어는 창업자가 고객에게 제공하는 가치 중 제품 및 서비스의 속성을 의미한다. 즉, 무엇을 생산·판매할 것인가와 관련된 사항을 말한다. 기업의 생산물은 물리적으로 구체적인 형태를 가진 재화이거나 무형의 서비스일 수도 있다. 또한 신규의 발명품일 수도 있고 시장에 이미 나와 있는 기존 상품일 수도 있다. 반면 국내시장에 처음으로 소개되는 외국상품일 수도 있다.

오늘날 기업은 무한 경쟁환경 속에서 많은 기업들이 시장을 확대하기 위하여 부단히 노력하고 있어 단순한 모방이나 유행을 따르는 아이디어 정도로는 성공을 이루기가 쉽지 않다. 창업에 성공하기 위해서는 차별화된 아이디어 창출을 위한 많은 노력을 해야 한다.

1) 창업 아이템 선정절차

(1) 창업 아이템 탐색준비

자신의 경험과 지식, 동종업계 및 관련업계 근무경력 등에 의해 아이템을 탐색할 수 있다. 또한 친구, 친인척, 관련 분야의 전문가로부터 습득한 정보와 정보지, 신문, TV 및 인터넷 등에서 창업에 관한 구체적 정보를 입수하고 탐색할 수 있다.

창업 아이템 선정을 위한 정보탐색으로는 다음과 같은 방법이 있다.

① 자신의 경험이 있는 분야

② 자신이 관심과 흥미가 있는 사업

③ 매우 가까운 사람이 추천하고 도와 줄 수 있는 사업
④ 잘 아는 사람에게 묻는다.
⑤ 전망이 매우 좋다고 판단되는 분야
⑥ 창업강좌에 참석한다.
⑦ 신문, 잡지 등을 유심히 읽으며 사업 및 소비자동향을 읽는다.
⑧ 해외의 동향을 파악한다.
⑨ 프랜차이즈 사업을 고려한다.

(2) 창업 아이템 정보수집 및 분석

탐색한 정보의 구체적 정보수집을 위해서 각종 상담기관, 즉 소상공인지원센터, 창업관련회사, 창업컨설팅회사, 정부관련 기관 창업민원실 및 창업상담실, 해당업종 전문가를 통해 정보를 수집한다. 또한 아이템 성장 전망 및 창업자의 적성을 고려하여 창업관련 기관 상담전문가의 상담 및 분석을 통해 가능성 있는 아이템을 선별한다.

(3) 창업 아이템에 대한 정밀분석 및 사업성 검토

선별된 아이템에 대한 가족, 지인, 전문가의 다양한 의견수렴 후 종합된 의견을 반영하여 2~3가지 후보 아이템을 선별하고 순위를 결정하고, 예비로 선별된 아이템에 대한 사업성을 검토한다.

(4) 희망 아이템에 대한 구체적 경험 및 경영수업

창업을 희망하는 업종이 결정되면 그 아이템과 관련된 구체적인 경험을 해본다. 고객이 되어 직접 구매하여 보거나 해당 업종에 종업원으로 근무를 해보고, 유사 아이템의 창업자들과 면담을 통하여 아이템의 전반적인 분위기와 전망을 파악하고 창업 전략을 구체화한다.

최적의 사업 아이템이 선정되면 벤치마킹을 통해 성공한 창업기업과 우량기업에 견습기회를 가지고, 성공창업을 위한 경영수업을 받는다. 경영수업은 창업전문회사에서 유료로 제공되는 강의 및 소상공인지원센터 등에서 제공되는 무료강의를 적절히 활용하면 된다.

이상과 같은 창업 아이템 선정순서를 표로 정리해보면 [표 3-1]과 같다.

| 표 3-1 | **창업 아이템 선정순서**

순서	기본순서	준비 및 검토사항
1	창업 희망업종 정보수집	• 창업자의 경험 및 지식, 특히 동 업계 및 관련업계 근무경력 • 친구, 지인, 전문가로부터 습득한 정보 • 각종 관련서적, 업종별 전문잡지, 신문스크랩 등의 정보 • 각종 창업박람회 참여
2	이용 체험자 및 종사자 면담	• 벤치마킹 대상업체의 고객으로 구매활동 경험 • 대상업체 종업원과의 면담을 통한 업계의 전반적인 분위기 및 전망 파악
3	후보 사업 아이템의 구체적인 정보수집	• 각종 상담기관 • 업계·단체에 정통한 전문가로부터 정보수집
4	후보 사업 아이템에 대한 정밀분석 및 검토	• 성장성 및 창업자의 적성부합 여부 등에 대한 가족, 지인, 전문가의 의견청취 • 2~3개 아이템 예비선별 및 순위결정
5	사업타당성분석	• 사업 아이템의 적합도분석 • 기술성분석 • 시장성 및 판매전망분석 • 수익성 및 성장성분석 • 기타 사업타당성분석
6	업종 및 아이템 선정	• 최적업종 및 창업 아이템 선정
7	경영학습	• 동 업종 및 관련업종의 우량기업에서 견습기회 확보 • 성공한 창업의 경영노하우 습득
8	실제적인 창업준비	• 사업계획서 작성 • 창업자금 조달 • 창업 팀 결성 및 창업요원 확충 • 사업장 선정 및 확보 • 개업 준비

2) 창업 아이템 선정 시 유의사항

(1) 누구나 좋다고 느끼는 아이템 회피

누구나 좋다고 느끼는 아이템은 쉽게 경쟁자가 발생하고 경쟁자의 증가는 저가전략이나 할인전략 등으로 이어져 실속 없는 창업이 될 수 있다. 유망 아이템은 많은 사람들이 좋다고 생각하는 아이템이라기보다는 경쟁자의 참여가 어렵거나 소수의 경쟁자만 존재하여 분배의 이득을 얻을 수 있는 아이템을 의미한다.

따라서 독창적인 아이템이거나 모방하는 데 시간이 다소 걸리는 아이템을 선택함으로써 과열경쟁을 예방할 수 있는 아이템이면 최상의 아이템이다.

(2) 현재의 직장경험 및 자신 있는 분야

창업을 하고자 할 때 가장 중요한 것은 정보의 획득이다. 정보획득이 가장 쉬운 것은 자신의 직장경험이나 창업자가 자신 있게 할 수 있는 분야일 것이다. 예를 들어 컴퓨터 조립을 잘하는 학생이 컴퓨터를 못하는 학생보다 컴퓨터 관련 창업을 하였을 때 비교적 많은 정보를 획득할 수 있고, 관련 분야를 이해할 수 있는 능력이 월등하여 창업에 좀 더 자신감을 보일 것이다.

(3) 창업 아이템 결정의 신중성

어떤 일을 하고자 할 때 조급함은 실패를 자초하게 된다. 창업은 자신에게 새로운 도전이다. 아이템 결정에 신중성을 기하지 못하고 실패할 경우 창업에 투입되었던 창업자금은 큰 부채로 남을 것이다. 아이템 선정 시 하고자 하는 아이템에 대한 시장성 · 수익성 · 성장성 · 장래성 등을 심층적으로 분석하여 결정해야 한다.

(4) 하이테크형보다 하이터치형 아이템 선정

기술력을 보유하고 있지 않은 초보 창업자인 경우 하이터치형의 선택이 올바른 판단이다. 실제 특허제품이나 신기술, 신상품 아이템으로 사업을 시작한 창업자들이 성공하는 확률이 높지 않다. 그 이유는 새로운 제품에 대해 소비자가 인식하는 시간이 많이 소요되고, 그만큼 홍보 및 광고비용 지출이 증가되기 때문이다.

(5) step by step으로 사업아이템 선정

초기에 많은 투자를 하면서까지 큰 위험을 감수하며 창업을 할 필요는 없다. 작은 것에서부터 시작하는 자세가 필요하다. 큰 욕심은 큰 아픔으로 다가오기 때문이다.

(6) 경기의 흐름과 사양 아이템 파악

창업은 경제와 아주 밀접한 관계를 가지고 있다. 일반적으로 경기가 불황인 시기는 사람들이 지출을 줄이려고 하므로 상품에 대한 소비가 감소할 것이고, 반면 경기가 살아나 고용률이 높아지고 소득이 높아지면 소득 증가에 따른 지출도 많이 일어날 것이다. 창업을 할 시기는 소득이 증가되어 지출이 많이 일어나는 시기가 적당하다.

또한, 소비자들에게 점점 멀어지는 사양 아이템을 잘 파악하여 선정해야 한다. 사양 아이템인지를 파악하기 위해서는 창업전문가의 상담이나 폐업이 많은 아이템을 스스로 파악하면서 정보를 얻어야 한다.

| 표 3-2 | **창업 아이템 선정기준**

구분	고려사항
적성·능력의 적합 여부	• 해당업종에 자신감이 있는가? • 창업자의 선천적 적성, 성격에 맞는가? • 사업자 건강, 능력에 맞는가? • 해당업종에 경험 또는 사업수행능력, 지식이 있는가? • 창업자금 조달 능력은 양호한가?
시장성	• 입지가 해당업종에 적합한가? • 라이프사이클상 도입기 또는 성장기 업종인가? • 해당업종의 시장규모가 커지고 있는가? • 시장의 경쟁현황과 전망은 양호한가?
수익성	• 투자비용에 비해 수익 전망은 양호한가? • 손익분기점은 얼마인가?, 언제인가? • 일반금리보다 수익성이 좋은가? • 2~3년 내에 흑자실현이 가능한가? • 인테리어 공사비 등 고정비가 권리금화에 유리한가?
상품성	• 고객입장에서 가격에 비해 유용한 상품인가? • 고객에게 인기도, 경쟁력은? • 영업 및 A/S 가능 여부 • 상품조달 및 공급용이성 여부 • 상품관련 기술을 터득하여 개선할 수 있는가?
위험요소	• 해당업종 인·허가 문제에서 미비점은 없는가? • 경쟁업체, 거래업체와의 분쟁소지는 없는가? • 내적 요소(종업원, 상품조달, 반품 등)에서 문제의 소지는 없는가? • 추후에 원활한 자금조달이 가능한가?
기타사항	• 면허·허가·등록 유무 확인 • 위법성 업종 여부 확인 • 세무문제가 복잡하고 자료처리가 어려운 업종은 아닌가? • 흔하고 창업이 쉬운 업종이 아닌가?

2 | 업종의 발전단계 및 유망업종 찾기

1) 업종의 발전 단계별 특성

모든 업종이 도입기→성장기→성숙기→쇠퇴기의 정상적인 발전단계를 거친다고 볼 수는 없다. 유망업종이란 예비 창업자가 처해진 환경이나 자본규모에 따라 달라질 수 있으나 대부분 업종별 발전단계에 따른 도입기나 성장기 업종이 유리하다.

| 그림 3-1 | 업종 라이프사이클

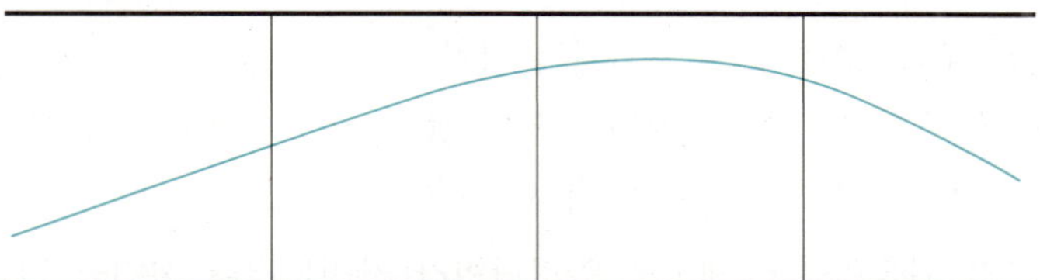

구분	도입기	성장기	성숙기	쇠퇴기
소 비 자	소비준비	소비시작	소비절정	소비위축
경쟁업소	미약	증대	극대	감소
창업시기	창업준비	창업시작	차별화	업종변경
매출	조금씩 증가	최고	평행선	하락
진행기간	1년차	2년차	3년차	4년차

(1) 도입기

도입기는 새로운 시장에 도입되는 시기로서 고객이 충분히 형성되어 있지 않아서 아이템의 홍보 및 광고에 주력하는 시기이다. 도입기는 시장 성공 가능성이 불확실한 상황이므로 많은 위험부담이 있고, 초보 창업자인 경우 실패할 확률이 높다.

(2) 성장기

초보 창업자에게 가장 적합한 시기로서 시장수요의 급격한 증가에 따른 매출과 이익이 증가하는 시기이다. 이 단계는 사업 전망이 어느 정도 시장에서 입증된 상태이기 때문에 많은 사람들이 창업에 뛰어든다. 창업에 성공하기 위해서는 기존의 아이템보다 추가적인 요소가 결합된 아이템이어야 한다.

(3) 성숙기

대부분의 구매자들이 충분히 알고 있는 상태이며, 경쟁이 치열해지고 매출성장률이 둔화되고 이익률도 계속 떨어지는 시기이다. 성숙기는 새로움보다는 안정적인 시장 형태를 갖게 되므로 새로운 아이디어보다 성실성과 풍부한 사회적 경험을 바탕으로 창업을 해야 유리하다.

비록 성숙기 업종이라 해도 동일상권 내의 업종의 밀집도에 따라 입점 여부가 결정된다고 볼 수 있으며 동일상권 내의 500m 이내에 유사한 업종이 없을 경우에는 입점해도 무방하다.

(4) 쇠퇴기

시장수요가 정체 또는 없어지는 시기로서 아이템의 전환 및 기존 아이템을 새롭게 구성하여야 한다. 쇠퇴기 아이템의 창업은 신중히 고려해야 할 것이며, 기존 사업자를 능가하는 전문지식과 경험이 있어야 한다.

쇠퇴기 업종이라도 새로운 아이디어가 가미되거나 시기를 달리하여 유망업종으로 재탄생하는 경우도 있다.

2) 유망 아이템 찾기

(1) 유망 아이템과 유행 아이템

1 유망 아이템

흔히 창업 아이템을 선정할 때 가장 중요시 여기는 부분은 바로 그 사업의 전망이다. 이는 달리 말해 '과연 이 아이템이 유망한가?'라는 문제로 창업의 핵심이 된다.

Tip 유망 아이템

유망 아이템 = 성장성이 있고 + 수익률이 높은 업종

현실적으로 이런 유망 아이템을 찾기란 거의 불가능하다. 만약 이러한 아이템이 있다면 이미 많은 업체가 성업 중에 있거나, 아니면 창업예정 중에 있을 것이다.

그렇다면 오히려 유망 아이템이라기보다는 실패율이 높은 업종으로 분류할 수 있을 것이다. 아무리 좋은 아이템이라 하더라도 경쟁자가 많은 업종은 실패할 확률이 높기 때문이다.

요약하면 유망 업종이란 돈벌이가 확실한 업종이라기보다는 실패율이 낮은 업종으로서 어느 정도의 부가가치가 있고, 기본시장이 존재하여 향후 수요확대의 여지가 큰 업종 정도로 해석하는 것이 적절하다.

산업구조, 산업의 발전과정 및 소비자의 소비패턴 변화로 보아 성공확률이 비교적 높은 업종과 작고 실속 있는 업종, 대기업이 참여하기 곤란한 새로운 사업분야, 기동성이 있는 사업분야, 자금조달능력에 부합하는 업종이 유망업종일 것이다.

2 유행 업종

소비자들의 인기가 집중하다가 다시 썰물처럼 사라지는 반짝 아이템을 말한다. 일반적으로 아이템에 대한 사이클이 불과 1~2년에 불과하며, 사회 전반의 변화나 발전 방향과 부합하지 못하는 일시적이고 생명력이 짧은 아이템을 의미한다.

| 표 3-3 | 유망 업종과 유행 업종의 특징

유망 업종	유행 업종
• 고정수요가 있는 업종(팬시점, 베이커리)	• 수요가 유행에 민감한 업종
• 검증절차가 끝난 업종	• 검증받지 않은 도입기 업종
• 세끼 먹을 수 있는 주식 아이템	• 간식용 아이템
• 비수기가 없거나 짧은 업종	• 4계절 장사가 아닌 업종/방학을 타는 업종
• 구매행위가 빈번하고 계속적으로 발생하는 업종(편의점, 종합분식)	• 수요 반복성과 지속성이 없는 업종
• 창업 후 관리하기가 편한 업종	• 창업 후 경상비용 지출이 많은 업종
• 야간 매출이 높은 업종(24시 편의점)	• 가동시간이 짧고 테이블 회전율이 낮은 업종
• 지속적으로 신상품 공급이 가능한 업종(만화 대여, 컴퓨터 게임장)	• 새로운 프로그램, 신상품 개발이 어려운 업종
• 시대 상황에 부응하는 업종(가격파괴점)	• 라이프사이클이 짧은 업종 • 국민적 정서/문화적인 환경에 맞지 않는 업종 • 국내 법규에 저촉되는 업종 • 문화 · 경제적 발전에 부응하지 못하는 업종 • 시설비용이 평당 250만 원을 초과하면 위험(창업비용에도 다이어트 필요)

유행 업종은 도입기에서 성장기와 성숙기를 제대로 거치지 않고 빠른 속도로 확산된 뒤 곧바로 쇠퇴기로 건너가 버리는 특성을 갖고 있다.

(2) 유망 아이템과 유행 아이템의 창업방법

1 유망 업종 창업방법

① 유망 업종의 판단

유망의 사전적 의미는 앞으로 잘될 듯한 희망이나 전망을 의미하는 것으로 창업 아이템을 선정할 때도 유망한 아이템인지를 고려해야 한다. 즉, 유망 아이템이란 성장성이 있고 장래성이 있으며, 창업의 목적 중 하나인 수익률이 높은 업종으로, 안정적인 매출 실현이 가능할 뿐만 아니라 자금회전율이 높은 업종이다.

- **성장성** : 유망 아이템은 창업을 통하여 해당 아이템이 장차 시장에서 성장할 수 있는 가능성이 있어야 한다. 성장을 통한 안정적인 매출이 예상되고 수익이 창출된다.
- **수익성** : 창업 아이템이 수익성이 없다면 유망 아이템이라고 말할 수 없다. 수익은 기업을 유지하고 기업의 규모를 확대하기 위한 밑거름이다. 미래의 높은 수익이 기대되지 않는다면 유망 아이템이라고 말할 수 없다.
- **안정성** : 안정성이란 일정한 상태를 유지하는 것으로 지금 당장은 수익이 낮아도 지속적인 안정적 성장과 함께 향후 수요가 확대될 것으로 예상되는 아이템이어야 한다.
- **자금회전력** : 자금의 흐름과 순환과정이 원활히 이루어져야 기업의 경영활동이 활발해 진다. 만약 외상거래가 빈번히 발생하거나 혹은 거래처로부터 자금회수가 제대로 이루어지지 못하면 사업 전개에 어려움이 발생한다.

업종의 시장성, 장래성, 경쟁력, 성장가능성, 실패탈출 방법 등을 종합 분석하다 보면 이 모든 기준을 다 만족시키는 업종은 없다. 따라서 자신의 객관적인 여건을 살펴보고 업종의 장·단점을 파악한 후 극복할 수 있다면 한두 가지 문제쯤은 무시하고 과감히 선택할 필요도 있다.

| 표 3-4 | 유망 업종 측정표

체크포인트	−10	−5	0	+5	+10
업계규모나 구조	☐	☐	☐	☐	☐
유통경로 · 거래관행	☐	☐	☐	☐	☐
업계의 역사	☐	☐	☐	☐	☐
업계의 성장성	☐	☐	☐	☐	☐
영업상의 특성	☐	☐	☐	☐	☐
외상판매비율	☐	☐	☐	☐	☐
수익성	☐	☐	☐	☐	☐
매출의 계절변화	☐	☐	☐	☐	☐
평균이익률	☐	☐	☐	☐	☐
최근 매출경향	☐	☐	☐	☐	☐
회전율(자금, 상품)	☐	☐	☐	☐	☐

※ 합산한 총점이 많을수록 유망업종의 가능성이 높다.
−10 : 아주 불리, −5 : 조금 불리, 0 : 보통, +5 : 조금 유리, +10 : 아주 유리

| 표 3-5 | 유망 업종 판단기준

구분	내용
업종의 성장성	• 사회적 흐름과 소비자 욕구가 일치하는가? • 잠재적 소비시장의 규모는 거대한가? • 성장곡선이 성장기나 성숙기의 출발선에 있는가?
투자 대비 수익성	• 총투자비용에 대한 월수익이 적절한가?(투자수익률) • 마진율은 높은가?
업종의 자금회전율	• 현금장사인가? • 외상에 따른 위험은 없는가? • 자금회전기간이 최대 6개월을 넘는가?
실패 시 자금회수율	• 시설투자비용이 과다하지 않은가? • 재고부담이 너무 크지 않은가?
안정성	• 자금이나 기술적인 면에서 신규참여가 용이한가? • 시장규모에 비해 과다경쟁이 있는 것은 아닌가?

2 유행 업종 창업방법(유행업종 단점 극복하기)

유행 업종이면서 성공률이 높은 아이템은 관련업종이나 유사업종과 함께 판매하는 복합마케팅이나 흡수마케팅 등의 마케팅 방법을 구사하여 단점을 극복하는 방법으로

창업하는 것이 좋다.

① **복합마케팅** : 선도수요창출, 판매수요 검토, 예비판매, 판매마무리, 판매 후 서비스, 거래선 관리 등 각 수요창출 과정과 소비자 규모마다 마케팅의 경로와 방법을 달리해 시장점유율 및 수익성을 극대화한다.

② **흡수마케팅**

- 캐릭터전문점(시장성이 약하다고 판단될 경우) + 팬시 · 문구
- 떡볶이전문점(간식업종) + 우동 · 국수
- 생선전문점, 콩요리전문점(가동시간이 짧은 경우) + 생선전골, 생선찜/콩찜이나 콩전골 같은 술안주용 메뉴나 세트 메뉴를 개발하면 한계극복 가능
- 궁합이 맞는 아이템

| 표 3-6 |

기존아이템	추가아이템	타깃고객
치킨	피자, 과일	어린이
PC방	커피숍	10~20대
비디오	DVD, 만화	가족
부동산	홈 클리닝	주부
냉면	설렁탕	가족
반찬	유기농식품	주부
피부관리	천연화장품	젊은 여성
아이스크림	커피	10~20대

3 기피해야 할 업종

① 이윤폭이 적은 업종

② 제품의 라이프사이클이 짧은 업종

③ 계절성이 강한 업종

④ 대기업과의 경쟁이 예상되는 업종

⑤ 수입상품과의 경쟁이 예상되는 업종

⑥ 투자에 비해 대금 회수 시 푼돈으로 수금되는 업종

⑦ 종업원을 구하기 어려운 업종

4 트렌드로 알아본 미래의 유망사업

<table>
<tr><th>수요의 동인</th><th>주요 트렌드</th><th>주요 유망사업 기회</th></tr>
<tr><td rowspan="3">인구 구조</td><td>고령화 사회 진입</td><td>• 시니어타운(노인주거공간 및 의료 · 레저서비스 등 제공)
• 라이프케어 서비스(노인 자산관리 등), 노인병원, 노화방지센터
• 홈 헬스케어 기기 및 서비스(상시 원격건강 모니터링, 건강 카운슬링 등)
• 시니어형 맞춤 레저 · 여행서비스, 맞춤형 리모델링</td></tr>
<tr><td>핵가족의 재분화</td><td>• 지능형 홈 시큐리티 단말 · 시스템 및 서비스, 유아에듀테인먼트, 애완동물전문점
• 인력공급 서비스(베이비시터, 조무사, 간병인, 가정부)</td></tr>
<tr><td>신 모계 사회의 도래</td><td>• 가사용 로봇, 홈 네트워킹기기 및 서비스, 가사지원 관련 각종 용역 서비스
• 성형클리닉, 피부관리클리닉(화장품 판매 및 피부진단 · 관리)</td></tr>
<tr><td>사회 가치</td><td>유비티즌의 보편화</td><td>• 웨어러블 컴퓨터, 디지털 시네마 솔루션, U(유비쿼터스)지갑, 명함
• 모바일 블로그, 온 · 오프라인 게임 테마파크, 온라인 카드(온라인상의 시큐리티 서비스)
• 스마트카드, 디지털 저작권 관리</td></tr>
<tr><td>라이프 스타일</td><td>삶의 질 향상 추구</td><td>• 복합리조트형 테마파크, 개인용 멀티플렉스 영화관, 아트센터 체인
• 개인맞춤형 · 자가진단 헬스케어 기기, 수륙양용 버스 · 택시(교통혼잡 회피,여가 등)</td></tr>
<tr><td>글로벌 환경</td><td>환경 · 자원 지배</td><td>• 친환경 주택(태양열 · 연료전지 등 주택), 대체에너지(태양열 · 풍력 · 연료전지)
• 친환경 자동차(연료전지, 수소자동차), 온실가스 격리 · 고정시스템
• 폐가스 · 폐전기 재활용 설비 · 시스템, 재난 · 재해예방 및 관리시스템</td></tr>
</table>

3 | 업종의 유형

1) 투자규모에 따른 업종

창업자금을 많이 투자했다고 해서 반드시 성공하는 것은 아니다. 창업자의 자금능력에 따라 투자범위를 결정하는 것이 바람직하다. 특히 초보창업자는 무리한 투자를 하기보다는 안정성을 우선으로 고려하여 창업을 계획해야 한다.

자금에 따른 선택가능 업종을 살펴보면 다음과 같다.

투자범위	특성	업종
2,000만 원 미만	주로 출장을 통한 영업 형태로 이루어지는 맨손창업	피자배달전문점, 사이버학습방, 청소대행업, 맞춤형비디오제작업
2,000만 원~5,000만 원 미만	능력과 아이디어로 진행하는 아이디어 업종	배달업종, 향기관리업, 홈스쿨사업, 베이비시터파견업, 침대청소업, 욕실인테리어업, 화장실유지관리업 등
5,000만 원 ~ 1억 원 미만	적극적이고 체계적인 마케팅이 필요한 점포창업	배달전문외식업, 가격파괴분식점, 천연화장품전문점, 현대식반찬전문점, 레고학습교실, 토스트전문점 등
1억 원~2억 원	외식업종 트렌드에 맞거나 신세대를 대상으로 하는 사업	베트남쌀국수, 스파게티, 아이스크림, 불닭, 퓨전삼겹살, 가격파괴미용실, 토탈미용서비스업, 카페형 PC방 등

2) 재활용 사업 업종

흔히 '4R 비즈니스'라고 불리는 재활용 사업은 불황 시기에 소자본으로 할 수 있는 인기업종 중의 하나로 리폼(Reform), 리필(Refill), 리페어(Repair), 렌탈(Rental) 등이 여기에 해당된다. 각 특성을 살펴보면 다음과 같다.

사업명	내용	대상업종
리폼(Reform)	수선을 통해 상품가치를 증진시켜 재활용	가죽수선, 욕실수선 등
리필(Refill)	소모품의 내용물을 다시 채워 재활용	컴퓨터 잉크충전, 화장품, 세제 등
리페어(Repair)	고장 부분을 수리하여 재활용	컴퓨터수리, 자동차수리 등
렌탈(Rental)	대여	운동기기, 정수기, 한복 등

3) 여성 창업 업종

여성이 창업할 수 있는 분야는 주로 여성의 생활과 밀접한 관련을 가진 업종이 대부분이다. 그러나 요즈음은 고학력 여성 인구가 증가하면서 전문 서비스 분야의 진출도 늘어나고 있다. 자금별로 여성 창업이 가능한 업종을 살펴보면 다음과 같다.

투자자금	업종
500만 원~ 5,000만 원 미만	공부방, 방문교육, 교습소, 레고홈스쿨, 방문논술지도, 아동속옷전문점, 모발관리점, 네일숍, 이유식전문점, 분식점 등
5,000만 원~ 8,000만 원 미만	손뜨개교실, 유기농식품판매점, 반찬점, 크리스탈공예전문점, 김밥전문점, 기계초밥전문점, 피자·치킨배달 등
8,000만 원 이상	천연향전문점, 허브전문점, 출산용품할인점, 애견용품전문점, 가격파괴피부관리점

4) 성격에 맞는 창업 아이템

성격	적합한 사업분야(아이템)	
외향 · 사교형	유통판매업, 세일즈사업 등 대인 접촉이 비교적 많은 업종	웨딩이벤트업, 인력공급 · 고용알선업, 여행알선 및 여행보조업 등 영업형 사업
내향 · 소극형	큰 영업활동 없이도 고객이 일상적으로 찾아오는 생활용품, 신변잡화 관련업종, 문화, 예술, 취미 산업 분야	아동의류 · 신발할인판매, 완구 · 팬시점, 생활용품판매, 꽃집, 여성의류, 실내인테리어, 홈패션, 숙박업, 정보제공업 전통찻집
침착 · 연구형	아동 및 교육사업, 컨설팅사업 등 지식업 분야	도서 · CD · 학습교재대여점, 체인학원업, 독서실, 어린이놀이방, 고시원, 산후조리원, 꽃집, 경영컨설팅업
탐구 · 아이디어형	발명사업가, 벤처사업가, 모험성 있는 미래지향적 업종	정보통신업, 과학모형기기전문점, 소프트웨어개발 및 공급분야
우직 · 인내형	외식업, 개인서비스업	단체급식전문업, 음식출장조리배달 서비스업, 채소 · 과일택배업, 자료전산처리업
고지식 · 원칙주의형	개인을 위한 사채금융, 전기 · 전자제품 및 주택관련 수리업 등 공급자중심형 사업	소규모 할부금융, 렌탈업, 컴퓨터 · 가전제품 수리업, 청소용역업, 가구리폼업, 자동차수리, 셀프세차, 통신판매
저돌 · 추진형	종업원 통제와 고객접대 노하우가 필요한 사업	건강 및 레포츠사업, 건설업, 주점업, 이삿짐센터 등

5) 건물 층별 적정 업종

지하 1층	• 업종 : 커피전문점, 노래방, 비디오방, 호프전문점, 중국집, 주점, 소주방, 인터넷PC방, 만화텔, 실내골프연습장, 포켓볼장 - 적정임차비용 : 지상 2층과 3층의 중간선이면 적절 - 환기시설이 지하영업의 사활 좌우 - 조명을 이용하여 가상창문을 만들어주면 지하라는 이미지 조금 탈피 가능 - 공기 정화에 신경을 쓰는 것은 물론 지하층이라는 답답함을 줄이기 위해 가능하다면 넓어야 함. - 지하로 내려가는 계단은 가능하면 일직선이어야 함(1층 입구에서 지하를 내려다 볼 때 바닥이 보이는 상태여야 좋은 지하층). - 한 계단의 높이는 15cm 이하가 좋음 - 화재를 대비할 비상구와 소화기의 비치가 중요
지상 1층	• 업종 : 커리떡방, 각종 의류점, 닭갈비, 레스토랑, 일식집, 피자, 패스트푸드점, 분식, 아이스크림점, 커피점, 서점, 미용실, 팬시점, 한복집, 세탁체인점, 장난감판매점, 우동 국수전문점, 편의점, 화장품점, 수입품전문점, 귀금속전문점, 건강용품점, 언더웨어점 등 - 지하나 2층보다 30~50% 이상의 매출이 추가로 발생 - 업종과 아이템에 대한 선택의 폭이 넓고 다른 층에 비해 성공지수 높음(음식, 의류, 도・소매업종은 반드시 1층이어야)
지상 2층	• 업종 : 미용실, 포켓볼장, 커피전문점, 전통찻집, 노래방, 비디오방, 인터넷PC방, 원룸텔, 호프집 - 계단의 모양과 위치가 중요 - 계단은 경사가 완만해야 하고 계단별 높이는 15cm를 넘지 않는 것이 좋다. - 입구 계단이 반드시 건물의 전면에 있어야 하며 옆에 있거나 뒤에 있는 경우는 피하는 것이 좋음
3,4층	• 업종 : 헬스센터, 고시원, 독서실, 당구장, 포켓볼장, 비디오방, 만화방 - 1, 2층에 비해 임차 보증금이 30~50% 저렴해서 초기투자비용이 줄어든다. - 휴게, 오락, 독서실, 여가공간, 임대 관련업종에 적합 - 소비자가 찾아가는 업종, 매출에 한계가 있는 업종에 적합
5층 이상	• 업종 : 커피전문점, 바(Bar), 골프연습장(옥상사용가능) - 반드시 엘리베이터가 있어야 함 - 특별한 경우를 제외하고는 5층 이상은 사업성이 없음 - 양도 시에도 어려움에 봉착할 가능성 높음 - 5층 이상은 전망을 중시하는 업종이 적합하다.

6) 유동인구 의존형 업종과 상주인구 의존형 업종

구분	업종
유동인구 의존형	• 음식관련 : 김밥전문점, 꼬치전문점, 닭갈비전문점, 분식점, 샌드위치점문점, 생우동전문점, 아이스크림전문점, 피자, 호떡, 패스트푸드, 돼지고기전문점, 라면전문점 • 도·소매 : 노브랜드의류, 시장제품, 액세서리, 팬시전문점, 양말전문점, 화장품, 캐주얼의류, 꽃집, 아로마용품 • 서비스 : 커피전문점, 칵테일전문점, 호프전문점, 소주노래방, 비디오방, 만화방, 포켓볼, 셀프세차장, 사무편의점
상주인구 의존형	• 음식관련 : 쇠고기전문점, 순대전문점, 부대찌개, 보신탕, 해물탕, 낙지요리, 냉면전문점, 중국집, 도시락전문점, 회센터, 버섯요리, 보리쌈전문점, 솥밥, 쌈밥, 국수전문점, 선식전문점 • 도·소매 : 브랜드의류, 언더웨어전문점, 잡화용품, 할인점, 편의점, 과일전문점, 생선전문점, 문구점, 건강식품, 농협식품전문점, 완구도소매, 캐릭터전문점, 사무용품전문점, 수족관, 정육점, 베이커리 • 서비스 : 미용실, 사진관, 탁아방, 교육학원, 컴퓨터게임장, 인터넷PC방, 비디오대여점, 만화대여점, 피부관리, 헬스클럽, 스포츠시설, 공부방, 독서실, 고시원, 실내골프연습장, 카센터, 실내어린이놀이터, 구두세탁소, 애완견센터

7) 집재성 업종과 산재성 업종

구분	특성	업종
집재성 업종	전문용품, 고가, 비교 구매를 위해 먼 곳에서도 상품을 사기 위해 찾아올 만한 업종	가구점, 한약재료상, 순대전문점, 애완견센터, 조류전문점, 악기점, 중고서점, 전자제품, 컴퓨터관련용품, 웨딩드레스전문점, 혼수전문점, 족발전문점, 의류상설할인매장, 중고품상가, 인쇄소, 출력센터, 기획사무실
산재성 업종	호혜업종으로 분류되는 업종끼리도 상권이 작을 때는 경합 업종으로 변화	약국, 편의점, 피자, 김밥, 커피, 도시락, 치킨, 생활용품전문점, 어린이관련용품점, 화장품, 팬시, 컴퓨터게임장, 당구장, 만화대여점, 만화방, 노래방, 호프전문점, 완구점

8) 상권별 아이템

구분	아파트상가	재래시장	신도시	역세권
음식 관련	• 배달전문피자점 • 치킨점 • 중국집 • 떡커리방 • 족발전문점	• 중저가횟집 • 족발전문점 • 치킨점 • 만두전문점 • 베이커리 • 떡집 • 호프집	• 치킨전문점 • 떡커리방 • 배달피자점 • 생선회택배점	• 서서먹는 우동국수집 • 2,000원셀프해장국 • 커리떡방 • 김밥전문점 • 골뱅이전문호프집 • 치킨전문점 • 종합분식점 • 토스트전문점 • 호프집 • 이동스낵카 • 1,000원 국수집
서비스 관련	• 노래방 • 미용실(여자) • 사우나 • 클리닝센터 • 독서실 • 탁아텔 • 사진전문점 • 부동산 • 책대여점 • 비디오대여점 • 만화대여점 • 컴퓨터게임장 • 완구렌탈 및 판매	• 중고용품전문점 • 사진관 • 클리닝센터 • 부동산 • 미용실 • 비디오대여점 • 만화대여점 • 컴퓨터게임장	• 탁아방 • 클리닝센터 • 카센터 • 애완견센터 • 미용실 • 부동산 • 한의원 • 학원 • 사진관 • 비디오대여점 • 컴퓨터게임장	• 학원 • 의류리폼 • 구두세탁소 • 남성전용미용실 • 컴퓨터게임장 • 노래방 • 인터넷PC방 • 월셋방임대사업 • 사진관 • 소호족미니사무실 • 탁아방
도·소매 관련	• 냉장과일점 • 정육점 • 슈퍼 • 편의점 • 문구팬시점 • 화장품 • 약국	• 유기농산물전문점 • 즉석식품전문점 • 정육점 • 냉장과일전문점 • 생선전문점 • 유제품전문점 • 반찬전문점 • 생활용품할인매장 • 지물포 • 문구점 • 서점 • 화장품 • 귀금속전문점 • 꽃가게 • 편의점 • 노브랜드의류점 • 언더웨어점 • 약국	• 중고용품위탁판매점 • 멀티팬시점 • 준생필품전문점 • 반찬전문점 • 정육점 • 지물포 • 서점 • 화장품 • 약국 • 편의점	• 캐주얼의류 • 서점 • 공동브랜드편의점 • 음식재료루트카 • 화장품할인점 • 안경점

<table>
<tr><th>구분</th><th>초중고교앞</th><th>오피스권</th><th>대학상권</th><th>고시촌</th></tr>
<tr><td>음식
관련</td><td>• 라면전문점
• 떡볶이전문점
• 종합분식점
• 김밥전문점
• 와플전문점</td><td>• 골뱅이전문호프집
• 순대국전문점
• 설렁탕전문점
• 보신탕전문점
• 삼계탕집
• 생고기전문점
• 삼겹살집
• 캐주얼횟집
• 김밥전문점
• 도시락전문점
• 부대찌개전문점
• 일식집
• 도시락이동판매
• 중국집
• 치킨호프집
• 종합분식점
• 막걸리전문점
• 빈대떡전문점</td><td>• 치킨호프
• 소주방
• 떡커리방
• 직영편의점
• 김밥전문점
• 호프집
• 종합분식점
• 중국집
• 막걸리전문점
• 라면전문점
• 주점</td><td>• 중저가호프집
• 소주방
• 김밥전문점
• 매식전문식당
• 막걸리전문점
• 치킨전문점
• 종합분식
• 중국집</td></tr>
<tr><td>도 ·
소매
관련</td><td>• 문구점
• 멀티팬시점
• 교복전문점
• 서점
• 편의점
• 안경점</td><td>• 문구점
• 꽃가게
• 화장품
• 안경점</td><td>• 서점
• 문구점
• 멀티팬시점
• 편의점
• 꽃가게
• 안경점</td><td>• 슈퍼
• 서점
• 문구
• 베이커리</td></tr>
<tr><td>서비스
관련</td><td>• 학원
• 미용실
• 사진관
• 독서실
• 인터넷PC방
• 만화대여점
• 컴퓨터게임장
• 당구장
• 포켓볼
• 스티커포토숍</td><td>• 사우나
• 사설우체부
• 카센터
• 찻집
• 당구장
• 월셋방임대사업
• 소호족미니사무실</td><td>• 클리닝센터
• 복사전문점
• 워드대행업
• 미용실
• 사진관
• 월셋방임대사업
• 포켓볼
• 당구장
• 사격장
• 인터넷PC방
• 스티커포토숍
• 화상미팅커피방
• 사주관상커피점
• 노래방
• 비디오방
• 사이버만화텔
• 소호족미니오피스텔</td><td>• 독서실
• 고시원
• 고시학원
• 부동산
• 워드대행 및 복사
• 월셋방임대사업
• 인터넷PC방
• 노래방
• 비디오방
• 포켓볼
• 당구장
• 사이버만화텔
• 컴퓨터게임장</td></tr>
</table>

구분	건물지하상가	학 원 가	동네상권	여자대학
음식 관련	• 순대국전문점 • 배달전문김밥집 • 배달전문종합분식 • 쌈밥전문점 • 삼계탕 • 중국집 • 골뱅이호프집 • 치킨호프	• 김밥전문점 • 종합분식점 • 중국집 • 라면전문점 • 떡볶이 • 커피전문점	• 치킨점 • 중저가횟집 • 커리떡방 • 족발전문점 • 분식점 • 만두전문점	• 와플전문점 • 김밥전문점 • 종합분식점 • 떡볶이전문점 • 커피전문점
도·소매 관련	• 슈퍼형문구점 • 화장품할인점 • 잡화할인점	• 문구점 • 서점 • 팬시점 • 편의점	• 편의점 • 정육점 • 과일전문점 • 지물포 • 화장품할인점 • 토이숍 • 노브랜드의류 • 약국	• 팬시점 • 문구점 • 캐주얼의류점 • 화방 • 화장품할인점 • 신발가게 • 향수전문점 • 액세서리전문점 • 꽃가게 • 편의점
서비스 관련	• 세탁소 • 단란주점 • 당구장 • 노래방 • 비디오대여점	• 컴퓨터게임장 • 당구장 • 포켓볼 • 사이버만화텔 • 인터넷PC방 • 노래방 • 비디오방 • 월셋방임대사업 • 독서실 • 복사전문점	• 클리닝센터 • 미용실 • 카센터 • 부동산 • 노래방 • 컴퓨터게임장 • 비디오대여점 • 만화대여점	• 사진관 • 스티커포토숍 • 순정만화방 • 미용실 • 복사전문점 • 워드대행업 • 월셋방임대사업 • 컴퓨터게임장 • 노래방

쉬어가기 | 무하마드 유누스(Muhammad Yunus)

무하마드 유누스는 1940년 방글라데시 치타공의 바투아(Bathua)라는 마을에서 보석 세공업에 종사하는 유복한 집안의 아들로 태어났다. 1960년 방글라데시의 다카대학교 경제학과를 졸업한 뒤, 풀브라이트장학금을 받고 미국으로 유학하여 1969년 밴더빌트대학교에서 경제학 박사학위를 받았다. 이후 1972년까지 미들테네시주립대학교에서 경제학과 조교수로 재직하였다.

1972년 귀국하여 치타공대학의 경제학과 교수가 되었으나, 국민 대부분이 빈곤에 시달리는 현실 속에서 경제학을 가르치는 일에 고뇌하였다. 1973년 20여 달러가 없어 고리대금업자의 횡포에 시달리는 인근 주민들에게 자신의 돈을 빌려주었고, 이것이 무담보 소액대출 제도인 마이크로크레딧(microcredit)의 시발점이 되었다.

처음에는 사비로 빈민들에게 담보 없이 빌려주다가 1976년 은행에서 자신이 대출을 받아 빈민들에게 소액대출을 하는 '그라민은행 프로젝트(Grameen Bank Project)'를 운영하였다. 그 결과 1979년까지 500여 가구를 절대빈곤에서 구제하였고, 이 성공에 고무되어 1983년 그라민은행을 법인으로 설립하였다. 극빈자에 대한 무담보 대출이었으나 회수율이 99%에 육박하여 그라민은행은 1993년 이후 흑자로 전환하였고, 대출받은 극빈자 600만 명의 58%가 절대 빈곤에서 벗어난 것으로 집계되었다.

'빈곤은 사회구조에 기인한다'는 생각에서 시작된 마이크로크레딧 운동은 빈곤퇴치 운동의 모범이 되어 세계 각국으로 전파되었다. 유누스는 빈곤퇴치의 공로를 인정받아 자신이 총재로 있는 그라민은행과 함께 2006년도 노벨평화상의 공동 수상자로 선정되었다. 이밖에 1984년 막사이사이상, 1994년 세계식량상, 1998년 시드니평화상, 2006년 서울평화상과 마더테레사상 등을 받았다.

Chapter 4

상권 · 입지분석(Ⅰ)

학습목표

1. 상권의 개념을 설명할 수 있다.
2. 상권 설정 방법을 열거할 수 있다.
3. 상권별 권장 아이템과 전략을 설명할 수 있다.

학습목차

1. 상권의 개념
2. 상권이론
3. 상권의 설정
4. 상권별 권장 아이템 및 전략

Chapter 04

상권 · 입지분석(I)

1 | 상권의 개념

1) 상권의 의미

상권(trade area)이란 개별점포가 재화와 서비스의 제공을 통하여 고객을 유인할 수 있는 지역적 범위를 말한다. 즉, 고객들이 이용 가능한 상점이나 사무실 등이 위치하고 있는 고객의 거주 지역으로 표현될 수 있다.

따라서 상권은 점포가 장사를 계속해 나가는 데 없어서는 안될 고객이 살고 있는 한정된 지역범위를 의미하며 특정 소매업체 또는 소매업체 집단에 의해 제시된 제품 계열 및 서비스 계열을 구매할 확률이 영이 아니며, 동일 업태의 경쟁 소매업체에서 구매할 확률보다 특정 소매업체에서 구매할 확률이 더욱 높은 잠재고객들을 포함하고 있는 지리적으로 경계된 지역을 의미하기도 한다.

상권과 비슷한 개념으로 사용되는 상세권(商勢圈)이라는 말이 있다. 상세권이란 어느 특정 상업집단(시장 혹은 상점가)의 상업세력이 미치는 범위를 말한다.

상권과 상세권은 동일한 의미로 사용되기도 하지만 상권은 한 상점이 고객을 끌어들일 수 있는 지역적 범위를 말하며, 상세권은 명동이나 남대문시장과 같은 상업집단이 고객을 끌어들일 수 있는 지역의 범위를 말한다. 명동에 있는 백화점들이 다른 곳에 개별적으로 떨어져 있다면 그들 각자의 실질적인 상권은 크게 줄어들 것이다. 하지만 명동지역에 있는 백화점들은 명동의 많은 다른 상점들과 함께 거대한 하나의 상업집단을 이룸으로써 전국적인 상권을 가지게 되는 것이다.

이는 '상가가 형성되어 있는 범위 전체' 또는 '고객이 흡인되는 지리적인 범위'로서 "상업활동을 하는 곳"을 흔히 명동상권이라고 표현하기도 한다.

상권을 설정함에 있어 중요한 요소는 고객들의 구매능력에 있다. 판매자가 일정한 장소에 상점을 개업하였다고 하자. 만약 고객들이 찾지 않으면 상권으로서의 의미가 없기 때문에 상권은 고객중심적 평가와 설정이 이루어져야 한다.

Tip

① **상권**(商圈) : 상업지역의 영향이 미치는 범위
- 面의 개념
- 역세권, 유흥가, 주택가, 학원가 등

② **입지**(立地) : 개별 점포의 內外 환경적 특성
- 點의 개념
- 음식업, 의류업 등 업종 특성에 따른 구분

(1) 상권의 정의 구분

미국마케팅협회(AMA)에서는 상권에 대란 정의를 보는 시각에 따라 3가지로 정의하고 있다.

1 판매자 입장

"상권이란 특정 마케팅 단위 또는 집단이 재화 또는 용역을 판매 또는 인도함에 있어서 비용과 취급 규모면에서 경제적이며, 그 규모가 어떤 경계에 의해 결정되어지는 범위"를 의미한다.

2 구매자 입장

"구매자가 적절한 재화 및 용역을 합리적으로 구매 및 발견할 수 있는 것으로 기대되는 지역적 범위"를 의미한다.

3 판매량적 측면

"특정 소매업체가 전체 매출액의 90% 이상을 실현하는 지역 범위로서 전체 매출액의 75%가 실현되는 지역을 1차상권, 추가로 15%의 매출이 실현되는 지역을 2차상권, 나머지 매출이 실현되는 지역을 3차상권이라고 한다.

(2) 상권의 구분

상권은 크게 지역상권(general trading area), 지구상권(district trading area), 점포(individual trading area)상권으로 구분된다.

1 지역상권

행정구역으로 나누어지는 광명시, 서울시, 부천시 등과 같이 도시의 구분과 일치하는 개념으로 사용한다. 도시 내의 모든 상권들을 합쳐 지역 상권을 형성하므로 지역 상권 내의 모든 업종은 고객확보를 위해 치열한 경쟁을 한다.

2 지구상권

지구상권은 지역 내의 여러 상권으로 구분되는 것을 의미한다. 예를 들어 서울상권은 동대문, 영등포, 강남, 신촌 등 여러 개의 지구상권으로 형성되어 있다.

3 점포상권

지구상권 내의 개별 점포들은 각가의 점포상권을 형성하고 있다. 1차상권은 전체 고객의 약 60~65%를 포함하며, 2차상권은 전체 고객의 약 20% 정도를 포함하고 있고, 한계상권은 기타 나머지 고객을 포함한다.

| 그림 4-1 | **상권의 구분**

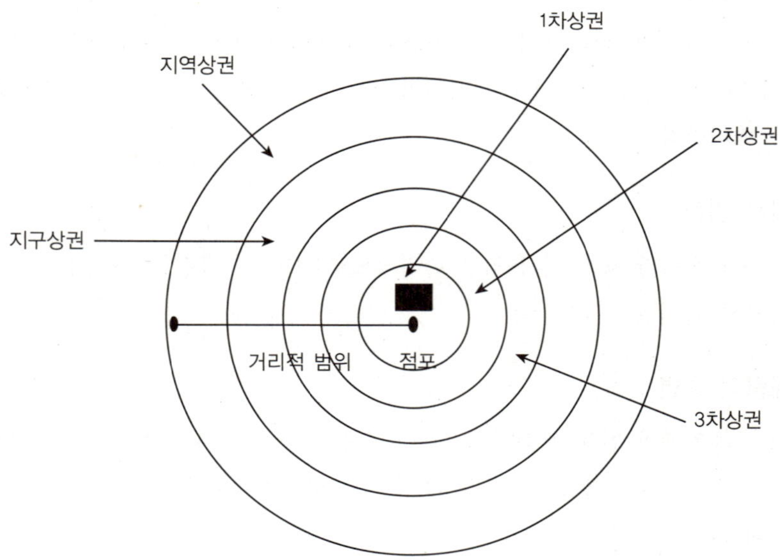

(3) 상권의 발전

① 국내상권은 3거리, 4거리 등 거리 중심으로 발달

② 1950, 60년대 전차정류장, 1970년대 버스정류장, 1980년대 이후 지하철 역 등이 상권의 중심지로 부각

③ 1990년대 후반부터 자가용 보급, 통신시설 발달 등으로 기존의 상업지역을 중심으로 한 상권 및 입지의 중요성 감소

④ 특히 외식업의 경우 패밀리레스토랑, 횟집, 한식집, 북한음식점 등 주차공간 확보, 점포 대형화로 인한 새로운 입지분석 방법 등장

2) 상권의 특징

상점의 입지는 하나의 개별점포 입장에서 보면 상점을 개설하기 위한 입지조건이 되지만 소비자의 입장에서 보면 상품을 구매할 수 있는 구매시점이다. 이 때문에 소매업이나 외식업 또는 유흥오락산업은 입지산업으로 불려지며 특정 지점에서의 입지선정은 소매기업의 성공과 실패를 좌우하는 아주 중요한 전략적 과제가 된다.

상권은 인위적으로 형성되는 것이 아니고 자연적인 흐름에 의하여 형성되는데 다음과 같은 특징을 가진다.

(1) 소매점의 영업범위는 거리적으로 한계가 있다

| 그림 4-2 |

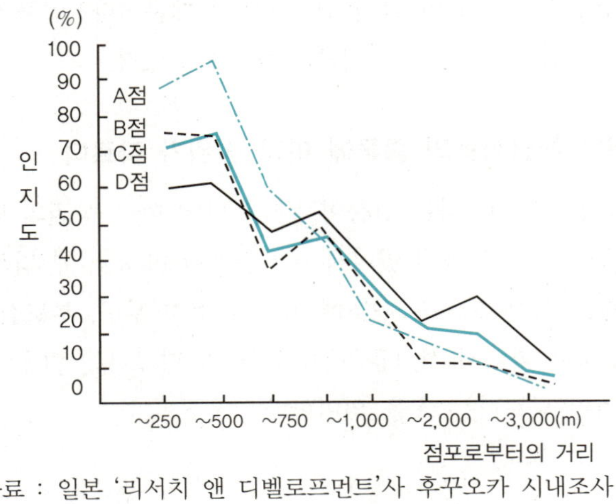

※ 자료 : 일본 '리서치 앤 디벨로프먼트'사 후꾸오카 시내조사 1972.

소매점의 상권의 크기는 상품 구색이나 가격, 서비스 등 상점 자체의 가치도 중요하지만 소비자와의 거리도 매우 중요하다.

[그림 4-2]는 일본 후꾸오카시에 있는 가전제품 판매점 4개사의 거리에 따른 점포 인지도를 조사한 자료인데, 이 자료를 통하여 거리가 멀어짐에 따라 일어나는 소비자들의 점포인지도에 대한 변화를 쉽게 알 수 있다. 즉, 500m 이내에서는 95%의 인지도를 갖는 상점이 1km 이내에서는 45%로, 2km 이내에서는 15%로 낮아지고 있는 것을 알 수 있다. 이러한 현상으로 보아 상품의 품질이 같고 애프터서비스를 받아야 하는 상품일 경우에 소비자들은 될 수 있으면 가까운데서 상품을 구입하려는 경향이 있다는 것을 알 수 있다. 그렇지만 최근에는 차량보유 가구의 증가와 맞벌이 부부의 증가로 소비자들의 구매이동의 범위가 점점 더 넓어지고 있는 실정이다.

(2) 소매점의 영업범위는 각 상점이 가지고 있는 특수한 입지조건에 따라 다르다

같은 상품을 취급하는 상점이라 하더라도 고립지역에 있는 상점보다는 시장이나 상점가에 있는 소매점의 상권은 넓으며, 주택가에 위치한 소매점의 상권은 좁다. 또한 인근에 강이나 하천, 큰 도로, 산 등이 있다면 이들의 위치에 따라서도 상권은 크게 달라진다.

한때 지방 각 도시의 큰 제과점들은 그들이 만든 과자를 아무런 제약 없이 잘 판매할 수 있었다. 그러나 도로가 발달함에 따라 그 녹기 잘하던 아이스크림조차도 서울에서 만들어진 것을 산간벽지에서도 쉽게 사 먹고 있다.

이외에도 수도권 주변의 수많은 재래시장들이 한결같이 고전을 면치 못하는 근본적인 원인은 교통의 발달로 상권이 크게 변경되었기 때문이다. 인구의 증가로 인해 현대화된 대형 쇼핑센터들의 등장으로 힘을 잃어 가고 있다.

(3) 소매점의 상권은 취급상품의 종류에 따라 범위가 다르다

같은 위치의 상점이라도 취급하는 상품이 무엇이냐에 따라 상권의 범위는 다르다. 소비자들의 구매이동에 관한 분석에 있어서 허치슨(Hutchinson)에 의하면 가정을 기점으로 발생하는 구매활동은 도시의 구조에 따라 거주지 부근, 부도심, 도심 등으로 구분된다고 한다. 상품에 따라서 사람들의 이동거리가 다르다는 것은 상품에 따라서 소비자들의 구매패턴이 다르다는 것을 의미한다.

2 | 상권이론

상권설정이란 고객의 흡인이 이루어지는 지리적 영역의 경계를 결정하는 것을 말한다. 개별상점의 상권설정은 자기 영역 내에서 자점(自店)의 시장침투의 정도를 평가하는 것이다.

상권을 측정하는 방법에는 크게 나누어 이론적 방법과 경험적 방법의 2가지가 사용되고 있다. 전자는 상권의 경계를 설정하는 데 쓰이며, 후자는 소비자시장의 침투 정도를 보다 정확하게 측정하는 데 사용된다. 하지만 여기에서는 상권이론, 경험적인 상권의 설정방법, 상권지도의 활용에 의한 방법 등으로 나누어 다루기로 한다.

1) 중심지이론

중심지이론은 상점들과 상점가 및 도시들의 계층적인 공간구조를 분석하는 기초적인 모델이 되고 있다. 중요한 전제로는 고객의 동질성, 공간의 균일성 및 소비자들의 거리 최소화이다. 고객의 동질성은 고객이 똑같다는 것을 의미하며 공간의 균일성은 목표로 하는 점포의 위치가 모든 소비자가 똑같은 방법으로 접근하는데 똑같은 시간이 걸린다는 것을 의미하며 거리 최소화는 소비자들은 가장 짧은 거리를 선호한다는 뜻이다.

크리스톨러(Christaller)가 발견한 규칙적인 상권의 육각형적인 구조는 많은 사람들의 관심을 불러 일으켰다. 지리학자들은 이와 같은 중심지이론을 소매부문의 공간 구조와 소비자들의 공간행동의 규칙성에 대한 법칙을 발견하는 데 사용하였다. 반면에 도시계획가들은 중심지이론을 이용하여 새로운 대형점을 개설하는 데 사용하였다.

중심지이론은 소비자들이 이동하는 패턴을 알 수 있는 장점이 있지만 다음과 같은 취약점을 가지고 있다.

① 자연공간을 지각공간(知覺空間)보다 중요시하였다.
② 상점 및 상업집단들 사이에 나타나는 질적 다양성을 무시하였다.
③ 공급과 수요 간의 균형을 전제로 하였다.
④ 복합적인 목적을 가진 여행들을 무시하였다.
⑤ 상점들의 상품 공급 행동을 전혀 참작하지 않았다.

⑥ 상점가에 대한 고객의 이미지가 상점가마다 반드시 일치하지 않는다.
⑦ 정해진 공간적 구매 형태에 바탕을 두고 있다.

중심지이론은 규칙적인 형태만을 통찰할 수 있는 구매이동 모델로 기본적인 분석면에서는 공헌을 했지만 소비자들의 선호와 같은 사회 · 심리적인 요소들을 다루지는 못하였다.

2) 소매인력법칙(Law of retail gravitation)

라일리의 법칙은 소매점의 상권을 측정하는 것보다 인접하고 있는 두 도시 간의 상권의 한계를 수치적으로 측정하는 방법으로 가장 오래된 것이다. 라일리의 소매인력의 법칙(小賣引力의 法則)이란 측정대상이 되는 2개의 도시를 A와 B라고 할 때, 2개 도시의 흡인력은 그 도시의 인구에 비례하고, 거리의 자승에 반비례한다. 이와 같이 소매인력법칙은 서로의 세력에 의하여 정해진 지점을 분기점으로 하여, 그 범위 안에 있는 지역 주민들을 자기 도시의 소매지역으로 흡인한다는 것이다.

이의 계산방법은 다음과 같다.

$$\text{A, B 양 도시의 중간 도시에 대한 소매인력의 비율} = \frac{B_a}{B_b} = \frac{P_a}{P_b} \times \left(\frac{D_b}{D_a}\right)^2$$

B_a : A, B 두 도시 사이의 중간도시로부터 A도시에 흡인되는 판매량
B_b : A, B 두 도시 사이의 중간도시로부터 B도시에 흡인되는 판매량
P_a : A도시의 인구
P_b : B도시의 인구
D_a : 중간도시로부터 A도시까지의 거리
D_b : 중간도시로부터 B도시까지의 거리

이러한 라일리의 법칙은 오늘날에도 많이 사용되고 있는데, 다만 이에 적용되는 지표만을 바꾸어서 사용하고 있다. 예를 들면 거리는 시간거리(운전시간, 교통기관의 발착빈도)로, 인구는 점포 수나 매장면적 또는 오락시설로 바뀌어 분석 목적에 따라 적용하고 있다.

3) 콘버스법칙(Converse's law)

콘버스의 법칙은 라일리의 법칙에서 발견되는 두 도시의 중간지역에 있는 정확한 지점을 발견하기 위하여 개발되었다. 즉, 분기점을 정확하게 결정하기 위하여 라일리의 법칙을 변형하였는데 분기점 모델의 계산방법은 다음과 같다.

$$D_b = \frac{D_{ab}}{1 + \sqrt{\frac{P_a}{P_b}}}$$

P_a, P_b : A도시와 B도시의 크기(人口)

D_b : 도시 B로부터 거래 분기점까지의 거리

D_{ab} : 도시 A와 B 사이의 거리

이 분기점 모델은 상업집단(상점가 혹은 시장)의 계층적 분류와 결합시켜 적용하는 것이 특히 효과적인 것으로 밝혀졌다. 그 이유는 각기 다른 등급의 상품들에 대해 각기 다른 수준의 경계선(분기점)들이 계산되어질 수 있기 때문이다.

4) 개별 상가의 소매인력법칙

이는 라일리의 법칙을 개별 상가에 적용한 것으로 분기점의 공식에 추가적으로 시간거리를 도입하고 인구 대신에 매장면적을 이용하여 분석한 것이다.

개별상가의 소매인력법칙에서는 인근에 있는 상가와 경쟁적인 관계에 있는 상가의 상권의 크기는 소매시설 규모에 비례하고, 운전시간거리의 자승에 반비례하여 주변지역의 고객을 흡인하는 것으로 보는 것이다.

$$x = \frac{n}{1 + \sqrt{\frac{O\text{상가의 매장면적}}{N\text{상가의 매장면적}}}}$$

x : N상가로부터의 소매인력의 분기점

n : N로부터 O까지의 운전시간거리

5) 허프의 모델(Huff's model)

라일리의 법칙과는 달리 개별 소매점의 고객 흡인력을 계산하는 방법에는 허프의 모델이 있다. 허프 모델은 소비자가 상점가를 선정하는 행동을 확률적으로 발견하기 위한 것인데, 상점가의 흡인력은 상점의 매력도에 비례하고 시간거리에 반비례한다는 가설 아래 만들어진 것이다.

허프모델은 미국 캘리포니아 대학교수인 허프가 로스앤젤레스 교외의 14개 쇼핑센터(상점가)를 선정하여 여러 단계의 실험을 거쳐 만든 것으로, 1979년 일본 통상성은 대형점출점 조정 심사지표로 채택하였다.

허프모델은 일정지점에 있는 소비자가 특정 상점가를 선택할 확률을 계산하는 방법은 다음과 같다.

$$i\text{지점의 소비자가 } j\text{상점가에 갈 확률} = P_{ij=}\frac{S_j}{T_{ij}\lambda} / \sum_{j=1}^{n} \frac{S_i}{T_{ij}\lambda}$$

P_{ij} = i지점의 소비자가 j상점가에 갈 확률

S_j = j상점가의 매장 규모(점포의 매력도)

T_{ij} = i지점으로부터 j상점가에 가기까지 걸리는 시간

n = 어떤 상품을 구매하느냐에 따라 소요되는 시간은 저마다 다른 영향력을 가지므로 실제의 조사결과에서 이의 효과를 결정하기 위하여 확립된 지수

3 | 상권의 설정

상권설정이란 특정 점포가 고객을 유치할 수 있는 지리적 범위가 어느 정도인지를 파악하는 것을 말한다. 상권은 업종의 규모에 따라 크게는 거래권(去來圈)과 판매권의 두 가지 개념으로 나눌 수 있다. 주로 도매업에서 사용되는 것으로 거래 대상이 되는 고객의 거주지 범위를 거래권이라고 하며, 소매점이 판매대상으로 삼고 있는 지역을 판매권이라고 한다.

1) 경험적인 상권의 설정방법

상권을 설정할 때에는 일반적으로 1차상권, 2차상권, 3차상권으로 구분하여 설정한다

(1) 1차상권

상점고객의 60~70%가 거주하는 지역이며, 고객들이 상점에 가장 근접해 있으며 고객 수나 고객 1인당 판매액이 가장 높은 지역으로 해당 지역의 소비수요 중 30% 이상을 흡입할 수 있는 지역을 의미한다. 식료품과 같은 편의품의 경우에는 걸어서 500m 이내가 되며 의류, 화장품과 같은 선매품의 경우에는 버스나 승용차로 15분 내지 30분이 걸리는 지역이다.

(2) 2차상권

1차상권의 외곽에 위치하고 있으며, 고객의 분산도가 아주 높고, 접근성이 용이하지 않은 범위로서, 점포고객의 15~25%가 거주하는 상권을 의미한다. 식료품과 같은 편의품의 경우 고객을 그다지 많이 흡인하지 못한다. 의류, 화장품과 같은 선매품의 경우는 버스나 승용차로 30~60분 정도 걸리는 지역이 포함된다.

(3) 3차상권

1, 2차상권에 포함되는 고객 이외에 나머지 고객들이 거주하는 상권범위로 고객들의 거주지역은 매우 분산되어 있다. 선매품이나 전문품을 취급하는 상점의 고객들이 5~10% 정도 거주하는 지역으로 점포에 미치는 영향이 미미하다.

2) 상권지도 활용에 의한 방법

상권지도는 상권 전체 규모와 경쟁점들과의 경쟁관계를 한눈에 볼 수 있도록 하기 위해서 작성된다. 상권지도에는 자기 상점의 위치와 경쟁력, 경쟁상점의 위치와 경쟁력, 수요의 규모와 질, 소규모 단위의 지역상권의 특성, 고객의 분포 등을 알기 쉽게 표현하는 것이 좋다.

다음은 일본 W사의 고객지도를 예로 들어 고객지도의 이용 문제를 살펴보기로 한다.

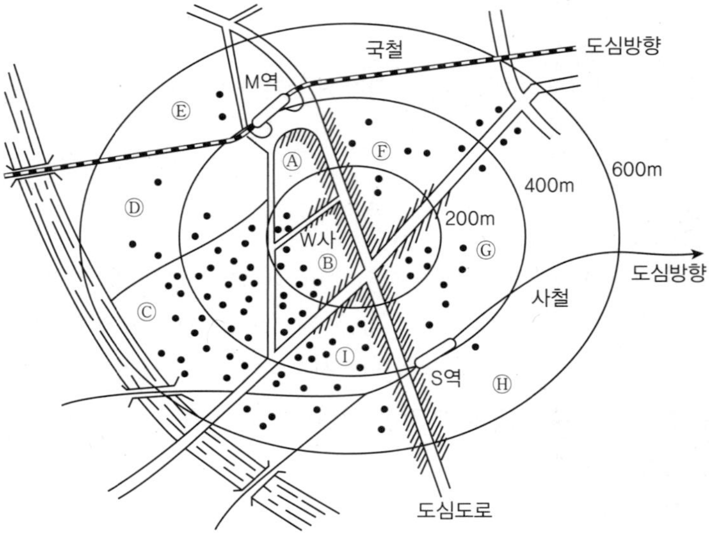

※ Ⓐ 번창하는 상점가 Ⓑ 상점가 뒤의 주택가 Ⓒ 주택가 Ⓓ 공장지역
Ⓔ 공장지역 Ⓕ 주택가(아파트) Ⓖ 고급주택가 Ⓗ 주택개발지역 Ⓘ 주택가

W사의 고객지도를 자세히 관찰하면 이용객은 B, C, I지구에 편재해 있는 것을 알 수 있다. 각 지구의 성격은 지도에 나와 있는데 A지구는 상점가, D, E는 공장 지대, H지구는 주택개발지역으로 인구분포가 적다. 문제는 F, G지구에 고객이 적게 분포되어 있다는 점이다. 이 지구는 교통량이 많은 차도를 건너야 한다는 문제가 있지만 지하도가 잘되어 있기 때문에 통행에는 큰 불편이 없다.

이 지구의 주민들이 W사를 잘 이용하지 않는 근본적인 이유를 살펴보면 다음과 같다.

F지구는 아파트 단지로 젊은층의 부부가 많이 거주하는데 이들은 시내에서 쇼핑을 하는 경향이 있다. G지구는 고급 주택가로 중저가를 위주로 하는 W사의 상품 구성은 그들에게 그다지 큰 호소력을 갖지 못하고 있다. 거기에다 상당수의 이 지역 고객들은 자가용을 이용하여 시내의 백화점을 많이 이용하는 경향이 있다.

3) 상권규모에 따른 구분방법

(1) 도심상권

도시의 핵심을 이루는 중심상권(역, 터미널 등 교통시설 중심이 보편적이며 재래시장과 대형 도매상가 등이 집중분포), 입지특성보다는 점주의 마케팅능력, 홍보, 소매업체와 제조업체와의 관계 등이 중요하다.

(2) 부도심상권

도심집중화 현상에 따른 부작용(교통, 주택난, 땅값상승 등)을 완화시키기 위해 정책적으로 육성하는 지역상권(주로 교통시설 집결지 위주로 형성되며 자치단체에 의한 장기 개발계획으로 형성), 대부분 광역시 이상 규모의 지역에 형성(서울의 경우 잠실, 영등포, 청량리, 강남역, 신촌 등)된다.

(3) 지역중심상권

지구중심 상권과 흡사한 기능을 가지지만 상권 규모가 큰 상권으로 통상 도시 전체이다.

(4) 지구중심상권

1~2개의 교통시설이나 인구집중 요인(관공서, 병원, 학교 등)이 포함된 상권, 행정구역상으로는 자치구의 중심상권이다.

(5) 근린주거상권

행정구역상 洞의 중심상권, 재래시장, 아파트 단지상가 등 집적상가 위주로 변화한다.

Tip 상권설정의 의미

① 근린주거상권에 해당하는 아파트 단지상가의 경우 입점가능 업종제한(슈퍼마켓, 제과점, 세탁소 등 15~20개)
② 상권 규모가 작을수록 널리 알려진 안정업종 중심의 창업이 유리하며 신종 업종은 지구중심 상권 이상의 지역에서 사업성 검증을 거치는 것이 타당

| 표 4-1 | 상업지 유형별 특징

유형		상업의 특징
근린형	분산형	• 소상권을 경영의 기반으로 하여 편의서비스를 제공한다. • 점포는 주택에 근접되어서 분산되어 있다(대형점 300㎡ 전후).
	집결형	• 거주인구의 집적이 커서 편의품 중심의 상점가가 결집하여 형성되어 있으며, 편의품의 비교/선택(품종, 가격, 선도)이 잘된다. • 1차상권의 신선식품 집객력이 높고 다른 업종에도 파급된다(대형점 1,000~1,500㎡의 슈퍼마켓).
지구중심형		• 지방소도시의 중심부에 형성되는 상점가 • 시의 동중심 블럭으로 형성되는 커뮤니티형 상점가 • 지구적 상권을 형성하여 실용적 준선매품 및 가족형 음식점이 합쳐진 제2차상권을 형성한다. • 생활전체의 기능은 충족된다(대형점 3,000㎡ 전후).
지역중심형		• 중간도시, 지방도시의 중심에 지역상권을 갖는 상업지의 양판점 • 지역시민의 다양한 요구 및 지역산업의 요구에 대응한다. • 지역성을 유지하고 거주주민의 애착이 있다. • 3차상권을 형성한다(대형점 7,000㎡ 전후의 쇼핑센터).
광역중심형		• 도청 소재지의 중심상업지, 대도시의 도심, 부도심적 상업지 중소도시를 포함하여 광역의 상권을 형성하여 대규모 사업집적을 이루고 있다. • 대도시간에 상권경계를 형성한다(대형점 20,000㎡ 이상의 백화점).
거점형		• 복수의 대량교통기관의 거점으로 형성된 상업지, 또는 하나의 사업 시설로서 상업기능을 충족하는 것(독립형쇼핑센터, 지하상가, 역, 빌딩, 상점가)
특화형		• 객층 특성에 맞추어 소수의 업종이 결집되어 특화된 상점가(전기용품가, 서점가, 관광가, 시장가, 음식가, 섬유가, 가구가, 공구가, 공장가, 업무가, 오락가, 영화가, 도매상가 등)

| 표 4-2 | 상업지 유형별 기능

상업지 특성		분산적 근린형	집결적 근린형	지구중심형	광역중심형
입지특성	상권 인구	반경 500~700m 인구 1만 명 이상	반경 1,000~1,500m 인구 2~3만 명 이상	반경 2,000~5,000m 인구 6~10만 명 이상	반경 10,000m 인구 30만 명 이상
	이용 수단	도보 90% 이상	도보 80~90% 버스, 자동차 10%	도보 50%, 교통기관 30%, 자가용 20%	교통기관 및 자가용 80% 이상
	객층	인근주부, 어린이 등 고객 80%가 고정고객	30대 행동적 주부 맞벌이주부 고정고객 80%	뉴패밀리, 학생, 직장여성, 샐러리맨, 고정고객 70%	하이틴, 청년, 청장년 상류주부층, 도시여사무원, 상류샐러리맨, 상류계층, 원격지고객

					고정고객 30%
	통행량	평일 3천 명 이상	평일 5~8천 명 오후 4~6시 피크 일요일 점증	평일 1만 명 이상 일요일 급증	평일 2만 명 이상 일요일 가족중심 급증
구매특성	구매습관/동기	매일 1,2 회 가깝고 편리함	주 2~3회, 가깝고 편리, 친근감이 있고, 값이 싸고, 선도가 좋음	주 1회, 월 2~4회 품질이 좋고, 상품이 풍부하고, 신용이 있고, 원스톱 쇼핑이 가능함	월 1~2회, 1년에 수회, 전문점이 많고, 신용 있고, 생활정보도 얻고 쇼핑을 즐김
	욕구분류	생활조건의 욕구	생활합리화의 욕구	관습적, 지역적, 문화적, 정보적, 사회적 욕구	사회적 욕망, 개성, 탁월, 신기, 유행, 문화, 정보 중심적 욕구
	구입상품	실용품, 필수품	실용품, 필수품, 보급품	준고급품, 준유행품	전문품, 고급품, 고액품, 유행품, 선물용품
입지특성	상업형태	가게, 생업적상점, 분산적상점, 소규모성	시장, 잡화점포, 편의품점, 중형슈퍼마켓	지구형 쇼핑센터 체인스토어 선매품, 편의품, 음식점, 혼합상가의 복수화	백화점, 대형점, 유명전문상가, 패션가, 문화품가, 음식가, 오락가
	업종구성	편의품점 30%, 선매품점 20%, 음식서비스 30%, 기타 20%	편의품점 40%, 선매품점 20%, 음식서비스점 30%, 기타 10%	편의품점 40%, 선매품점 20%, 음식서비스점 30%, 기타 10%	편의품점 10%, 선매품점 60%, 음식점 30%
	상가형태	상점이 점으로 분산	도로에 길게 형성 T자형	형태가 교차되어 상가를 형성	입체적인 넓은 공간
	상업형태	소규모성	중형슈퍼마켓	선매품, 편의품, 음식점, 합상가의 복수화	패션가, 문화품가, 음식가, 오락가
구매특성	분위기	상점과 고객과의 친근함	재래시장의 활발한 분위기	다양한 변화를 갖는 해방감	마음을 들뜨게 하는 해방감
	시설	가로등, 점포설비	가로등, 아치, 공동화장실, 안내판	칼라보도, 주차장, 공동간판, 휴게소, 가로수, 아케이드, 안내소	광장, 물, 공동간판, 휴게소, 아케이드
	이벤트	아동중심의 야간점포	주부중심의 아침시장, 산지직판	뉴 패밀리중심의 참가형 이벤트	젊은이 중심의 화제성 이벤트

4 | 상권별 권장 아이템 및 전략

창업을 희망하고자 하는 사람들이 가장 고민하고 있는 부분이 바로 아이템이다. 어떠한 창업 아이템을 선정하느냐에 따라 성공할 수 있는지 아니면 실패할 것인지를 판단할 수 있을 것이다. 또한 아이템을 선정함에 있어 특정 상권에 어떤 특정 아이템을 가지고 창업을 할 것인지에 따라 성공의 예측이 가능할 것이다. 예를 들어 유흥가 밀집지역에 학원을 창업한다고 하자. 과연 얼마만큼 성공을 할 수 있을 것인가, 즉 창업을 하기 위해서는 상권분석에 따른 업종과 아이템이 선정되어야 한다. 물론 인터넷 사업인 경우 장소적 제한이 없으므로 여기서는 점포중심의 창업으로 업종 및 아이템 선정에 중점을 두고 말하고자 한다.

1) 상권별 권장 아이템

염두에 두고 있는 지역의 특성을 파악하는 것은 상권분석을 할 때 가장 먼저 해야 할 일이다. 따라서 후보입지에 자신이 하고자 하는 업종의 분포도, 영업상태, 기타 다른 업종의 특성을 파악하여 상권의 발전 정도를 유추해 낼 수도 있다. 또한 지역의 특성에 따라 업종의 적합성을 검토할 수 있으며, 향후 개점 시에 영업전략도 수립할 수 있는 것이다.

(1) 주택지역

주택지역은 크게 아파트단지와 일반주택가로 구분할 수 있다. 두 지역 모두 가정과 밀접하기에 이와 관련된 업종으로 창업을 해야만 성공할 수 있다.

1 아파트상권

아파트단지 상가는 초기 자본금이 많이 들지 않아 초보 창업자에게 유리한 상권이며, 소비자들이 점포와 가까운 거리에 거주하기 때문에 아이템이 안정적이고 예상 수익에 있어 많은 보장을 받을 수 있다. 아파트상권은 생활패턴이 유사하여 구매 형태가 거의 일정하다.

• 생활패턴이 유사한 1천세대 이상으로 구매 형태가 거의 일정하다.

- 고가품이나 사치품이 아닌 일상 생활용품을 취급해야 한다.
- 가능한 한 단지주민과 유동인구를 흡수할 수 있는 점포여야 한다.
- 상가 점주들의 표정에서 영업이 잘되는지 안 되는지를 파악한다.

음식업	배달전문 피자점, 치킨점, 중국집, 떡집, 기타음식점
서비스업	미용실, 독서실, 어린이집, 사진관, 부동산, 책 및 비디오대여점 등
도 · 소매업	과일점, 정육점, 슈퍼마켓, 편의점, 문방구, 약국, 화장품 등

2 주택가상권

주택가는 배후지 세력이 다소 유동적이어서 생활수준의 정도와 인구밀도를 관찰하여 신중하게 판단해야 한다. 비교적 큰 돈을 벌기는 쉽지 않으며, 고정적인 매출확보면에서는 적당한 상권이다.

- 소비 형태가 도보로 이루어지기 때문에 입지가 대단히 중요하다.
- 배후지 세력은 1년 단위로 교체된다는 가정 아래 영업을 실시한다.
- 가능한 한 집적상가 내 위치하고 있어 업종 간 협력도 고려한다.

음식업	중저가횟집, 치킨점, 만두전문점, 베이커리, 떡집, 호프집, 분식점 등
서비스업	미용실, 부동산, 비디오대여점, 만화대여점, 카센터, 사진관 등
도 · 소매업	약국, 꽃집, 편의점, 생활용품 할인매장, 유기농산물점, 정육점 등

(3) 지하철 및 번화가상권

지하철상가는 사람의 왕래가 빈번한데 특히, 출 · 퇴근시간에 초점을 두어 매출이 일어나며, 번화가상권은 도심 속의 핵심상권을 의미한다.

① 지하철 역세권 상권

지하상가는 화려하게, 노면점포는 청결과 친절을 생명으로 한다. 통행인구의 습성과 특징을 고려하여 중 · 저가품을 취급하는 편이다. 이 상권은 음식점보다 판매업종이 유리하며 20～30대를 겨냥하는 것이 좋다.

- 도심 교통의 체증현상이 지하철역 상권을 강화시킨다.
- 사무실 밀집지역 근처 5평 규모가 적정하다.
- 지하상가는 화려하게, 노면점포는 청결과 친절을 생명으로 한다.

음식업	종합분식점, 이동스낵카, 국수집, 김밥전문점 등
서비스업	학원, 사진관, 구두수선점, 게임장 등
도・소매업	캐주얼의류, 서점, 화장품할인점, 안경점, 편의점 등

② 번화가상권

이 상권은 간판, 상품, 진열 등에서 사업장의 특색을 최대한 개성화시키는 것이 좋다. 고객층은 고정고객보다는 유동고객이 대부분이므로 친절을 중요시한다. 화려하고 특색 있는 사업장은 결코 어렵지 않게 영업이 가능하다. 대형극장, 패스트푸드점, 패션용품점 등이 많다.

음식업	모든 종류의 음식점이 다양하게 위치함
서비스업	사우나, 커피전문점, 테마카페, 당구장, 게임장, 노래방 등
도・소매업	문구점, 꽃집, 화장품, 안경점, 편의점, 패션내의점 등

(3) 학교 및 사무실 밀집지역

학교주변 상권은 학교의 밀집 정도와 학교의 형태에 따라 다르게 구분되며, 사무실 밀집지역 상권은 어떤 사무실이 밀집되어 있느냐에 따라 아이템이 다르게 적용될 수 있다.

① 학교주변 상권

학교주변의 상권은 학생들의 취향과 구매행동에 따라 아이템이 다르다. 특히 가격면에서는 고가보다 저가 위주의 아이템을 선정해야 하며, 학교의 성격에 잘 부합할 수 있어야 한다. 초등학교 앞에 주점을 할 수 없듯이 업종의 선택에 있어서 인・허가 사항을 사전에 잘 체크해야 한다.

- 판매대상이 고정적이기 때문에 구매단위 역시 고정적이다.
- 학생취향과 구매형태를 고려한 고도의 전문점이 필요하다.
- 학생들은 선택의 폭이 한정적이어서 고객관리를 우선해야 한다.
- 방학 등 비수기가 있음을 고려하여 정확한 수익성분석이 요구된다.

음식업	중국집, 라면전문점, 주점, 분식점, 커피전문점, 김밥전문점 등
서비스업	미용실, 학원, PC방, 사진관, 복사전문점, 노래방 등
도・소매업	서점, 문구점, 편의점, 안경점, 화장품, 할인점, 꽃집 등

② 사무실 밀집지역

사무실 밀집지역은 토요일과 일요일에는 판매가 거의 일어나지 않는다. 또한 주로 점심시간을 활용하는 면이 많고, 퇴근 후 직장인들이 모임을 함께할 수 있는 아이템을 선정해야 한다.

- 사무실 밀집지역은 주로 요식업 분야가 50% 이상을 차지한다.
- 지속적으로 변화를 추구하면서 영업을 전개해야 한다.

음식업	삼겹살집, 일식집, 점심을 위한 음식점, 호프집 등
서비스업	사우나, 카센터, 커피숍, 당구장, 기타 사무와 연관된 가게 등
도 · 소매업	문구점, 꽃집, 화장품, 안경점, 편의점 등

2) 상권 유형별 전략

상권 유형	업태	취급상품	전략내용
초대상권	특수전문점, 특수업종의 집적 하이퍼마켓	고급수입품, 모드(Mode)상품, 특수디자인상품	초광역권 내의 계절별 및 연간별 수요를 대상으로 하는 초점유형 전략
대상권	도심형백화점, 본격적인 전문점할인점	고급유행품, 중급음식	10~20km권 내의 월간성 수요를 대상으로 하는 저점유형 전략
준대상권	준도심 형백화점, 종합상품점		6~10km권 내의 주간성 및 월간성 수요를 대상으로 하는 저점유형 전략
중상권	양판점, 대형전문점, 주니어백화점, 일반전문점	문화잡화, 가정잡화, 대중유행품	5~6km권 내의 일상성 및 주간성 수요를 대상으로 하는 중점유형 전략
준중상권	복합점 슈퍼스토아		2~4km권 내의 일상성 및 주간성 수요를 대상으로 하는 중 점유형 전략
소상권	슈퍼마켓, 시장	식료품, 서비스계열, 일용잡화, 실용음료 등	1~2km(편의권) 내의 일상성 수요를 대상으로 하는 고점유형 전략
초소상권	편의점, 일반점	식료품, 일용잡화, 서비스계열	500~1km권 내의 일상성 수요를 대상으로 하는 고점유형 전략

쉬어가기 | 책 소개 : 소셜 비즈니스 실천기 '사회적기업 창업 교과서'

- 사회적 목적을 추구하면서 영업활동을 수행하는 기업을 흔히 사회적기업이라고 한다. 조직과 영리기업의 중간 형태로, 이윤극대화가 아닌 사회적 목적 실현을 위해 이윤의 대부분을 재투자하는 경우가 일반적이다.
- 가까운 이웃 나라 일본만 하더라도 민간영역에서의 사회적기업의 활동이 활발하다. 우리나라에서는 2007년 '사회적기업육성법'이라는게 제정됐다. 하지만 우리나라의 경우는 정부주도 형태로 사업을 추진하다 보니 민간과 개인의 영역에서 사회문제를 인식한 이들이 직접 그 문제를 해결할 목적으로 사회적기업을 시작하려 해도 마땅한 지원을 받기가 어렵다.
- 이 책 「사회적기업 창업교과서」의 저자 야마모토 시게루는 일본에서 젊은이를 지원하는 NPO 법인 뉴베리(NEWVERY)의 대표다. 최악의 취업 불황기를 경험한 뒤, 젊은이들이 미래에 희망을 가질 수 있는 사회를 만들겠다는 일념으로 소셜 비즈니스에 투신했다. 일본의 사회적 문제인 청년 무직자들의 자립·자활을 돕는 라디오 방송국을 운영하는 등 왕성한 활동을 이어가고 있다.
- 일본에서 가장 주목받는 청년 사회적기업가 야마모토 시게루가 내놓은 소셜 비즈니스 실천기 「사회적기업 창업교과서」는 "소셜 비즈니스란 무엇인가"라는 극히 기본적인 물음에서 출발해 "어떤 일부터 시작할까", "어떻게 자금을 모을까", "실제로 사업을 시작하기 위해 어떻게 하면 좋을까"에 이르기까지 각 단계를 순차적으로 알기 쉽게 설명하고 있다.
- 특히 한국사회에서 민간과 개인이 할 수 있는 실질적인 의미의 사회적기업을 창업하려는 독자들이 큰 도움을 받을 수 있다.

〈자료출처 : naver〉

Chapter 5

상권 · 입지분석 (Ⅱ)

학습목표

1. 상권 · 입지분석 절차를 설명할 수 있다.
2. 입지의 선정요령을 말할 수 있다.
3. 입지를 선정할 때의 체크포인트를 열거할 수 있다.

학습목차

1. 입지의 개념과 특성
2. 상권 · 입지분석 절차 및 방법
3. 입지의 선정요령
4. 입지선정 시 체크포인트

Chapter 05

상권 · 입지분석(Ⅱ)

1 | 입지의 개념과 특성

1) 입지(Location)의 개념

점포형 사업을 하려는 사람들이 창업을 준비하는 단계에서 가장 먼저 시작해야 할 일은 점포를 구하는 일이다. "소점포 사업은 입지산업이다", "목을 잘 잡아야 성공한다", "점포의 입지는 성공의 80% 이상을 좌우한다"라는 말에서도 알 수 있듯이 입지 선정은 무엇보다 중요한 부분이다. 하지만 그 중요성만큼이나 실제로 목이 좋은 점포를 구하는 일이 쉽지는 않다.

입지란 통상 점포의 위치를 말하는 것으로서 어떠한 것이 장소를 점하고 있는 상태로서 정적이고 공간적인 개념이다.

2) 입지의 특성

(1) 소득계층에 따른 입지

경제의 발달은 상류층으로 하여금 가격보다는 만족의 정도를 중류층에게는 가격이나 만족보다는 실용의 정도를, 하류층에게는 낮은 가격의 상품을 선호하게 하였다. 이에 따라 부유층 입지에는 조그마한 슈퍼마켓이나 소매점을 찾아볼 수 없으며, 반면에 중류층과 하류층이 구분되는 지역에는 소규모의 재래시장을 포함한 다양한 상점이 분포되어 있다.

(2) 임대료 수준과 입지

도심 상업지역은 토지공급의 제한적인 측면 때문에 토지의 수요가 공급보다 많아 임대료가 가장 비싼 지역이다. 이에 따라 수익성이 높은 업종이 밀집이 되어 있다. 반면에 임대료 수준이 낮은 외곽지역에는 이윤이 낮은 상품을 취급하는 소매점의 분포 비중이 높다.

| 표 5-1 | 소매전략의 대안

하방전략	상방전략
• 낮은 임대료의 입지 • 서비스를 제공하지 않거나 제공시에는 추가요금을 받고 제공 • 간소한 가구 집기류 • 간소한 판매원조직 • 촉진상 가격의 강조 • 셀프서비스 • 밀집형 점포 내부 • 다품종의 상품 진열	• 임대료가 비싼 중앙업무지구에 위치 • 가격 속에 고수준의 서비스비용 포함(배달, 선물포장, 장식 등) • 정교한 고급가구, 전자제품 • 복잡한 판매원 조직 • 촉진상 가격을 강조하지 않음 • 제품실연 • 넓은 점포 내부 • 대다수의 상품은 후방에 있음

2 | 상권 · 입지분석 절차 및 방법

1) 상권 · 입지분석 절차

입지분석의 절차는 크게 2단계로 구분된다. 먼저 1단계에서는 점포가 위치할 일반적인 위치인 지역이나 지구를 결정하고 그 위치에서 형성될 상권을 분석한다. 2단계에서는 설정된 지역이나 지구 내에서 점포가 위치할 만한 특정 지점을 선정하고 분석한다.

(1) 일반적인 위치 선정(지역, 지구)

일반적인 위치 선정은 지역 선정과 지구 선정으로 구분할 수 있다. 이 경우 지역과 지구의 명확한 구분은 어렵지만 지역은 지구보다 더 넓은 지리적 범위를 말한다. 예를 들어, 서울 역삼동 주변에서 연쇄점을 하기로 결정을 했다면 서울이 지역에 해당되고 역삼동이 지구에 해당된다고 볼 수 있다.

일반적인 위치 선정에 있어서 지역과 지구로 나누어서 생각하는 이유는 먼저 넓은 지역을 선정하고 점차 범위를 좁혀 나감으로써 점포위치를 구체화시키려는 뜻에서이다.

1 인구분석

인구분석은 취급상품을 구매할 수 있는 인구가 충분한가를 파악하는 절차이다. 이를 위해서는 먼저 상권 내에 거주하는 인구 또는 활동하는 사람들의 수를 조사해야 한다. 다음으로 이들의 소득수준, 교육수준, 직업, 생활패턴 등을 파악하여 이용 고객이 충분한가를 최종적으로 분석한다.

2 구매력분석

점포사업의 경우 상권범위에 있는 고객의 구매력을 파악하고 있어야 한다. 구매력은 일반적으로 소비자의 소득수준에 의해 크게 좌우되는데, 고객들의 소득수준이 높고 안정적이라야 꾸준한 구매를 기대할 수 있다. 물론 공단지역과 같이 특정 분야의 산업이 지배하는 곳에 입지한 점포는 그 산업의 경기상황에 따라 구매력이 크게 좌우되는 경우도 있다.

3 고객의 구매습관분석

사업은 상권 내 고객들의 구매습관에 따라서도 크게 영향을 받는다. 예를 들면 지역고객은 구매습관에 따라 현대적인 점포를 선호하기도 하고 전통적인 진열 방식의 점포를 좋아하기도 한다.

상권 내 고객들의 구매습관을 조사하는 방법으로 다음과 같은 사항을 체크해 볼 수 있다.

① 현재 자주 이용하는 구매장소는 어디인가?
② 구매하는 점포는 거리나 시간상으로 얼마나 떨어져 있는가?
③ 시간이나 거리상으로 가장 편리한 곳에서 구매하려는 성향이 있는가?
④ 구매와 오락(영화, 외식) 등을 결부시켜서 생각하는가?
⑤ 중심가와 점포를 자주 이용하는가? 아니면 지역점포를 즐겨 이용하는가?

⑥ 점원이 있는 것을 선호하는가? 아니면, 셀프서비스를 좋아하는가?
⑦ 현금구매와 신용카드구매 중 어떤 방식을 선호하는가?
⑧ 배달이나 포장 등의 서비스를 얼마나 중요시 하는가?
⑨ 평균 1회 구매시간과 월간 이용횟수는 얼마인가?

(2) 특정지점 선정

일반적으로 지역이나 지구가 선정되고 상권분석이 끝나면 특정한 지점을 물색하게 되는데 특정 점포의 분석내용은 다음과 같다.

1 통행량분석

통행량이란 점포에 들어오거나 점포 앞을 통과하는 사람의 수를 말한다. 통행량은 구매와 직결되므로 점포 사업의 경우 중요한 요소 중의 하나이다. 그러므로 성공적인 창업을 위해서는 통행량이 많은 곳에 입점하는 것이 유리하다.

통행량 측정 시 차량을 이용하여 점포 앞을 통과하는 사람도 별도로 체크하는 것이 필요하다. 개인차량 운행이 대중화되고 있어 차량을 이용한 통행인구도 노력 여하에 따라서 구매고객으로 연결할 수 있기 때문이다.

그리고 통행인구의 수에 국한하지 말고 그 유동인구의 구체적인 성분을 분석해야 한다. 즉, 통행인의 연령이나 통행목적, 성별분포, 소득수준 등의 파악이 필요하다. 예를 들어, 문구점을 창업하려고 하는 경우, 통행인구가 아무리 많더라도 주 수요층인 학생의 통행인구가 많지 않으면 사업에 별 도움이 되지 않아 좋은 입지가 될 수 없다.

2 주변점포의 분석

일반적으로 점포를 개설하고자 하는 지점의 주변에 있는 사업체들의 성격에 따라 개설 점포가 많은 영향을 받게 된다. 주위의 사업체들이 도움을 줄 수 있는 호혜적인 사업일 수도 있고 피해를 주는 사업체일 수도 있다.

호혜적인 업종이란 아동복점 옆의 완구점이나 편의점 옆의 유흥점, 노래방과 같이 고객의 유인에 있어서 서로 도움을 주는 사업체를 말하며, 반대로 피해를 주는 사업체는 같은 고객을 두고 서로 경쟁해야 하는 동일 업종이나 고객 유인의 분위기를 해치는 유해업종 등이다.

3 점포접근의 용이성 분석

점포는 목표시장의 고객들이 접근하기가 쉬어야 한다. 접근의 용이성은 거리뿐만 아니라 건널목, 점포입구의 방향, 고객들의 출퇴근 시 이동방향 등이 중요 요인으로 작용한다. 그러므로 좋은 위치의 점포가 되기 위해서는 사람의 통행이 잦은 동선상에 위치해야 하고 건널목이나 지하철 출입구 등 고객유인에 유리한 지점의 선점이 필요하다.

4 점포의 가시성 분석

점포는 사람의 눈에 잘 보이는 곳에 위치해야 하므로 간판의 부착위치나 진열장의 배치 등에도 많은 배려를 하여야 한다. 일반적으로 점포의 위치는 두 길이 교차되는 모퉁이나 곡선도로상의 커브 왼쪽이 좋으며 가로수, 육교, 빌딩 등 시각 장애물이 없는 곳이 유리하다. 그리고 점포 건물이나 점포 외관이 약 150m 정도의 거리에서 확인되면 좋은 위치라고 할 수 있다.

5 점포의 과거 경력분석

입점하고자 하는 점포가 과거에 장사가 잘되었던 점포라면 소비자에게 깊은 인상을 남겨 주어 다른 업종의 사업을 하더라도 유리하게 작용할 수 있다. 그러나 그 장소에서 사업을 하던 사람이 실패를 하고 나간 경우에는 종전과 같은 업종이나 유사한 업종을 시작할 경우에는 과거의 이미지 때문에 불이익을 당할 수도 있다. 이 경우에는 과거의 실패요인을 분석하여 개선해 나가는 노력이 필요하다.

2) 상권 · 입지분석 항목

(1) 상권분석 항목

1 기초현황 조사

① 점포의 위치 및 주변상권 특성
② 상권설정과 배후인구 수
③ 건물의 비용

2 입지수준에 관한 사항

① 소득 및 소비수준
② 주변도로 상황(차선 여부, 주차 여부, 도로의 경사 여부)
③ 점포형태(전면 길이, 평수 크기, 계단, 층수)

3 매출 요인에 관한 사항

① 입지형태(주거지역, 상업・유흥지역, 오피스지역)
② 교통형태(버스, 지하철, 건널목)
③ 교육기관
④ 이용가능 여부(점포이용률 산출)

4 경쟁요인에 관한 사항

(2) 입지조사 항목

1 지리적 위치조사

① 지형, 지세, 코너 여부
② 시계성, 접근성, 홍보성
③ 교통시설 교통도로, 보행도로
④ 생활동선, 구매동선
⑤ 입지발전 가능성

2 기능적 위치 조사

① 대형집객기능
② 지역적 주요 기능
③ 야간인구 유발요인

3) 상권조사 방법

(1) 1단계 : 지도작성

① 상권범위 결정 : 일반적 기준(도심 및 부도심 지역은 반경 1km, 지구 및 지역중심 상권은 반경 300~500m, 근린 주거상권 지역은 반경 100m과 같은 거리기준과 도보 이동 10분 이내 등)과 실제 측정방법 동시 적용

② 업종 및 상호 구체적 표기

(2) 2단계 : 업종분포 조사

① 상가의 층별 분포업종 파악

② 조사된 업종들을 외식업(음료, 주류판매업 포함), 도・소매업, 기타 서비스업 등으로 분류하여 정리

③ 업종별 경쟁상황 파악 및 전반적 상권현황 분석자료로 활용

(3) 3단계 : 수요현황 조사

① 유동인구 : 해당 지점 앞을 통과하는 인구를 성별, 연령별, 요일별, 시간별로 구분조사

- 연령별 : 10, 20, 30, 40, 50대 이상
- 요일별 : 최소한 평일과 주말 구분
- 시간별 : 오전 12~1시(점심시간), 오후 3~4시(쇼핑시간) 오후 7~8시(퇴근시간)

② 배후인구 : 세대수, 가구수, 평균평수, 자가용 보유비율 등 조사

(4) 4단계 : 개발계획 조사

① 대형 개발계획 : 지하철 건설, 아파트 재개발, 백화점 및 할인점 개장, 도시계획 변경 등(지방자치단체 통한 확인 가능)

② 소형 개발계획 : 근린주거상권의 경우 소형 개발이 주류(횡단보도 설치, 주요 시설 개점, 도로포장 등)

(5) 5단계 : 인구밀집시설 조사

① 기본 수요를 공급해주는 시설의 하루 이용객 수를 조사(백화점, 할인점, 병원, 학교, 학원, 관공서, 은행 등)

② 프랜차이즈 창업의 경우 상권보호 등 대처 가능

(6) 6단계 : 점포평균 임대시세 조사

① 상・중・하급지로 구분하여 평균보증금, 월세, 권리금시세 조사(1층은 10평, 지하와 2층 이상은 20평 내외를 기준으로 조사)

② 상권 내에서 최소한 3년 이상 영업을 한, 3개 이상의 부동산 중개업소를 통해 향후 발전 가능성 높은 곳을 중점조사

3 | 입지의 선정요령

1) 닐슨의 입지선정 8원칙

(1) 현재상권 잠재력의 타당성

한 지역을 설정해서 자신의 점포가 취급하려는 상품의 상권 내 소비지출 총액과 다른 점포가 점하는 비율을 검토한다.

(2) 상권접근 가능성

상권 내의 잠재력을 자기 점포에 어느 정도 흡인할 수 있느냐 하는 것은 점포 주변을 통과하는 가능성에 의존하게 되는데, 그에 따라 소매업의 업태를 3가지로 나눌 수 있다.

① **고객창출형**: 광고, 상품의 독자성 평가, 판매촉진 수단에 의해서 독자적인 고객을 흡인하는 형태로써 백화점, 대형 슈퍼마켓, 특수한 전문점 등

② **근린점 고객의존형**: 가까운 점포에 의해 흡인된 고객이 주변의 점포로 구매하러

가는 점포

③ **통행량 의존형** : 쇼핑을 목적으로 하지 않는 통근자나 교통기관 이용자 등이 구매하는 경우 대부분 소매점포의 매출액은 이러한 3가지 성격의 고객이 혼재되어 있으므로 전체를 고려해야 한다.

(3) 성장 가능성

인구증가와 소득수준의 상승이 기대될 수 있는 상권이냐를 살펴봐야 한다.

(4) 중간 저지성

주거지, 또는 근무지와 기존부터 있던 경쟁점포, 상점가의 중간에 입지하여 고객을 중간에서 저지할 수 있는 입지

(5) 누적적 흡인력

같은 종류의 상품을 취급하는 일정 수의 점포는 흩어져 있는 것보다 모여 있는 것이 좋다. 따라서 중간 저지성의 입지를 선택할 것인가, 누적성을 선택할 것인가를 판단해야 한다.

(6) 양립성

보완관계에 있는 상품을 취급하는 두 개의 점포가 근접해 있는 경우 양 점포를 이용하는 고객수도 늘고 판매액도 늘어난다.

(7) 경쟁회피

경쟁점의 입지, 성격, 규모, 형태를 감안하여 입지를 선택하고 매출액을 예측한다. 또한 장래 경쟁점이 들어설 여지도 검토해 봐야 한다. 경쟁을 피하기 위해서는 다른 조건이 같다면 첫째, 될 수 있는 한 경쟁점이 작은 규모로 들어설 만한 입지를 선택한다. 둘째, 입지를 경쟁점이 이용하는 것을 사전에 막을 수 있도록 해야 한다. 셋째, 경쟁입지가 중간 저지적인 입지가 되지 않는 입지를 선택해야 한다.

(8) 입지의 경제성

입지의 비용을 생산성과 관련해서 분석한다.

2) 우수한 점포입지의 선정요령

(1) 상권 배후세력의 특성을 파악

점포입지를 선정할 때 확인해야 할 사항 중 배후지역의 세력이라는 것이 있다. 배후지역이라는 것은 한마디로 점포의 상권 안에 거주하고 있는 영업대상층의 범위이다.

배후지역의 세력을 평가하기 위해서 조사하는 항목은 지역주민의 소득수준, 인구수 및 세대수, 주거형태, 연령별 인구수, 소비형태, 직업분포, 교육 정도 등이다.

아파트 밀집지역은 아파트의 총 세대수와 평형별 구성 비중을 정확히 파악해야 한다. 소형평형 밀집지역이 소매상권에 있어서는 상대적으로 소비지출 비중이 높다.

(2) 유동인구의 특성 파악

점포 앞 유동인구가 많고 적음에 따라 점포의 우열이 가려지며, 또한 유동인구의 특성에 따라 업종의 적합성이 결정된다.

유동인구의 조사는 보통 평일과 주말, 시간대별, 연령별, 성별로 조사한다. 일반판매업종인 경우에는 직장인들의 점심시간인 오후 12~1시, 주부들의 쇼핑시간인 오후 3~4시, 퇴근 무렵인 오후 7~8시로 나누어 조사하도록 한다. 만약 음식점의 경우에는 밤시간대를 추가하여 조사를 하며 24시간 영업을 하는 업종이라면 출근과 심야시간대를 추가하여 조사한다.

유동인구는 상당히 많으나 장사는 시원치 않은 점포가 있다. 이것은 점포 앞의 유동인구가 단순히 지나쳐 가는 사람이거나, 점포의 업종이 유동인구층에 맞지 않는 경우이기 때문이다. 점포 후보지의 잠재적 고객뿐만 아니라 어떤 업종을 선택해야 할지, 어떤 계층에 초점을 맞춘 업종이어야 하는지 등을 종합적으로 판단하려면 후보지 앞의 유동인구 현황뿐만 아니라 점포로의 내점률도 파악해야 한다. 신규점포의 내점률 파악은 인근의 유사업종의 현황을 조사하여 결정한다.

Tip 매출에 유리한 유동인구의 특성

① 통행량이 시간에 따라 변하지 않고 끊임없이 계속되고 일정한 경우
② 통행량의 속도가 느린 경우
③ 속도가 빠르다 하더라도 통행량의 목적이 쇼핑이라는 사실에 의해 이루어질 경우
④ 통행인들의 소득수준이 비교적 높을 때

(3) 점포 이용편리성의 파악

점포는 고객들이 쉽게 찾을 수 있고 편하게 올 수 있는 곳에 위치해야 하는데, 이것을 '점포의 접근성'이라고 한다. 고객들은 특별한 물건을 사기 위해서가 아니라면 대부분 접근하기 편한 점포를 이용한다.

점포의 접근성을 구성하는 요인들은 여러 가지가 있다. 근처에 버스정류장이나 지하철역, 건널목이 있는지, 점포의 출입구가 어디에 위치해 있는지, 출입구에 계단이 있는지, 주차시설은 갖추었는지, 교통이 혼잡하지는 않은지도 접근성에 영향을 주는 요인이다(도보접근성, 차량접근성).

또한 상권 내에 있는 학교, 극장, 관공서, 대형서점과 같은 인구유발 요소가 접근성에 영향을 주기도 한다. 이런 시설들은 많은 사람들을 끌어당기는 역할을 하므로 사람들이 그런 시설로 이동하는 방향으로 점포를 내면 점포의 접근성을 높일 수 있다.

아파트 밀집지역은 출입구가 여러 곳이 있고 상가도 산재해 있는 상황이다. 이러한 경우에는 현장조사를 통하여 이용률의 확인 및 아파트세대의 주 동선과의 연결관계 등을 고려하여 판단한다.

(4) 교통요인을 점검

대중교통 밀집지역은 점포사업에 지대한 영향을 끼치는데 이를 역세권이라고 한다. 역세권은 지하철역이나 버스정류장, 시외버스터미널과 같은 대중교통 수단이 상권에 큰 영향을 미치는 지역을 말한다.

역세권은 일반적으로 그 지역의 교통요지이기 때문에 통행 인구수가 많고 그렇다 보니 대부분 성공한다. 역세권 주위에서 점포입지를 고를 때 유의해야 할 점은 무엇보다도 교통수단의 이용계층이 주로 움직이는 방향을 파악해서 고객이 이동하는 동선에 따라 점포를 구해야 한다는 것이다.

지하철역의 경우에 있어서는 출구가 보통 4곳 이상이다. 역세권이라 하여 역 인근의 모든 지역이 활성화되어 있지는 않다. 따라서 전철역세권 입지를 선정할 때에는 어느 출구 쪽이 가장 유동의 흐름이 왕성한지를 확인하여야 하며, 이때에도 반드시 유동인구의 특성을 파악해야 한다.

(5) 경쟁점의 강 · 약점을 조사

아무리 상권이 뛰어나고 아무리 좋은 입지를 선정했다고 해도 이미 그 상권에 자신이 하려는 업종이 포화상태라면 개점의 의미가 없다. 따라서 경쟁점 조사를 하는 목적은 상권 내에 출점이 가능한지, 불가능한지를 평가하며, 출점이 가능하다면 경쟁점과 차별화할 수 있는 방법이 무엇인지를 수립하는 데에 있다.

경쟁점을 조사할 때에는 다음과 같은 항목을 조사한다.

① 점포의 인지도
② 매장크기
③ 취급하는 상품의 성격
④ 가격전략
⑤ 주이용 고객층
⑥ 영업시간
⑦ 1일 이용객 수

경쟁점은 말에서 느낄 수 있듯이 모여 있으면 상호 간에 부정적인 영향을 주는 경우가 일반적이다. 하지만 경쟁점이 모여 있다고 해서 모두 불리한 것은 아니고 주위에 같은 업종이 모여 있어 덕을 보는 경우도 있다. 이렇게 상호 간에 상승효과를 보는 업종을 호혜, 보완업종이라고 한다.

구분	업종
호혜업종	전자제품, 공구상, 의류, 가구, 골동품가게, 화랑, 서점, 한의원 등
보완업종	• 스포츠센터와 스포츠용품 • 가구와 공예품 • 호텔과 미장원 • 볼링장과 스넥코너 • 문방구와 서점

(6) 상권의 성장가능성을 점검

입지는 한번 자리를 잡으면 다시 바꾸기가 쉽지 않다. 초기에 투입된 자금과 그로 인한 손해를 생각하면 더욱 그렇다. 따라서 점포를 선정할 때에는 현재의 입지 적합성도 중요하지만 장기적인 상권의 변동사항도 고려해야 한다.

발전 가능성을 따질 때 몇 가지 주목해야 할 것이 있는데 그 중 하나가 지하철역이다. 역의 개통은 상권의 범위를 확대시키며, 또한 유동인구의 양도 증가하게 되어 상권이 발전 가능성이 높아진다.

상권 내에 대형관공서, 고층건물, 학원 등의 신축도 확인해야 한다. 도로확장 가능성 여부도 상권의 변화에 영향을 미친다.

(7) 자금에 맞는 입지를 선정

점포를 찾다보면 마음에 드는 점포는 권리금 등 고정투자비용이 매우 높고, 자신의 자본규모에 맞지 않는 경우가 많다. 이때 입지조건에 욕심을 내어 무리하게 자금계획을 세우거나 주변지역보다 비싼 권리금을 지불하는 등 부담을 안고 창업을 하게 되면 자금압박에 시달리게 되어 영업에 전력을 쏟기가 어렵다.

창업에 있어서 자금은 창업투자 소요금액에 약 1.5배 정도는 확보할 수 있어야 한다. 다시 말하면, 갖고 있는 자본의 60~70% 정도만 투자하고 나머지는 운전자금으로 가지고 있어야 최소한의 영업활동을 전개해 나갈 수 있는 것이다.

따라서 매출액과 투자금액과의 상관관계를 고려하여야 하며 단순히 보이는 매출액에 현혹되어 점포 입지를 정해서는 안 되고 점포비용과 수익률과의 관계를 면밀하게 검토한 후 결정해야 한다.

4 | 입지선정 시 체크포인트

1) 점포선정 시기

점포를 구할 때에는 해당업종의 비수기에 구해서 영업준비를 한 후 성수기로 진입하려는 회복기에 개점하는 것이 가장 현명하다. 비수기에 점포를 구하는 것은 성수기를 노린다는 의미도 있지만 권리금이나 임차비용을 줄일 수도 있다는 이점도 있으므로 될 수 있으면 비수기에 점포를 구하는 것이 좋다.

2) 사업장선정 체크포인트

(1) 점포를 선택할 때의 체크포인트

1 지역 체크

① 하고자 하는 업종의 일반적 조건이 맞는가?
② 사람들이 얼마나 모이며 유동인구는 얼마나 되는가?
③ 인근의 상점가나 동종업종, 대형점포 등의 영업상태는 어떤가?
④ 상권 내의 주거상황과 소득수준, 세대수와 인구수 등은 어떤가?
⑤ 해당 지역의 상권이 성장기인지, 쇠퇴기인지 파악한다.

2 채산관계 체크

① 경쟁점포는 어디에 위치하고 있으며, 영업상태는 어떠한가?
② 경쟁점포와 경쟁해서 이길 수 있는가, 혹은 공존할 수 있는가?
③ 예상매출은 어느 정도인가, 이익을 낼 수 있겠는가?
④ 앞으로 고객수가 증가되리라고 기대할 수 있는가?

3 점포조건 체크

① 점포의 폭과 넓이, 형태는 적당한가?
② 주변의 가게(특히 업종)에 문제는 없는가?
③ 도로에 접해 있는가?
④ 주차장은 있는가, 상품의 수・배송에는 문제가 없겠는가?
⑤ 설비에 문제가 없는가?

4 가격의 체크

① 점포의 수준과 비교해서 비싸지는 않은가?
② 준비자금과 부합하는가?
③ 관리비, 공과금 등이 높지 않은가?

(2) 사무실을 선택할 때의 체크포인트

1 지역 체크

① 주변환경은 어떤가? 소음이나 악취는 없는가?

② 교통편은 좋은가?

2 건물 체크

① 외관 디자인은 어떤가?

② 주차장은 있는가, 상품의 수·배송에는 문제가 없겠는가?

③ 출입구는 넓은가, 분위기는 좋은가?

④ 복도는 깨끗하고 조용한가?

3 설비 체크

① 엘리베이터의 기능은 충분한가?

② 냉·온방의 설비상태는 어떤가?

③ 화장실은 청결히 하고 있는가?

4 사무실 체크

① 면적은 충분한가, 너무 넓지 않은가?

② 밝기는 어떤가, 햇볕은 잘 드는가?

③ 환기 상태는 어떤가?

④ 화장실이 너무 가깝거나 너무 멀지는 않은가?

⑤ 기계실의 소리 등이 시끄럽지는 않은가?

⑥ 엘리베이터가 너무 멀지 않은가?

⑦ 전등, 콘센트의 개수와 위치는 어떤가?

⑧ 전화회선은 충분한가?

5 가격 체크

① 상기 조건에 비추어 가격이 높지 않은가?

② 준비할 수 있는 자금과 맞는가?

③ 공과금 등은 높지 않은가?

3) 우수점포의 일반적인 입지조건

① 10층 이상 대형건물이 5개 이상 밀집된 지역
② 2,000세대 이상의 대규모 아파트단지나 주택단지
③ 지하철역에서 300m 이내인 지역
④ 버스정류장에서 100m 이내인 지역
⑤ 버스정류장에 정차하는 버스 노선이 5개 이상인 지역
⑥ 버스 종착역 반경 500m 이내
⑦ 버스, 지하철역에서 주택으로 들어오는 입구 모퉁이
⑧ 편도 2차선, 삼거리 이상 가로의 200m 이내인 지역
⑨ 동일 가로 200m 이내에 동일 업종이 없는 지역
⑩ 반경 500m 이내에 동일업종이 3개 이상 없는 지역
⑪ 인구이동이 심한 지역인 경우 전입해 오는 추세인 지역
⑫ 고정인구 2만 명, 고정세대 5천세대 이상인 지역
⑬ 기타 업종에 상응하는 시간대별 유동인구 및 주거인구가 부합한 지역 등

4) 기존점포 인수 시 체크포인트

① 인수하고자 하는 점포가 장래 시장성은 있는가?
② 권리금이 주변시세와 비교해서 적당한가?
③ 주위에 너무 많은 경쟁점포가 있지는 않은가?
④ 대형점포가 들어설 가능성은 없는가?
⑤ 상권의 변화 가능성은 없는가?
⑥ 매도인이 제시하는 매출액과 수익은 믿을 만한가?
⑦ 판매시설에 하자는 없는가?

5) 조심해야 하는 점포 유형

(1) 주인이 자주 바뀌는 점포

장사가 잘되는 점포는 주인이 자주 바뀌지 않으므로 주변사람에게 확인하여 해당 점포의 주인이 자주 바뀌는지 조사해야 한다.

(2) 점포 임대료가 유난히 싼 점포

점포의 임대료가 싸면서도 매출이 높은 점포는 애당초 기대하지 않는 것이 좋다. 임대시세가 낮다면 목이 안 좋거나, 틀림없이 이유가 있고, 별다른 이유도 없이 싸다면 더욱 신중히 결정해야 한다.

(3) 맞은편에 상권이 형성되지 않은 점포

맞은편에 점포가 형성되지 않은 지역은 대개 대중교통이 비켜가는 지점이거나 상권의 끝지점일 경우가 많다. 맞은 편에 점포가 형성되지 않았다면 사람들을 흡인하는 힘이 약해서 상권의 세력이 약하다.

(4) 주변에 대형 점포가 있는 점포

경쟁점포를 이기려면 경쟁점포보다 더 큰 규모로, 더 풍부한 상품을 확보해야 한다. 따라서 주변에 대형점포가 있다면 점포계약에 신중해야 한다.

(5) 주인이 유사업종에 종사하고 있는 점포

점포를 임차해서 사업하는 사람들은 주인이 갑작스레 점포를 비워 달라고 하지 않도록 주인과의 관계를 평소에 잘 다져두어야 한다.

(6) 언덕에 있는 점포

사람이라는 동물은 내려가는 것을 좋아하는 하행성 동물이므로 쇼핑을 할 때에도 편한 내리막길이나 평지에 있는 점포를 선택하므로 언덕에 있는 점포를 피하는 게 유리하다.

쉬어가기 | '상권정보시스템'을 아시나요

– 창업에 필요한 1,500개 주요 상권정보 담아 –

창업을 준비하는 이들에게 상권정보는 사업의 성패를 결정하기도 한다.

지역의 유동인구와 임대시세, 각 업종의 분포와 위치 등 상권정보는 창업을 준비하는 데 꼭 점검해야 할 내용이다. 상권정보를 무시해서는 사업을 실패할 확률이 훨씬 높아진다. 이제는 창업 준비생들이 직접 지역을 돌아다니며 상권정보를 확인할 필요가 없다. 중소기업청이 운영하고 있는 '상권정보시스템'을 이용하면 손쉽게 상권정보를 얻을 수 있다.

'상권정보시스템'은 중소기업청이 소상공인 및 예비창업자의 사업 성공을 높이고 도움을 주기 위해 구축했다. '상권정보시스템'에는 전국 1,500개 주요 상권에 대한 정보를 현장조사를 통해 상세히 담았다.

유동인구, 임대시세를 비롯해 분식업, 미용실, 슈퍼마켓, 의복소매, 세탁업, 간이주점, 치킨전문점, 예술학원, 부동산중개업 등 10개 업종에 대한 과밀 정도를 검색할 수 있다. 이용자가 과밀정보를 쉽게 이해할 수 있도록 그림, 그래프, 도표 등을 활용해 정보를 제공한다. 특히 최대 3개 업종을 동시에 선택해 업종현황, 경쟁업소현황, 인구분석, 주요 시설 등의 분석이 가능하다. 여기에 '항공영상지도'를 통해 아파트 도로 등 주변정보를 쉽게 알 수 있게 했다.

또한 동종업종, 관심사를 가진 회원들 간에 정보를 공유하고 친목을 도모할 수 있는 온라인 공간으로 상권커뮤니티를 제공하고 있다. 중소기업청은 "앞으로도 상권정보시스템을 사용하는 이용자를 위하여 다양하고 이해도가 높은 분석방법 및 최신 정보를 제공해 창업 성공률 제고를 위해 노력하겠다"고 밝혔다. 또한 상권분석시스템 및 상권커뮤니티 이용자 확대를 위한 다양한 이벤트, 우수 활동회원에 대한 혜택, 우수 커뮤니티 지원 등 지도(위치정보)에 기반한 다양한 참여형 이벤트를 지속적으로 운영할 예정이다.

〈자료출처 : 내일신문〉

Chapter

6

사업타당성분석

학습목표

1. 사업타당성 분석의 필요성을 알 수 있다.
2. 사업타당성 분석절차를 알 수 있다.
3. 사업타당성 분석을 할 수 있다.

학습목차

1. 사업타당성분석 이해
2. 사업타당성분석 내용

Chapter 06

사업타당성분석

1 | 사업타당성분석 이해

좋은 아이디어 하나가 돈으로 이어지는 경우를 많이 볼 수 있는데, 아무리 번뜩이고 창의적인 아이디어라 하더라도 사업과 연결짓지 못한다면 결국 그냥 좋은 아이디어로만 끝나고 만다. 따라서 그러한 아이디어를 사업과 연결지어 수익으로 창출되기 위해서는 그 아이디어를 여러 단계의 분석과정을 거쳐야 한다. 그 중에서 처음으로 거치게 되는 단계가 사업타당성분석의 단계이다.

사업타당성분석이란 계획 사업의 성공 가능성을 합리적으로 분석하고 평가하여 의사결정에 필요한 기초자료를 제시하는 활동을 말한다. 사업타당성분석을 위한 일반적인 평가요소에는 창업자의 사업수행능력, 시장성과 판매전망, 기술성, 수익성 및 경제성, 자금의 조달 가능성을 들 수 있다.

사업타당성분석은 창업을 실패로부터 지켜줄 수 있는 보조장치로서의 역할을 훌륭히 해내고 있기 때문에 대규모의 창업에서부터 소규모의 창업에 이르기까지 필수적인 절차로 보아야 할 것이다.

1) 사업타당성분석의 필요성

사업타당성분석은 성공하는 창업의 첫 관문으로 볼 수 있으며, 다음의 4가지로 그 필요성을 간추려 볼 수 있다.

(1) 창업의 성공률 증가

창업자 자신의 주관적인 사업구상을 객관적이고 체계적으로 사업타당성분석을 실시한다면 창업자의 창업 성공률을 높일 수 있을 뿐만 아니라 실패할 확률을 낮출 수 있다.

(2) 효과적인 창업업무의 수행

창업자들이 사업타당성분석을 통하여 구상하고 있는 사업을 전반적으로 파악할 수 있으므로 창업에 소요되는 기간을 단축시킬 수 있으며, 창업업무를 효과적으로 수행할 수 있게 된다.

(3) 창업에 필요한 세부사항 파악

창업자가 독자적으로 점검해 볼 수 없는 사업의 입지성, 기술성, 수익성, 자금조달계획 등의 구체적 사항을 분석하여 제시함으로써 해당 창업 업종에 대해 미처 알지 못하였던 세부사항을 창업 이전에 인지할 수 있기 때문에 효율적인 창업을 할 수 있다.

(4) 창업자의 경영수행능력 향상

기업의 구성요소를 정확하게 파악함으로써 창업자의 경영능력 향상에 도움을 줄 뿐만 아니라 창업하고자 하는 사업의 균형 있는 지식 습득과 보완 사항을 미리 확인하여 조치할 수 있게 된다.

이와 같이 사업타당성분석은 창업의 실패로 발생할 더 큰 손해를 미연에 방지할 수 있는 역할을 수행한다. "돌다리도 두드려 보고 건너라"는 우리 옛말이 있듯이 사업타당성분석이야말로 창업에 앞서 반드시 확인해 봐야 할 중요한 요소일 것이다.

2) 사업타당성분석의 절차

사업타당성분석은 크게 사업타당성에 대한 예비분석과 심층분석의 과정을 거쳐 최적의 아이템을 선정하게 하는 것이다. 먼저 예비분석에서는 가능한 사업에 대한 다수의 아이디어를 나열하고, 나열된 아이디어 중 최적의 아이디어를 발견하고 창업이 가능한 아이디어를 1차로 선정한다. 예비분석이 끝나면 심층분석인 사업수행 능력분석, 시장성분석, 입지성분석, 수익성분석, 재무분석을 통해 사업타당성을 확인한다.

| 그림 6-1 | 사업타당성분석절차

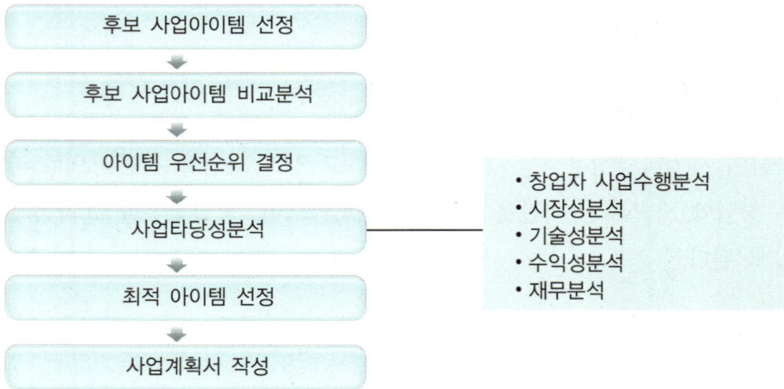

2 | 사업타당성분석 내용

사업타당성분석은 기본적으로 5가지를 분석하게 된다. 창업에 가장 기초가 되는 창업자의 사업수행능력분석, 소비자의 욕구분석을 통해 출시된 상품이 팔리 것인가를 분석하는 시장성분석, 원가를 결정하는 기술성분석, 매출이 수익으로 얼마만큼 실현될 것인가를 분석하는 수익성분석, 소요자금의 규모 및 조달 능력을 분석해 보는 재무분석을 하게 된다.

| 그림 6-2 | 사업타당성분석의 영역

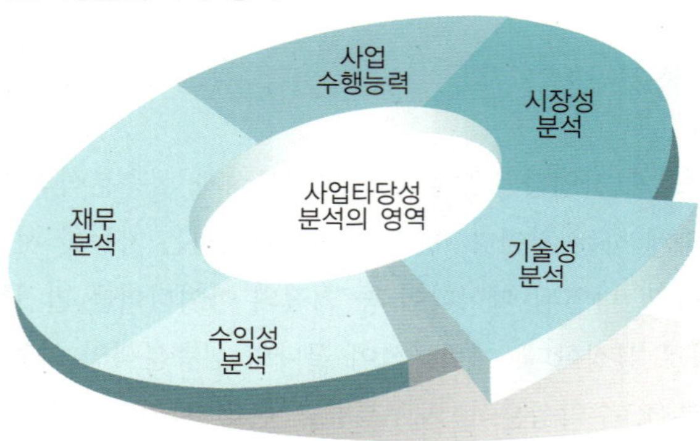

1) 사업수행능력의 분석

사업의 성패는 기업가로서 적성과 자질, 창업자의 사업수행능력 및 해당 업종에 대한 적합도를 바탕으로 평가할 수 있다.

개인이나 기업에 있어 공통점 중의 하나가 계획된 일의 성패를 가늠하는 데 있어서 그 일을 추진해 나가는 주체 내지 참여인력의 인적 요인에 의해 좌우되는 경우가 많다는 것이다. 따라서 사업의 성패도 결국 기업가가 기업가로서의 적성과 자질을 얼마나 갖고 있느냐에 의존하는 바가 크며, 특히 신규 창업의 경우에는 경험과 지식, 관련성이 매우 중요하며 필수적으로 고려되어야 할 요소라 할 수 있다. 이러한 평가는 외부 컨설턴트 등을 활용하여 객관적으로 점검해 보는 것이 바람직하다.

| 그림 6-3 | 사업수행능력의 분석요소

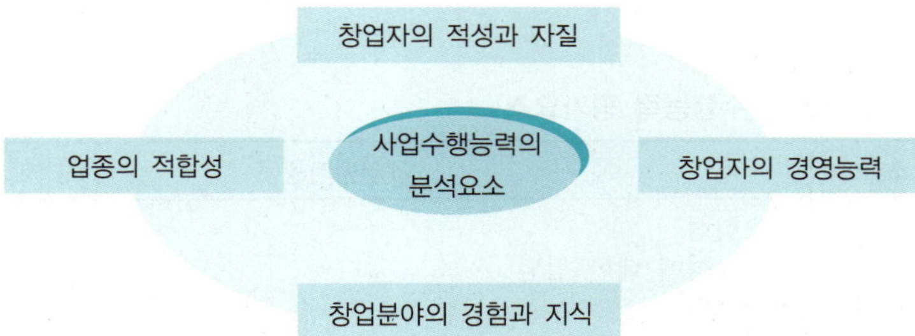

(1) 창업자의 적성 및 자질분석

적성과 자질분석은 창업자의 선천적 능력과 매우 관련이 깊다. 이는 창업자의 새로운 사업에 대한 모험심이나 성공에 대한 집념, 리더십, 의지력, 성격, 체력 등이 분석의 대상이기 때문이다.

아무리 좋은 사업이라 하더라도 창업자가 성공에 대한 확신이나 강한 집념과 의지력이 없다면 성공적인 창업이 이루어질 수 없다. 물론 체력적으로 그 사업을 충분히 감당할 수 있는 건강도 매우 중요하다.

(2) 창업분야의 경험과 지식분석

성공적인 창업으로 이끌기 위해서는 본인의 경험과 선행지식이 풍부한 분야의 창업이 유리하며, 그렇지 않은 경우에는 전문적 지식을 빨리 습득하거나 창업자를 대신

하여 이러한 업무를 수행할 수 있는 핵심 인원의 확보가 필요하다. 또한 창업 관련 분야에서의 경험이나 학문적 지식, 사회적 지위 및 신용, 교제 인물의 폭과 깊이, 창업환경을 둘러싸고 있는 인간관계 등도 성공적인 창업에 중요하게 작용한다.

(3) 업종적합성 분석

창업자의 적성과 해당사업의 업종이 얼마나 적합한지를 판단하는 것이 업종 적합성 분석이다.

(4) 창업자의 경영능력분석

창업자의 기술혁신능력이나 경제환경 변화에 대처할 수 있는 대응력의 여부를 분석하는 것이다. 또한, 창업자가 창업 멤버의 구성이나 조직구성원에 대한 지위 능력 여부도 함께 분석하게 된다.

| 표 6-1 | 계획사업의 수행능력 평가요소

평가요소	세부평가항목
적성 및 자질 (선천적 자질)	• 모험심 • 가능성에 대한 집념 • 스케일 • 리더십 • 의지력 • 기타 창업자의 성격·체질·체력적인 소질
경험 및 지식	• 창업관련 분야에서의 경험 • 학문과 지식 • 창업자의 자격 • 교제인물의 폭과 깊이 • 창업환경을 둘러싸고 있는 인간관계
업종적합성	• 적성과의 적합정도
업무수행능력 (경영능력)	• 가정 유지능력 • 창업멤버의 구성 및 통제능력 • 서비스 및 기술혁신능력 • 경영·경제적 환경적응능력 및 경영분석·판단능력

| 표 6-2 | **사업수행능력 평가 예**

항목	평가내용	평가점수					기준점수
		1	2	3	4	5	
사업수행평가능력	적성과 사업이 적합성						
	건강에 대한 자신감 정도						
	관련 경험과 지식 정도						
	사업수행능력 (영업능력, 친절도, 대인관계)						

※ 점수부여방식 : 가장 우수 5점, 우수 4점, 보통 3점, 미흡 2점, 아주 미흡 1점

2) 시장성분석

소비자들의 욕구 조사나 시장조사가 시장성분석의 대표적인 방법들이다. 이러한 시장성분석은 고객의 특성, 경쟁사, 시장의 향 등에 대한 정보를 수집하고 분석하여 변화에 대응할 능력을 갖추게 하는 것이다. 창업자에게 사업타당성분석의 기초 자료로, 미래에 발생할 수 있는 마케팅 문제의 해결에 중요한 정보를 제공한다.

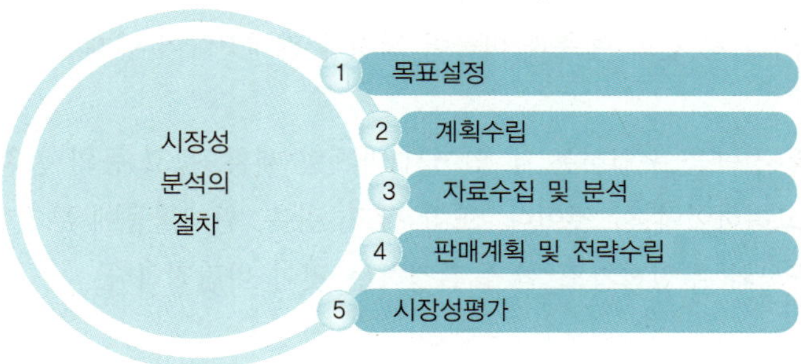

(1) 1단계 : 목표의 설정

시장성분석에 있어서 가장 먼저 이루어져야 할 것은 구체적인 작업목표를 설정하는 것이다. 창업에 있어서 시장성분석을 하는 경우에는 다음과 같은 세부적인 사항들을 조사하는 것이 일반적이다.

- 창업할 업종의 전체적인 시장규모를 분석

- 창업할 업종의 제품과 서비스의 특성을 분석
- 창업할 업종의 제품과 서비스의 현황을 분석

(2) 2단계 : 계획수립

시장성분석의 목표가 정해지면 다음으로 시장성분석의 구체적인 계획을 세워야 한다. 시장성분석 계획은 시장성분석의 최종 목표인 정확한 수요예측과 판매 전략을 전제로 하여 수립한다.

(3) 3단계 : 자료수집 및 분석

시장성분석 자료는 시장성분석의 계획수립 단계에서 설정된 내용에 따라 자료를 수집하면 된다. 수집된 자료를 기초로 분석 과정을 통하여 시장성분석 목적에 맞게 정보를 처리하는데, 이렇게 처리된 자료는 시장성 평가 기준으로 활용되어진다.

자료분석 시, 가장 많은 실수를 하는 부분은 창업자가 희망하는 아이템을 지나치게 긍정적으로 판단하여 객관적으로 판단하지 않으려는 것이다.

(4) 4단계 : 판매계획 및 전략수립

시장성분석 결과는 창업환경의 변화와 판매계획 및 전략에 따라 좌우된다. 즉, 시장성분석은 창업환경 변화 예측과 더불어 적정한 판매전략이 연계될 때 그 가치가 크게 발휘된다.

판매계획 및 전략을 수립하는 데 있어서 마케팅 계획, 광고 등의 판촉활동, 판매비용계획 등도 고려하여야 할 것이다. 또한 광고, 판촉, 판매활동에 투입할 인적자원과 물적자원의 규모와 투입시기도 함께 결정하는 것이 바람직하다.

(5) 5단계 : 시장성 평가

창업하고자 하는 업종의 시장성분석과 목표설정, 시장성분석의 계획수립과 자료의 수집 및 분석과정을 거쳐 수립된 판매 계획과 일련의 과정들에 대한 전반적인 고찰이 시장성 평가 단계에서 이루어진다. 이 과정에서의 궁극적인 목적은 창업하고자 하는 업종의 시장성 유무 자체에 대한 판단을 위한 총체적인 점검이다.

|표 6-3| 시장성분석에 포함되어야 할 사항

시장의 특성	시장의 지리적 위치, 수송방법, 현재운임, 유통조직, 대금결제방법 등 일반적인 거래관행
수요분석	주된 소비자, 소비량, 소비총액, 선호하는 제품의 종류 등
공급분석	국내 및 국외의 주요 공급자, 경쟁자 및 그들의 판매가격, 품질, 판매전략 등
매출 추정	이상의 조사를 근거로 하여 생산품에 대한 총수요량, 금액 및 시장점유율 등을 예측한다. 필요에 따라 생산품별, 지역별, 시기별 수요량과 금액을 추정
판매비 추정	목표매출을 달성하기 위한 인건비, 광고선전비 등 판매비를 추정

|표 6-4| 시장성분석 항목표

구분	분석요소
전반적인 시장동향분석	• 시장규모분석 • 시장의 특성 및 구조 • 소비자분석, 잠재고객 발굴
제품성분석	• 제품의 강·약점분석 • 제품의 라이프사이클 및 보급률분석
경쟁적 지위분석	• 재무상태 비교 • 생산능력 및 판매실적 비교 • 주요 경쟁요소 비교
제품의 채산성분석	• 제품원가 및 마케팅 코스트 분석 • 마진율분석 • 제품가격분석
수요예측	• 예상시장, 중요 수요처 • 판매량 증감요인분석 • 판매전망 • 불황적응도 및 계절성분석
시장 및 제품환경분석	• 자원환경 요인, 유통경로, 판매조직 • 기술적 환경요인 • 마케팅 환경요인, 영업형태와 방식
판매전략	• 판촉 및 광고전략, 광고형태와 방식 • 영업전략, 고객특성

| 표 6-5 | 시장성 평가 예

항목	평가내용	평가점수					기준점수
		1	2	3	4	5	
시장성	후보 아이템의 성장성 정도						
	업계 현황 및 판매 예상						
	동 업종의 확산 정도						
	1일 고객수, 1일 매출액 전망 등						

※ 점수부여방식 : 가장 우수 5점, 우수 4점, 보통 3점, 미흡 2점, 아주 미흡 1점

3) 기술성분석 및 입지성분석

(1) 기술성분석

기술적 타당성이란 제품의 생산과 관련되는 제 요소, 즉 제품이 원만하게 생산될 수 있는지를 분석하는 요소를 말한다. 기술적 타당성분석은 계획사업의 기술적 타당성과 원가분석을 위한 기초자료를 제공하여 기술적 대안을 비교·검토하는 단계이다.

| 표 6-6 | 기술성분석의 주요 조사내용

제품의 특성	• 제품의 용도, 물리적·화학적 특성
제조공정	• 채택하고자 하는 공정, 채택 이유, 세부적인 공정흐름 분석
기계와 장비	• 구입하고자 하는 규격, 성능, 신뢰성, 제조자, 가격, 대금 지급 방식, 애프터서비스, 부품조달, 인도방식과 일정 등
원자재	• 종류, 가격, 수량, 공급자, 공급자 위치, 공급방법, 물리적· 화학적 특성 등
건물	• 필요한 건물의 크기 및 특성
대지 및 위치	• 필요한 대지의 크기, 형태, 가격, 위치 등
동력과 용수	• 전기·가스·공업용수 수요량, 조달방법, 관련비용 등
인력	• 직·간접 노동력, 기술수준, 임금 등

점포 및 공장이 필요한 경우 창업 시, 창업할 업종 선택 못지 않게 중요한 것이 바로 입지선정이다. 왜냐하면 한번 결정한 공장 및 점포와 사무실의 위치는 매출액의

크기로 이어지기 때문이다. 따라서 입지선정 시에는 여러 조건들을 꼼꼼하게 비교하고 분석해서 결정하여야 한다.

| 표 6-7 | 입지성분석의 주요 조사내용

상권특성	상권의 수준, 상권 범위, 상권 유형
점포여건	건물 위치, 층수, 건물 상태
경제성	적정 임대료, 권리금 등
경쟁점포	경쟁점포 수, 경쟁점포 수준
입지상황	접근성, 가시성, 교통상황, 도로상황, 지형 · 지세 등

| 표 6-8 | 입지성 평가 예

항목	평가내용	평가점수					기준 점수
		1	2	3	4	5	
입지성	해당 상권 수준 및 범위						
	점포 여건(건물위치, 층수, 건물 상태)						
	점포 임대료의 적정성, 경제성						
	지역 내 경쟁점포 수준						
	점포의 접근성						

※ 점수부여방식 : 가장 우수 5점, 우수 4점, 보통 3점, 미흡 2점, 아주 미흡 1점

4) 수익성분석

수익성분석은 판매하고자 하는 상품에 대한 매출액 대비 수익의 실현 정도를 측정하는 것으로, 기업의 이익을 대변하기 때문에 중요한 분석이다. 창업으로 사업을 개시하여 판매가 되더라도 적정 수익을 제대로 실현시켜 주지 않으면 결국 그 창업은 성공 가능성이 없는 것으로 판정할 수밖에 없다.

(1) 수익전망분석

수익은 매출규모에 의해 결정이 되는 것으로서 매출이 늘어나면 수익은 자연스럽게 증가될 것이고, 매출이 감소하면 수익 역시 감소될 것이다. 수익 실현이 낮다고 판

단될 때에는 창업하는 의미가 없으므로 다시 한 번 생각해 볼 필요성이 있다. 그러나 지금 당장은 수익 실현이 낮더라도 소비 패턴의 변화와 증가가 예측된다면 적극적인 홍보활동을 통한 매출신장을 위한 노력으로 충분한 가능성을 확보할 수 있을 것이다.

(2) 손익분기점분석

손익분기점이란 일정기간의 매출액과 그 매출액을 실현하기 위해서 지출된 총비용이 일치하는 시점의 매출액을 말한다.

손익분기점분석을 위해서는 총비용을 매출액의 변동에 관계없이 일정하게 발생하는 고정비와 매출액의 변동에 비례하여 발생하는 변동비로 구분하여야 한다. 그러나 현실적으로는 모든 비용항목들이 반드시 매출액에 비례하여 발생하거나 또는 일정하게 발생하는 것이 아니므로 월별 손익계산서를 토대로 고정비와 변동비를 적정하게 분류하여야 한다.

손익분기점분석은 수입내용을 분석하고 또, 손실을 발생시키지 않기 위한 최저 한계 매출액을 알 수 있어 상당히 편리한 분석방법이다. 한계이익, 변동비율 등을 활용하여 목표이익을 확보하기 위한 매출액 산정에도 쓰이며, 설립계획이나 신규지점 계획의 타당성 판정 등에도 유용하게 쓰인다.

Tip

손익분기점$(X) = F/(1 - V/S)$

손익분기점의 매출액 = X
일정기간의 고정비 = F
동 기간의 변동비 = V
동 기간의 매출액 = S
변동비율 = V/S

목표매출(TX) = F+목표이익 / $(1 - V/S)$

비용을 고정비와 변동비로 나누어 매출과 이익이 어떻게 변하는가의 감도분석을 손쉽게 하는 방법으로 흔히 손익분기점 분석기법을 사용한다.

(3) 사업의 경제성 평가

경제학에서는 경제성을 '최소의 비용으로 최대의 효과'로 정의하고 있다. 이처럼 사업의 경제성이란 창업한 사업이 적정한 투자로 얼마만큼의 수익을 창출할 수 있는가를 의미한다. 만약 투자한 금액보다 아주 낮은 수익을 올린다면 경제성이 없는 것이므로 창업할 이유가 없어진다.

| 표 6-9 |

평가항목	세부조사 항목
수익전망	• 창업 후, 3~5년간의 추정손익계산서(제조원가명세서 포함) 및 추정대차대조표, 자금수지예상표 • 이를 근거로 수익전망 및 흑자실현 가능시점 추정
손익분기점분석	• 수익과 비용이 일치되는 매출액은 어느 정도이며 어느 시점에 실현가능한지 분석 • 판매수량, 금액, 고정비, 변동비 등이 균형을 이룰 수 있는지 검토
투자수익 및 계획사업의 경제성분석	• 계획사업에 대한 투자규모와 어느 정도 수익실현이 가능한지 등 투자에 대한 경제성 검토

| 표 6-10 | **수익성 평가 예**

항목	평가내용	평가점수					기준 점수
		1	2	3	4	5	
수익성	후보 아이템의 수익전망의 가능성						
	후보 아이템의 장기적 안정성						
	후보 아이템의 경제성						
	창업 시 비용의 크기						

※ 점수부여방식 : 가장 우수 5점, 우수 4점, 보통 3점, 미흡 2점, 아주 미흡 1점

5) 재무분석

실제로 창업함에 있어서 제일 먼저 고려해야 할 부분이 자금문제이다. 따라서 창업을 하기 위해서는 창업자금의 자금수지와 조달 가능성에 대한 분석이 이루어져야 하는데, 이를 재무분석이라 한다. 이러한 재무분석 시에는 우선, 창업에 필요한 총 소요

자금의 적정한 규모산정과 자금조달 시의 위험분석도 함께 파악하여 단기적 측면, 특정 시설의 소요자금 등으로 구분된 자금조달 및 자금운용 계획서를 작성해야 한다. 또한 자금수지분석에서는 차입계획뿐만 아니라 차입금 상환계획 및 차입금 상환능력에 대해서도 분석해야 한다.

(1) 소요자금의 규모 및 조달 가능성에 대한 분석

창업 소요자금의 규모 결정은 창업하려는 사업규모와 함께 고려하는 것이 좋다. 사업규모는 자금 조달능력에 의해서 결정되기 때문에 창업 소요자금의 규모 결정은 자금 조달능력과 연계시켜 검토하는 것이 합리적이다. 창업 소요자금을 분석하는 기초자료는 다음과 같다.

- 판매계획을 통하여 판매할 상품이나 서비스의 종류, 추정 매출액, 광고비, 인건비 등을 파악하여 단기 운전자금을 계상하여야 한다.
- 생산계획 또는 점포계획으로서 창업업종이 제조업일 경우에는 생산계획을 수립하고, 판매업 및 서비스업 일 경우에는 점포계획을 수립하여야 한다.
- 일반관리비 및 판매비의 운영자금을 확보하여 계상한다.

(2) 민감도분석

민감도 분석이란 사업의 불확실성에 대비한 정보를 얻기 위하여 사업의 여러 조건이 변화할 때 사업의 경제성이 어떻게 변화할 것인지를 분석하는 것이다. 만약 판매가격을 10% 낮춘다면 매출과 이익은 어떻게 될 것인가, 원재료 가격이 10% 상승하면 매출과 이익에 어떤 영향을 미칠 것인가를 가정하여 상황 변화를 분석해 봄으로써 미래 상황을 예측해 볼 수 있다.

(3) 위험요소의 분석

창업이 이루어지려면 여러 가지 예측하지 못한 어려운 일에 접하게 된다. 그러므로 창업을 계획하고 분석하는 과정에서부터 기업 경영에 결정적인 영향을 미칠 수 있는 위험요소와 그 대응전략을 수립하는 것이 바람직하다.

| 표 6-11 | 위험요소의 구분

구분	위험요소
정책변동	• 조세 및 관세정책의 변화 • 금리 및 환율의 변동 • 생산기업인 경우 중소기업 고유업종의 세제와 수입 개방
시장경쟁 변화	• 경쟁기업의 참여(대기업 포함) • 판매 단가의 조정
생산요소의 변동	• 주요 원자재의 파동 가능성 • 생산량 및 판매량, 가동률의 변동 가능성 • 전략제품의 변경
기타	• 노사분규 • 시설자금 및 소요 운전자금의 적기 조달 실패 • 자연환경 및 공해규제 • 법률상의 제약 • 기타 창업업종에 대한 위험요소 등

| 표 6-12 | 재무 및 위험요소 평가

항목	평가내용	평가점수					기준점수
		1	2	3	4	5	
재무 능력	총투자액의 적정성						
	투자자금의 조달능력 (적정한 대출 포함)						
	후보 아이템의 민감도						
위험 요소	계약 관련 분쟁 가능성						
	경쟁점포와의 분쟁소지						
	고객감소 가능성 (인기 위주의 아이템)						
	종업원의 이탈 및 갈등 가능성						

※ 점수부여방식 : 가장 우수 5점, 우수 4점, 보통 3점, 미흡 2점, 아주 미흡 1점

| 표 6-13 | **사업성분석표의 예**

항목	평가점수		
	A업종	B업종	C업종
창업자 경영능력			
시장성			
입지성(기술성)			
수익성			
재무능력(위험성)			
점수합계			
종합평가			

※ 점수부여방식 : 가장 우수 5점, 우수 4점, 보통 3점, 미흡 2점, 아주 미흡 1점

쉬어가기 | 창업실패 사례

① 20년 넘게 교육공무원으로 일하다 문구점을 차린 K씨

서울 강남의 한 고등학교 부근에 1억 원을 들여 30여평이나 되는 대형 문구점을 차렸지만 임대료 내기가 힘들 정도로 장사가 어렵다. 성격이 내성적이고 교육공무원을 했다는 체면 때문에 가게에 직접 나가지 않고 아르바이트 대학생에게 맡긴게 화근이었다.

최근 아르바이트생이 물건 대금을 유용한 사실을 알고 충격 끝에 3년만에 가게를 접기로 했다.

〈시사점〉

K씨가 사업에 실패한 이유는 몇 가지 있지만 가장 근본적인 이유는 내 사업을 스스로 해보겠다는 의지 없이 문구점 창업을 시작하였기 때문이다.

경영자의 내성적인 성격은 적극적인 성격으로 바꿔야 한다. 경영자가 나태한 습관을 가지고 솔선수범하지 않거나 추진력이 약하다면 직원들이 따라주지 않는다. 사업은 돈을 벌자고 하는 것이기에 손발로 뛰어 부딪치고 성실하여야 함은 물론이다.

② 30대 초반의 L씨

퇴직 후 2년간의 장고 끝에 인형 뽑기 자판기 사업을 시작했다. 학교나 고시원 부근에서 인기를 끌고 있는 것을 보고, 처가에서 5천만 원을 빌려 점포를 차린 것이다.

그러나 가게를 열었을 때 이 사업은 포화상태였고 열풍도 시들었다. 결국 창업 10개월 만에 2천8백여 만 원의 고정비와 시설비를 날리고 손을 들었다. 끝물에 들어가 사업에 실패한 경우이다.

〈시사점〉

L씨의 실패요인을 들자면 이미 포화상태인 사업을 시작하였다는 것이다. 하지만 자판기 사업은 특별한 기술이나 아이디어 없이 기계의 힘을 빌어 쉽게 시작할 수 있는 장점으로 독특한 사업아이템을 활용하면 짭짤한 수입을 올릴 수 있는 아이템이 수두룩하다. 국내 자판기시장 규모도 매년 30% 이상 높은 성장세를 보이고 있고 투자비용도 자신의 형편에 맞게 다양하게 선택할 수 있어 얼마 안 되는 돈으로 사업을 시작하는 예비창업자들은 자판기 종류를 잘만 고르면 괜찮은 수익을 올릴 수 있다.

③ 공무원 출신인 50대 P씨

수도권의 한 아파트단지 근처에서 8년째 독서실을 운영하고 있지만 고전을 면치 못하고 있다. 창업 초기엔 고급형으로 꾸민 전략이 맞아 들어가 재미를 봤지만 주변에 비슷한 독서실이 잇따라 생기면서 수익이 급격히 줄었다.

원룸형 고급 독서실이 재래형을 대체하는 시장의 변화를 따라잡지 못한 것이다.

〈시사점〉

P씨는 아무런 전략 없이 늘 같은 방식의 영업만 고수한 것이 결국 실패의 요인이 되었다. 수입여부에 관계없이 모든 사업자는 끊임없이 환경변화에 능동적으로 대처하기 위한 새로운 전략이나 영업방식에 관심을 가져야 한다.

Chapter

7

사업계획서 작성

학습목표

1. 사업계획서의 용도를 알 수 있다.
2. 사업계획서 작성 시 유의사항을 설명할 수 있다.
3. 사업계획서 작성 방법을 알 수 있다.

학습목차

1. 사업계획의 의의
2. 사업계획 수립의 절차
3. 사업계획서의 구성 및 내용
4. 사업계획서 작성의 실제

Chapter 07

사업계획서 작성

1 | 사업계획의 의의

1) 사업계획서의 정의

여기서 사업계획서란 소점포 창업을 준비하고 있는 예비창업자 또는 사업을 수행하고 있는 사업자를 위하여 쓰여진 것이다. 즉, 소점포를 위주로 쓰여졌다는 것을 밝혀 둔다.

사업계획서란 사업을 개시하기 전에 계획사업에 관한 모든 사항(사업의 목적, 수요예측, 투자내용, 생산 및 판매계획, 추정 재무제표 등)을 판단할 수 있도록 현재의 상황과 미래의 상황을 추정하여 일목요연하게 정리하고 계수화하는 것을 말한다.

다시 말하면, 소점포 창업을 시작하려는 예비창업자가 업종을 구하고, 장소를 선정하고, 이에 따른 자금규모를 파악하여 이를 계수화함으로써, 손익상황(수익과 비용, 이익 등) 또는 재산(자산과 부채 및 자본)에 관한 모든 것을 상세히 알 수 있도록 미리 만들어 놓은 것을 말한다.

2) 사업계획의 용도

사업계획은 창업자의 판단에 따라 결정되지만 객관성과 타당성이 있어야 하며, 이를 작성하여 본인이 사업을 추진하여야 할 판단 자료로 활용하기도 하고, 또한 외부투자자를 유치하기 위한 자료로도 쓰인다.

(1) 대내적 용도

1 창업자 자신을 위하여

사업계획은 창업자가 사업을 시작하기 전, 또는 사업을 수행하는 도중에 사업을 추진해서 달성해야 할 목표와 수행해야 할 업무를 미리 파악하여 계수화 함으로써 불확실하고 위험한 요소에 대한 준비를 할 수 있으며, 사업을 할지 말지를 결정해 주는 지침서가 되면서 아울러 장래의 비젼으로 활용 할 수 있다.

여기서 가장 중요한 것은 창업자가 손익상황과 재산사항의 변화를 읽으면서, 사업을 시작 내지는 계속할 것인지 아니면 좀 더 관망할 것인지 또는, 그만 둘 것인지를 판단하는 기초자료로 활용된다는 것이다.

2 가족의 동의를 얻기 위하여

사업을 새로이 시작함에 있어 가족의 동의는 필수적으로 필요하다. 아무리 가족이라 하더라도 서로의 생각이 차이가 있는만큼 하고자 하는 사업에 대하여 상세한 계획서를 만들어 동의를 구하는 것이 바람직하다. 특히, 소점포에 있어서는 부부간의 동의와 가족간의 합의가 있어야만 성공의 확률이 높으므로 이를 이끌어 내기 위하여는 계수화된 사업계획서를 보여주고 동의를 구하는 것이 바람직하다.

(2) 대외적 용도

1 자금을 조달하기 위하여

창업에 있어서 가장 중요한 요소를 들라면 창업멤버, 아이템, 입지, 자금이라고 할 수 있다. 아무리 아이템이 우수하다 하더라도 자금이 부족하다면 창업을 할 수 없을 것이다. 정부기관, 금융기관, 개인으로부터 부족자금을 조달하기 위하여는 자신이 하고자 하는 사업에 대하여 또는, 하고 있는 사업에 대하여 자세한 계획서를 준비하여 충분한 타당성을 보여 줌으로써 자금을 지원해 주고, 투자하는데 있어서 우호적인 결과를 얻을 수 있다.

2 수요자나 공급자의 신용확보를 위하여

사업을 하려면 또는, 하고 있는 동안에 동업자나 제품(상품)의 공급자들로부터 협력을 받아야 하는 경우가 많다. 이럴 때 신용이 없다면 이들의 협조를 받기란 불가능하다. 따라서, 이들에게 본인이 추진하고자 하는 사업 또는, 하고 있는 사업에 대한 계획서로 문서화해 보여 줌으로써 신용을 쉽게 확보 할 수 있는 효과를 거둘 수 있다. 이는 사업 성공의 지름길이라 할 수 있다.

2 | 사업계획 수립의 절차

1) 사업계획서의 작성절차

모든 일에 절차가 있듯이 사업계획서를 작성할 때도 기본적인 절차가 있다. 사업계획서의 작성을 위해 실제 작성하기 전에 미리 준비할 사항과 사업계획서 작성의 기본 순서를 알아두는 것이 필요하다.

(1) 사업계획서의 단계별 내용

1 제1단계 : 사업계획서 작성의 목적 확인

사업계획서에는 작성하는 목적에 따라 작성되는 내용이 달라지므로 왜 작성을 해야 하는지에 대한 목적이 분명해야 한다. 즉, 창업계획의 구체화 목적인지, 아니면 자금 조달 목적 혹은, 공장 설립 인·허가 목적인지 분명히 해야 한다.

2 제2단계 : 사업계획서의 소정 양식 확인

사업계획서의 작성 목적 및 제출기관에 따라 소정 양식이 다르므로 양식이 있는지 사전에 알아보아야 하며, 자금 조달인 경우 은행인지, 신용보증기관인지, 투자회사인지에 따라 내용이 조금씩 차이가 있다.

3 제3단계 : 사업계획서 작성 계획의 수립

사업계획서 작성 시, 구성 내용을 여러 부서에서 공동으로 진행하여 빠르게 처리할 수 있다. 예를 들면 기업체 현황 및 조직·인력 현황 등은 창업자나 총무팀에서 작성하고, 생산 및 시설 계획은 생산 담당(예정)자가 작성한다면 작성 시, 시간의 절약과 내용의 충분성이 있을 것이다. 반면, 개인기업인 경우 창업자 개인이 작성하는 경우가 많으므로 창업 컨설팅 회사 및 창업지원 기관의 도움을 받으면 더욱 효과적이다.

4 제4단계 : 자료 수집 및 첨부 서류 준비

사업계획서의 작성에 직접 필요한 자료를 다양하게 많이 준비하여야 하며, 사업계획의 실현성을 나타낼 수 있고, 신뢰성을 보일 수 있는 첨부서류 등을 철저히 준비한다.

〈첨부서류〉

정관, 사업자등록증 사본, 최근 몇 년간의 결산서류, 기술이력서, 공업소유권 및 신기술 관련 특허권, 기타 필요한 서류 등

5 제5단계 : 사업계획서 작성 및 검토

모든 서류와 첨부서류의 준비가 끝났으면 사업계획서 작성을 시작한다. 사업계획서 작성 시, 작성과 관련한 기준 및 유의사항 등을 충분히 인지하고 작성하여야 한다. 처음 작성하는 경우에 많은 시간이 소요되므로 다른 기업의 사례를 충분히 보고 난 후 작성해야만 시간을 절약할 수 있고, 내용이 충실할 수 있다. 작성 후에는 전문가의 조언 및 검토를 의뢰하여 전체적인 문맥과 하고자 하는 사업이 잘 표현되었는지를 최종 수정한다.

6 제6단계 : 편집 및 제출

사업계획서는 내용도 중요하지만 체계적인 편집이 사업에 대한 매력도를 증가시킨다. 진열이 잘 된 옷을 봤을 때 사고 싶다는 생각이 들기 마련이기에 문장의 내용 수정이 끝나면 전체적으로 편집을 한다. 또한 발표를 할 경우 보통 프레젠테이션을 통해 발표를 하므로 프레젠테이션 작성 기술을 사전에 습득할 필요성이 있다.

| 그림 7-1 | **사업계획서 작성절차의 흐름**

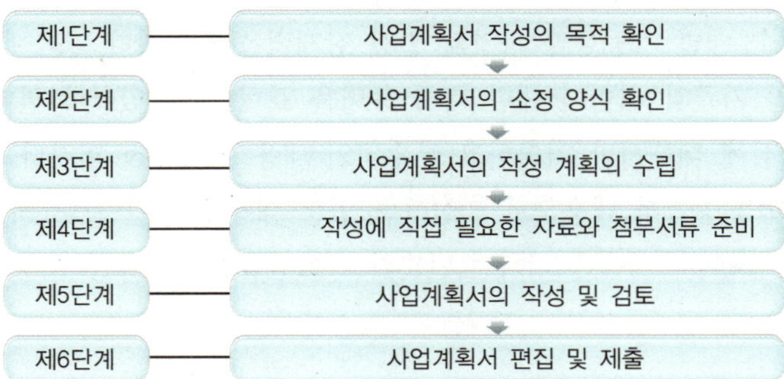

2) 사업계획서의 유의사항

사업계획서를 작성함에 있어 창업을 하는 창업자만 참고하지 않고 이해관계자들에게까지 모두 참고가 될 수 있는 사업계획서라면 필수적으로 들어가야 하는 사항들이 있으며, 유의 사항을 인지하고 사업계획서 작성이 이루어진다면 완성도를 더욱 높일 수 있다.

- 사업계획서는 많은 자료를 바탕으로 구체적인 작성이 이루어져야 하며, 보다 객관적인 작성이 되어야 한다.
- 사업계획서 작성 시 전체적인 내용이 논리적이며, 신뢰성 있는 정확한 자료로 명료하게 작성이 이루어져야 한다.
- 창업을 하게 된 동기 및 창업에 따른 기대 효과를 구체적으로 기술함으로써 앞으로의 회사 비전과 목표가 나타나도록 작성해야 한다.
- 다른 기업과 차별화되는 사업 아이템의 핵심을 중점적으로 부각시키고, 그 사업을 처음 접하는 투자자나 관련 당사자가 알기 쉽게 보편적 용어로 작성함으로써 투자 요구가 증가하도록 작성한다.
- 사업계획서에서 자금 조달과 운용 부분에 있어서는 가정이나 예상은 피해야 하고 추상적인 결론이나 추측에 의한 결론도 회피하도록 해야 한다.
- 사업계획의 근거가 되는 데이터는 객관적으로 검증된 것이거나 이해관계자가 이해할 수 있는 범위의 것을 일관성 있게 사용해야 한다.

〈사업계획서 작성기준〉

① 자금조달 내역과 규모를 정확히 기재한다.
② 사업 주체의 경영 능력을 세부적으로 기술한다.
③ 향후 기술 개발 가능성과 사업의 발전 잠재력을 강조한다.
④ 객관적인 기준과 위험에 대한 대처 능력을 표현할 수 있어야 한다.
⑤ 사업 핵심에 대해서만 기술하고 부수적인 내용은 가급적 피한다.
⑥ 사업계획의 종합적 내용으로서 설득력 있는 내용으로 간단명료하게 작성한다.
⑦ 전문적인 용어의 사용은 피하며 단순하고 보편적인 설명으로 이해시킬 수 있도록 한다.

3 | 사업계획서의 구성 및 내용

1) 사업계획서의 종류

사업계획서의 종류는 법적으로 정해진 규정은 없으며, 창업하고자 하는 업종 및 특성에 따라 다르게 작성을 한다. 또한 제출처 및 제출 목적에 따라 구성이 다르므로 자신의 창업 분야를 확실히 이해하고, 제출 목적을 창업자 스스로가 판단한 후 양식을 구성해야 한다.

(1) 표준사업계획서

표준사업계획서는 비교적 규모가 큰 기업의 창업이나 사업확장을 위하여 작성하는 양식이다. 작성 분량도 많고 구체적이며 다양한 자료를 활용하여 작성이 이루어진다. 이러한 사업계획서는 창업자 혼자서 작성할 수 없으므로 회사 내의 각 부서별로 해당 분야를 작성하거나, 전문 컨설턴트에 의뢰하여 작성이 이루어지는 경우가 많다.

1. 기업체 현황	• 회사개요 • 기업의 일반적 현황	• 창업자 현황 • 사업 전개방안 및 향후계획
2. 계획사업의 개요	• 사업동기 • 생산제품의 특성	• 사업의 구체적 내용 • 기대효과
3. 시장현황	• 동종업계 현황 • 시장점유율과 경쟁관계	• 시장의 규모와 전망 • 계획 제품의 침투 가능성
4. 생산계획	• 제조공정도 • 외주생산계획	• 자체생산계획
5. 판매계획	• 판매전략 및 판매형태 • A/S계획 • 수출계획	• 가격정책 • 국내판매계획
6. 설비투자계획	• 적정규모의 제조설비 및 내역 • 구입처, 수량, 가격	
7. 인원 및 조직계획	• 업무흐름별 조직체계도 • 직무별 · 직위별 소요인원	
8. 원 · 부자재 조달계획	• 국내 조달계획 • 수입자재 조달계획	

9. 재무계획	• 추정손익계산서 • 추정대차대조표 • 현금흐름표 • 손익분기점분석
10. 자금계획서	• 총소요자금 내역 • 조달계획 또는 차입계획 • 차입금 상환계획
11. 사업추진 일정계획	• 월별 · 연도별 사업추진 일정표
12. 부속자료	• 인건비 명세서 • 감가상각비 명세서 • 제조원가 명세서 • 경영진 이력서 • 제품설명서 • 특허권 사본 • 제공 가능 담보물 내용 • 설비 구입 견적서

(2) 소자본 사업계획서

일반적으로 처음 창업을 하는 창업자가 가장 많이 작성하는 사업계획서로서, 비교적 적은 금액으로 창업할 때 작성을 많이 한다. 또한 각 지역에 있는 소상공인지원센터 자금지원 및 창업지원을 받기 위해 창업자가 직접 작성하는 사업계획서이므로, 소자본 사업계획서를 잘 작성할 수 있어야 한다.

1. 기업현황	• 회사개요(설립예정) • 창업자 인적사항
2. 일반적인 사업계획	• 사업의 개요 • 종업원 채용 계획 및 조직도
3. 소요자금 및 조달계획	• 소요자금 • 자금조달계획 • 원 · 부자재 조달계획
4. 입지 및 상권분석	• 입지상권분석
5. 환경분석과 마케팅전략	• 일반적인 환경분석 • 경쟁업체분석 • SWOT분석 • 내부핵심역량분석 • 마케팅전략
6. 판매 및 재무분석	• 판매계획 • 손익분기점분석 • 추정손익계산서
7. 사업추진 일정계획 첨부서류	• 현금흐름분석 • 월별 사업추진일정표 • 사업자등록증 사본 • 등기부등본 • 임대차계약서 등

2) 사업계획서의 내용

사업계획서의 작성 시 필수적으로 들어갈 내용으로는 기업현황 및 사업에 대한 계획, 창업 시 소요되는 자금 및 조달계획, 하고자 하는 위치에 대한 상권분석 및 입지환경분석, 일반적인 외부 환경분석과 창업 기업만이 가지고 있는 차별화된 핵심 내부역량분석, 수익실현에 관한 재무분석 등이 필수적으로 들어간다. 기본적으로 사업계획서를 작성하기 위해 알아야 할 사항들이므로 내용을 이해하고 작성에 들어가도록 하자.

(1) 기업현황과 사업계획

상호명, 대표자, 창업(예정)일, 종업원 수(예정), 법인(주민)등록번호, 사업자등록번호, 소재지, 전화번호, 소유형태, 본사주소, 업태, 종목, 창업자 인적사항(학력, 경력, 전공영역 등)

사업계획서의 기업현황은 창업하고자 하는 혹은 이미 창업한 그 기업이 어떤 기업인지를 나타내 주는 것으로서, 다음과 같은 항목들이 들어간다.

또한 사업계획은 계획한 사업에 의한 의지와 추진방향에 대한 내용을 기술하고, 인적 자원 관리에 관련된 사항 즉, 종업원 채용 및 조직구성에 대하여 기술한다.

사업의 동기 및 목적, 계획 사업의 기대효과, 종업원 채용계획, 조직도 등

(2) 소요자금 및 자금조달계획

소요자금은 크게 시설자금과 운전자금으로 나누어 기술하는데, 시설자금은 창업에 필요한 시설 및 설비에 소요되는 자금을 의미하며, 인터넷 창업인 경우 창업에 필요한 쇼핑몰 구축 및 관련 소요자금도 시설자금에 해당한다. 반면 운전자금은 매출과 관련하여 지출되는 비용으로서 영업을 통해 자금이 회수될 때까지의 기간 동안 소요되는 자금을 의미한다.

자금조달계획은 소요되는 자금을 어떻게 조달할 것인가에 관한 내용으로써 창업자 자신이 보유하고 있는 현금성 자산을 자기자금이라고 하며, 은행 및 정부기관과 같은 타인으로부터 차입한 자금을 타인자금이라고 하는데, 이러한 세부사항을 상세히 기재한다.

(3) 입지 및 상권분석

입지 및 상권분석은 주로 유통업 및 서비스업인 경우 특히 점포와 사무실을 사업장으로 하는 경우에 필수적으로 분석해야 한다. 제조업이나 인터넷 창업은 해당하지 않을 수 있지만 제조업은 공장에 대한 입지분석을 해야 한다.

이러한 입지 및 상권분석은 하고자 하는 창업의 사업장 주변에 관한 사항들을 기술하는데, 사업장을 주변으로 하여 주거지역에 관한 분석, 유동인구에 관한 분석, 업무와 관련한 사무실의 분포 분석 등을 조사하여 기술함으로써 창업의 확실성을 높일 수 있다. 세부 항목은 다음과 같다.

> 도로구조, 입지접근 용이성, 대중교통 환경, 통행빈도, 주요 분포 시설, 입지 및 상권 분석 종합 등

(4) 환경분석과 마케팅전략

외부환경분석은 창업을 함에 있어 창업을 하기에 적합한 환경인지를 분석하는 것으로서 우리나라의 전반적인 경제환경에 대한 분석과 주변의 경쟁업체 현황을 분석하는 경쟁업체 분석, 창업기업의 전략적 선택을 위한 SWOT분석, 자사가 가지고 있는 핵심역량에 대한 분석을 하고, 마지막으로 제품·가격·유통·촉진전략에 대한 4P전략에 대하여 기술한다.

(5) 판매 및 재무분석

판매계획은 1일 혹은 1개월에 판매하고자 하는 상품과 서비스에 대하여 얼마만큼을 판매할 수 있는지에 대한 추정계획으로써, 각 품목별로 가격을 파악하고 전체 판매량 및 판매금액을 파악해야 한다.

재무분석으로서 손익분기점분석은 수익과 비용이 만나는 점으로서 1개월간에 어느 정도 매출을 올려야 이익이 발생하는가를 알아볼 수 있는 척도로 매우 중요한 계산이다. 반면, 손익계산서 작성을 통해 기업의 순이익을 산출하여 경영 의사결정에 반영할 수 있고, 현금흐름표 작성을 통한 현금의 유입·유출액을 파악하여 보유 현금을 예상할 수 있도록 작성한다.

또한, 사업의 진행 상황을 시뮬레이션처럼 파악하기 위해서는 사업추진 사항을 월별 혹은 분기별 일정표를 만들어 사업추진 일정을 한눈에 알아볼 수 있도록 한다.

4 | 사업계획서 작성의 실제

사업계획서 작성시기는 창업 아이템이 선정되고 사업에 대한 타당성 분석 후 타당성이 있다고 평가되면 사업계획서 작성이 이루어진다. 이러한 사업계획서는 업종 및 아이템마다 모두 다르기 때문에 자신의 분야를 먼저 파악한 후 작성해야만 효과적인 작성이 이루어진다. 다음의 사업계획서는 비교적 소자본으로 창업을 하고자 하는 창업자금을 위한 사업계획서로서, 인터넷 창업인 경우 상권 및 입지분석은 큰 비중이 없으므로 호스트 선정이나 검색 사이트 선정 등으로 대체할 수 있다.

| 그림 7-2 | **사업계획서 작성단계**

[사례]

사 업 계 획 서

(피부관리샵)

20년 월

○ ○ ○ ○ ○ ○

1) 기업 현황

(1) 회사개요(설립 예정)

<table>
<tr><td>상호명</td><td colspan="2">한미모피부관리샵</td><td>대표자명</td><td>한미모</td></tr>
<tr><td>법인(사업자)등록번호</td><td colspan="2">○○○ – ○○ – ○○○○ – ○</td><td>주민등록번호</td><td>123456 – 7890000</td></tr>
<tr><td>사업장소재지</td><td colspan="2">서울특별시 ○○구 ○○동
○○○번지</td><td>전화번호
(휴대폰)</td><td>02 – 555 – 5555
(010 – 123 – 4567)</td></tr>
<tr><td>개업(예정)일자</td><td colspan="2">20 . .</td><td>종업원수(예정)</td><td>4명</td></tr>
<tr><td>업 태</td><td colspan="2">서비스업</td><td>종 목</td><td>피부관리</td></tr>
<tr><td rowspan="2">프랜차이즈</td><td rowspan="2">브랜드명</td><td></td><td>가맹비</td><td></td></tr>
<tr><td></td><td>보증금</td><td></td></tr>
<tr><td rowspan="3">사업장 현황</td><td>소유형태</td><td colspan="3">자가 / 임차(월세: , 보증금:)</td></tr>
<tr><td>평 수</td><td colspan="3"></td></tr>
<tr><td>용도지역</td><td colspan="3"></td></tr>
<tr><td>연혁</td><td colspan="4">•
•</td></tr>
</table>

【작성방법】

① **업체명** : 개인사업자는 사업자등록증상의 상호를 기입하고, 법인사업자는 법인 등기부상의 상호를 기재한다.

② **대표자** : 개인기업의 경우 대표자 성명, 법인의 경우는 등기상의 이사회에서 선임된 대표이사의 성명을 기입한다.

③ **개업일** : 개인기업은 사업자등록증상의 개업 연월일, 법인기업은 법인 설립등기일을 기재한다. 만약 창업 예정자인 경우 예상되는 예정을 기재한다.

④ **종업원 수** : 실제 근무자나, 근무 예상자의 수를 기재한다.

⑤ **법인(사업자)등록번호** : 법인인 경우 법인등록번호, 개인사업자는 사업자등록증상의 번호를 기재한다.

⑥ **주민등록번호** : 실제 대표이사나 대표자의 주민등록번호를 기재하며, 금융기관 및 정부기관 제출 시 필요하다.

⑦ **소재지** : 본사 및 사업장의 소재지 주소와 전화번호를 기재하면 된다.

⑧ **업태와 종목** : 업종은 업태와 종목의 합성어로서 사업자등록증상의 업태와 종목을 기재하면 된다.

㉮ **업태** : 산업분류표의 대분류 업종에 따라 제조업, 도·소매업, 음식업, 서비스업 등으로 표기한다.

㉯ **종목** : 한식, 중식, 컴퓨터 수리, 화장품, 외국어 등 판매하고 있는 상품 및 서비스명을 표기한다.

▸ 예: 외국어학원을 운영하고 있을 때 업태는 서비스, 종목은 외국어로 표기한다.

⑨ **프랜차이즈** : 프랜차이즈에 가맹한 경우 본사 브랜드명, 가맹비, 보증금을 기입한다.

⑩ **사업장의 소유 형태** : 자가 혹은 임차인 경우 임차 중 선택하여 표기한다. 용도지역은 상업지역, 주거지역, 공업지역 등을 기입한다.

⑪ **연혁** : 창업예정자인 경우는 기재하지 않지만, 창업한 기업은 회사의 기업 변천에 관한 내역들을 기재한다. 학교의 연혁을 보면 쉽게 알 수 있듯이 회사의 설립일, 상호변경, 특허출원, 추가 진출 사업 등 주요 회사의 경영내용을 기재한다.

(2) 창업자 인적사항

<table>
<tr><td>성명</td><td colspan="2">한미모</td><td>주민등록번호</td><td colspan="2">123456－7890000</td></tr>
<tr><td>주소</td><td colspan="3">서울특별시 ○○구 ○○동 ○○○번지</td><td>전화번호</td><td>02－555－5555</td></tr>
<tr><td rowspan="3">학력</td><td>기간</td><td colspan="2">학교명</td><td>전공</td><td>수학상태</td></tr>
<tr><td>20××. 2월</td><td colspan="2">00고등학교</td><td></td><td>졸업</td></tr>
<tr><td>20××. 2월</td><td colspan="2">한국대학교</td><td>피부관리과</td><td>졸업</td></tr>
<tr><td>특기사항
(자격증)</td><td colspan="5">피부관리사</td></tr>
<tr><td rowspan="2">경력</td><td>근무기간</td><td colspan="2">근무처</td><td>담당업무</td><td>직위</td></tr>
<tr><td>20××.3.2 ~
20××.12.12</td><td colspan="2">(주)한국피부</td><td>고객관리팀</td><td>팀장</td></tr>
</table>

【작성방법】

① **성명과 주민등록번호** : 실제 창업자의 성명과 주민등록번호를 기재한다.

② **주소 및 전화번호** : 창업자의 실제 거주지 주소를 기재하고, 전화번호는 언제든지 연락이 가능한 전화번호를 기재한다.

③ **학력** : 만약 4년제 대학을 졸업한 경우 고등학교와 대학교 순으로 최종학력 직전 단계와 최종학력을 순서대로 기재한다. 수학 여부는 졸업, 학위 여부 등을 기재한다.

④ **경력** : 기업을 창업하기 이전의 사항을 기재하면 된다.

▸예 : ○○전자 회계과 과장 20××년 3월 ~ 20××년 4월까지 근무 등

2) 사업계획

(1) 사업의 개요

사업의 동기 및 목적
• (주)한국피부 회사에서 쌓은 지식을 바탕으로 나만의 독립된 회사를 가지기 위함 • 최근 미에 대한 관심 증대로 피부관리를 받고자 하는 여성들이 증가하는 추세임 • 차별화된 제품을 통한 피부관리로 고객의 만족극대화 실현 • 인증받은 외국의 명품 프로그램 운영을 통한 고객맞춤형 피부관리 실현

【작성방법】

① 창업을 하게 된 배경과 해당 업종을 선정하게 된 경위를 일목요연하게 기재한다.

② 창업 업종에 대한 창업자의 전문지식, 정보와 관련한 노하우를 기재한다.

③ 창업자가 자신감 있는 모습이 보이도록 사업 추진에 대한 의지와 추진 방향을 기재한다.

④ 창업자가 진행하고 있는 계획사업에 대한 준비 과정을 상세히 정리한다.

계획사업의 기대효과
• 피부관리샵 창업을 통한 관련 분야 전문인력의 고용 창출 • 안전하고 국제적으로 인정받은 프로그램 운영으로 피부관리샵의 모범적 모습 • 고객들은 보다 고품격의 프로그램을 비교적 낮은 가격의 체험으로 개선된 피부의 실현 • 순수 한방제제로 만든 발효 한방화장품 제공을 통한 우리 전통의 우수성 실현 • 다양성 제공과 고품격의 프로그램 운영을 통한 단기간 고객 확보 실현 예상됨 • 다양한 서비스 제공을 통한 여러 프로그램에서 매출 실현으로 지속적 매출이 예상됨

【작성방법】

계획 사업에 대한 기대효과는 3가지 측면인 국가경제적 측면, 소비자(고객) 측면, 기업적 측면으로 나누어 기술하면 된다.

① 국가경제적 측면
- ㉮ 경제 및 산업에 대한 파급효과
- ㉯ 부가가치 창출 및 고용효과
- ㉰ 수출기여 및 수입품의 대체효과

② 소비자(고객) 측면
- ㉮ 이용자들이 느낄 수 있는 편익
- ㉯ 소비자들이 사용 후 변화될 수 있는 환경

③ 기업적 측면
- ㉮ 사업을 통해 나타날 수 있는 효과
- ㉯ 매출신장으로 인한 기업이익

(2) 종업원 채용 계획 및 조직도

1 종업원 채용계획

구분		종업원현황 및 채용계획			비고
		당해년도	1차년도	2차년도	
사무직	상담실장	1명			
	영업사원		1명		
	고객관계관리원			1명	
관리직	피부관리사	1명	1명		
	마사지관리사	2명			
종업원 계		4명	2명	2명	

【작성방법】

종업원현황 및 고용계획은 창업기업의 인적 구성요소만을 아는 지표로서 사용되는 이외에 창업기업의 경영활동 능력을 알 수 있는 척도가 되며, 종업원의 구성이 원활하여 사업체의 운영에 차질이 없는지를 살펴보는 좋은 자료가 되므로, 사업전략에 맞추어 채용계획 인원을 기입한다.

조직도는 회사의 모든 부분을 한눈에 알아 볼 수 있는 것으로서, 회사의 규모나 실정에 맞게 조직을 부서 혹은, 과 단위로 나누고 하위 직급까지 모두 나타날 수 있도록 작성한다. 만약, 회사 규모가 아주 작은 경우 업무분담표 형태로 대체할 수 있다.

2 조직도(조직구성도)

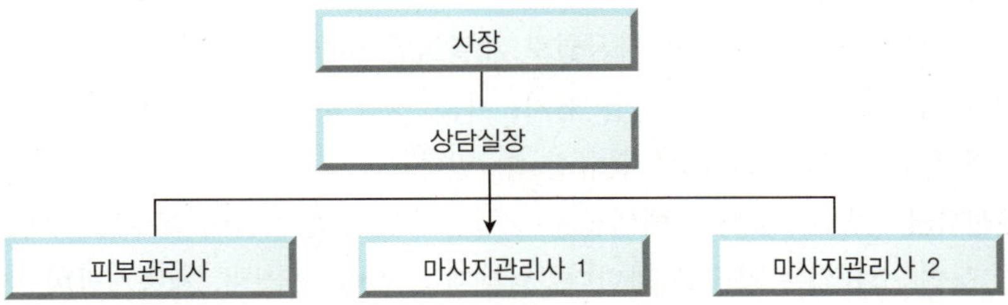

3) 소요자금 및 조달계획

(1) 소요자금

구분		내용	금액	비고
시설자금	인테리어	82,645m² 기준	20,000,000	
	임대보증금	82,645m² 기준	20,000,000	
	시설장비	효소욕 1세트, 아유로베다세트, 그 외 장비류	30,000,000	
	비품	컴퓨터, 가구류, 냉장고 등 비품류	6,000,000	
	소모품	고객가운, 효소소모품, 기타소모품	5,000,000	
	기타 시설	부수적 시설	1,000,000	
소계			82,000,000	
운전자금	직원급여	상담실장 2,000,000 피부관리사 2,000,000 마사지관리사 1,800,000	5,800,000	
	광고선전비	전단지 및 홍보물	200,000	

	임차료	월 사업장 임차료	2,500,000	
	기타 경비	통신비, 수도광열비, 세금과공고 등	300,000	
	현금 보유액	사업부진의 경우 예상 보유액	9,200,000	
소계			18,000,000	
합계			100,000,000	

【작성방법】

① **시설자금** : 시설자금은 사업체가 유·무형 고정 자산이나 기타 자산을 매입하는 데 필요한 자금인데, 소요 자금별로 개괄적인 내용과 금액을 기입한다. 생산설비 자금, 업무용 차량, 사무실 집기, 비품, 공구류 등의 구입에 소요되는 유형 고정자산을 취득 자금으로 분류할 수 있다.

② **운전자금** : 생산제품의 판매대금으로 정상적인 영업 자금이 회수될 때까지의 기간 동안 소요되는 자금을 말한다. 원자재 구입비, 인건비, 제품개발비, 기타 경비 등으로 1회전에 소요되는 운전 자금을 산정하여 기재한다.
1회전이란 업종에 따라 1개월에서 6개월 정도를 의미한다.

(2) 자금조달계획

구분		금액	비고
자기자금	정기예금	40,000,000	
	퇴직금	15,000,000	
	현금	15,000,000	
소계		70,000,000	
타인자금	소상공인지원센터지원자금	30,000,000	
소계		30,000,000	
합계		100,000,000	

【작성방법】

① **자기자금** : 자기 자금은 창업자 또는 동업자가 가지고 있는 자금을 말하는 것으로, 그 자금의 출처를 중심으로 그 내역서를 만들어 기재한다.
- 현금등가물, 퇴직금, 부동산 매각대금, 동업자 출자금, 주주출자금, 보유현물 등

② **타인자금** : 타인으로부터 차입한 돈의 내역서를 기재한다.

- 정부의 정책자금, 은행, 보험회사, 저축은행 등 금융회사 자금

(3) 원 · 부자재 조달계획

품목	금액	매입산출근거(월 기준)
A프로그램 재료	400,000	20명 × 20,000
B프로그램 재료	600,000	20명 × 30,000
C프로그램 재료	1,000,000	20명 × 50,000
기타 미용 재료	1,000,000	스킨케어, 마사지 등 월 1,000,000
합계	3,000,000	

【작성방법】

판매를 하기 위해 매입한 원재료 등에 대하여 품목, 금액, 산출 근거를 상세히 기재한다.

① **품목** : 실제 영업활동에서 판매를 목적으로 매입한 취급 품목을 기재한다.

▸예 : 음식업 : 음식을 만들기 위한 쌀, 음식재료, 반찬재료의 명칭
문구점 : 문구점에서 판매되는 볼펜, 색지, 파일철, 기타 문구류의 명칭

② **금액** : 산출근거에 의해 계산된 월 평균 전체 금액을 기재한다.

③ **산출근거** : 1일 평균 매입 수량×1개월 동안에 매입한 일수로 산출한다.

4) 입지 및 상권분석

입지환경분석	
도로구조	• 목동사거리 주변으로 왕복 4차선의 도로가 있고, 승용차가 진입할 수 있는 골목에 위치함
입지접근 용이성	• 주변 아파트단지와 주택단지 모두 주 이동경로로서 접근성이 매우 우수함
대중교통 환경	• 걸어서 10분 거리 내에 목동역이 위치하고 있고, 여의도 · 영등포 · 김포공항 방면으로 가는 버스가 있어 교통환경이 매우 우수함

<table>
<tr><td>통행빈도</td><td>• 주변 아파트 단지와 주택단지 진입로로서 시장, 병원, 의류매장 등이 많이 있고, 출 · 퇴근 시간뿐만 아니라 저녁시간에도 비교적 통행빈도가 높음</td></tr>
<tr><td>주요 분포 시설</td><td>• 시장, 대형병원, 은행 3곳, 동사무소 등이 위치하고 있으며, 10분거리에 목동역과 로데오거리가 위치하고 있어 고객 유인성이 높음</td></tr>
<tr><td>상권도</td><td>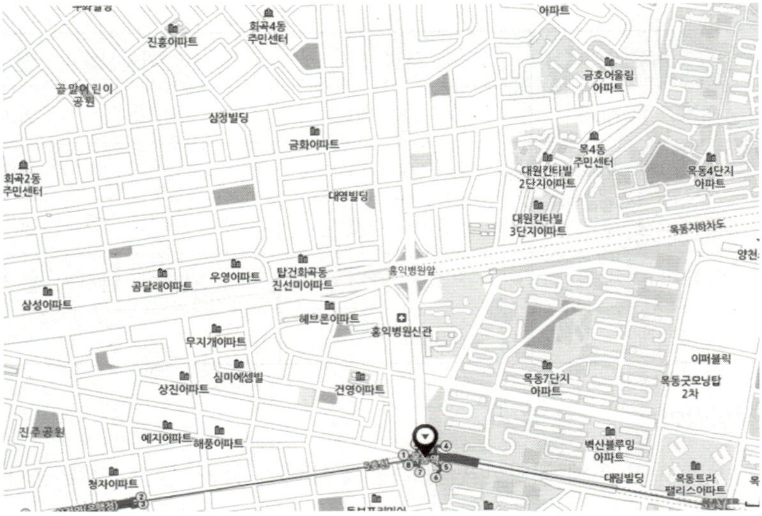
</td></tr>
</table>

【작성방법】

① **도로구조** : 사업장이 위치한 주변의 도로 구조에 대하여 기술한다.

- 예 : ㉮ 1호선 부평역과 부평시장 사이의 대로에서 주택가로 들어가는 진입로에 소재하고 있음.

  ㉯ 주택단지로 들어가는 초입 단계이며, 승용차가 지나다닐 수 있는 작은 길임.

② **입지접근 용이성** : 얼마만큼 사업장에 진입하는 데 용이성이 있는가에 대하여 기재한다.

- 예 : 부평역을 이용하는 주변 아파트단지와 주책가 주민들의 주 이동경로가 되면 접근이 양호

③ **대중교통 환경** : 대중교통이 사업장을 지나가고 있는가 등에 대한 교통환경을 기재하면 된다.

- 부평역 대로에서 도보로 10분 거리로 지하철 1호선을 이용할 수 있고, 일반버스 노선이 풍부하여 대중교통 환경이 양호

④ **통행 빈도** : 주변인구가 사업장 주변에 얼마 만큼 통행하고 있는가에 대하여 기

재한다.

▸예 : 주택가 진입로에 위치하고 있고, 약국, 분식점, 청과상, 슈퍼마켓 등 생활 편의시설이 몰려 있어 통행빈도가 높음.

⑤ **주 분포시설** : 사업장을 중심으로 주변에 분포하고 있는 대형시설 및 공공기관, 유사업종 시설에 대하여 자세히 기재한다.

▸예 : 교통 및 통행인구가 집중하는 부평역, 부평우체국, 부평1동사무소, 은행 등이 상권에 영향을 미치는 시설들이 많음.

⑥ **입지분석 종합** : 분석 결과에 대한 종합적인 의견을 기재하면 된다.

▸예 : 부평역과 부평시장 사이의 대로에서 주택가로 들어가는 진입로에 위치하고 있고, 대로를 중심으로 상가 반대편은 상권이 분리되어 접근이 양호하지 못하다. 그러므로 점포 주변의 아파트와 주택가의 상주인구가 주 고객 대상으로 예상됨.

5) 환경분석 및 마케팅 전략

(1) 일반적인 환경분석

일반적인 환경분석
• 최근 웰빙에 인기가 높고, 건강을 생각하는 여성들이 증가하고 있다. 특히, 올해 통계청에서 발표한 6개 블루슈머 중 하나가 살찐 한국인들이 들어 있다. 이는 다이어트 및 미에 대한 관심의 증가로 많은 고객층이 형성될 것으로 기대되고 있다. • 경제적 수준의 향상으로 미를 위하여 지출하는 돈에 대하여도 투자라고 생각하는 경향이 나타나고 있음을 주지해야 한다.

【작성방법】

현재 한국경제환경에 대한 일반적인 내용을 기재한다. 예를 들어, 국민의 건강에 관한 관심이 높아지거나, 고유가로 인하여 승용차 이용 빈도가 낮아진 경우에 따른 나타날 수 있는 환경분석을 한다.

(2) 경쟁업체분석

경쟁업체분석
• 주변에 피부샵이 3곳이 위치하고 있으나 대부분 영세한 업체이며, 전문적인 프로그램을 운영하는 피부샵은 없음 • 대부분의 피부샵은 몸에 좋다는 특정 투입 요소(과일, 황토 등)만으로 고가의 가격으로만 제공되고 있는 상태임 • 유사한 업체로서 대형 미용실 2곳이 위치하고 있으나 헤어만 전문적으로 하기 때문에 큰 영향은 없을 것으로 예상됨

【작성방법】

본인의 사업을 중심으로 동일한 업종과의 비교 분석을 통해 자신의 사업이 나아가야할 방향을 설정할 수 있도록 자신감 있는 표현으로 기재한다.

(3) SWOT분석

경쟁업체분석	
강점(Strength)	약점(Weakness)
• 선진국에서 인증 받은 프로그램 운용 • 창업자가 강한 신념을 지님 • 발효 한방 제품을 활용 • 영역별 체계적인 프로그램	• 프로그램을 접한 고객이 적음 • 관리 프로그램 제품 가격이 높음 • 내성적인 성격으로 적극적 모습 요구
기회(Opportunity)	위협(Threat)
• 피부관리에 대한 선호도 증가 • 경제의 점진적 안정으로 인한 소비심리 회복세 • 20~30대 이상의 여성 소비 급성장	• 전체적 소비심리 회복보다 고소득층 위주의 소비심리 회복 유력 • 미모 지상주의에 대한 사회적 견제 • 저가지향 프랜차이즈 범람
[SO전략]	• 젊은 여성(주부 포함)를 주 고객으로 한 인증받은 프로그램 제공 • 프로그램 다양화를 통한 선택의 폭과 고객의 욕구에 부합
[WO전략]	• 본사 프로그램을 이용해 볼 수 있도록 개업 1개월 동안 70% 할인 행사 • 점진적으로 남성 프로그램 개발을 통한 가족 단위 프로그램 운영
[ST전략]	• 미모 지상주의 사회적 인식을 제거하기 위한 모든 여성이 이용할 수 있는 분위기와 서비스 제공 • 소비 급성장에 따른 고소득층을 위한 개별 프로그램 운영
[WT전략]	• 저가지향 프랜차이즈와 차별화된 고품격 프로그램 제공 • 쿠폰제 및 패키지 할인제를 통한 다양한 고객 확보

【작성방법】

① 강점(S)과 약점(W) : 강점과 약점은 경쟁업체와 비교를 통해 경쟁업체보다 강점과 약점을 찾아내는 것이다.

② 기회(O)와 위협(T) : 기회와 위협은 경쟁업체와 비교하는 것이 아니라 현 시장에서의 기회요인은 무엇이며, 위협되는 요인이 무엇인지를 분석하는 것이다.

▸예 : 주유소를 운영할 경우

－기회요인 : 소득수준의 증가로 자가용 보유 대수의 증가 등

－위협요인 : 유가상승으로 인한 차량 운행의 감소 예상 등

③ SO전략 : 시장기회 선점전략, 시장 및 제품다각화전략 등의 전략적 내용을 기재한다.

④ WO전략 : 시장침투전략, 제품확충전략 등의 전략적 내용을 기재한다.

⑤ ST전략 : 핵심역량 강화전략, 전략적 제휴 등의 전략적 내용을 기재한다.

⑥ WT전략 : 철수전략, 시장 및 제품다각화전략 등의 전략적 내용을 기재한다.

(4) 내부핵심역량분석

내부핵심역량분석
• 명품 일본 효소욕과 인도 전통의 아유르베다 디톡스 프로그램 • 2080 여성들을 위한 중저가의 노블레스 프로그램 운영 • 다양한 고객을 위한 프로그램 가격의 차별성

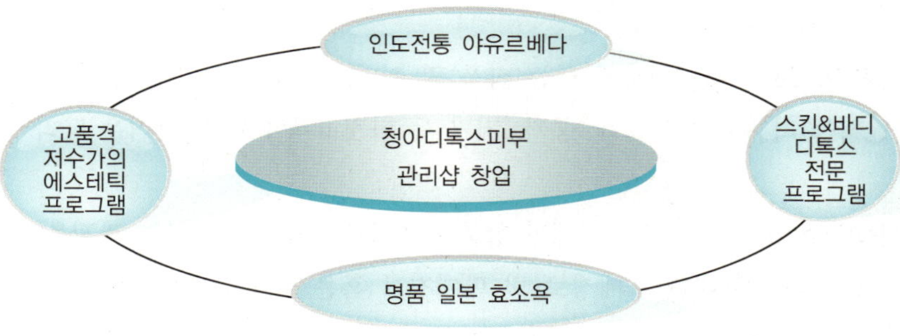

【작성방법】

창업한 사업에 대해 다른 기업보다 우위에 있는 점이 무엇인지에 대하여 기재하여야 한다. 이는 외부기관에 제출, 투자자 유치 시 투자를 할 것인가를 결정하는 중요한

자료로 활용될 수 있다. 또한, 창업자 자신의 아이템이 새로운 아이템이라는 모습을 보여주는 역할을 한다.

(5) 마케팅전략(4P전략)

마케팅전략(4P전략)	
제품전략 (Product)	• 명품 프로그램 운영(일본의 효소욕, 아유르베다, 발효 한방화장품) • 자연주의를 추구하는 제품 구성 • 장비의 차별화를 통한 고객만족
가격전략 (Price)	• 2080 여성들을 위한 중저가 프로그램 제공 • 고소득층을 위한 별도 프로그램의 고가격
유통전략 (Place)	• 최신 장비의 도입을 통한 고객의 제품 신뢰성 확보 • 프로그램 관련 피부미용 재료의 도매상 역할을 통한 유통비용 감소
촉진전략 (Promotion)	• 개업 후 1개월 고객 체험을 위한 가격 70% 할인 행사 • 고객카드 발급을 통한 할인 유도 • 1개월 동안 집중적으로 아파트와 주택가 주변 광고전단지 배포

【작성방법】

4P전략은 제품, 가격, 유통, 촉진의 4가지 전략으로서 판매하고 있는 상품 및 서비스에 관한 사항에 대하여 기재한다.

① **제품전략(Product)** : 제품전략은 판매하고 있는 상품 및 서비스에 대한 속성으로서 고객에게 제공될 상품 및 서비스를 어떤 것으로 제공할 것인지에 관한 내용을 기재한다.

② **가격전략(Price)** : 판매하고자 하는 상품 및 서비스에 대한 가격을 얼마 정도로 할 것인지를 기재하는데 고가, 중가, 저가 등 타깃고객에 따라 가격은 달라져야 한다.

③ **유통전략(Place)** : 유통이란 판매할 상품이 최종소비자에게 이르는 과정을 말하는데, 해당 상품에 대한 구매경로 및 판매경로 혹은 구매처, 판매처 등을 기재한다.

④ **촉진전략(Promotion)** : 촉진은 상품 및 서비스가 많이 팔릴 수 있도록 하는 행동으로써 광고 및 홍보전략에 대하여 기재한다.

| 표 7-17 | 피부관리 프로그램 설명

프로그램	내용	소요시간	비용
DETOX CARE	해독작용을 위한 디톡스 요법은 오염된 환경요소들로 인해 몸 안에 쌓이는 독소나 노폐물을 배출시켜 줌	2시간	
Ayurvedic	고객의 체질을 분석하여 체질별 오일을 이용. 관절과 근육을 부드럽고 탄력있게 만들며 효소욕을 통하여 노폐물 배출을 극대화	2시간	
MERIDIAN MASSAGE	핸드경락으로 혈액순환과 림프순환을 촉진하여 노폐물 배출과 균형잡힌 체형관리	2시간	
ORIENTAL TRADITIONAL MASSAGE	혈점을 자극하여 스트레스로부터 해방감을 느끼게 함	2시간	
등관리	몸 안에 쌓이는 독소나 노폐물을 배출시켜 줌	1시간	
복부관리	림프를 순환시켜 지방을 연소하여 사이즈 감소	1시간	
하체관리	부종과 셀룰라이트 분해 지방을 연소하여 하체라인 잡아줌	1시간	
발관리	몸 전체의 세포운동을 활발하게 하거나 질병 예방	1시간	

※ 주요 구성제품 : 효소욕, 림프해독기, 한방 발효화장품, 아유르베다, 디톡스 스파, 한방 진주 비누

6) 판매계획 재무분석

(1) 판매(매출)계획

품목	금액	산출근거(월간기준)
A프로그램	400,000	20명×200,000(월 5회)
B프로그램	600,000	20명×300,000(월 3회)
C프로그램	5,000,000	20명×500,000(월 3회)
기타 프로그램	7,000,000	스킨케어, 마사지 등 월 1,000,000
합계	20,400,000	

【작성방법】

① **품목** : 사업을 추진하면서 판매를 위해 구입할 취급 품목을 기재한다. 업종에 따라 다르게 표시한다.

② **금액** : 평균 1일 구입할 양의 금액×1개월 동안 구입할 일수를 기준으로 계산된 금액을 기재한다.

③ **산출근거** : 평균 1일 구입할 양의 금액×1개월 동안 구입할 일수를 기준으로 작성한다.

(2) 추정 손익계산서

과목 \ 월	실적	추정	
	당월	당월+1	당월+2
Ⅰ. 매출액	20,400,000	30,000,000	35,000,000
Ⅱ. 매출원가	3,000,000	5,000,000	6,000,000
Ⅲ. 매출총이익	17,400,000	25,000,000	29,000,000
Ⅳ. 판매비와 일반관리비	9,800,000	12,900,000	15,300,000
1. 인건비	5,800,000	5,800,000	8,000,000
2. 임차료	2,500,000	2,500,000	2,500,000
3. 광고선전비	200,000	1,000,000	500,000
4. 감가상각비	300,000	300,000	300,000
5. 기타경비	1,000,000	3,300,000	4,000,000
Ⅴ. 영업이익	7,600,000	12,100,000	13,700,000
Ⅵ. 영업외비용	135,000	135,000	135,000
1. 지급이자	135,000	135,000	135,000
Ⅺ. 세전순이익	7,465,000	11,965,000	13,565,000

※ 이자비용 : 소상공인지원센터 지원 자금상환 이자를 의미

※ 당기순이익 : 법인세(소득세) 비용은 6개월 이상 지속된 사업장에 부과되므로 없음. 법인세비용차감전순이익이 당기순이익임.

【작성방법】

① 추정 손익계산서는 기업의 향후 성장 가능성을 예측해 볼 수 있는 가장 중요한 재무제표이다. 연도별 매출규모는 얼마나 되며, 당기순이익은 어느 정도 실현되어 기업의 목표 수익 달성이 가능한가를 예측할 수 있다. 앞으로의 예상 손익계산을 통해 중·장기적인 목표 수립에 도움을 줄 뿐만 아니라 기업의 목표 달성에 전체 조직원이 공유할 수 있는 자료가 된다.

② 작성 시 연도별, 분기별, 월별로 작성할 수 있다.

(3) 손익분기점 분석

구분	산출방식(월 기준)	금액
매출액(S)	• 판매(매출)계획 금액	20,400,000
변동비(V)	• 매출원가 : 3,000,000 • 광고선전비 : 200,000 • 기타경비 : 1,000,000	4,200,000
고정비(F)	• 월 임차료 : 2,500,000 • 직원급여 : 5,800,000 • 이자비용 : 135,000 • 감가상가비 : 300,000	8,735,000
변동비율	$(V/S) \times 100$	20.5%
손익분기점매출액	$F/(1 - V/S)$	10,987,421
손익분기점비율	(손익분기점 매출액/실제매출)×100	53.8%

【작성방법】

① **고정비** : 생산량의 증감에 관계없는 비용
  ▸ 예 : 이자비용, 건물 임차료, 감가상각비, 급여, 연구개발비 등

② **변동비** : 생산량의 증감에 따라 변동하는 비용
  ▸ 예 : 원료, 보조원료, 동력비, 운송비, 외주비, 판매수수료 등

③ 고정비와 변동비가 분해되면 손익분기점 매출액은 공식에 의해 산출된다.

(4) 현금흐름 분석

구분		당월	차월
현금유입	보유현금 상품매출액	9,200,000 20,400,000	16,965,000 30,000,000
	계(①)	29,600,000	46,965,000
현금유출	임대보증금 재료비 광고선전비 직원급여 이자비용 기타비용	2,500,000 3,000,000 200,000 5,800,000 135,000 1,000,000	2,500,000 5,000,000 1,000,000 5,800,000 135,000 3,300,000
	계(②)	12,635,000	17,935,000
기말잔액(① - ②)		16,965,000	29,030,000

【작성방법】

현금흐름은 기업의 유동성과 관련한 것으로 창업 기업의 자금 사정이 얼마나 원할한가를 볼 수 있도록 항목의 내용을 빠짐없이 작성한다. 현금 관리에서 가장 중요한 것이 현금 잔액이 부족하지 않도록 하는 것으로, 경영자는 항상 현금유입과 유출 항목을 빠짐없이 기록하며, 작성 시 분기별 혹은 월별로 작성할 수 있다.

(7) 사업추진 일정계획

추진계획	월별									
	1	2	3	4	5	6	7	8	9	10
사업타당성 분석										
사업계획서 작성										
점포입지 선정										
사업등록 신청										
인테리어 공사										
인력충원										
개업홍보										
개업										

【작성방법】

사업추진 일정계획표는 창업기업의 경우 업종선정, 사업계획서 작성에서부터 법인설립 및 설립등기, 사업자등록 신청, 법인설립 신고, 사업장 입지선정, 임대계약 체결, 각종 인·허가 신청, 자금조달 신청, 개업 준비까지의 창업 관련 제반 사항의 추진일정 및 기간을 체계적으로 수립하여 계획 사업의 추진에 차질이 없도록 작성한다.

쉬어가기 | 브랜드에 대한 사랑 7가지 유형

'사랑'은 소비자가 브랜드에 대해서 느낄 수 있는 최상의 감정이다. 따라서 브랜드 관리의 궁극적인 목표는 바로 소비자의 사랑을 받는 것이라고 할 수 있다. 실제로 글로벌 기업들은 소비자들의 이성적이고 논리적인 평판에 만족하지 않고 소비자의 마음을 사로잡기 위한 사랑의 영역으로 브랜드 관리의 지평을 넓히고 있다. 한국 기업들도 글로벌 브랜드 강자로 도약하기 위해 정교하고 심층적인 접근을 통해 소비자의 사랑을 확보하여야 한다.

사랑 받는 브랜드는 소비자로 하여금 가족, 친구, 연인에 대한 것과 같은 다양한 형태의 사랑의 감정을 유발하는 브랜드를 의미한다. 심리학 연구의 결과에 의하면 사랑의 감정은 '친밀감' '열정' '책임감'의 세 가지 요소로 구성된다고 한다. 이를 브랜드 사랑에 적용해 보면, 세 요소가 상대적으로 얼마나 강한가에 따라 브랜드에 대한 사랑을 7가지 유형으로 구분하는 것이 가능하다.

① '소꿉친구 사랑'은 친밀감은 강하지만 열정과 책임은 상대적으로 약한 경우로 어린 시절부터 접해오면서 생활의 일부로 여기는 브랜드에 대한 사랑이다(레슬레).
② '탐닉적 사랑'은 강력한 열정으로 브랜드에 심취, 몰입하지만 관계가 일시적이고 비밀스러운 경우에 나타난다(플레이보이).
③ '실리적 사랑'은 친밀감, 열정과 같은 감성적 동기는 부족하지만 소비자에게 실리를 제공하는 브랜드에 대한 사랑이다(비자카드).
④ '낭만적 사랑'은 친근감이 형성되고 몰입의 대상이 되기도 하지만 브랜드에 대한 충성도는 상대적으로 약한 경우 나타난다(맥도날드).
⑤ '가족 같은 사랑'은 친밀감과 신뢰를 바탕으로 관계가 고착화된 브랜드에 대해 형성되며 관성적 구매를 유발하기도 한다(P&G).
⑥ '복종적 사랑'은 소비자가 열정과 지속적 구매에 대한 확신을 지니고 있지만 관계의 주도권을 브랜드가 소유하고 있는 경우이다(루이비통).
⑦ '완성된 사랑'은 친밀감, 열정, 책임감이 균형있게 충족된 것으로, 브랜드에 대한 소비자의 감성적, 논리적 확신이 충분해야만 형성되는 이상적인 브랜드 사랑이다(애플).

소비자와 '완성된 사랑'의 관계를 맺고 있는 브랜드가 가장 이상적이라고 할 수 있으나, 제품이나 고객의 특성에 따라 최적의 사랑 유형이 결정되므로 유형간에 절대적인 우열을 가릴 수 있는 것은 아니다. 따라서 기업은 제품 특성, 전략 방향, 자원 상황 등에 따라 최적의 브랜드 사랑 유형을 판단하여 추구하여야 한다. 또한 브랜드 관리는 예술과 비즈니스가 복합된 드라마 연출과 유사한 면을 가지므로, 스토리(시나리오), 대표제품(주연), 지원제품(조연), 브랜드 맨파워(스태프), 충성고객(관객)을 확보하는 '드라마 전략'을 도입할 필요도 있다. 마지막으로 사원들의 자사 브랜드에 대한 자긍심을 고취하여 부서와 지위를 막론하고 모든 사원들이 브랜드 신화의 공동 창조자가 될 수 있도록 하여야 한다.

〈자료출처 : 삼성경제연구소〉

Chapter

8

부동산 계약실무

학습목표

1. 부동산 계약의 필요성을 알 수 있다.
2. 임대차 계약의 작성 시 유의사항을 설명할 수 있다.
3. 권리금 산정을 할 수 있다.
4. 상가임대차 보호법 주요 내용을 설명할 수 있다.

학습목차

1. 부동산 계약실무
2. 임대차 계약
3. 부동산 등기
4. 상가임대차보호법

Chapter 08 부동산 계약실무

1 | 부동산 계약실무

1) 부동산 계약서의 의미와 작성기법

(1) 계약의 의미

계약이란 2인 이상의 사람 또는 법인이 청약과 승낙이라는 서로 다른 의사표시를 하고, 그 합의로 성립하는 법률행위를 말한다. 민법상 대원칙인 사적자치(私的自治)의 원칙의 일부로써 계약자유의 원칙은 근대 민법의 기본원리가 되고 있다. 따라서 계약을 체결하느냐 않느냐의 자유가 인정되므로 계약당사자 사이의 의사가 합치될 경우 구두계약 또는 서면계약에 따라 그 계약은 성립되고 법률상 유효한 것으로 된다.

(2) 계약자유의 원칙

계약방식의 자유가 인정되므로, 당사자 사이의 의사의 합치만 있으면 구두계약 또는 서면계약에 의하여 그 계약은 성립되고 법률상 유효한 것으로 된다. 그러나 구두계약은 시간이 지나면 서로 생각이 달라질 경우가 많고, 그 진정한 내용을 증명할 방법도 없다. 따라서 중요한 사항은 반드시 계약서 등 서면으로 작성하여 남겨 두어야 안전하다.

(3) 강행법규 위반계약

계약자유의 원칙에 따라 어떠한 내용의 계약도 체결할 수 있다. 그러나 계약의 내용 및 목적이 강행법규에 위반하거나 선량한 풍속, 기타 사회질서에 위반하는 때에는 그 계약은 무효가 된다.

(4) 취소할 수 있는 계약

① 미성년자와의 계약

미성년자가 부모, 후견인 등 법정대리인의 동의를 얻지 아니하고 체결한 계약은 취소할 수 있다. 다만, 연령을 속이고 계약한 경우에는 취소할 수 없다. 금반언의 원칙에 반하기 때문이다.

② 한정치산자, 금치산자와의 계약

금치산자가 체결한 계약, 한정치산자가 후견인의 동의를 얻지 아니하고 체결한 계약은 취소할 수 있다. 다만, 선의의 제3자에게는 대항할 수 없다.

③ 착오로 인한 계약

체결한 계약내용의 중요부분에 착오가 있는 때에는 취소할 수 있다. 다만, 그 착오가 착오를 일으킨 쪽의 중대한 과실로 인한 때에는 취소할 수 없다. 다만, 선의의 제3자에게는 대항할 수 없다.

④ 사기, 강박에 의한 계약

당사자의 일방이 상대방으로부터 강박을 받거나, 속아서 체결한 계약은 취소할 수 있다.

(5) 부동산 계약서의 필요성

계약은 지키는 것이 당연하다고 할 수 있으나, 계약은 일방적 의사통지에 의하여 성립하는 단독행위가 아니므로 거래상대방이 요구되는 쌍방당사자 간의 쌍무적 행위로 거래상대방과 관련하여 자칫 문제가 발생하는 일도 있을 것이다. 예를 들면, 임대료를 지급하지 않거나, 무단으로 전대를 하고 있는 경우, 일방적으로 증·개축을 하고 있는 경우 등 임대차계약 하나만으로도 발생할 수 있는 문제는 많다.

이러한 경우에 계약서를 교환하지 않았다거나, 또는 계약서는 교환했지만 어떤 방법을 취할 수 있는지 즉시 알 수 없다면 곤란한 일이다.

계약서는 작성하는 데 의미가 있기보다는 작성함으로써 당사자가 성의를 가지고 준수해야 할 계약상, 신의성실의 의무를 정해둠으로써 문제가 발생했을 때 유효한 해결책을 주고, 나아가서는 재판과 같은 경우에 증거자료가 되는 데에 의미가 있다. 이것이 계약서의 중대한 필요성이라고 할 수 있을 것이다. 따라서 계약서는 후일에 필요한 내용을 확인하거나 다툼이 발생했을 때 증거가 되는 것이므로 소중하게 보관하지 않으면 안 된다.

① 계약서는 상대방에게 교부할 뿐만 아니라, 1통은 반드시 자신이 가지고 있도록 해야 한다.

② 각서, 서약서 등도 계약서이므로 반드시 복사를 해서 사본을 보관해 두어야 한다. 동시에 사본에 거래 상대방의 인감을 날인하고 그 인감의 인감증명서를 첨부해 둔다.

③ 공정증서를 만들어 두라. 공증인이 작성하는 공정증서의 원본은 공증인 사무소에 보존되므로, 만일 등본이나 정본을 분실하는 경우에도 재발행을 받을 수 있어 안전하다.

2) 부동산 계약서의 효력

(1) 계약당사자의 의사 해석의 기준

당사자가 주장하는 자기의 의사해석의 기준이 바로 계약서가 된다. 계약서에 의하여 당사자가 의도하는 목적을 해석하게 된다.

(2) 계약당사자 사이에 분쟁이 있을 때 재판의 증거자료

당사자의 분쟁, 즉 소송이 제기되는 경우 법원에서 계약서가 중요한 증거자료가 된다.

(3) 채무명의가 될 수도 있다

계약서에 매매잔금을 언제까지 지급하는 것으로 되어 있을 때 이를 기한 내에 이행하지 않으면 강제집행을 당해도 좋다는 내용이 기재된 공증을 받으면 이 계약서 한 장이 채무명의가 되어 강제집행을 할 수 있다. 강제집행을 하려면 판결문, 화해조서, 공증된 금전채권 등이 필요하다.

3) 부동산 계약서 작성기법

① 계약서의 내용은 명확하게 작성하여야 한다.
② 계약서에 쓰이는 문장은 간결하게 작성하여야 한다.
③ 계약서의 내용은 아주 쉽게, 즉 평이하게 작성하는 것이 좋다. 고사성어·은유법 등 이해하기 어려운 문구는 쓰지 않는다.
④ 계약서 내용에 숨겨진 사항이 없도록 투명하게 작성이 되어야 후일 분쟁의 여지가 없다.
- 숫자는 가능하면 아라비아 숫자로 표시하지 말고 한자로 쓰는 것이 수정 등을 방지할 수 있다.
- 계약서에는 인지세법에 따라 인지를 붙이게 되어 있으나, 인지를 붙이지 않아도 계약서의 효력에 영향이 있는 것은 아니다.

4) 부동산 거래계약서 양식

부동산 거래계약서의 형식은 정형화된 것은 없지만 기본적으로 갖추어야 할 구성부분들이 있다. 부동산 거래계약서의 경우 부동산의 거래종류에 따라 각 서식이 약간씩 다를 수 있지만 기본적으로 갖추어야 할 구성부분들이 있다. 이것은 육하원칙(누가, 언제, 어디서, 무엇을, 어떻게, 왜)에 의한 내용을 구체적으로 서면화할 필요가 있다. 따라서 부동산 거래계약서의 경우에도 계약내용과 달리 각 거래계약서의 필수 구성요소가 있다.

(1) 제목

부동산 거래계약서는 부동산의 거래내용을 표시하는 것인데 그 거래내용을 알기 쉽게 제목을 표시한다. 예를 들어 "부동산 매매계약서", "부동산임대차계약서", "토지거래계약서"와 같이 표시한다.

(2) 본문

부동산 거래계약서의 경우 거래대상 부동산의 표시, 거래대상 부동산의 거래가격, 거래대금의 지급방법 등은 별도의 구분된 공간에 표시하도록 정형화되어 있다. 그리고 거래부동산의 인도시기, 거래부동산의 하자발생 시 조치사항, 거래대금지체에 따른 조치사항 등을 항목별로 구분하여 표시하면 된다. 또한 계약에 따라 해당계약에 필요한 특약이나 조건들이 합의되었을 때에는 그 사항을 특약조항이라고 표시하고 그 특약사항이나 조건들을 구체적으로 기재하면 된다.

(3) 계약준수의무

부동산 거래계약의 본문이 있고 본문조항의 아래에는 계약준수의무 등을 보통 "제10조 본계약에 정하지 않은 사항은 계약당사자 쌍방의 합의에 의하고 합의에 이르지 못할 때에는 민법 및 관습에 따른다"라고 기입한다. 상기항의 경우 거래당사자의 의무를 확인하고, 계약당사자로서 당연한 의무를 확인하는 의미에서 기재한 것인데, 이러한 항을 기입해 둠으로써 문제발생 시 합의를 유도할 수 있고 기타 법 및 관례에 따라 문제를 해결할 수 있다.

(4) 결론

거래계약서의 후문을 의미하며, 말문(末文)이라고도 한다. 예시하면 '위 계약을 증명하기 위해 본 계약서를 3통 작성하여 서명·날인한 후 각자 1통씩 소지한다'고 기재하는 것이다. 계약당사자, 중개업자 등이 각각 1통씩 계약서를 소지하고 있음으로써 계약당사자가 계약상의 의무를 지키지 않을 때 강제하는 효과가 있으며, 또한 거래계약서의 '위조'를 막을 수도 있다.

(5) 계약서 작성일자

거래계약서를 작성한 연·월·일을 기입한다. 계약서 작성일자는 계약시점을 증명하는 것이다. 특히, 계약일자가 없는 계약서는 문제가 발생했을 때 분쟁의 발생소지가 있다.

(6) 거래당사자의 서명날인

거래당사자의 서명날인은 계약당사자가 직접 날인하도록 하여야 하며, 가능하면 일반인장보다는 인감증명서에 의한 도장을 날인하는 것이 좋다. 법인의 경우 대표이사와 부동산거래를 하는 것이므로 상호와 대표이사 ○○○라는 것을 서명·날인하고 인장의 경우 상업등기 처리규칙에 의하여 등록된 인장을 날인하여야 한다. 또한 거래의 안전을 위하여 인감증명서도 함께 받아 처리하는 것이 안전하다.

2 | 임대차 계약

1) 임대차의 의의

임대차는 당사자의 일방(임대인)이 상대방(임차인)에게 목적물(임대물)을 사용·수익하게 할 것을 약정하고, 상대방(임차인)이 이에 대한 차임(임대료)을 지급하기로 약정함으로써 성립하는 계약이다.

임대차는 물건(동산, 부동산)을 사용·수익하는 채권계약이다. 임차인은 임차목적물을 사용·수익할 권리를 가지게 되며 임대인은 목적물의 점유를 임차인에게 이전하여야 한다.

임차인은 목적물의 사용·수익의 대가로서 차임(임대료)지급 의무를 지며, 주의할 것은 사용·수익의 차임으로 대가는 금전에 한하지 않고 사회질서에 위반되지 않는 한 어떠한 종류의 것을 대가로 지급하기로 약정하든 당사자의 의사에 따른다.

2) 임대차의 존속기간

(1) 기간의 약정이 있는 경우

민법은 임대차의 약정기간을 계약으로 정하는 경우에 최장기간에 대하여 제한을 하고 있으며 최단기간에 대하여는 제한을 하지 않고 있다.

임대차의 존속기간은 원칙적으로 20년을 초과하지 못한다. 만일 당사자가 20년을 넘는 계약기간을 약정한 때에는 20년으로 간주된다. 그리고 존속기간 20년을 갱신할 수 있으나 갱신할 경우 그 기간은 갱신한 날로부터 10년을 초과하지 못한다. 갱신의 횟수에 대한 제한은 없다.

상기의 원칙에 대하여는 다음의 예외가 있다. 즉, 석조, 석회조, 연와조 또는 이와 비슷한 견고한 물건, 그 밖의 공작물의 소유를 목적으로 하는 토지 임대차의 경우에는 20년이라는 최장기의 제한을 받지 않는다. 그러나 존속기간을 영구적으로 약정하는 것은 허용되지 않는다.

민법에 임대차계약의 단기간에 관한 규정은 없다. 그러므로 당사자는 자유로이 당사자의 약정으로 정할 수 있다.

(2) 기간의 약정이 없는 경우

기간의 약정이 없는 임대차는 당사자가 언제든지 해지의 통고를 할 수 있고 해지의 효력은 상대방이 그 통고를 받은 날로부터 일정한 기간이 경과한 후에 생기므로 이때까지 임대차는 존속하는 것이다. 즉 부동산 임대차에 있어서는 임대인이 해지를 통고한 때에는 6월, 임차인이 해지를 통고한 때에는 1월이며, 동산 임대차에 있어서는 당사자 가운데 누가 통고하든 상대방이 그 통고를 받은 날로부터 5일이 경과함으로써 해지의 효력이 발생한다.

3) 임차인의 권리 · 의무

(1) 임차인의 권리

1 임차권(목적물의 사용 · 수익권)

이는 임차인의 권리 가운데서 가장 중요한 권리이다. 여기서 '임차권'이라 함은 임대차 계약에 의하여 임차인이 목적물을 사용·수익할 수 있는 권리를 말한다. 이는 일종의 채권이라고 할 수 있다. 그런데, 오늘날 임대차가 널리 행하여짐에도 불구하고 용익물권에 비하여 일반적으로 임차인의 지위가 약하다. 따라서 우리 민법은 부동산 임대차를 등기한 경우에는 그때부터 제3자에 대한 대항력을 가지며 건물의 소유를 목적으로 하는 토지임대차(즉, 대지임대차)는 이를 등기하지 아니한 때에도 임차인이 그 지상건물을 등기한 때에는 제3자에 대하여 대항력을 가지는 것으로 하고 있다.

또한 무주택서민의 주거생활 안정을 기하기 위하여 제정된 주택임대차보호법에 따르면 주거용건물(주택)에 관한 임대차는 등기 없이 임대인으로부터 주거의 인도를 받고 주민등록을 마친 때(이 경우, 주민등록법에 의한 전입신고를 한 때에 주민등록이 된 것으로 본다)에는 그 다음날부터 제3자에 대하여 대항력이 있다.

2 계약의 갱신청구권

임대차가 종료한 경우에 지상물이 현존한 때에는 임차인은 계약의 갱신을 청구할 수 있다.

3 부속물 매수청구권

임대인이 계약의 갱신을 원하지 아니하는 때 임차인은 상당한 가액으로 부속물의 매수를 청구할 수 있다.

(2) 임차인의 의무

1 차임지급의무

임차인은 임차물을 사용·수익하는 대가로서 계약 또는 법률의 규정에 의하여 정하여진 일시에 차임을 지급할 의무를 부담한다. 이 의무는 임대차계약의 요소이며, 또한, 임차인의 가장 중요한 의무이다. 차임은 금전 이외에 그 밖의 물건이라도 상관없다. 또 차임의 액도 당사자의 약정으로 자유로이 정할 수 있다. 당사자가 약정으로 차임의 액을 일단 정한 후에라도 특별한 사정으로 증감을 청구할 수 있는 경우가 있다.

2 사용·수익의 방법에 관한 의무

임차인은 계약 또는 그 목적물의 성질에 의하여 정하여진 용도로 이를 사용·수익하여야 한다.

3 임차물보관의무

임차인은 임대차계약의 종료로 임차물을 임대인에게 반환할 때까지 선량한 관리자의 주의의무로서 임차물을 관리하여야 한다. 위의 의무와 관련하여, 임차물이 수리를 요하거나 임차물에 대하여 권리를 주장하는 자가 있는 때에는 임차인은 지체없이 임대인에게 이를 통지하여야 한다. 그러나, 임대인이 이미 그 사실을 인지하고 있는 때에는 그러하지 아니하다.

4 임차권의 무단양도·전대하지 않을 의무

임차인은 임대인의 동의없이 임차권을 양도하거나, 목적물을 다시 임대하지 못한다.

5 임대물반환의무

임차인은 임대차가 종료한 때에는 지체없이 목적물을 임대인에게 반환하여야 한다.

그리고 임차물을 반환할 때에는 임차인은 원상회복의무가 있으므로, 임차인이 목적물에 부속시킨 물건이 있으면 이를 제거하여야 한다.

6 공동임차인의 연대책임

여러 명이 공동으로 어떤 물건을 임차한 때에는, 그 임차인은 연대하여 그 의무를 부담한다.

4) 임대인의 권리 · 의무

(1) 임대인의 권리

임대인의 권리로서는 임대료지급청구권 · 목적물반환청구권 · 임대료증액청구권 · 임대물의 보호에 필요한 행위를 할 권리 · 법정담보물권 등이 있으나, 이들은 모두 임차인의 의무에 대응하는 것이므로 임차인의 의무에서 살펴보았다.

(2) 임대인의 의무

1 목적물을 사용 · 수익하게 할 의무

① 목적물 인도의무이다. 임대인은 임차인으로 하여금 목적물을 사용 · 수익케 하기 위하여 그 목적물을 인도하여야 한다. 따라서 목적물을 임대인에게 인도하기 전에 인도하지 못하는 사유가 발생하였을 때에는 임대인은 채무불이행 책임을 부담한다.

② 수선의무이다. 임대인은 계약이 존속하는 동안 임차인이 목적물을 사용 · 수익에 필요한 수선의무를 진다. 목적물을 인도한 후에 그것이 파손되어 사용 · 수익에 지장이 생긴 때에는 임대인은 이것을 수선하여 사용 · 수익에 필요한 상태로 회복시키지 않으면 안 된다.

③ 방해제거의무이다. 제3자가 임차인의 사용 · 수익을 방해하는 때에는 임대인은 임차인을 위하여 그 방해를 제거하여야 할 의무를 부담한다.

2 비용상환의무

임차인이 임차물 보존에 관한 필요비를 지출한 때에는 임대차의 종료를 기다리지 않고 그 비용을 청구할 수 있으며 유익비를 지출한 때에 임대인은 임대차 종료 시에 그 가액의 증가가 현존한 때에 한하여 임차인이 지출한 금액이나 그 증가액을 상환하여야 한다.

③ 담보책임

임대차는 유상계약이기 때문에 매매에 관한 규정이 준용되므로 임대인은 목적물에 하자가 있거나 권리에 하자가 있는 때에는 매도인과 동일한 담보책임을 진다.

5) 보증금

'보증금'이라 함은 부동산임대차, 특히 건물임대차에 있어서 임차인 또는 제 3자가 임대인에게 교부하는 대가를 말하는데, 이는 민법에 규정된 바는 없으나 관습법상으로 인정되고 있다.

보증금의 성질에 관하여는 정지 조건부 반환채무를 수반하는 금전소유권의 이전으로 보는 것이 현재의 통설이다. 즉, 임대차가 종료하고 목적물을 인도하는 때에 임차인의 채무불이행이 없으면 전액을 반환하고 만일에 채무불이행이 있으면 그 금액 중에서 당연히 변제에 충당한 후 잔액을 반환한다는 조건으로 금전소유권을 임차인(또는 제3자)이 임대인에게 양도하는 것이다.

보증금은 담보적 효력이 있다. 보증금은 차임을 지급하지 않을 때 목적물의 멸실·훼손 등 임대차관계에서 발생하게 되는 임차인의 모든 채무를 담보한다. 따라서 임대인은 이 보증금으로부터 다른 채권자에 우선하여 자기의 채권을 변제받을 수 있다.

또한, 임대인은 임대차가 아직 존속하고 있는 동안에 보증금으로써 차임이 연체될 때 차임으로 충당할 수 있다.

6) 권리금

'권리금'이라 함은 건물, 특히 점포의 임대차에 부수해서 주로 그 부동산이 갖는 특수한 장소적 이익의 가치로서 임차인으로부터 임대인 또는 임차권의 양수인으로부터 양도인에게 지급되는 금액을 말하는데, 이 또한, 민법에 명문규정을 두고 있는 것이 아니고 관습상 행하여지고 있다. 그리고 권리금은 일반적으로 임대차계약의 대가로서 지급되므로 이의 반환의 청구는 인정되지 않는다고 해석하며 그것이 통설이다.

(1) 시설권리금

시설권리금은 기존의 점포개점 시 투자된 시설비용으로 인테리어, 간판, 기자재 등에 들어간 비용이다. 이때 주의할 점은 감가상각을 반드시 고려해야 한다는 것이다. 정확한 감가상각을 산출하기 위해서는 기존 점포의 사업자등록증 같은 문서를 통해 최초 개점일을 확인해야 한다.

시설에 대한 감가상각은 보통 3년을 기준으로 해 3년이 지난 시설집기에 대해서는 시설권리금을 적용하지 않는다. 또한, 1년 단위로 30% 시설비용을 줄이는 것이 일반적이다. 그러나 1년 사용한 시설이라도 상태가 좋지 않으면 더 낮은 가격을 적용할 수 있고 3년 이상을 사용했더라도 상태가 좋으면 권리금을 인정할 수도 있다. 따라서 반드시 시설권리금 부분은 눈으로 확인하고 타협점을 찾아야 한다.

(2) 영업권리금

영업권리금이란 누가 그 점포를 운영하든 나올 수 있는 수익을 말하는 것으로 보통 매장의 1년간 평균매출 순수익을 말한다. 매출 순수익은 전체 매출에서 임대료, 재료비, 인건비, 공과금, 기타 경비 등을 제외한 나머지를 지칭한다. 한달 평균 순수익이 200만 원이라면 영업권리금은 200만 원×12개월=2,400만 원이다.

영업권리금은 우선 매출장부를 확인하고 계산한 후 협상에 임해야 한다. 그러나 매출장부 자체를 속이는 일도 있기 때문에 인수하기 전에 그 점포의 소비자 동향을 확인하는 것이 안전하다. 주변 점포관리자에게도 협조를 얻어 솔직한 정보를 얻는 것도 좋은 방법인데 실제 매출보다 턱없이 높은 권리금이라면 다시 고려해 보는 것이 낫다.

(3) 바닥권리금

바닥권리금은 점포가 위치한 지역적 특성에 기인한 돈으로 쉽게 말해 자리값을 의미한다. 건물주가 요구한다면 계약서에 명시해야 하고 부동산 업자나 분양업자가 요구할 때는 지불할 필요가 없다.

(4) 권리금 계약 시 주의사항

처음 창업하는 사람이라면 권리금이 있는 점포를 찾는 것이 바람직하다. 권리금이 낮은 점포라면 누가 들어가서 장사해도 망하는 집이라고 봐도 되기 때문에 초보자일수록 적정수준의 권리금을 주고 점포를 얻는 것이 안전한 것이다. 권리금은 법적 보장을 받지 못하는 돈이기 때문에 철저히 따져봐야 한다. 가장 빠르고 정확하게 적정 권리금을 알아보는 방법은 중개업소를 찾아가는 것이다. 중개업소에서 기존의 거래 내역을 확인한 후 해당점포 주위에 위치한 비슷한 업종의 같은 평수 점포권리금이 얼마인지 반드시 체크해봐야 한다.

1 영업권리

Q. 권리금을 받은 약국 주인이 10m 정도 떨어진 거리의 신축 건물에 입점하여 약국을 개업했을 때 보상받을 수 있는 방법은?

A. 약국을 약국으로 매도하여 영업권리를 받았다면 매도한 사람은 해당 상권의 권역 내 다른 점포에서 동일한 아이템으로 영업해서는 안 된다. 이때는 매도한 사람의 가족이나 가까운 친지의 이름으로 개업하는 것을 포함한다. 굳이 영업을 계속 하겠다면 권리금을 준 쪽에서 기존에 준 권리금을 보상해 달라고 청구할 수 있다.

2 바닥권리(건물주가 권리금을 받았을 때)

Q. 건물주가 운영하던 식당을 권리금을 주고 인수했는데 영업이 부진하여 폐업하려고 할 경우 임대차 만료 시 보증금과 같이 주었던 권리금 전액을 돌려받을 수 있는가?

A. 건물주에게 권리금을 주었다고 해서 돌려받을 수 있는 것은 아니다. 건물주가 시설에 대한 권리금을 받은 것이므로 다시 건물주가 반환을 받는다 해도 시설에 대한 감가상각을 하고 약간의 보상이 있을 수 있지만 쉬운 일은 아니다. 가끔씩 건물주에게 권리금을 주는 것은 괜찮다고 하는 사람들이 있는데 절대 그렇지 않다. 건물주가 권리금을 이미 받고(그것이 영업권리금이든 바닥권리금이든) 건물을 제3자에게 매도해 버렸다면 권리금을 돌려달라고 할 수 없다. 어차피 새로운 건물주가 기존의 임대차 관계를 승계하였다면 표면적으로는 아무런 하자가 없기 때문이다.

❸ 시설권리(건물주가 권리금을 가로챘을 때)

Q. 호프점을 영업했는데 건물주가 자기가 점포를 쓰겠다면서 명도를 요구하여 원상복구비용을 주는 대신 영업시설을 그대로 두고 왔는데, 건물주가 2개월 영업 후 다른 임차인과 계약을 하면서 권리금을 받았다는데 조치할 수 있는 방법은 없는지?

A. 건물주가 가로챈 시설권리금의 반환을 요구할 수 있다. 소송을 통해서 받아낼 수 있으며 실제 판례도 있다. 임차인은 건물주에 대해 절대적인 약자이다. 그러다보니 임차인들의 이런 약점을 이용하여 마땅히 임차인이 가져야 할 이익을 가로채는 경우가 있다.

❹ 바닥권리(세입자의 권리금 보상 요구)

Q. 권리금이 부담되어 대출을 받아 상가 건물을 매입했는데, 세입자가 승계받은 임차기간 내에 다른 사람에게 명도하겠으니 임차권을 승계해 달라고 하여, 직접 사용하려고 한다고 했더니 바닥권리금을 달라는데?

A. 세입자의 요구는 정당하지 않다. 가장 좋게는 정해진 임차기간 동안 임차를 유지하도록 권유하거나 잔여기간만 승계하도록 할 수 있다. 이때는 제3의 임차인에게 잔여기간만을 승계하는 것임을 명확히 하여야 한다. 또 건물주는 임대차기간 만료일 최소 2개월 전에 내용증명을 통해 세입자에게 명도 통보를 하고 명도조치 또는 명도소송 등을 통해 실질적인 점포의 사용수익권한을 확보하게 된다.

7) 임대차 계약 전 주의할 사항

① 여러 번 방문해 볼 것

② 상가 또는 건물 소유주가 빚이 많은지, 재산은 충분한지 재정과 신용상태 등을 알아보고 상가가 다수처에 담보로 제공돼 있으면 가급적 피하는 것이 좋다.

③ 일정한 업종에 대해서는 인·허가를 받도록 되어 있다. 인·허가 여부는 관할관청에 직접 확인 후 계약 이전에 미리 사업가능 여부를 반드시 확인해야 한다.

④ 실제 임차한 점포의 표시와 계약서상의 부동산표시 및 등기부상의 부동산표시가 일치하는지를 반드시 확인한다.

⑤ 상가 임대료는 점포 입지지역과 형태 등을 확인하고 점포주변의 전반적인 환경

과 노후상태, 점포 앞 통행인구 등을 자세히 조사해 주인이 제시하는 임대료, 권리금, 임대차 계약조건과 영업을 해서 얻을 수 있는 수익 등이 적합할 지 여부를 판단한다.

⑥ 아파트단지 내 상가나 큰 대규모 상가는 업종이 제한되어 있는 경우가 많기 때문에 점포를 양도하는 전 임차인이나 임대인의 말을 믿고 업종을 변경해서는 안되며, 반드시 상가관리소나 상가번영회 등에 가서 업종변경 금지약정이 적용되는지 확인하여야 한다.

⑦ 수용 또는 재개발 등 추진 여부를 확인할 것

⑧ 점포임대차계약을 하기 전에 그 건물의 등기부등본을 발급받아 선순위채권자들과 그 채권액의 합계액을 조사하여야 한다. 또한 가압류, 압류, 가처분, 가등기, 예고등기 등도 위험신호이니 이러한 등기가 되어 있는 건물의 임차는 피하는 것이 좋다.

⑨ 믿을 수 있는 중개업소인가?

3 | 부동산 등기

부동산 등기란 부동산의 물리적 상태와 그에 대한 권리변동을 공적장부에 기재하여 공공에게 내보이는 것을 말한다.

부동산의 물리적 상태란 어느 부동산을 다른 부동산과 구별하여 특정할 수 있는 것을 말한다. 즉, 토지는 지번, 지목, 면적으로 나타내어 특정하며, 건물은 토지의 지번, 구조, 용도, 면적으로 나타내어 특정한다. 권리변동이란 부동산에 관한 소유권, 담보물권, 용익물권 등에 관한 득실변경을 말한다. 담보물권에는 저당권, 전세권, 권리질권 등이 있다.

용익물권에는 지상권, 지역권, 전세권 등이 있으며, 특별히 채권인 임차권도 등기할 수 있다.

점포 임대차계약 시 부동산 등기부를 면밀히 조사하여야 한다고 했는데 이를 위해서는 등기에 관한 지식이 있어야 한다.

1) 등기의 종류

(1) 대상에 따른 분류

1 토지에 관한 등기

토지는 지적법에 의하여 인위적으로 경계를 나누어 필지로서 개수를 정한다. 등기부에는 토지의 지번, 지목, 면적과 각종 권리관계가 기재된다.

2 건물에 관한 등기

건물은 지붕과 사면의 벽을 갖춘 건조물로서 구조, 거래, 이용의 단위로서 개수를 정한다.

등기부에는 건물이 위치해 있는 토지의 지번, 구조, 용도, 면적과 각종 권리관계가 기재된다. 집합건물의 경우에는 1동의 건물을 나타내는 공통 표제부와 전유부문 표제부의 2개의 표제부가 있다. 특히, 집합건물의 경우에는 토지에 관한 권리관계를 건물등기부에 기재하게 되어 있으므로, 건물등기부를 보면 토지의 변동도 함께 기재되어 있다(다만, 토지대지권이 성립되기 전에 별도의 등기가 있는 경우에는 예외임).

다만, 건조물이라도 가건물이나 임시로 지은 견본주택은 등기할 수 없고, 구분건물 등의 공용부분도 독립하여 등기할 수 없다.

(2) 기능에 따른 분류

표시란의 등기는 권리의 객체인 부동산의 물리적 현황을 공시하는 것으로서 등기용지 중 표제부의 표시란에 기재되고, 그 변경등기에 관하여는 소유자에게 신청의무를 부과하여 이를 강제하고 있다. 또한, 이 표시란의 등기는 일정한 경우에는 등기공무원이 직권으로서 등기하여야 되는 등의 특징이 있다.

사항란의 등기는 등기용지 중 갑구와 을구의 사항란에 기재되는 부동산의 권리 관계에 관한 등기이다. 권리변동의 효력이라는 등기의 실체법상의 효력은 이 사항란의 등기에만 인정되며, 이러한 사항란의 등기를 권리의 등기라고도 한다.

2) 점포임차 시 할 수 있는 등기

그러면 임차 시 임대인의 동의를 얻어서 할 수 있는 전세권 설정등기, 임차권 등기는 위의 기준에 의하여 어떠한 등기일까? 전세권 등기나 임차권 등기는 그 등기를 청구하는 임차인을 등기권리자라 하고 그 등기에 협력하는 임대인을 등기의무자라라고 한다. 즉, 이 등기는 등기권리자와 등기의무자가 등기공무원에게 전세권 등기나 임차권 등기 신청을 하면 등기하는 것이므로 신청에 의한 등기의 분류에 속하게 된다. 따라서 임대차 계약 전에 되도록, 전세권 등기나 임차권 등기에 임대인이 협조해 줄 것을 약속하는 것이 바람직하다.

3) 등기 사항

(1) 등기 사항의 뜻

우리 민법에는 '부동산에 관한 법률행위로 인한 물권의 득실변경은 등기하여야 그 효력이 생긴다(민법 제186조)'라고 규정하고 있는데 이에는 권리의 설정, 보존, 이전, 변경, 처분의 제한, 소멸 등이 있다.

(2) 점포 임대차의 경우

점포 임대차계약 시 전세권 설정등기와 임차권 설정등기는 임대인과 임차인 서로 간의 계약, 즉 법률행위로 인한 물권 또는 물권화된 권리를 취득하는 것이므로 반드시 등기하여야만 효력이 있다. 즉, 전세권 등기나 임차권 등기를 함으로써 제3자에 대하여 물권변동의 효력과 등기의 추정력을 주장할 수 있다. 그러므로 전세권과 임차권은 실체법상의 등기사항이면서 절차법상의 등기사항이기도 하다. 만약, 전세권이나 임차권을 등기하지 않는다면 등기부상에 그러한 권리가 있음이 공시되지 않게 되므로 제3자에 대하여 대항력이 없게 된다.

4) 등기할 사항인 권리

이 세상의 물권은 크게 점유권과 소유권으로 나눌 수 있다. 점유권이란 물건에 대한 사실상의 지배를 하고 있는 자에게 인정되는 권리이다. 소유권이란 소유물을 사용·수익·처분할 수 있는 권리를 말한다. 이 소유권으로부터 가지 쳐 나온 권리들이 있는데 바로 용익물권과 담보물권이 그것이다. 용익물권에는 지상권, 지역권, 전세권이 있으며 담보물권에는 저당권, 전세권, 권리질권이 있다. 전세권은 용익물권적 성격과 담보물권적 성격을 함께 가지고 있다. 그리고 원래 물권은 아니지만 물권화된 권리로써 임차권이 있다. 이들은 모두 등기할 수 있는 권리이다.

점포임대차의 경우에는 점포소유권에서 가지 쳐 나온 전세권과 물권화된 임차권이 있다.

5) 등기부의 편제

등기부는 표제부, 갑구, 을구의 세 부분으로 구성되어 있다.

(1) 등기부와 등기부등본의 뜻

① 등기부란 등기소에 비치된 일종의 장부로서 부동산의 현황과 권리관계를 적는 공적 장부(원본 자체)를 말한다.

② 등기부등본이란 원본인 등기부의 내용을 전부 옮겨 적고 이에 등기공무원이 직무상 작성하고 원본과 틀림없다는 인증을 한 것을 말한다. 원본인 등기부를 전부 옮겨 적는 방법에는 종전에는 육필로 옮겨 적었으나, 현재에는 전자복사기에 의한 복사의 방법으로 한다. 즉, 등기부등본이란 원본인 등기부를 복사해서 등기공무원이 인증한 문서를 말한다.

(2) 등기부의 구성

① 등기부는 토지와 건물등기부가 각각 별도로 세 부분으로 구성되어 있는데,

첫째 부분이, 표제부이며 이곳에는 어느 부동산을 특정하는 부동산의 표시에 관한 사항이 기재되어 있다.

둘째 부분은, 갑구인데 이곳에는 소유권에 관한 사항이 기재되어 있다.

셋째 부분은, 을구이며 이곳에는 소유권 이외의 권리에 관한 사항이 기재되어 있다.

거의 모든 등기부는 표제부, 갑구까지의 두 부분은 갖추어져 있다(단, 집합건물의 경우 1동의 건물의 표시와 전부 부분건물의 표시까지만 되어 있는 경우가 있을 수 있음)

② 을구는 소유권 이외의 권리의 설정이 있어야만 비로소 만들어지는 것이므로, 예컨대 저당권 등이 아직 생기지 않았다면 어떤 부동산의 등기부에는 을구란이 없게 된다.

③ 토지와 건물의 등기부등본의 장수가 같지 않은 경우도 다수 있다.

6) 표제부에 기재되는 사항

표제부는 사람으로 치면 등기부의 얼굴로서 어느 부동산을 다른 부동산과 구별하여 특정하는 역할을 한다.

(1) 표제부란?

부동산등기부를 발급받아 보면 첫 장에 표제부라는 표시가 보인다. 즉, 이 표제부에는 어느 부동산을 특정할 수 있는 사항이 기재되어 있다.

(2) 토지의 특정

어느 토지를 특정하는 방법은 그 토지의 지번, 지목, 면적을 특정하는 방식으로 하고 있다.

① 지번, 지목, 면적은 지적법 및 그 시행령에 의해서 정해진다.

② 지목은 주된 사용목적에 따라 토지의 종류를 구분, 표시하는 명칭을 말한다.

③ 이에는 전, 답, 과수원, 목장용지, 임야 등 28종류로 나누어져 있다.

④ 면적이라 함은 지적법에 따른 지적 측량에 의하여 지적공부에 등록된 토지의 수평면적을 말한다. 토지대장 및 임야대장에 등록하는 면적은 제곱미터를 단위로 하여 이를 정한다.

(3) 건물의 특정

① 어느 건물을 특정하는 방법은 그 건물이 위치해 있는 지번을 표시하고 건물의 구조, 용도, 층수, 면적으로 나타낸다.

② 건축물의 용도는 단독주택, 공동주택, 기숙사, 근린생활시설, 근린공공시설, 종교시설, 노약자시설, 의료시설, 교육연구시설, 운동시설, 업무시설, 숙박시설, 판매시설, 위탁시설, 관람집회시설, 전시시설, 공장, 창고시설, 위험물저장 및 처

리시설, 운수시설, 자동차관련시설, 동물관련시설, 분뇨 쓰레기처리시설, 식물관리시설, 발전소, 교정시설, 군사시설, 방송 통신시설, 묘지관련시설, 장례식장, 관광휴게시설, 청소년수련시설 등 32종으로 나누어져 있다.

(4) 점포임대차 계약 시 유의할 사항

점포임대차 계약 시에 임차점포 실물과 그 건물등기부의 표제부의 기재와 일치하는지를 꼼꼼하게 확인하여야 한다.

① 등기부와 실물의 확인

지번등기부의 표제부상의 지번과 계약서상의 지번 그리고 실물의 지번이 같은지 확인하여야 한다. 지번은 모번호와 자번호로 이루어져 있다.

② 층 · 호수의 확인

건물의 경우 등기부의 표제부상에 층・호수가 있으면 점포임대차 계약서에도 반드시 층・호수를 기재하여야 한다.

③ 구조와 용도

등기부의 표제부상 구조와 용도는 점포임대차 계약서상의 구조와 용도가 동일하게 기재되어야 한다. 특히, 용도의 기재에 주의를 기울여야 한다. 만약, 임대차계약서상의 용도와 다른 용도로 점포를 사용하는 경우에는 별도의 분쟁이 생길 여지가 있다.

④ 면적

등기부의 표제부상에 표시된 층, 호수 전체를 임차할 경우에는 그 총면적을 점포임대차 계약서상에 기재하고, 그 중 일부를 임차할 경우에는 그 방향과 면적을 표시한다(예 : 1층 2호 동측 20㎡).

7) 갑구에 기재되는 사항

갑구에는 부동산의 소유권에 관한 사항이 기재되어 있다.

(1) 갑구의 기재사항

부동산등기부의 '표제부' 다음 장에는 '갑구'가 있다.

이 갑구에는 그 부동산의 소유권에 관한 사항, 즉 소유자, 가등기, 가처분, 압류, 가압류, 환매등기, 예고등기 등이 기재되어 있다.

(2) 갑구 기재사항의 내용

소유권이란 물건을 배타적, 전반적, 일반적으로 지배하는 물권을 말한다. 즉, 물건이 가지는 모든 가치를 지배하여 사용·교환·처분할 수 있는 권리를 말한다.

① 가등기와 가처분

가등기란 부동산물권 및 이에 준하는 권리의 변동을 일어나게 할 청구권을 가지는 자의 보호를 위한 일시적, 예비적 보전 수단으로서 인정되는 등기를 말하고, 가처분이란 금전채권 이외의 청구자에 대한 집행을 보전하기 위하여, 또는 다투어지고 있는 권리관계에 대해 임시의 지위를 정하기 위해 법원이 행하는 일시적인 명령을 말한다.

② 압류와 가압류

압류란 집행기관에 의해 채무자의 특정재난에 대한 사실상 또는 법률상 처분이 제한되는 강제집행을 말하고, 가압류란 금전채권이나 금전으로 환산할 수 있는 채권에 대하여 동산 또는 부동산에 대한 장래의 강제집행을 가능케 하기 위한 제도를 말한다.

③ 환매

환매란 매도인이 매매계약과 동시에 특약으로 되사올 권리를 보류한 경우에, 그 권리를 일정한 기간 내에 행사함으로써 매매의 목적물을 다시 사오는 것을 말한다.

④ 예고등기

예고등기란 등기원인의 무효 또는 취소로 인한 등기의 말소 또는 회복의 소가 제기된 경우에, 이를 제3자에게 경고하기 위하여 법원의 촉탁으로 행하여지는 등기를 말한다.

8) 을구에 기재되는 사항

을구에는 부동산의 소유권 이외의 권리에 관한 사항이 기재된다.

(1) 을구 기재사항

을구에는 소유권 이외의 권리인 지상권, 지역권, 전세권, 저당권, 권리질권, 임차권 등이 기재되어 있다.

(2) 을구 기재사항의 내용

① 지상권이란 건물, 수목, 기타의 공작물을 소유하기 위하여 타인의 토지를 이용할 수 있는 물권을 말한다.

② 지역권이란 일정한 목적을 위하여 타인의 토지를 자기의 토지의 편익에 이용하는 것을 내용으로 하는 용익물권을 말한다. 이때 타인의 토지를 승역지, 자기의 토지를 요역지라 한다.

③ 전세권이란 전세금을 지급하고 다른 사람의 부동산을 좇아 사용·수익하는 용역물권을 말한다.

④ 저당권이란 채무의 이행이 없을 시 채무자 또는 제3자가 채무의 담보로서 제공한 부동산 또는 부동산 물권으로부터 우선변제를 받는 담보물권을 말한다. 이때 채권자는 부동산 등을 인도받지 않고, 다만 관념상으로 지배하게 된다.

⑤ 권리질권이란 채권 등 재산권을 목적으로 하는 질권을 말한다.

⑥ 질권이란 채권자가 그 채권의 담보로서 채무자 또는 제3자로부터 받은 물건을 점유하고, 채무의 변제가 없는 때에는 그 목적물로부터 우선적으로 변제를 받는 권리를 말한다.

⑦ 임차권이란 임대인에게 목적물을 사용·수익하게 해줄 것을 요구할 수 있는 임차인의 권리를 말한다.

4 | 상가임대차보호법

영세상인들을 보호하기 위해 상가임대차계약을 5년 동안 보장하는 상가건물임대차보호법안이 국회를 통과해 2002년 11월 1일부터 시행되었고 2008년 8월 21일 개정되었다.

〈상가건물임대차보호법 주요 내용〉

- 적용범위 : 사업자등록의 대상이 되는 사업용건물의 임대차 중 일정금액 이하의 보증금에 대하여 적용

지역	보증금액한도 (2002. 11. 1~2008. 8. 20)	보증금액한도 (2008. 8. 21 이후)
서울특별시	2억 4천만 원	2억 6천만 원
수도권 중 과밀억제권역 (서울특별시 제외)	1억 9천만 원	2억 1천만 원
광역시(군지역과 인천광역시 제외)	1억 5천만 원	1억 6천만 원
그 밖의 지역	1억 4천만 원	1억 5천만 원

※ 수도권 과밀억제권역 : 수도권정비계획법

서울특별시, 인천광역시, 의정부시, 구리시, 남양주시, 하남시, 고양시, 수원시, 성남시, 안양시, 부천시, 광명시, 과천시, 의왕시, 군포시, 시흥시

- 대항력 등 : 임차인이 건물을 인도받고 사업자등록을 신청한 때에는 그 다음날부터 제3자에 대하여 효력 발생
- 등록사항 등의 열람·제공 : 건물의 임대차에 이해관계가 있는 자에 열람·제공
  ※ 이해관계가 있는 자 등의 범위는 시행령에 위임 : 임대인과 임차인의 성명, 주민등록번호, 임차건물의 소재지, 사업자등록신청일, 보증금, 차임, 임대차기간 및 확정일자 등을 공개하여 이해관계인(건물매수희망자, 금융기관, 채권자 등) 권리를 보호
- 보증금의 회수
  - 제3조 대항요건(건물의 인도와 사업자등록)을 갖추고 세무서장으로부터 임대차계약서에 확정일자를 받은 임차인은 경매·공매 시 임차건물의 환가금액에서 후순위 권리자 및 그 밖의 채권자보다 우선하여 보증금을 변제받을 수 있음
    ※ 보증금 중 일정액의 보호
  - 임차인이 건물에 대한 경매신청 등기 전에 제3조 제1항의 대항요건(건물의 인도와 사업자등록)을 갖춘 경우 임차인의 보증금 중 대통령령이 정하는 일정액을 순위에 불구하고 우선하여 변제받을 권리가 있음

지역	보증금의 범위	변제금액
서울특별시	4,500만 원 이하	1,350만 원까지
수도권 중 과밀억제권역(서울특별시 제외)	3,900만 원 이하	1,170만 원까지
광역시(군지역, 인천광역시 제외)	3,000만 원 이하	900만 원까지
그 밖의 지역	2,500만 원 이하	750만 원까지

• 임대차기간 등
  – 기간의 정함이 없거나 1년 미만으로 정한 임대차는 그 기간을 1년으로 봄
• 차임 등의 증감청구권
  – 차임을 증액하는 경우 경제사정 등을 감안하여 대통령령이 정한 기준에 따른 비율을 초과할 수 없음
• 월차임 전환 시 산정률의 제한
  – 보증금의 전부 또는 일부를 월단위의 차임으로 전환하는 경우 그 전환되는 금액에 대통령령이 정하는 비율을 곱한 월차임 범위를 초과할 수 없음
• 계약갱신 요구 등
  – 임차인이 임대차기간 만료 전 6월부터 1월까지 사이에 계약갱신을 요구하는 경우 임대인은 '차임을 3회 연체한 경우' 등 특별한 사정이 없는 한 이를 거절하지 못함
  – 임차인의 계약갱신 요구권은 최초의 임대차기간을 포함하여 전체 임대차 계약기간이 5년을 초과하지 아니하는 범위 내에서 행사

※ 계약갱신 요구 거절사유
1) 3기의 차임액에 달하도록 차임을 연체한 사실이 있는 경우
2) 거짓 그밖의 부정한 방법으로 임차한 경우
3) 쌍방 합의하에 임대인이 임차인에게 상당한 보상을 제공한 경우
4) 임대인의 동의 없이 목적 건물의 전부 또는 일부를 전대한 경우
5) 임차한 건물의 전부 또는 일부를 고의 또는 중대한 과실로 파손한 경우
6) 임차한 건물의 전부 또는 일부가 멸실되어 임대차의 목적을 달성하지 못할 경우
7) 임대인이 목적 건물의 전부 또는 대부분을 철거하거나 재건축하기 위해 목적 건물의 점유 회복이 필요 시
8) 임차인으로서의 의무를 현저히 위반하거나 임대차를 존속하기 어려운 중대한 사유가 있는 경우

• 강행규정
- 상가건물임대차보호법의 규정에 위반된 약정으로서 임차인에게 불리한 것은 효력이 없음

• 일시사용을 위한 임대차
- 일시사용을 위한 임대차임이 명백한 경우에는 상가건물임대차보호법을 적용하지 아니함

〈상가건물임대차보호법 Q&A〉

Q. 모든 상가용 건물에 적용되나?

A. 사업자등록의 대상이 되는 영업용 건물만 해당되며 동창회사무실 등 비영리단체의 건물임대차에는 이 법이 적용되지 않는다.

Q. 모든 상가건물임차인은 이 법의 보호를 받을 수 있는가?

A. 상가건물임차인 중에서 보증금이 일정금액 이하인 영세상인만이 이 법의 적용을 받는다.

Q. 보호대상 보증금액은?

A. - 서울특별시 : 2억 6천만 원 이하
- 수도권정비계획법에 의한 과밀억제권역(서울시 제외) : 2억 1천만 원 이하
- 광역시(군지역과 인천광역시 제외) : 1억 6천만 원 이하
- 기타 지역 : 1억 5천만 원 이하

Q. 환산보증금이란?

A. 보증금과 월세환산액(월세를 연 12%의 금리를 적용하여 보증금으로 환산 : 월세×100)을 합한 금액을 말한다.
보증금 3,000만 원/월세 100만 원으로 상가를 임차한 경우
보호대상보증금=3,000만 원+100만 원×100=1억 3,000만 원

Q. 상가 권리금도 보호를 받을 수 있는가?

A. 아니다. 단, 권리금과 시설비를 상당부분 회수할 수 있도록 임대차를 5년간 존속토록 보장하고 있다.

Q. 임대차계약기간은 5년 단위로 하여야 하나?

A. 계약기간은 자유로이 정할 수 있다. 단, 1년 미만으로 정한 기간은 1년으로 보게 되나, 임차인은 1년 미만으로 정한 기간이 유효함을 주장할 수 있다.

A. 임차인은 전체임대차 기간이 5년 초과하지 않는 범위 내에서 계약갱신을 요구할 수 있다.

Q. 임차인이 재계약을 원할 경우 해야 할 일은?

A. 임대차기간이 만료 전 6월부터 1월 사이에 계약갱신 요구(내용증명 등 발송)를 하여야 한다.

Q. 건물주도 계약갱신을 거절할 수 있는가?

A. 임차인이 임대료 3회 연체, 허위 또는 기타 부정한 방법으로 임차, 임대건물주의 동의 없이 전대한 경우 등 8가지 사유의 하나에 해당하는 경우에는 건물주가 계약을 거절할 수 있다.

Q. 전대차계약을 체결한 전차인도 계약갱신요구권이 있는가?

A. 임대인의 동의를 받고 전대차계약을 체결한 전차인은 임차인의 계약갱신요구권 행사기간 범위 내에서 임차인을 대위하여 임대인에게 계약갱신요구권을 행사할 수 있다.

Q. 대항력은 어떤 요건을 갖추어야 하는가?

A. 사업자등록신청을 하고, 동시에 세무서에서 확정일자를 받아야 한다.

Q. 우선변제권은 언제부터인가?

A. 건물의 인도(입주), 사업자등록, 확정일자를 갖춘 3가지 중, 가장 늦은 날을 기준으로 순위가 결정된다.

쉬어가기 | 사회적기업(Social Enterprise)

- 사회적 목적을 추구하고 이를 위해 수익창출 등 영업활동을 수행하는 조직임
- 일반적인 기업은 이윤을 추구하나, 사회적기업은 취약계층에게 일자리나 사회서비스 제공 등 사회적 목적을 추구

> "빵을 팔기 위해 고용하는 것이 아니라 고용하기 위해 빵을 파는 기업"으로
> 좋은 일 하면서도 수익을 내는 기업

- 사회적기업의 개념

> "비영리조직과 영리기업의 중간형태"
>
> 목표: 사회적 목적을 추구, 취약계층에 대한 일자리, 사회서비스 제공 등
>
> 수단: 영업활동 수행, 수익창출

  - 협의(법 제2조)
    취약계층에게 사회서비스 또는 일자리를 제공하여 지역주민의 삶을 질을 높이는 등의 사회적 목적을 추구하면서 재화 및 서비스의 생산 판매 등 영업활동을 수행하는 기업
  - 광의
    주주나 소유자를 위한 이윤극대화를 추구하기보다는 우선적으로 사회적 목적을 추구하면서 이를 위해 이윤을 사업 또는 지역공동체에 다시 투자하는 기업
- 사회적기업의 특징
  - 취약계층에 일자리, 사회서비스 제공 등 사회적 목적 추구
  - 영업활동 수행 및 수익의 사회적 목적 재투자
  - 영업활동 과정에서 창출된 이익은 사업자체나 지역공동체에 재투자, 사회적 목적에 사용
  - 민주적인 의사결정구조 구비
  - 의사결정은 근로자, 서비스 수혜자, 지역사회 인사/주주 등 이해관계자들이 참여하여 민주적으로 결정
- 사회적기업의 역할
  - 사회적기업 육성을 통한 지속가능한 경제, 사회통합 구현
  - 지속가능한 일자리 제공
  - 보람되고 좋은 일자리 확대
  - 지역사회 통합
  - 사회서비스 활동
  - 공공서비스 혁신
  - 기업의 사회공헌과 윤리적 경영문화 확산
  - 착한 소비문화조성
  - 취약계층을 노동시장으로 통합
  - 지역사회 활성화
  - 사회적 투자 확충을 통한 지역경제 발전
  - 새로운 공공서비스 수요 충족
  - 윤리적 시장확산

Chapter

9 창업 세무

학습목표

1. 세금의 종류를 설명할 수 있다.
2. 간편장부를 작성할 수 있다
3. 법인세를 신고할 수 있다.

학습목차

1. 세금의 기초
2. 사업자등록
3. 부가가치세
4. 소득세
5. 원천징수 납부요령

Chapter 09 창업 세무

1 | 세금의 기초

1) 세금의 개념

세금은 국가 또는 지방자치단체가 재정수입을 조달할 목적으로 법률에 규정된 과세요건을 충족한 모든 자에게 직접적인 반대급부 없이 강제적으로 부과하는 금전급부를 말한다.

➜ 세금은 그런 의미에서 전기요금이나 건강보험료 등의 공과금과 구별된다. 공과금은 일정한 서비스에 대한 사용대가의 개념으로 내는 것이고 세금은 반대급부 없이 국민의 의무로서(헌법 제38조) 납부하여야 하는 것이다.

2) 사업자가 내는 세금의 종류와 개요

(1) 국세와 지방세의 구분

국세	부가가치세	상품의 거래나 서비스의 제공에 대하여 부과된다.
	소득세	개인이 획득한 소득에 대하여 부과된다.
	법인세	법인(주식회사 등)이 획득한 소득에 대하여 부과된다.
	기타	양도소득세, 특별소비세, 상속·증여세 등이 있다.
지방세	취득세	각종 부동산, 차량 등을 취득한 경우에 부과된다.
	등록세	각종 재산권 등을 등기·등록한 경우에 부과된다.
	기타	주민세, 재산세, 자동차세 등이 있다.

※ 국세는 국세청(세무서)과 관련된 세금이고, 지방세는 지방자치단체(서울시 등)와 관련된 세금이다. 사업을 하면서 등장하는 세금은 주로 세무서와 관계되는 국세가 많고 재산과 관계되는 세금은 지방세가 많다.

(2) 사업자와 부가가치세

사업을 하게 되면 원칙적으로 사업자가 공급하는 재화와 용역의 10%에 해당하는 부가가치세를 납부하여야 할 의무가 있다. 그러나 다음의 경우에는 면세사업자에 해당하므로 부가가치세를 신고・납부할 의무가 없다.

① 곡물, 과실, 채소, 육류, 생선 등 미가공 식료품의 판매
② 수돗물, 연탄, 무연탄, 담배, 복권 등의 판매
③ 도서, 신문, 잡지, 방송(광고 제외) 등 문화관련 재화 및 용역의 제공
④ 병・의원 등 의료보건 용역의 제공
⑤ 허가받은 학원・강습소・교습소 등의 교육용역 제공
⑥ 토지의 판매

(3) 사업자와 소득세

개인사업자가 1년 동안 사업을 통해서 발생된 이익, 즉 소득에 대해서는 소득세를 납부하여야 한다.

① 모든 개인사업자는 소득세 납부의무가 있다.
➜ 그러나 소득세법상 여러 가지 공제제도가 있어서, 영세사업자는 이러한 공제금액을 빼고 나면 과세될 소득이 없거나 그 부담이 줄어드는 경우가 많다. 이러한 영세사업자라도 후술하는 간편장부를 작성하는 것이 대체적으로 유리하다.
② 사업체가 법인인 경우에는 소득세가 아니라 법인세를 내야 한다.
➜ 법인의 경우에는 무조건 간편장부가 아닌 복식부기에 의한 정식장부를 작성하여야 할 의무가 있다.

(4) 사업자와 특별소비세

다음 사업을 하는 납세자는 특별소비세를 납부하여야 한다.

① 카바레, 나이트클럽, 요정 및 이와 유사한 성격의 살롱, 카페, 디스코클럽 등 과세유흥장소

② 귀금속상, 투전기(슬롯머신설치 오락장), 가구제조업 등
　➜ 특소세 대상 업체의 경우에는 구청에 신고 및 등록을 하여야 한다. 이 허가증을 근거로 사업자등록이 가능하다.

(5) 기본적인 세금의 용어 정리

세금에 관한 용어가 일상적인 용어가 아니므로 다소 난해한 점이 있어서 다음과 같이 기본적인 용어에 대하여 설명한다.

① **납세의무자** : 각종 세법에 의하여 세금을 납부하여야 할 의무가 있는 자를 말한다.

② **과세기간** : 각종 세금의 부과대상기간을 말한다. 부가가치세의 경우에는 매년 상반기와 하반기를 각각 1기와 2기라는 과세기간을, 소득세의 경우에는 매년 1/1부터 12/31일까지를 과세기간으로 한다.

③ **소멸시효** : 각종 세금에 대하여 정부나 지방자치단체가 세금을 고지할 수 있는 기간을 말하고, 이 기간이 지나면 내야 할 세금이 있다고 하더라도 세금을 고지할 수 없다. 세금신고를 한 경우에는 통상 5년의 소멸시효를 갖는다.

④ **신고 · 납부기한** : 각종 세금은 과세기간의 종료 후, 일정기한 내에 세금을 자진해서 신고 및 납부하여야 하는데 이렇게 규정해 놓은 기한을 신고 · 납부기한이라고 한다. 부가가치세는 과세기간 종료 후 그 다음달 25일을, 소득세는 그 다음 연도 5/1부터 5/31일을, 법인세는 과세기간 종료 후 3개월 이내를 신고 · 납부기한으로 규정하고 있다. 신고 · 납부기한 내에 신고하지 않거나 납부하지 않으면 후술하는 가산세의 불이익을 준다.

⑤ **가산세** : 각종 세법에서 규정하고 있는 납세의무자의 의무를 제대로 이행하지 않는 경우에는 본세와 별개로 가산세를 부과한다. 위의 신고납부에서 본 것처럼 신고를 신고기한 내에 하지 않으면 본세와 별도로 본세의 10~30%를 신고불성실가산세로, 납부를 납부기한 내에 하지 않으면 하루에 3/10,000의 납부불성실가산세가 별도로 부과된다.

⑥ **수정신고와 경정청구** : 과세표준의 신고기한까지 제대로 신고하였으나 그 신고내용이 잘못된 경우에 납세의무자는 일정기한까지 이를 수정신고 및 경정청구할 수 있다. 수정신고는 납세의무가 소멸될 때까지, 경정청구는 2년 동안 가능하다. 수정신고는 당초에 과소하게 신고한 경우에, 경정청구는 당초에 과다하게

신고한 경우에 대상이 된다.

⑦ **불복청구** : 잘못 청구된 세금에 대하여는 해당하는 과세관청에 시정을 요구하는 행정적인 절차를 밟을 수 있는데 이를 불복청구라고 한다. 이의신청, 심사청구, 심판청구, 감사원심사청구, 고충처리 등이 있다. 잘못 청구된 세금이라고 할지라고 그 사실을 인지한 날로부터 90일 이내에 청구하여야만 효력이 있다.

2 | 사업자등록

1) 사업자등록 신청

신규로 사업을 개시하는 사업자는 사업개시일로부터 20일 이내에 사업자등록신청을 사업장 관할세무서에 신청하여야 한다.

(1) 구비서류

① 사업자등록신청서 1부(세무서 민원봉사실에 비치 또는 국세청(www.nts.go.kr) 자료실에서 다운가능)

② 개인의 경우에는 본인 주민등록증 지참, 법인인 경우에는 법인등기부등본 1부

③ 사업허가증 사본 1부(약국, 음식점, 개인택시 등 허가나 등록을 해야 하는 사업인 경우에 한함)

④ 법인설립등기 전 또는 사업허가 전에 등록을 하고자 하는 경우에는 법인설립을 위한 발기인의 주민등록등본 또는 사업허가신청서 사본이나 사업계획서 첨부

⑤ 임대차계약서 사본 1부(사업장을 임차한 경우, 본인 건물의 경우에는 건축물등기부등본)

⑥ 2인 이상이 공동으로 사업을 하는 경우에는 공동사업 사실을 증명할 수 있는 서류(동업계약서 등)

㉮ 사업자 본인과의 면담 후 관할세무서장은 즉시, 사업자등록증을 교부하나, 사업자가 실제 사업을 할 여지가 없다고 판단되는 경우에는 현지 확인조사를

통하여 사업자등록증을 교부함.

㉯ 임차보증금에 대하여 확정일자를 상가건물임대차보호법을 통하여 사업장 관할세무서에서 받을 수 있게 되었다. 임대차계약서 원본과 도면 등을 첨부하여 확정일자를 받게 되면 우선변제권과 같은 권리를 행사할 수 있다.

2) 사업자의 구분

사업자는 크게 부가가치세를 부담하는 과세사업자와 부가가치세의 부담이 없는 면세사업자로 구분되는바, 과세사업자는 부가가치세 및 소득세를 부담하지만 면세사업자는 부가가치세는 없고 소득세만 부담하게 된다.

(1) 과세와 면세의 구분

① 과세사업자 : 음식업 사업자 등(부가가치세, 소득세 부담)

② 면세사업자 : 농・축・수산물 판매자 등(소득세만 부담)

(2) 과세사업자 중 일반과세자와 간이과세자 구분 기준

과세사업자는 전년도 1년간 매출액 규모에 따라 연간 매출액이 48백만 원 이상이면 일반과세자에 해당되고, 48백만 원 미만이면 간이과세자에 해당된다.

(3) 신규사업자의 경우

신규사업자는 직전 1년간 매출액이 없기 때문에 매출예상액이 1년간 48백만 원(월 4백만 원) 이상이면 일반과세자로 사업자등록신청을 하고, 매출액이 48백만 원 미만으로 예상되면 간이과세자로 사업자등록을 신청한다. 그러나 신규사업자로 1년간 매출액이 48백만 원 미만으로 예상되어 간이과세자로 신청하더라도 간이과세배제기준에 해당되면 무조건 일반과세자에 해당된다.

■ 간이과세배제업종

- 건설업, 음식업(간이음식점 제외), 숙박업(하숙업 및 여인숙업 제외), 통신업, 지역과 업종규모 등에 비추어 국세청장이 정하는 과세특례적용배제기준에 해당하는 때
- 광업, 제조업(과자점, 방앗간과 제분업, 양복, 양화점, 기타 전체매출액의 50%

이상을 최종소비자에게 직접 공급하는 사업으로서 국세청장이 정하는 경우에는 과세특례 적용이 가능함)
- 도매업(도·소매업 겸업 시는 소매업도 과세특례적용을 배제)
- 특별소비세가 과세되는 과세 유흥장소를 영위하는 사업(서울특별시, 직할시 및 시 지역에 한함)
- 부동산매매업
- 특별시 및 광역시 내의 부동산임대업으로서 일정기준 이상인 경우
- 기타 국세청장이 정하는 기준에 해당하는 경우

(4) 구분의 차이

일반과세자와 간이과세자는 세액계산구조 및 세금부담 면에서 차이가 발생한다.

구분	산출세액구조
일반과세자	매출액×10% − 매입세액, 공제세액
간이과세자	매출액×업종별부가가치율(20~40%)×10% − 공제세액

(5) 사업자 등록 시 유의사항

① 먼저 부가가치세법상 과세사업자인지 면세사업자인지 여부를 확인하고 과세사업자의 경우에도 일반과세자로 할 것인지 간이과세자로 할 것인지를 잘 판단하여 신청하여야 한다.

② 개인사업자인 경우, 업종선택 시 업종별코드번호를 반드시 확인한다(이는 향후 소득세 결정 시 세금부담에 영향을 주게 된다)

③ 유흥음식업소, 식품잡화점 등 주류 판매를 해야 하는 사업자의 경우 사업자등록증에 주류 판매 사실을 기재받게 되면 별도의 주류 판매 신고를 할 필요가 없다.

④ 필요시에는 사업계획서 등을 첨부하여 사업개시 전에도 등록이 가능하다.
   ㉮ 당장 매출이 발생하지 않는 정보통신사업 등의 경우에는 적극적인 활용이 가능하다고 생각된다.

⑤ 사업장이 여러 개인인 경우에는 사업장마다 사업자등록을 하여야 한다.

⑥ 사업자등록번호를 한번 부여받으면 특별한 경우 외에는 바뀌지 않고 평생 사용

하게 되므로 자료상과의 거래, 체납 등은 누적관리를 받게 된다.

⑦ 부가가치세 과세사업과 면세사업을 겸업할 때는 부가가치세 과세사업자로 등록하면 된다.

(6) 사업자등록을 하지 아니할 경우의 불이익

① 신고기간의 총매출액의 1%의 가산세가 부과된다.

② 사업자등록 전 매입세액은 공제되지 아니하므로 부가가치세부담이 증가한다.

③ 조세범처벌법에 의하여 50만 원 이하의 벌금이 부과될 수 있다.

(7) 사업자등록사항에 변동이 생길 때의 정정신고

① 아래와 같은 변동사항이 발생하면 지체없이 사업자등록 정정신고서에 사업자등록증을 첨부하여 관할세무서에 제출하여야 한다.

㉮ 상호, 사업의 종류를 변경한 때

㉯ 사업장을 이전하는 때(임대계약서 사본 첨부)

㉰ 상속으로 인하여 사업자의 명의가 변경되는 때

㉱ 법인의 대표자 변경 시(법인등기부등본 또는 정관을 먼저 변경하여야 함)

② 사업을 휴업하거나 폐업하는 경우에는 지체 없이 관할세무서장에게 신고서를 제출하여야 한다.

3) 사업자등록신청서(양식)

부가가치세법 시행규칙 [별지 제3호 서식] (2004. 3. 30 개정)

(앞쪽)

접수번호	사업자등록신청서(개인사업자용) (법인이 아닌 단체의 납세번호 신청서)	처리기간
		7(14)일

인적사항				
인적 사항	상호(단체명)		전화번호	(사 업 장)
	성명(대표자)			(자 택)
	주민등록번호			(휴대전화)
	사 업장(단체) 소 재 지			
	전자우편주소			

사업장 현황	사업의 종류						개업일	종업원수
	주업태	주종목	주업종코드	부업태	부종목	부업종코드		

사업장 구분 및 면적		도면첨부		사업장을 빌려준 사람(임대인)		
자가	타가	여	부	성명(법인명)	사업자등록번호	주민(법인사업자) 등록번호
㎡	㎡					

임대차계약기간	(전세)보증금	월세(차임)
. . . . . .	원	원

사업자금내역(전세·보증금 포함)		주류면허		
자기자금	타인자금	면허번호	면허신청	
원	원		여	부

특별소비세 (해당란에 ○표)	제조		판매		장소		유흥		연간 공급대가 예상액	원

공동사업자 명세	출자금		원	성립일				
	성명	주민등록번호	지분율	관계	성명	주민등록번호	지분율	관계

서류를 송달 받 을 장 소 신 고	국세기본법 제9조 및 동법시행령 제5조의 규정에 의하여 사업장 이외의 다음 장소에서 서류를 송달받고자 신고합니다.	
	송달받을 장소	□ 주소지 □ 기타 ( )
	신 고 이 유	

신 청 구 분	□ 사업자등록만 신청 □ 사업자등록신청과 확정일자를 동시에 신청 □ 사업자단위신고·납부사업자의 종된사업장 신설 □ 확정일자를 이미 받은 자로서 사업자등록신청(확정일자 번호)

부가가치세법 제5조 제1항·제25조 제3항, 동법시행령 제7조 제1항·제74조 제4항, 동법시행규칙 제2조 제1항 및 상가건물임대차보호법 제5조 제2항의 규정에 의하여 위와 같이 사업자등록[□ 일반과세자 □ 간이과세자 □ 면세사업자 □ 기타단체] 및 확정일자를 신청합니다.

년 월 일

신청인 (서명 또는 인)

세무서장 귀하

※ 구비서류	수 수 료
1. 사업허가증사본·사업등록증사본 또는 신고필증사본(법령에 의하여 허가를 받거나 등록 또는 신고를 하여야 하는 사업인 경우) 중 1부. 다만, 행정정보의 공동이용을 통하여 확인할 수 있고, 신고인이 이를 요청하는 경우에 그 확인으로 갈음할 수 있습니다. 이때 수수료는 무료입니다. 2. 임대차계약서사본(사업장을 임차한 경우) 1부 3. 상가건물임대차보호법이 적용되는 상가건물의 일부분을 임차한 경우에는 해당 부분의 도면 1부	없 음

※ 기재요령사업장을 임차한 경우 상가건물임대차보호법의 적용을 받기 위하여는 사업장소재지를 임대차계약서 및 건축물관리대장 등 공부상의 소재지와 일치되도록 구체적으로 기재하여 주시기 바랍니다.
(작성예) ○○동 ○○○○번지 ○○호 ○○상가(빌딩) ○○동 ○○층 ○○○○호

210㎜×297㎜(일반용지 60g/㎡(재활용품))

절세포인트 ❶ 이제 설레는 마음으로 등록을 하자

1. 사업자등록 시 첨부서류

① 사업자등록신청서(세무서에 비치되어 있음)

② 임대차계약서 원본(2002년 11월 1일부터 상가임대차보호법이 발효되어서 확정일자를 받는 경우에는 우선변제권이 생겨나게 되었다. 특별한 이유가 없다면 확정일자를 받는 것이 좋고, 확정일자를 받으려면 임대차계약서 원본이 필요하다)

2. 사업자등록의 관할세무서

자신이 사업을 하고자 하는 사업장이 위치하고 있는 관할세무서이다(주소지가 아님). 이러한 세무서는 전국에 105개이며, 관할세무서는 국세청홈페이지에서 전화번호와 위치를 확인할 수 있다(www.nts.go.kr).

절세포인트 ❷ 창업 시에는 간이과세를 적용받자

일반적으로 사업자등록 시에는 연매출을 환산하는 것이 어려우므로 설사 4,800만원 이상의 연매출이 예상되더라도 간이과세자 적용신청을 하더라도 사업자등록증을 관할세무서에서는 발부하게 된다. 따라서 부가가치세의 절세를 위하여 음식점 등의 사업자등록 시에는 간이과세자로 신청하는 것이 유리하다.

다만, 다음의 경우에는 간이과세자의 적용신청을 유의하여야 한다.

1. 초기 인테리어비용이 많이 들어가고 이에 대하여 세금계산서를 수취할 수 있는 경우
2. 사업자와의 거래가 빈번하게 예상되는 경우
3. 사업자등록의 신청기한

새로 사업을 시작하는 자(개인, 법인)는 사업을 개시한 날로부터 20일 이내에 사업자등록을 하여야 한다. 이 경우 사업자등록을 하여야 하는 사람은 실질적으로 그 사업을 주체적으로 행하는 사람을 의미한다.

절세포인트 ❸ 명의를 빌려 주어서 발생할 수 있는 불이익

1. 명의를 빌려간 사람이 내야 할 세금을 내지 않는 경우에는 실질사업자가 아니라는 것을 입증하지 못할 경우에는 세금을 대신 내야 할 경우가 발생할 수 있다.

실질사업자가 아니라는 사실은 현행 금융실명제하에서는 상당히 어렵게 되어가고 있다.

2. 명의를 빌려간 사람이 세금을 납부하지 않고, 실질사업자가 아니라는 사실을 입증하지 못하면 자신이 소유하고 있는 재산을 압류당할 수도 있다.
3. 명의를 빌려준 사람의 소득으로 집계되므로 건강보험료 등의 부담이 늘어나게 된다.

절세포인트 4 코드의 선택! 정말 잘하자

향후 사업을 하면서 사업자가 내는 부가가치세와 소득세, 법인세의 성실도 분석을 하는데 국세청에서 사용하는 것이 종목별코드에 의한 분석이다. 즉, 해당 코드에 의하여 동일 업종의 신고성실도와 비교하여 불성실하다고 판단되면 세무조사의 근거가 될 수 있는 것이다.

따라서, 자신이 실질로 하는 업종과 사업자등록증상의 업종이 상이하다면 신고성실도가 좋게 나올 수 없게 되고, 이를 통해 세무조사의 근거가 될 수 있게 되는 것이다.

절세포인트 5 사업개시 전에는 사업자등록을 할 수 없는가?

사업개시 전에도 사업자등록을 할 수 있다. 즉, 오피스텔을 분양받아서 임대하는 경우에 분양을 받게 되면 준공까지의 기간이 몇 개월 이상이 소요되는데 이에 대한 분양가는 부가가치세와 공급가액으로 구분되어 부가가치세를 납부하게 된다.

이 경우 사업자등록(일반과세자로 신청하여야 한다)을 하는 경우에는 실제사업은 개시되지 않았지만(부동산임대업의 사업은 임대를 개시하는 날이 된다) 사업자등록이 되어 있는 관계로 부가가치세에 대하여 환급을 받을 수 있다.

절세포인트 6 법인전환 의사결정

법인전환은 사업자의 세금문제뿐만 아니라, 금융기관, 관공서 입찰 등 다양한 변수를 종합적으로 판단하여야 한다. 법인전환은 법인전환에 관한 전문가(세무사, 회계사)의 사전상담을 받아 일정에 따라서 전환하여야 불이익이 없다.

3 | 부가가치세

1) 부가가치세의 개념과 특징

(1) 부가가치세의 개념

부가가치세는 최종소비자가 부담하는 세금으로, 사업자가 대신 납부하는 세금이다. 사업자는 물건값에 부가가치세를 포함하여 팔기 때문에 실지 세금은 소비자가 부담하는 것이며, 사업자는 소비자가 부담한 세금을 잠시 보관했다가 세무서에 납부하게 된다. 따라서 사업자는 매 신고기간별로 발생한 거래내용을 부가가치세신고서에 기재하여 사업장관할세무서에 신고하여야 한다.

(2) 부가가치세의 특징

부가가치세는 다음의 특징을 갖고 있다.

① 부가가치세란 사업자가 영업활동을 하는 과정에서 얻어지는 부가가치(이윤)에 대하여 내는 세금이다. 즉, 매출액－매입액=이윤에 대하여 10%의 세금이 계산되어지는 구조이다.

② 부가가치세는 물건을 구입하는 사람(소비자)이 부담하는 세금이다.

③ 부가가치세가 과세되는 거래를 할 때에는 반드시 세금계산서를 주고 받아야 한다.

④ 부가가치세는 6개월을 단위로 하여 과세한다.

⑤ 부가가치세는 사업장 단위로 과세한다.

⑥ 따라서 부가가치세의 관할세무서는 사업장관할세무서가 된다.

2) 일반과세자와 간이과세자의 차이점

구분	일반과세자	간이과세자
연간매출액	4천8백만 원 이상	4천8백만 원 미만
세액계산	매출액의 10% - 매입액의 10%	매출액 × 업종별부가가치율 × 10% - 공제세액
신고납부	① 1년에 2번 신고납부, 법인은 4번 신고납부하게 된다. ② 개인사업자의 경우에는 예정신고는 관할세무서에서 결정고지	① 1년에 2번은 확정신고납부하고, ② 2번의 예정신고는 관할세무서에서 결정고지
기장의무	① 세금계산서를 주고받아야 한다. ② 매입・매출장 등 장부의 기장의무가 있다.	① 영수증을 발행할 수 있다. 즉, 세금계산서를 발행할 수 없다.

※ 간이과세자는 간이과세 적용이 배제되는 사업 또는 지역에 해당되지 않아야 하며, 2005년 부터는 여러 개의 사업장이 있는 경우에는 별도의 일반과세 사업장이 없어야 하고, 하나라도 일반과세 사업장이 있으면 4,800만 원 미만이어도 일반과세자로 전환된다.

3) 일반과세자

(1) 과세기간

① 1기 과세기간 : 1. 1~ 6. 30

② 2기 과세기간 : 7. 1~ 12. 31

(2) 신고방법

구분	제1기		제2기	
	신고내용	신고기간	신고내용	신고기간
예정 신고	1. 1~3. 31 간의 사업실적	4. 1~4. 25	7. 1~9. 30 간의 사업실적	10. 1~10. 25
확정 신고	4. 1~6. 30 간의 사업실적	7. 1~7. 25	10. 1~12. 31 간의 사업실적	다음해 1. 1~1. 25

(3) 부가가치세 신고 시 제출할 서류(일반과세자)

① 예정 또는 확정신고서
② 매출처별 또는 매입처별 세금계산서합계표
③ 영세율첨부서류(해당사업자에 한함)
④ 대손세액공제신고서(해당사업자에 한함)

(4) 일반과세자의 부가가치세 신고요령

① 법인사업자의 경우에는 예정신고와 확정신고를 각각 하여야 하므로 1년에 4번 신고 및 납부의무가 있다.
② 개인사업자의 경우에는 예정신고기간에 대한 것은 특별한 사유가 없는 한 신고 의무가 없으므로 세무서에서 고지하는 예정고지세액을 납부만 하면 되고, 확정 신고만 하면 되므로 1년에 2번 신고하고 예정고지를 포함하여 4번 납부의무가 있다.

(5) 부가가치세 신고 시 유의사항

① 모든 사업자는 각 과세기간에 대한 부가가치세를 과세기간 종료 후 25일 이내에 신고・납부하여야 한다.
② 매출의 경우에 소매업이나 음식점과 같이 직접 소비자를 대상으로 하는 업종은 세금계산서를 교부하지 않고 영수증을 발행한 것도 매출액으로 신고하여야 한다.
③ 예정고지세액이 10만 원 미만이면 세무서에서는 고지를 생략한다. 또한 예정고지세액을 납부한 경우에는 확정신고 시 공제한다.
④ 납세자의 편의증진과 행정의 효율성 제고를 위해 개인사업자에 대하여는 예정신고를 하는 대신 직전과세기간에 대한 납부세액의 1/2을 결정・고지하여 납부토록 하는 예정고지제도에 의하여 예정신고를 하지 않을 수도 있으나 사업의 부진 등의 경우에는 예정신고를 할 수도 있다.

4) 간이과세자

(1) 신고방법

구분	신고내용	신고기간	신고 시 첨부서류
제1기	1. 1~6. 30 간의사업실적	7. 1~7. 25	• 신고서 2부 • 매입처별세금계산서합계표 또는 매입세금계산서 • 영세율 첨부서류
제2기	7. 1~12. 31 간의사업실적	다음해 1. 1~1. 25	

(2) 예정고지서 발부내용

구분	고지서발부기간	납부기간	신고시 첨부서류
제1기	4. 1~4. 10	4. 1~4. 25	전년도 제2기 과세기간에 대한 납부세액의 1/2
제2기	10. 1~10. 10	10. 1~10. 25	제1기 과세기간에 대한 납부세액의 1/2

(3) 간이과세자의 신고요령과 유의사항

① 신고납부는 확정신고 시, 2번만 하고, 예정신고 시에는 세무서에서 고지되는 금액만 은행 등에 납부하면 된다.

② 세금계산서를 교부할 수 없으므로 세금계산서교부가 필요한 사업자는 일반과세자로 신청하여야 한다. 아울러 세금계산서교부가 필요하게 되는 시점에서 간이과세포기신청을 세무서에 하면 일반과세자로 전환하여 세금계산서를 발행할 수 있다.

③ 1기와 2기 각 6개월간의 매출액이 1,200만 원 미만인 경우에는 계산구조에 의하여는 부가가치세가 나오더라도 납부의무를 면제하고 있으므로 신고만 하면 되고 납부하지 않아도 된다.

④ 예정고지세액이 10만 원 미만이면 세무서에서는 고지를 생략한다. 또한 예정고지세액을 납부한 경우에는 확정신고 시 공제한다.

⑤ 다음의 업종은 간이과세자가 될 수 없는 업종이다.

㉮ 광업

㉯ 제조업
㉰ 도매업
㉱ 부동산매매업
㉲ 일정한 과세유흥장소 영위사업
㉳ 일정한 부동산임대업
㉴ 인적용역 제공사업
㉵ 국세청장이 정하는 기준에 해당하는 것

(4) 간이과세자의 업종별 부가가치율

최저 15%에서 최고 40%까지 업종별로 정함.

업종 \ 년도	2009년	2010년 이후
소매업	15%	15%
제조업,전기가스・수도업, 재생재료수집・판매업	20%	20%
건설업, 부동산임대업, 농・수・임・어업, 기타서비스업	30%	30%
음식・숙박업	30%	30%
운수・창고업 및 통신업	40%	40%

5) 부가가치세 면세사업자

부가가치세 면세사업자는 부가가치세 납세의무자가 아니므로 자기 매출분에 대하여 부가세를 거래 징수할 의무가 없으며 따라서 면세사업자는 세금계산서를 발행하지 못하고 소득세법상의 '계산서'를 발행해야 한다. 또한 면세사업자는 직전년도의 사업수입명세금액 등을 기재한 [사업장 현황보고서]를 매년 1월 31일까지 관할 세무서에 제출해야 한다.

부가가치세 면세대상은 기초생필품, 국민후생용역 등으로 농・수・축산물 등 미가공 식료품의 공급, 병원 등 의료보건 용역, 금융・보험용역, 학교・학원 등 교육용역, 도서・잡지・통신 등 문화관련용역, 주택임대업 등으로 그 범위가 한정되어 있다.

6) 신용카드 매출 세액공제/현금영수증 발행 세액공제

개인사업자로서 부가가치세가 과세되는 재화 또는 용역을 공급하고 세금계산서의 교부시기에 「여신전문금융업법」에 의한 신용카드매출전표 등을 발행하거나, 대통령령이 정하는 전자적 결제수단에 의하여 대금을 결제받는 경우 및 현금영수증을 발행하는 경우에는 그 발행금액 또는 결제금액의 100분의 1(음식·숙박업을 영위하는 간이과세자는 2/100)에 상당하는 금액(연간 500만 원 한도)을 가산세액을 제외한 납부세액을 한도로 공제한다.

Tip 공제대상 사업자 (법32의2 ①)

■ 일반과세자(법인 제외) 중 아래 사업을 영위하는 자
- 소매업, 음식점업(다과점업을 포함), 숙박업
- 목욕, 이발, 미용업
- 여객운송업, 입장권을 발행하는 사업
- 변호사업 등 전문인력용역(사업자에게 공급하는 것 제외)
- 도정업, 제분업 중 떡방아간, 양복점업, 양장점업, 양화점업
- 주거용 건물공급업(주거용 건물을 자영건설하는 경우 포함)
- 운수업 및 주차장운영업, 부동산중개업
- 사회서비스업, 개인서비스업 및 가사서비스업
- 기타 위와 유사한 사업으로서 세금계산서 교부가 불가능하거나 현저히 곤란한 사업

■ 간이과세자
- 제조·도매업 등이 세금계산서를 교부하지 아니하고 신용카드 매출전표를 발행한 경우 신용카드 발행세액 공제안됨.
- 신용카드 발행금액에는 부가가치세가 포함되어 있으므로 일반과세자의 부가가치세 과세표준은 발행금액×1/1.1이고 간이과세자는 발행금액이 과세표준이다.

7) 의제매입세액공제

(1) "의제매입세액" 공제제도

사업자가 농·어민으로부터 농·수·축·임산물 등을 구입하여 이를 원재료로 하여 제조, 가공한 재화 또는 창출한 용역의 공급이 국내에서 과세되는 경우 면세농산

물 등의 원재료가액에 일정률을 곱하여 계산한 금액을 매입세액으로 의제하여 공제받게 하는 제도로서, 그 공제액은 당해 원재료 가액에 음식점업은 3/103(2007. 1. 1～2008. 12. 31까지 6/106, 2005. 1. 1～2006. 12. 31까지 5/105), 그 이외의 사업은 2/102를 곱하여 계산한다.

(2) 농민에게 농산물 등을 구입하는 경우 의제매입세액 공제 가능 여부

① 제조업자 및 간이과세 음식업자(과세매출액의 5% 이내 구입분, 복식기장의무자 제외)가 농·어민으로부터 직접 농산물 등을 구입하는 경우에는 의제매입세액을 공제받을 수 있다.

② 제조업자 및 간이과세 음식업자를 제외한 사업자는 농민 등으로부터 농산물 등을 구입한 경우 의제매입세액 공제를 받을 수 없다.

(3) 의제매입세액 공제 시 제출서류

의제매입세액 공제를 받으려면 의제매입세액 공제 신고서와 면세농산물 등의 구입 시에 교부받은 계산서에 의하여 작성한 매입처별계산서합계표 또는 신용카드매출전표수취명세서를 제출하여야 한다. 다만, 제조업을 영위하는 사업자 및 간이과세 음식업자가 농어민으로부터 면세농산물 등을 직접 공급받는 경우에는 증빙서류 제출 없이 의제매입세액공제신고서만 제출하면 된다.

8) 부가가치세 환급

(1) 부가가치세 환급

부가가치세는 매출세액에서 매입세액을 공제하여 계산하므로 매입세액이 매출세액보다 크게 되는 경우에는 해당세액을 사업자에게 되돌려 준다. 다만, 간이과세자의 경우에는 환급이 발생하지 않는다.

(2) 일반환급과 조기환급

환급에는 일반환급과 조기환급(영세율적용, 사업설비투자 시)이 있다.

① **일반환급** : 일반환급일 경우에는 각 과세기간별로 그 확정신고 기간경과 후 30일 내에 되돌려 준다.

② **조기환급** : 조기환급은 영세율이 적용되어 환급세액이 발생하게 되면 신고기간 경과 후 15일 안에 해당세액을 되돌려 줌으로써, 수출 또는 사업설비 투자를 지원하기 위한 제도이다.

절세포인트 7 신고를 잘하는 것이 곳간을 지키는 길이다

① 신고기간 내에 신고하자.

세금을 아끼려면 신고기간 내에 세금을 신고 및 납부하여야 한다. 세금을 제때 신고・납부하지 아니하면 가산세라는 복병이 기다리면서 납세자의 주머니에서 추가적인 인출을 하려고 한다. 만일, 납부하여야 할 돈이 준비되지 않는 부득이 한 경우에도 최소한 신고는 하여야 한다.

신고불성실가산세가 통상 내야 할 세액의 10%(세금에 따라서 30%까지 적용되기도 한다)이고, 납부를 하지 않는 경우에는 내야 할 세액이 하루마다 3/10,000의 이자가 가산된다. 따라서 최소한 신고를 하여야 신고불성실가산세가 부과되지 않는 것이다.

② 신고기간 내에 신고하지 못한 경우라도 빨리 신고하자.

기한 후에도 신고를 빨리 하여야만 납부불성실가산세의 금액이 줄어든다.

절세포인트 8 정도경영

정도경영이라는 것이 어렵게 느껴질 수도 있으나 정도경영이란 좋은 물건을 만들어서 저렴한 가격으로 판매하는 것에 매진하는 것이다. 따라서 핵심역량에 매진하고 부외적인 일에 대하여 적절하게 의사결정을 분산시키는 특징을 가지고 있다.

자료상과의 거래나, 이런 부수적인 세금탈세에 관심을 갖는 사장님은 일찌감치 다른 일을 찾아보는 것이 시간과 돈을 아끼는 길이라 본다.

절세포인트 9 팔기 전에 꼭 확인하자

실제로 사업자등록이 안된 자가 사업자등록번호가 없는데 세금계산서를 발행할 수 있을까 생각하는 분들이 많다. 그리고, 세금계산서를 발행하는 사람들을 보면 대부분 실제로 사업을 하고 있는 것처럼 보인다. 그러나, 이 경우를 들어다 보면 의외로 폐업을 한 사람들이 많다.

폐업을 하는 순간 사업자등록번호는 자기가 쓸 수 없게 된다는 사실을 모르고 발행하여 문제가 되는 것이다. 또 하나, 세무서에서는 설사 사업을 하고 있다고 하더라도 사업실적이 장기간 없는 경우에는 직권으로 폐업 조치할 수 있다.

이 경우에도 자기 자신은 사업자등록번호가 있는 것으로 생각하여 세금계산서를 발행할 수 있으나, 이것에 대한 불이익은 고스란히 상대에게 전가되므로 항상 확인하는 것이 필요하다.

절세포인트 10 챙기는 것만큼 돈이 덜 나간다

앞으로 음식점업 등의 경우에는 신용카드의 사용이 늘어나 매출액의 노출이 현저해질 것이므로 실제 구입한 원재료인 농산물 등에 대하여 증빙을 수취하여 의제매입세액공제를 받는 것이 현명하다.

다만, 이 경우에도 허위로 과대하게 증빙을 수취하게 되면 세무서에서는 수율분석 등을 통하여 매출액의 누락으로 보게 되므로 실제의 금액에 대하여 수취하여야 할 것이다.

절세포인트 11 매출누락? 큰일난다

최근 근로자의 경우에 신용카드소득공제를 허용한 이후에 음식점업 등의 경우에 신용카드매출액이 급격하게 늘어나고 있다. 매출을 누락하여 부가가치세를 적게 내려고 하는 사업주도 있지만, 이러한 신용카드매출에 대하여 신고하지 않는다면 곧바로 국세청의 추징이 들어가고 불성실신고자로 오명을 남길 수 있다.

따라서 신용카드 매출에 대하여 누락이 발생하지 않도록 주의할 필요가 있다. 또한 신용카드에 의한 매출만 신고하는 경우에도 세무조사의 대상으로 선정될 가능성이 높다. 세무서에서는 매출액 중에서 해당 업종과 지역의 평균적인 현금매출과 신용카드매출의 비율에 대한 데이터를 이미 가지고 있기 때문이다.

절세포인트 12 세금계산서 원본은 제출되지 않는다

초보 경리사원의 경우에는 세금계산서를 전부 다 제출하여야 되는 것으로 생각하는 경우가 많다. 그러나 그 많은 세금계산서를 모두 신고하는 것은(예를 들어 삼성이나 대우와 같은 대기업을 생각해 보라) 불가능하고, 비용이 과다하게 들어간다.

결국 세금계산서를 신고하는 것이 아니라 그 세금계산서에 대한 합계표를 신고하는 것이다. 또 하나, 각종의 공제를 받고자 한다면 이의신고서와 증빙서류를 반드시 제출하여야 공제를 받을 수 있다는 것이다. 그러나 세금계산서 원본은 증빙으로 5년간 보관하여야 하고 세무조사 시 필수적으로 요구되므로 주의하여야 한다.

9) 부가가치세서식(일반과세자, 간이과세자)

부가가치세법 시행규칙 [별지 제12호 서식] (2005. 3. 11 개정) (1장 앞쪽)

일반과세자부가가치세	□예정☑확정□기한후과세표준 □ 영세율 등 조기환급	신고서	처리기간
관리번호	신고기간 년	기(월 일 월 일)	즉 시

사업자						
사업자	상 호 (법인명)		성 명 (대표자명)		사업자등록번호	
사업자	주민(법인) 등록번호		전화번호	사업장	주소지	휴대전화
사업자	사업장주소			전자우편 주소		

1 신 고 내 용

구 분				금 액	세율	세 액
과세표준 및 매출세액	과세	세금계산서교부분	①		$\frac{10}{100}$	
	과세	기 타	②		$\frac{10}{100}$	
	영세율	세금계산서교부분	③		$\frac{0}{100}$	
	영세율	기 타	④		$\frac{0}{100}$	
	예정신고누락분		⑤			
	대손세액가감		⑥			
	합 계		⑦		㉮	
매입세액	세금계산서 수취분	일반매입	⑧			
	세금계산서 수취분	고정자산매입	⑨			
	예정신고누락분		⑩			
	기타공제매입세액		⑪			
	합 계(⑧⑨⑩⑪)		⑫			
	공제받지못할매입세액		⑬			
	차감계(⑫⑬)		⑭		㉯	
납부(환급)세액(매출세액㉮매입세액㉯)					㉰	
경감·공제세액	기타공제·경감세액		⑮			
	신용카드매출전표 등 발행공제 등		⑯			
	합 계		⑰		㉱	
예정신고미환급세액			⑱		㉲	
예정고지세액			⑲		㉳	
가산세액계			⑳		㉴	
차가감 납부할세액(환급받을 세액)(㉰㉱㉲㉳㉴)					㉑	
총괄납부사업자 납부할 세액(환급받을 세액)						

2 국세환급금계좌신고	거래은행	은행 지점	계좌번호	

3 폐 업 신 고	폐업일자		폐업사유	

4 과 세 표 준 명 세

업 태	종 목	업종코드	금 액
㉒			
㉓			
㉔			
㉕수입금액제외			
㉖합 계			

부가가치세법 제18조·제19조 또는 제24조와 국세기본법 제45조의 3의 규정에 의하여 신고합니다.

2005년 7월 일

신고인 (서명 또는 인)

세무서장 귀하

구 비 서 류	뒤 쪽 참 조

세무대리인	성 명		사업자등록번호		전화번호	

210㎜×297㎜(신문용지 60g/㎡(재활용품))

이 쪽은 해당 사항이 있는 사업자만 사용합니다.

사업자등록번호 □□□ □□ □□□□□ 사업자등록번호는 반드시 기재하시기 바랍니다.

(2장 앞쪽)

		구 분			금 액	세 율	세 액
예정신고 누락분 명세	⑤ 매출	과세	세금계산서	㉗		10/100	
			기타	㉘		10/100	
		영세율	세금계산서	㉙		0/100	
			기타	㉚		0/100	
		합 계		㉛			
	⑩ 매입	세금계산서		㉜			
		기타공제매입세액		㉝			
		합 계		㉞			

	구 분		금 액	세 율	세 액
⑪ 기타공제 매입세액 명세	신용카드매출전표등수취명세서제출분	㉟			
	의제매입세액	㊱		뒤쪽참조	
	재활용폐자원등매입세액	㊲		뒤쪽참조	
	재고매입세액	㊳			
	변제대손세액	㊴			
	합 계	㊵			

	구 분		금 액	세 율	세 액
⑬ 공제받지 못할 매입세액명세	공제받지못할매입세액	㊶			
	공통매입세액면세사업분	㊷			
	대손처분받은세액	㊸			
	합 계	㊹			

	구 분		금 액	세 율	세 액
⑯ 기타경감·공제 세액명세	전자신고세액공제	㊺			
	택시운송사업자경감세액	㊻			
	현금영수증사업자세액공제	㊼			
	성실신고사업자세액공제	㊽			
	기타	㊾			
	합 계	㊿			

	구 분		금 액	세 율	세 액
⑳ 가산세 명세	사업자미등록	51		1/100	
	세금계산서합계표제출불성실	52		뒤쪽참조	
	신고불성실	53		10/100	
	납부불성실	54		뒤쪽참조	
	영세율과세표준신고불성실	55		1/100	
	합 계	56			

		업 태	종 목	코드번호	금 액
면세사업 수입금액	57				
	58				
				59합 계(57 58)	

계산서 교부 및 수취내역	60 계산서 교부금액	
	61 계산서 수취금액	

[별지 제20호의 7 서식] (2003.1.25. 개정) (앞쪽)

간이과세자 부가가치세	□ 예 정 □ 확 정 □ 기한후과세표준	신고서	처리기간
관리번호	신고기간 년 기(월 일~ 월 일)		즉 시

사업자	상 호		성 명 (대표자명)		사업자등록번호	- -
	주민등록번호	-	전화번호	사업장	주소지	휴대전화
	사업장소재지					

1 신 고 내 용

구 분				금 액	부가가치율	세율	세 액
과세표준및매출세액	과세분	제조업, 소매업, 전기·가스 및 수도사업	①		뒤쪽 참조	10/100	
		건설업, 부동산임대업, 농·수·임·어업, 기타 서비스업	②		뒤쪽 참조	10/100	
		음식점업, 숙박업, 운수·창고 및 통신업	③		뒤쪽 참조	10/100	
	영 세 율 적 용 분		④			0/100	
	재 고 납 부 세 액		⑤				
	합 계		⑥			㉮	
공제세액	매입세금계산서 등 수취세액공제		⑦			뒤쪽 참조	
	신용카드매출전표 등 발행세액공제		⑧				
	의 제 매 입 세 액 공 제		⑨				
			⑩				
	합 계		⑪			㉯	
예정고지세액(또는 예정신고세액)			⑫			㉰	
가 산 세 계			⑬	뒤쪽 참조		㉱	
차감 납부할 세액(환급받을 세액) (㉮-㉯-㉰+㉱)						⑭	

2 과 세 표 준 명 세

	업 태	종 목	업 종 코 드	금 액
⑮				
⑯				
⑰	기타(수입금액제외분)			
⑱	합 계			

3 면 세 수 입 금 액

	업 태	종 목	업 종 코 드	금 액
⑲				
⑳				
㉑	합 계			

4 국세환급금계좌신고	거래은행	은행 지점	계좌번호	
5 폐 업 신 고	폐업연월일	. .	폐업사유	

부가가치세법시행령 제75조 제2항 · 제5항 및 국세기본법 제45조의 3의 규정에 의하여 신고합니다.

년 월 일

신고인 (서명 또는 인)

세무서장 귀하

세무대리인	성 명		사업자등록번호		전화번호	

구비서류	1. 매입처별세금계산서합계표(또는 매입세금계산서) 2. 영세율 첨부서류(영세율 해당자) 3. 부동산임대공급가액명세서(부동산임대업자) 4. 사업장현황명세서(음식, 숙박, 기타 서비스 사업자가 확정신고시) 5. 기타서류

4 | 소득세

1) 소득세의 개념과 특징

소득세는 개인이 여러 가지 경제활동을 통하여 얻는 소득에 대하여 납부하는 세금이다. 따라서 소득세는 1. 1~12. 31까지의 연간 얻은 소득에 대하여 다음해 5. 1~5. 31까지 주소지 관할세무서에 신고·납부하여야 한다.

중간예납제도는 전년도에 납부한 세액을 기준으로 1/2에 상당하는 세액을 11월에 납부한다. 따라서, 다음해 5월의 소득세확정신고 시에는 연간 총소득에 대한 세금에서 미리 낸 중간예납세액을 공제하여 납부한다.

세율은 최저 8%에서 35%까지의 4단계 누진세율구조로 되어 있다.

2) 소득세 계산구조

(1) 소득의 계산

1 장부를 작성한 경우

장부를 작성한 경우에 소득이란 연간 총수입금액(매출액)에서 그 수입을 얻기 위하여 지출한 경비(비용)를 뺀 금액을 말한다. 즉, 소득금액=총수입금액-필요경비이다. 여기서 장부란 간편 장부대상자가 작성할 수 있는 간편장부와 그 이상의 사업자가 작성하여야 하는 복식부기에 의한 장부를 말한다.

가계부를 작성하는 가계가 적절한 예산과 통제로 가계가 잘 운영되듯이 사업의 경우에도 당연히 장부를 작성하는 것이 기본이 된다. 장부를 작성하는 것이 세금만의 용도가 아니라 경영의 예측과 예산, 통제에 활용될 수 있어야 한다.

2 장부를 작성하지 않은 경우

장부를 기장하지 않은 사업자의 경우에는 아래와 같이 소득금액을 계산한다. 아래의 단순경비율과 기준경비율은 장부작성자와 형평을 기하기 위하여 매년 4월 정도에 국세청에서 제정하여 적용하고 있다.

Tip 단순경비율과 기준경비율

- 단순경비율에 의한 소득금액 계산 : 당해연도 신규사업자 또는 직전연도 수입금액이 일정금액에 미달하는 영세사업자에게 적용된다. 계산구조는 다음과 같다.

  소득금액 = 수입금액 − (수입금액 × 단순경비율)

- 기준경비율에 의한 소득금액 계산 : 단순경비율 대상자가 아님에도 장부를 작성하지 않은 경우에는 다음과 같이 소득금액을 계산한다.

  소득금액 = 수입금액 − 주요경비 − (수입금액 × 기준경비율)

(2) 세액의 계산

Tip 종합소득세

- 소득금액 − 종합소득공제 = 과세표준 × 세율 = 산출세액
- 산출세액 − 세액공제 + 가산세 − 기납부세액 = 자진납부세액

① 소득금액에서 종합소득공제를 차감하면 과세표준이 계산되고 이 과세표준에 세율을 적용하여 종합소득세액이 계산된다. 종합소득세액에 세액공제를 차감하고, 가산세를 가산하고, 중간예납세액과 같은 기납부세액을 차감하면 최종적으로 내야 할 종합소득세가 계산되게 된다. 아울러 종합소득세 계산 시의 부담세액의 10%를 주민세로 별도로 내야 한다.

② 종합소득공제는 본인과 부양가족에 대한 인별공제액 100만 원과 경로우대자, 장애인에 대한 추가공제 등을 말한다.

③ 세액공제는 간편장부대상자가 간편장부를 작성한 경우에 적용하는 기장세액공제 등을 말한다.

④ 가산세는 장부를 작성할 의무가 있는 자가 장부를 작성하지 않았을 경우에 부과되는 무기장가산세와 적격한 증빙을 수취하지 않은 것에 대하여 부과되는 증빙불비가산세 등을 의미한다.

| 표 8-9 | **소득세율**

과세표준	세율
1천 2백만 원 이하	8%
1천 2백만 원 초과 4천 6백만 원 이하	15%(누진공제액 108만 원)
4천 6백만 원 초과 8천 8백만 원 이하	24%(누진공제액 522만 원)
8천 8백만 원 초과	35%(누진공제액 1,490만 원)

| 표 8-10 | **법인세율**

과세표준	세율
2억 원 이하	11%
2억 원 초과	22%(누진공제 22백만 원)

3) 복식부기의무자인 사업자

직전연도 수입금액(1년간 매출액)이 다음 금액 이상인 경우에는 복식부기에 의한 장부를 기장하여야 할 의무가 있다.

업종	금액
농업·수렵업 및 임업, 어업, 광업, 도·소매업, 부동산매매업, 아래에 해당하지 않는 업종	3억 원
제조업, 숙박 및 음식점업, 전기·가스·수도사업, 건설업, 소비자용품수리업, 운수·창고 및 통신업, 금융 및 보험업	1억 5천만 원
부동산임대업, 사업서비스업, 교육서비스업, 보건 및 사회복지사업, 사회 및 개인서비스업, 가사서비스업	7천 5백만 원

4) 간편장부를 작성하여야 할 사업자

(1) 간편장부 사업자

직전연도 수입금액이 위 복식부기의무자의 기준금액 미만인 자는 간편장부를 작성하여 신고할 수 있다.

(2) 간편장부 기장 시 혜택

간편장부를 기장할 경우 다음의 혜택이 있다.

① 간편장부를 기장하여 소득세를 신고하는 경우에는 산출세액의 10%를 납부할 세금에서 공제한다.

② 비용이 수입을 초과하는 경우에는 결손금으로 인정받아 향후 5년간 이월하여 공제받을 수 있다.

③ 부가가치세신고를 위한 매입매출장을 별도로 기장하지 아니하여도 된다.

(3) 간편장부 무기장 시 불이익

간편장부를 기장하지 않는 경우에는 20%의 가산세부과와 함께 세무관리를 받게 된다.

5) 간편장부의 작성요령

(1) 간편장부의 개념

간편장부는 중·소규모 개인사업자를 위하여 국세청에서 특별히 고안한 장부로서, 간편장부대상자가 간편장부를 작성한 경우에는 정식장부를 작성한 것으로 보아서 기장세액공제와 이월결손금의 공제가 가능하도록 혜택을 부여한다.

복식부기에 의한 장부는 정식 회계교육을 필요로 하므로 현실적으로 간편장부의 작성요령을 익히는 것이 실무상 도움이 될 것으로 판단된다.

(2) 간편장부의 작성요령

거래가 발생한 날짜 순서로 기록만 하면 장부를 기장한 것으로 인정하는데, 기재요령은 다음과 같다.

① 일자 : 거래일자 순으로 수입 및 비용을 모두 기재한다.

② 거래내용 : 수입·비용 거래내역(품명·수량·단가 등)을 요약·기록한다.

㉮ 1일 평균 매출건수가 50건 이상인 경우 1일 동안의 총매출금액을 합계하여 기재할 수 있다(다만, 계산서·영수증 등 발행원본은 보관한다).

㉯ 비용 및 매입거래는 거래 건별로 모두 기재한다.

㉰ 여백 또는 하단에 거래유형(현금 · 외상 · 어음)을 표시한다.

③ **거래처** : 상호 · 성명 등 거래처 구분이 가능하도록 기재한다.

④ **수입** : 상품 · 제품 · 용역의 공급 등과 관련된 사업상의 수입(매출) · 영업외 수입을 기재한다.

㉮ 일반과세자는 매출액을 상품(또는 서비스)가격과 그 10%의 부가가치세로 구분하여 각각 '금액' 및 '부가세'란에 기재한다.

> 신용카드로 매출한 경우 신용카드매출전표 발행금액을 1.1로 나눈 금액을 '금액'란에 기재하고, 그 잔액을 '부가세'란에 기재한다.

㉯ 간이과세자 또는 면세사업자는 부가가치세를 포함한 전체금액(공급가액)을 '금액'란에 기재한다.

⑤ **비용(원가관련 매입포함)** : 상품 · 원재료 매입액, 일반관리비 · 판매비 등 사업관련 비용을 기재한다.

㉮ 세금계산서를 받은 경우에는 세금계산서의 공급가액과 그 10%의 부가가치세를 구분하여 각각 '금액' 및 '부가세'란에 기재한다.

> 세금계산서상의 공급가액과 부가가치세를 구분, 기재하여야만 부가가치세 신고시 공제받을 매입세액을 계산할 수 있다.

㉯ 계산서 · 영수증 수취 및 신용카드 매입분은 금액란에만 기재한다.

> 신용카드매출전표로 부가가치세 매입세액 공제를 받는 경우에는 공급가액과 그 10%의 부가가치세를 구분하여 각각 '금액'과 '부가세'란에 기재한다.

⑥ **고정자산 증감(매매)** : 건물 · 자동차 · 컴퓨터 등 고정자산의 매입액 및 부대비용과 자본적 지출을 기재한다.

> 고정자산을 매각(또는 폐기 등)하는 경우에는 당해 자산을 붉은색으로 기재하거나 금액 앞에 △표시를 한다.

㉮ 세금계산서를 받은 경우에는 세금계산서의 공급가액과 그 10%의 부가가치세를 구분하여 각각 '금액' 및 '부가세'란에 기재한다.

㉯ 계산서 · 영수증 수취 및 신용카드 매입분은 금액란에만 기재한다.

신용카드매출전표로 부가가치세 매입세액 공제를 받는 경우에는 공급가액과 그 10%의 부가가치세를 구분하여 각각 '금액'과 '부가세'란에 기재한다.

⑦ 비고 : 세금계산서 · 계산서 · 영수증 및 신용카드 거래분에 대하여 거래증빙 유형을 명확하게 기재한다.

㉮ 세금계산서는 '세계'로, 계산서는 '계'로, 신용카드는 '카드'로, 영수증은 '영'으로 간략하게 표시할 수 있다.

㉯ 상품 · 제품 · 원재료의 재고액이 있는 경우에는 과세기간 개시일 및 종료일의 실지 재고량을 기준으로 평가하여 기재한다.

㉰ 재고액을 기재하지 않은 경우에는 기초 및 기말의 재고액이 동일한 것으로 간주한다.

(3) 간편장부서식

① 일자	② 거래 내용	③ 거래처	④ 수입		⑤ 비용		⑥ 고정자산 증감		⑦ 비고
			금액	부가세	금액	부가세	금액	부가세	
1. 5	○○판매 (외상)	A상사	10,000,000	1,000,000					세계
1. 9	△△판매 (현금)	B제지	5,000,000	500,000					세계
1.15	○○구입 (외상)	C상사			5,000,000	500,000			세계
1.17	▽▽구입 (현금)	D상사			2,000,000				영
1.20	거래처접대 (현금)	E회관			200,000				영

(4) 필요경비의 구별

1 필요경비로 인정되는 비용

다음의 경비는 필요경비로 인정된다.

① 수입금액을 얻기 위해 직접 쓰인 원료, 급료, 수선비 등
② 사업과 관련한 각종 보험료
㉮ 사업용 자산에 대한 손해보험료
㉯ 사용인의 퇴직을 보험금의 지급사유로 하는 단체퇴직보험의 보험료
㉰ 의료보험 · 고용보험법에 의하여 사용자가 부담하는 의료보험료, 고용보험료 등
③ 여러 가지 간접적인 비용
㉮ 총수입금액을 얻기 위해 직접 사용된 부채의 이자(단, 채권자가 불분명한 사채이자는 제외)
㉯ 사업용 고정자산의 감가상각비
㉰ 회수할 수 없는 채권(대손금)과 재고자산의 평가차손
㉱ 거래수량 및 거래금액에 따라 상대편에게 지급하는 장려금 등
④ 직장훈련비, 공공목적으로 지출한 금액
⑤ 중소기업 투자준비금, 퇴직급여충당금 등의 각종 준비금과 충당금
⑥ 기타 이와 비슷한 성질이 있는 것으로 당해 총수입금액에 대응되는 경비

2 필요경비로 인정되지 않는 비용

다음의 비용은 총수입금액을 얻기 위해 쓰여진 비용이라도 세법에서는 필요경비로 인정하지 않고 있다.

① 가사와 관련하여 지출한 경비
② 소득세와 소득할주민세, 벌금, 과료, 과태료, 세법에 의한 가산금과 체납처분비
③ 세법에 의한 징수의무를 이행하지 않아 내게 되는 세금
④ 감가상각비로서 법에 정한 한도액을 초과하는 금액
⑤ 고정자산 등의 평가로 인한 손실
⑥ 부가가치세 매입세액(단, 부가가치세 면세사업자가 부담하는 매입세액과 간이과세자가 내는 부가가치세는 필요경비로 인정)
⑦ 건설자금이자
⑧ 채권자가 불분명한 차입금의 이자
⑨ 법령에 의하여 의무적으로 납부하는 것이 아닌 공과금 및 법령에 의한 의무의 불이행 또는 금지 제한 등의 위반에 대한 제재로서 부과되는 공과금
⑩ 선급비용(이미 낸 보험료, 지급이자, 할인료 및 임차료 중 기간이 경과하지 않은

금액)

⑪ 업무와 관련하여 고의 또는 중대한 과실로 다른 사람의 권리를 침해함으로써 지급하는 손해배상금

⑫ 접대비, 지정기부금의 한도초과액

⑬ 사업용 고정자산을 양도하거나 폐기처분하는 경우 발생하는 손실

⑭ 직접 그 업무와 관련이 없다고 인정되는 금액

6) 소득세 절세방안

① 모든 매입거래 및 경비의 지출에 대하여는 세금계산서, 영수증 등을 확보하고, 장부를 비치 · 기장한다.

② 세무상 각종 신고 및 납부기한을 준수한다.

③ 가산세 및 가산금의 부과대상이 되지 않도록 주의한다.

④ 조세전문가와 자주 상담을 함으로써, 절세방안을 모색한다.

⑤ 2004년부터 5만 원을 초과하는 물품이나 용역을 제공받는 경우, 세금계산서나 계산서, 신용카드로 결제하지 아니하고 일반 간이영수증을 수취하는 경우, 해당 금액의 2%를 가산세로 부담하게 되므로 반드시 법정증빙을 수취하여야 한다.

⑥ 5만원 초과의 접대비 지출 시에도 반드시 법정증빙(세금계산서, 신용카드)을 수취하여야 접대비로 인정받게 되고, 간이영수증의 수취시에는 비용이 인정되지 않는다.

⑦ 2002년부터는 표준소득률 제도가 폐지되고 기준경비율과 단순경비율에 의하여 장부를 작성하지 않은 경우에 소득세가 부과되고 있다. 부득이하게 장부를 작성하지 못한 경우라도 불이익을 줄이려면 주요 경비에 대하여는 세금계산서와 계산서, 그리고 원천징수영수증을 구비하여야 한다. 여기서 주요경비란 매입경비와 임차료, 인건비를 말한다.

⑧ 세금은 영수증과 비례한다고 생각하는 습관을 가져야 한다. 소득세법에서는 내 주머니에서 돈이 나가서 남은 것이 아무 것도 없다고 비용으로 인정되는 것이 아니라 돈이 나간 것에 대한 꼬리표, 즉 영수증 등이 있는 경우에만 비용으로 인정되는 점에 유의하여야 한다. 따라서 증빙의 관리는 아무리 강조해도 지나치지 않는다.

⑨ 매출누락과 자료상과의 거래는 세무조사 시 일반조사(1년간에 대한 조사)가 아닌 특별조사(5년치의 조사)를 받을 가능성이 높고, 이 경우에는 누락액보다 더 많은 세액(부가가치세, 소득세, 법인세)을 추징당하게 된다.

⑩ 폐업한 사업자로부터 받은 세금계산서는 인정되지 않으므로 거래 시에 폐업 여부를 인터넷으로 국세청(www.nts.go.kr)에서 반드시 확인하여 정상사업자인지를 확인하여야 불이익이 없다. 간이과세자로부터 수취한 세금계산서도 인정되지 않으므로 정상사업자로서 일반과세자인지를 확인하는 것이 중요하다.

⑪ 거래금액이 현금거래하기에 크다고 볼 수 있는 정도의 금액에 대하여는 반드시 거래처로부터 사업자등록증사본과 예금통장사본을 받고 그 이름이 일치되는지 확인한 후에 금융으로 송금하는 것이 자료상과의 거래로 오인받을 수 있는 여지를 없앨 수 있다.

7) 증빙의 종류

증빙은 적격한 증빙인 세금계산서, 계산서, 신용카드영수증, 직불카드영수증, 현금영수증 등이 있고 비적격증빙인 간이영수증이 있다. 거래명세표는 증빙은 아니며, 거래사실을 나타내는 표이다. 통상 공급자와 공급받는자가 1매씩 보관하고 신고하도록 하기 위해서 2매가 작성된다.

절세포인트 13 간편장부대상자는 간편장부만 작성하여야 하나?

그것은 아니다. 간편장부대상자라 하더라도 복식부기에 의한 장부를 작성할 수 있다.

복식부기에 의한 장부와 간편장부에 의한 간편장부는 어떤 차이점이 있나?

정식으로 요구되는 것이 복식부기에 의한 장부이다. 복식부기에 의한 장부에서는 대차대조표, 손익계산서, 현금흐름표, 이익잉여금처분계산서와 같은 재무제표가 작성되지만, 간편장부는 재무제표가 작성되지 않는다.

금융권에서 대출을 받는 경우 또는 관공서의 입찰에 참가하는 경우에는 재무제표를 요구하므로, 이런 경우가 발생할 여지가 있다면 간편장부보다는 복식부기에 의한 장부를 작성하는 것이 유리하다. 즉, 간편장부는 오로지 세금을 위하여 작성되는 장부이고, 복식부기에 의한 장부는 경영상을 위하여도 사용되는 장부로 이해하면 된다.

절세포인트 14 아웃소싱이 유리한가? 자체기장이 유리한가?

근래 들어 대부분의 영역에서 아웃소싱이 이루어지고 있다. 핵심역량에 매진하기 위함이다.

소상공인의 경리기장업무에 대한 아웃소싱은 사실 훨씬 이전부터 이루어져 왔다. 세무사나 공인회계사가 해당하는 기업체의 장부를 만들고 이를 토대로 재무제표와 세무문제까지 아웃소싱하는 기장대리가 그 예이다.

아웃소싱의 경우에 내부의 사정에 대하여 확실하게 파악할 수 없다는 것이 단점이다. 필자의 견해로는 일정한 매출액규모 이하일 때에는 아웃소싱하고 핵심역량에 매진하는 것이 효율적이라 본다. 핵심역량에 매진하여야 회사의 발전을 빠른 시일 내에 앞당길 수 있기 때문이다. 또 하나 아웃소싱하기로 마음먹었다면 간편장부보다는 약간의 비용이 더 들더라도 복식부기에 의한 장부를 작성하는 것이 유리하리라 판단된다. 물론, 회사의 규모가 커지지 않고 대출을 받을 생각이 없고, 관공서와의 거래 등이 없다면 간편장부를 작성하여도 된다.

절세포인트 15 증빙 보존기간 5년

장부 및 증빙서류는 그 거래사실이 속하는 과세기간에 대한 해당 국세의 법정신고기한이 경과한 날부터 5년 동안 보존해야 한다. 자기테이프, 디스켓, 기타 정보 보존장치에 보관할 수도 있다. 따라서 1년이 지났다고 해서 증빙을 처분하면 나중에 세무조사 시 큰 낭패를 볼 수 있다.

5 | 원천징수 납부요령

1) 원천징수의 개념

원천징수란 상대방의 소득 또는 수입이 되는 금액을 지급할 때 이를 지급하는 납세자(원천징수의무자라고 함)가 그 금액을 받는 사람(소득의 귀속자)이 내야 할 세금을 미리 떼어서 대신 내는 제도이다. 이렇게 원천징수를 하게 되면 회사에서는 적정한 증빙을 수취한 것이 되므로 증빙불비가산세의 대상이 되지 않고 비용으로 인정받게 된다.

2) 갑종근로소득

(1) 일용근로자

하루 일당에서 80,000원을 공제하고 남은 금액에 10%의 세율을 곱하여 계산한 금액에서 근로소득 세액공제(산출세액의 55%)를 뺀 금액을 원천징수한다.

(2) 일반 월급여자

매월 급여를 지급할 때마다 간이세액조견표에 의하여 소득세를 떼어 납부하되, 익년 1월 급여지급 시 기본세율을 적용하여 연말정산을 한다.

3) 갑종퇴직소득

(1) 퇴직소득의 범위

퇴직급여, 일반 근로자가 퇴직할 때 받는 단체퇴직보험금 등을 말한다.

(2) 퇴직소득에 대한 산출세액계산

$$\left(\frac{\text{총퇴직금} - \text{각종공제}}{\text{근속연수}} \times \text{기본세율} \right) \times \text{근속연수}$$

4) 원천징수대상 사업소득

세법에 나열된 원천징수대상 사업소득(부가가치세 면세되는 인적용역, 판매수당 등)을 지급할 때에는 3%의 원천징수를 하여야 한다.

사업소득 총지급액 × 3% = 납부할 원천징수세액

5) 상금, 강연료 등의 기타소득

① 상금, 강연료 등과 같이 일시적인 소득을 개인에게 지급할 때에는 그 지급액에서 80%의 경비를 공제한 나머지 금액에 원천징수세율 20%를 곱하여 소득세를 계산한다.
② 기타 소득금액이 연 300만 원 이하이면 종합과세 또는 분리과세 중 선택이 가능하다.
③ 기타소득금액이 매건마다 5만 원 이하인 때에는 원천징수하지 아니한다.

6) 반기별 납부제도

(1) 개념

'반기별 납부'란 소규모사업자의 납세편의를 위하여 원천징수이행상황신고 및 납부횟수를 반기별 1회로 간소화시킨 제도를 말한다(원천징수대상소득 및 시기는 동일하나 신고·납부횟수를 줄인 것이다).

(2) 반기별 납부 대상자

'반기별 납부대상자'는 금융 및 보험업 사업자를 제외한 직전연도의 상시 고용인원이 10인 이하인 사업자 중 세무서장의 승인 또는 지정을 받은 자이다.

(3) 신청기간

1 반기별 납부(상반기부터)

상반기부터 반기별 납부를 하고자 하는 경우 : 12. 1~12. 31

2 반기별 납부(하반기부터)

하반기부터 반기별 납부를 하고자 하는 경우 : 6. 1~6. 30

(4) 반기별 납부방법

상반기 원천징수한 세액은 7월 10일까지, 하반기에 원천징수한 세액은 다음해 1월 10일까지 납부하여야 하며, '원천징수이행상황신고서'도 반기별로 제출한다.

※ 지급조서는 일반적인 경우와 같이 다음해 2월말까지 제출한다.

7) 원천징수신고납부기한

원천징수한 세금은 다음달 10일까지 납부하여야 한다. 원천징수신고를 하지 않으면 원천징수 불성실가산세가 부과된다.

8) 지급조서제출기한

지급조서도 제출하여야 한다. 지급조서는 다음 연도 2월 말일까지 제출하여야 하는데 원천징수만 하고 지급조서를 제출하지 않으면 미제출금액의 2%를 가산세로 부과당하게 된다.

9) 주민세의 납부

원천징수세액의 10%는 주민세가 별도로 부과되므로 주민세도 납부하여야 한다.

절세포인트 16 원천징수!!! 의무 중의 의무이다

원천징수의 대표적 예가 급여에 대한 갑종근로소득세 신고와 기타소득에 대한 원천징수신고이다. 이러한 소득이 지급되면 회사는 경비로서 인정받아야 하므로 반드시 위 원천징수신고를 하여야 한다.

절세포인트 17 낼 것이 없어도 신고는 해야 된다

갑종근로소득세와 일용직의 급여를 보게 되면 일정한 금액 이하인 경우에는 내야 할 세금(즉, 원천징수 할 금액)이 없는 경우가 발생한다. 즉, 일용직 급여의 경우에는 하루 80,000원 이하인 경우, 갑근세의 경우에는 부양가족 2인 기준으로 1,135,000원 이하인 경우에는 원천징수할 금액이 하나도 없게 된다.

이 경우 상당히 많은 소상공인의 경리부서에서는 내야 할 세금이 없으므로 원천징수신고를 하지 않는 경우를 종종 보게 된다. 원천징수신고를 하지 않으면, 해당하는 급여액은 경비로서 인정되지 않을 수도 있음을 주의해야 하고, 내야 할 세금이 없다고 하더라도 원천징수 신고는 꼭 해야 한다.

절세포인트 18 소상공인에 유리한 반기별 신고납부

일반적으로 소상공인의 경우에는 상시고용인원이 10명 미만이므로 이 제도를 유용하게 이용할 수 있다. 즉, 원칙상으로 원천징수의 신고 및 납부는 항상 지급일이 속하는 달의 다음달 10일이지만, 이 제도를 운용함으로써 6개월간의 세액을 모아서 신고 및 납부를 할 수 있게 한 것이다. 여기서 유의할 점은 이 제도가 승인을 얻어야 하는 사항이라는 점이다. 따라서 자기 사업장이 이 요건에 부합된다면 신청하여 승인을 얻는 것이 좋다.

절세포인트 19 납세자보호담당관제도의 이용

개인의 세금에 대하여 억울하거나 부당한 부분이 있는 경우에는 각 세무서의 납세지원과의 납세자보호담당관을 방문해서 억울하거나 부당한 부분에 대하여 설명하는 방법을 이용하는 것이 좋다. 납세자보호담당관제도는 세금에 대한 전문지식이 부족한 사람들에게 억울한 세금을 되찾아주거나 고충처리를 해주는 제도이다. 따라서 법인이나 그 금액이 과대하여 세무대리인의 조력을 요하는 사항 등에 대하여는 납세자보호담당관의 환영을 받기 어렵다.

쉬어가기 | 체질마다 사고 · 행동 어떻게 다른가?

➜ 태양인 ☞ 진취적인 성격, IT사업에 적합

- 특징 : 태양인은 사고력이 뛰어나며 누구와도 잘 사귄다. 판단력, 진취적인 기상, 영웅심, 자존심 등 리더십 요소를 두루 갖췄다. 일이 뜻대로 되지 않을 경우에는 크게 화를 내는 성격이다. 대개 '지도자형' 또는 '독재자형'으로 분류된다. 두뇌가 명석하고 창의력이 뛰어나 기발한 사업 착상을 곧잘 해낸다.
- 추천업종 : 고위험 · 고수익의 사업분야에서 남다른 재주를 지닌 태양인은 발명가나 벤처사업가가 잘 어울린다. 도전적이고 진취적인 성격을 가졌으므로 지식기반의 IT사업에 뛰어들어도 좋다.
  음식점은 내더라도 독특한 아이디어나 차별화된 서비스를 제공해야 경쟁력을 키울 수 있다. 자기가 개발한 아이템을 파는 온라인 창업도 궁합이 맞다.

- 외모 : 강한 눈빛, 약한 하체, 굵은목과 가는 허리
- 성격 : 남성적, 철두철미, 항상1등이어야 한다.
- 에너지방향 : 외향형
- 정보수집 : 직관형
- 판단근거 : 사고형
- 행동양식 : 판단형

➜ 태음인 ☞ 계산 빨라 금융관련업 좋아

- 특징 : 태음인은 말수가 적고 조용한 편이다. 이해타산을 잘 따진다. 남이 듣거나 말거나 자기의 주장을 끝까지 소신껏 피력한다. 하지만 잘못된 것을 알면서도 미련스럽게 고집을 부리거나 밀고 나가려 한다. 고집센 불도저형 사업가 유형이 많다.
- 추천업종 : 고집이 세고 원칙을 중시하는 성격의 태음인은 미용실, 이벤트업과 같은 고객과 가까이 접하는 서비스 업종은 어울리지 않는다. 공급자중심형의 렌털업, 청소용역업, 자동차수리, 셀프세차업, 주택수리업, 가구수리업 등이 적합하다. 이재에 밝고 계산이 빨라 금융관련업도 좋다
  기초체력이 강하고 먹성 좋고, 손이 커서 외식업도 괜찮다. 추진력이 매우 강하므로 건설업, 이삿짐센터, 인력파견업 등 직원관리에 노하우가 필요한 업종도 도전해 볼 만하다.

- 외모 : 콧망울과 입술이 두품, 턱이발달, 뚱뚱한 체형
- 성격 : 끈기가 있음, 움직이는 것을 싫어하지만 일은 부지런하다.
- 에너지방향 : 내향형
- 정보수집 : 감각형
- 판단근거 : 감정형
- 행동양식 : 인식형

➜ 소양인 ☞ 빠른 순발력, 패션분야 적합

- 특징 : 소양인은 항상 밖으로 나다니기를 좋아한다. 불의를 보면 물불을 가리지 않아 의리있는 사람으로 통한다. 판단력이 빠르지만 계획성이 부족하다. 그래서 사업을 쉽게 시작하고 쉽게 포기하는 편이다. 눈이 좋고 색채감각이 뛰어나며 유행과 흐름을 읽는 능력이 탁월하다.
- 추천업종 : 순발력과 재치가 뛰어난 소양인은 시장 변화 속도가 매우 빠른 디지털이나 인터넷 관련 업종과의 궁합이 맞다. 외향적이고 사고적인 성격을 지녀 영업분야에서도 실력을 발휘할 수 있다. 판매유통업, 광고업, 이벤트업 등도 괜찮다. 유행

- 외모 : 마른 체형, 몸이 민첩, 어깨가넓고 팔뚝이 굵음
- 성격 : 외향적, 개발적, 마무리 부족
- 에너지방향 : 외향형
- 정보수집 : 직관형
- 판단근거 : 감정형
- 행동양식 : 인식형

에 민감한 패션업, 모양, 색깔이 중요한 아이스크림이나 베이커리전문점 등도 잘 맞는다.
"사업을 일단 벌이자"는 식이므로 미리 사업계획서를 꼼꼼하게 만든 뒤 창업하는 자세가 필요하다.

➜ 소음인 ☞ 내성적인 성격, 생활용품 어울려

- 특징 : 소음인은 내성적이며 소극적이다. 그러나 사교적인 점도 있어 사람들의 호감을 산다. 겉으로는 부드럽고 겸손하지만 속으로는 강인하고 치밀한 면도 있다. 한번 꽁하면 여간해서 풀어지지 않고 남에게 인색한 부분도 있다.
- 추천업종 : 내성적이고 소극적인 소음인은 영업을 많이 해야 하는 업종에는 어울리지 않는다. 생활용품이나 신변잡화 판매업 등을 운영하는 것이 유리하다. 나긋나긋한 말씨로 아동의류와 같은 단골영업이 중시되는 업종도 괜찮다. 꽃가게, PC방, 아동교육, 컴퓨터수리업 등에 성공할 가능성이 크다.
손이 작고 체력이 약해 요식업과는 어울리지 않는다. 창업을 할 때는 친절교육 등을 받아 체질적인 약점을 보완해야 한다.

- 외모 : 얼굴이 갸름, 마른체형, 작은 이목구비
- 성격 : 소심, 소박, 꼼꼼함
- 에너지방향 : 내향형
- 정보수집 : 감각형
- 판단근거 : 사고형
- 행동양식 : 판단형

➜ 전문가 의견(경희대 한의과대학 이의주 교수)

체질은 개인의 관점에서 보면 질병의 원인이 되고 병을 치료하는 단서도 된다. 그러나 사상의학의 참뜻은 내 단점을 극복해 다른 사람과의 관계를 잘 유지하자는 것이다. 사람은 혼자가 아니라 남과의 관계 속에서 살기 때문이다. 그러므로 내가 가지고 있는 나쁜 점이 무엇이고 어떻게 극복하는지를 알아야 한다.

적성에 맞는 창업 아이템을 정하고 궁합이 맞는 동업자를 고르는 과정을 통해서 외부의 물질적인 요소와 인간이란 요소를 잘 혼합할 때 성공적으로 창업할 수 있을 것이다.

체질적으로 서로 부족한 점을 보충해 줄 궁합이 맞는 동업자를 고르는 것이 유리하다. 예컨대 태음인은 고집이 세고 원칙을 중시하는 성격을 지녔다. 이러한 태음인이 고객 지향적 서비스 업종을 창업한다면 소양인과 동업하는 것이 좋다. 소양인은 외향적이고 사교적이어서 태음인의 단점을 메워준다. 성질이 급해서 덤벙거리는 소양인도 지구력과 추진력이 뛰어난 태음인과의 동업에서 얻는 점이 많다.

Chapter 10

점포활성화전략

학습목표

1. 점포활성화를 위한 조사방법들을 설명할 수 있다.
2. 매출증대방법을 알 수 있다.
3. 점포활성화를 위한 실전요령을 숙지한다.

학습목차

1. 번창하는 점포의 전략시스템
2. 조사를 통한 점포활성화방법
3. 매출증대방법
4. 점포활성화 실전방법

Chapter 10

점포활성화전략

1 | 번창하는 점포의 전략시스템

1) 점포를 활성화시키려면 고객수를 늘려라

자신이 경영하는 점포가 매출액이 신장되는 번창점이 되기를 원하는 바램은 극히 당연하다. 그러나 현실적으로 좀처럼 그것이 뜻대로 되지 않는다. 매출을 올리려고 아무리 애를 써도 그리 간단한 일은 아니다. 여기에는 경쟁점도 많고 유동적인 고객도 마음대로 할 수 없는 어려운 문제가 있기 때문이다.

그렇다면 번창점이 된다는 것은 영영 꿈같은 이야기라는 말인가?

결론부터 말하자면 번창하는 점포가 된다는 것은 결코 꿈같은 이야기만은 아니다.

번창점의 조건은 세 가지로 요약할 수 있다.

① 고객수가 증가되고 있어야 한다.

② 객단가가 높아지고 있어야 한다.

③ ①, ②의 조건이 지속적으로 상승되고 있어야 한다.

이 세 가지 조건을 실현하기 위한 시스템이 앞으로 설명하려고 하는 '번창점의 접객시스템'이다.

번창점 접객시스템의 특색은 손님과의 접점인 접객과 현장 최일선을 중시하는 접객을 시발점으로 하여 접객을 단순히 접객만으로 끝내지 않고 일관된 체계로까지 만들어 내는 데 있다.

번창하는 점포의 접객시스템이란 ① 고객수를 증가시키며, ② 객단가를 높이는 이 두 가지 요소가 ③ 결과적으로 매출액을 높이는 시스템이라고 할 수 있다. 그 뿐만 아니라 ④ '계속 상승하는' 체질 만들기에 노력해야 한다. 즉, 어제보다 오늘, 오늘보다 내일, 이런 식으로 성장 발전시키는 시스템인 것이다.

지금 당신의 점포는 어떠한가? 작년과 비교하여 고객수는 늘어났는지, 객단가는 높아지고 있는지, 이런 것들을 재작년과 견주어 볼 때는 어떠한지 등등 살펴보아야 한다.

연도결산 등의 기회를 이용하여 자신의 점포가 어떠한 상태에 있는가를 조사해 보는 일에서부터 출발해야 한다.

① 번창점이란 고객수와 객단가가 신장되고 있는 점포이다.
② 성장점이란 고객수는 신장되고 있지만 객단가는 신장되지 않는 점포이다.
③ 성숙점이란 객단가는 신장되고 있지만 고객수가 신장되지 않는 점포이다.
④ 쇠퇴점이란 고객수나 객단가가 모두 신장되지 않는 점포이다.

(1) 번창점

① 작년에 비하여 고객수나 객단가가 늘어나고 있다. 우선은 합격한 셈이다.
② 그러나 여기에서 스스로 자문을 해봐야 한다. '어떠한 요인으로 번창하게 되었는지'를 말이다. 대답할 수 없는 점주나 경영자는 올해 우연히 번창점 대열에 낄 수 있었다고 겸허하게 받아들여야 한다. 내년에도 내후년에도 계속 번창점으로 존속하기 위해서는 나름대로의 정확한 해답을 알아두어야 하며 그것을 체질화하기 위해서는 노력을 기울이지 않으면 안 된다.
③ 설령 해답을 알고 있다고 해도 '혹시 착각을 하고 있는지도 모른다'는 생각으로 늘 안테나를 세워놓고 손님이나 컨설턴트 등의 조언이나 충고에 귀를 기울이는 것이 바람직하다. 그와 같은 자세를 견지하면서 진정한 번창점으로서의 계획을 세우고 효과적인 방안을 강구하여 체질화해 나간다.

(2) 성장점

① 고객수가 늘어나고 있다는 것은 손님으로부터 지지를 얻고 있다는 증거이다. 매출액이 늘어나고 있다는 조건부로 합격한 셈이다.
② 그런데 당신의 점포는 과연 어떠한 이유로 고객수가 늘어나고 있는 것일까? '상권이 확대되고 있으니까?' 이것도 하나의 이유라고 할 수 있다. 그밖에 '새로 점포를 개설했기 때문에 손님이 늘어나고 있다'라든가 '광고지의 양을 늘렸기 때문에', '가격을 내렸기 때문에'라는 이유에서일지도 모른다.
③ 점포는 크게 '성장점'과 '판촉점'으로 나눌 수 있다. 자점의 고객수가 증가된 요

인은 '성장도상에 있는 점포'이기 때문에, 특히 '판촉에 역점'을 두고 있기 때문에 성장하고 있다는 식으로 그 원인을 명확하게 규명할 필요가 있다.

④ 자점의 위치가 명확하게 확립됨으로써 비로소 효과적인 방안이 강구될 수 있다. 다음 해도 또 그 다음 해도 고객수를 계속 증가시키려면 지금 어떠한 방안을 강구해서 어떠한 일에 착수할 것인가를 분명히 해 둘 필요가 있다.

⑤ 시의적절하게 가격을 인하했거나 광고지를 늘린 까닭에 고객수가 증가되었는지도 모른다. 확실히 광고지의 대량살포나 저가격의 셀링포인트는 효과적인 수단이 되고 있지만 이의 실시에 앞서서 점포의 방침을 명확히 해두어야 한다. 그렇게 해두지 않으면 이와 같은 시책은 일과성 효과에 지나지 않는다.

⑥ 특히 이익을 희생시키고 있는 것이 아닌가 하는 점에 대해서도 충분한 고려가 필요하다.

(3) 성숙점

① 객단가를 끌어올리는 노력은 참으로 훌륭하다. 그러나 한편으로 고객수를 감소시킨 이유에 대하여 주목하지 않으면 안 된다.

② 고객수가 늘지 않아 궁여지책으로 객단가를 높이려고 했는지, 아니면 정책적으로 객단가를 올리는 시책을 썼는지, 그 어느 쪽이든 고객수를 늘릴 수만 있다면 그 쪽으로 힘을 쏟는 것이 바람직하다. 왜냐하면 고객수의 증가는 곧 손님으로부터의 지지나 다름없기 때문이다.

③ 시장점유율의 측면에서도 점검해 봐야 한다. 시장점유율 36%를 넘어선 점포는 확실히 고객수 증가에 어려움이 있을 것이다. 란체스터 법칙에 의하면 26%는 톱쉐어에 해당되며 강자의 쉐어이다. 시장점유율이 26% 이상이라고 하면 대부분 꿈같은 이야기라고 할지 모른다. 만일 당신 점포의 시장점유율이 26%에 미치지 못했다면 당신의 상점은 아직도 고객수를 늘리기 위한 정책을 써도 좋다는 결론이 된다.

④ 번창점 접객시스템에서 최저 11%의 쉐어는 확보해야 된다고 생각한다. 11%는 영향 쉐어이다. 11%의 쉐어 확보를 위해서는 어떻게 해서든 고객수를 늘려야만 한다. 이를 위하여 최선의 지혜를 짜내야만 번창점이 되는 것이다. 이것을 바탕으로 하여 객단가를 향상시키는 것이 바람직한 일이라고 하겠다.

⑤ '객단가 향상을 궁여지책으로 추구해 나가는 점포는 더욱 고객수를 감소시켜 마

침내 쇠퇴점으로 몰락하고 만다. 어려울 때일수록 정공법을 사용하여 고객수를 늘려나가야만 한다.' 이 말을 교훈으로 겸허하게 받아들여야 할 것이다.

(4) 쇠퇴점

① 쇠퇴점의 말로는 곧 폐점이다. 해마다 고객수가 줄어들어 마침내 쓸쓸하게 막을 내리고 마는 것이다.

② 강구해야 할 방법이나 수단이 전혀 없다는 것은 마치 바늘방석에 앉아 있는 격이라고 하겠다. 시시각각으로 몰락의 길로 접어드는 상황하에서는 손도 발도 쓸 수 없는 형편이다. 그것은 마치 그 누군가로부터 목을 졸리는 것과 다름이 없다. 이런 참상이 쇠퇴점의 실상이다.

③ 이럴 때 절대로 초조해서는 안 된다. 현실 도피도 안 된다. 괴롭고 고통스러울수록 장사의 원점으로 다시 돌아가야 한다. 이 말은 고객지향적인 장사로 돌아가라는 말이다.

④ 그리고 어떠한 원인 때문에 쇠퇴점으로 몰리게 되었는가를 규명해야 한다. 입지 때문인가, 규모 때문인가, 아니면 장사의 방법 때문인가. 그 이유가 어느 것이라고 해도 장사의 원점으로 되돌아가 고객지향적인 장사를 해야 한다. 사고의 전환이 재기의 열쇠가 되는 것이다.

2) 점포활성화를 목표로 거듭 태어난다

매출액은 '고객수×객단가'의 공식으로 산출된다.

그러나 고객수가 감소되고 매출액이 줄어드는 점포를 발견하게 되는데 이런 점포는 고객과의 사이에 틈이 있기 때문이다. 이와 같은 틈(즉, 고객의 불만)의 결과로 고객수가 감소되고 매출액이 떨어지는 것이다.

그렇다면 이 틈은 어떤 시각으로 볼 것이며 어떻게 받아들이고 어떻게 대처해 나가야 할 것인가?

① 이 틈을 메우기 위해 현재의 방식을 더욱 강화해야 할 것인가?

② 아니면 틈을 구조적인 결함으로 받아들여 체질을 과감하게 바꿔야 할 것인가? 어쨌든 이 둘 중의 하나를 채택하게 될 것이다.

①을 받아들이는 것은 '개선'이고, ②를 받아들이는 것은 '개혁'이라고 할 수 있다.

그러나 개혁을 받아들이는 데는 위험부담이 있다.

여기에서 하나의 비유를 들어보기로 한다.

견고한 껍질로 몸을 감싸고 있는 무당게는 성장을 하기 위해서는 탈피하지 않으면 안 된다. 그런데 탈피한 직후는 견고한 껍질로부터 보호를 받지 못하기 때문에 거의 무방비상태가 된다. 그래서 외적으로부터의 위험성이 크다. 평소라면 결코 잡아먹힐 수 없는 것에게도 잡아먹힐 위험이 있다. 그렇다고 해서 탈피를 하지 않는다면 내압 현상으로 무당게는 죽어버리고 만다. 탈피를 하는 데에도 위험이 따르며, 하지 않는 데에도 위험이 따른다.

개혁이란 탈피의 위험성을 의도적으로 선택하여 감수하는 것이다. 그리고 개혁을 했다고 해서 꼭 성공한다는 보장도 없다. 그렇지만 개혁을 하지 않으면 점점 고객수

| 표 10-1 | **번창점의 라이프사이클**

라이프 사이클	〈제1단계〉 성장점	〈제2단계〉 번창점	〈제3단계〉 성숙점	〈제4단계〉 쇠퇴점
특징	고객수가 늘어나고 고객의 지지가 높아져가는 상점. 또한 상권 그 자체가 신장되고 있는 상점	고객수, 객단가가 아울러 향상되고 있는 상점. 고객의 지지가 높은 동시에 고객으로부터 만족을 사는 상품력이 있는 상점	고객수 신장이 둔화되고나 감소되고 있는 상점. 고객수가 감소된 부분을 객단가로 보충하려는 상점	고객수, 객단가 모두 감소하고 있는 상점. 네거티브적인 이미지가 선행하고 있는 상점
고객	신규고객이 많음	고객이 단골화되고 있음. 친밀한 관계가 되어 소문을 퍼뜨려 선전해 줌	지나치게 많은 고정객. 신규고객이 적음	마지못해 온다는 고객의 비율이 높아져가고 있음
구색 갖추기	여러 가지로 도전적인 시도를 해 봄. 레이아웃이나 상품의 구색갖추기도 이와 같음	마켓이나 고객층에 초점이 맞추어지고 있음	경쟁점과의 차별화가 점차 퇴색되어 가고 있음	독선, 자기방식으로 운영. 초점이 불분명하고 맞지도 않음
접객	열의가 있고 부드러운 접객. 고객을 소중히 여김 〈판매시점의 강화된 접객〉	열의가 있는 친절한 접객. 고객을 소중히 여기며 고객관리도 성실함. 고객정보활용도 좋음. 〈리피트 접객, 제안접객〉	부가가치 접객에 배려하고 있음. 관련판매의 지식도 높으며 열의있는 접객을 함 〈판매시점 접객강화〉	어딘가에 허점이 있음. 고객에 대하여 지나치게 열심히든가 반대로 지나치게 무관심함. 고객으로부터 배우려고 하지 않음.

가 감소되어 마침내 점포 문을 닫게 된다. 무당계의 경우라면 내부압력으로 죽게 될 것이다.

우선 간단하게 자점을 분석해 보도록 하자.

다음의 도표는 자점을 분석하는 데 있어서 효과적인 '번창점 라이프사이클'이다. 번창점 접객시스템에서 상점은 4단계의 과정을 밟는다고 할 수 있다. 이 궤적이 '번창점 라이프사이클'이다.

(1) 성장점의 단계

신규점의 대부분이 이 단계에 속한다. 즉, 도입기에 해당된다. 또 상권 그 자체가 신장되고 있는 상점도 이 단계에 속하는 경우가 많다. 특징으로는 고객수가 신장되고 있으며 고객의 지지율이 높다는 점이다. 비교적 신규고객의 구매비율이 높은 상점이다.

상품의 구색 갖추기는 도전적인 경향이 있다. 분위기도 도전적이며 무엇인가 해야 되겠다는 의욕을 불태운다. 접객 면에서도 고객을 소중히 여기며 열심히 응대한다.

(2) 번창점의 단계

고객수, 객단가 모두 계속 향상되고 있으며 고객으로부터 지지를 얻고 있는 상점이다. 경쟁점과 지역의 고객을 비교적 면밀하게 조사하고 있으며 지역 볼륨 존을 잘 알고 있다. 그리고 분석결과를 점포운영에 반영시키고 있다. 고객층에 초점이 잘 맞춰지고 있으며 상품 면에서도 매력을 지닌 상점이다.

고객들이 단골화되고 있으며 그들이 상점의 좋은 점을 지역 내에 퍼뜨리고 있다. 접객에 있어서도 친절하고 열의가 있다. 고객관리와 이의 활용도 성실한 편이다. 순조롭게 순환을 거듭하고 있는 상점이다.

(3) 성숙점의 단계

고객수의 신장이 둔화되거나 감소되는 경향을 보이고 있는 상점이다. 이 감소된 부분을 객단가로 보충하려고 한다. 따라서 객단가는 비교적 높은 편이다. 신규고객의 구매비율은 낮고 지나치게 고정객에 의존하고 있는 실정이다. 그리고 단골손님이 비교적 많은 편이다.

고객수가 감소되고 있다고는 하지만 조금만 노력하면 매출액이 신장되기 때문에 단기적인 시책에만 치우치는 경향이 있어 근본적인 대책을 강구하지 못하고 있다.

실제적으로 경쟁점과의 차별화 감각이 둔해지고 있는 데도 그것을 감지하지 못하고 있다. 그래서 서서히 손님과 시장이 멀어지고 있는 것이다. 그러나 접객만은 열심이어서 부가가치 접객에 치중하고 있는 편이다.

(4) 쇠퇴점의 단계

고객수, 객단가 모두 감소되고 있는 상점이다. 고객 측으로 볼 때 네거티브적인 이미지를 갖게 한다. 네거티브적인 이미지란 다음과 같다.

① 음울한 점내 분위기
② 불친절한 응대
③ 강요에 가까운 접객
④ 나쁜 상품구색
⑤ 주차시설이 없어 승용차 쇼핑이 곤란
⑥ 비싼 물건값
⑦ 조악한 서비스 등을 들 수 있다.

즉, 점포경영이 독선적이며 자기 나름대로의 방식으로 운영하고 있어 경영과 실제가 맞지 않는 실정이다. 손님이 내점했다고는 하나 그 손님이 만족스러워서 내점했다고 볼 수 없다. 별생각 없이 내점했다는 손님의 비율이 높아지고 있다.

쇠퇴점의 접객은 두 가지로 나누어진다. 지나칠 정도의 접객행위와 무관심한 접객태도인데 그 어느 것도 좋지 않다. 어쨌든 손님으로부터 배우려고 하는 연구심이 없다.

이상의 4가지 유형 중 당신의 상점은 과연 어느 부류에 해당되는지 분명히 알고 있어야 한다. 다시 되풀이해서 말하지만 점포의 라이프사이클은 이상의 4단계를 거치게 된다.

황색신호(성숙점)는 개혁에 착수하는 기회로 해석할 수 있다. 고객수가 줄어든 배경에는 경기가 나쁘다는 이유 이외에 보다 근본적인 원인이 있을 것이다. 이것을 찾아내야 한다.

① 점거율을 점검해 본다.

점거율이란 고객의 지지율을 의미한다. 번창점 접객시스템은 '고객수×객단가'를 연속적으로 향상시키기 위한 제안이었다. 이 말은 상권 내 점거율을 계속 높여 나간다는 뜻과 같다.

② 상권과 상권객의 변화를 점검해 본다.

상권이 어떻게 변화되어 왔으며 상권객의 요망은 어떻게 변화되어 왔는가를 파악하는 것이다. 이 변화 속에서 자점의 위치를 생각해 본다.

③ 상품의 구색 갖추기를 점검해 본다.

현재의 구색 갖추기가 어떻게 되어 있는가를 조사해 본다. 한 가지 결론적으로 말하면 구색 갖추기는 지역의 볼륨 존을 노리는 것이 좋다. 그러나 볼륨 존에 강적이 있어서 어떻게도 할 수 없는 경우에는 차선책으로 구색 갖추기의 차별화를 생각해야 한다.

④ 컨셉이라는 측면에서 점검해 본다.

컨셉이 일관되고 있는가를 살펴본다. '친절접객의 상점'이라는 컨셉을 표방한 상점이라면 고객과의 접점에서 어떠한 친절이 행해지고 있는가를 실천적인 수준에서 점검해 본다.

컨셉 그 자체에 대하여 시비를 운운하는 것은 다음 단계이다.

컨셉 그 자체를 논할 때에는 고객의 니즈를 어떻게 포착하며 어떤 식으로 고객만족을 도모하는가가 문제점으로 제기된다.

⑤ 효율을 점검해 본다.

효율에서 현상의 문제점을 분석한다. 예를 들면 '1인당 생산성, 월간 4,000만 원'이라는 식의 지표를 사용하게 되면 문제점이 뚜렷이 노출된다.

⑥ 사원 활성도를 점검해 본다.

사원과 조직의 활성도 비율의 점검이다.

점포에 있어서 개혁이란 이상과 같은 조사를 통해서 '차질'의 원인을 규명하는 일이다. 그리고 재차 번창점에의 위치를 확보하도록 노력하는 것이다.

다시 정리해보면 점포의 개혁은,

① 번창점 라이프사이클에 있어서의 성숙점 단계가 찬스이다. 바로 이때가 주의를 요하는 시기이다.
② 그래서 현상조사를 하는 것이다. 이렇게 되면 자기 자신을 비로서 알게 된다.
③ 현상조사를 행하는 과정에서 다시 번창점이 되기 위한 리포지셔닝을 계획하며 실행한다. 고객과의 차질을 없애고 고객만족을 전체적으로 추구한다.

2 | 조사를 통한 점포활성화 방법

1) 객층, 이미지조사

일반적으로 점포 이미지라 하면 무엇인가? 특별한 내용이 많은 것으로 생각하나 소매점은 다음의 3가지를 이미지의 본질로 압축할 수 있다. ① 저가격, ② 고품질, ③ 서비스의 3가지이다.

한 점포에서 상기 3가지 전체의 만족을 얻는 것은 거의 어려운 실정이며 이 중 대개 2가지를 실현시키고 있는 실정이다. 따라서 그 점포의 성격 이미지를 결정하는 중요한 2가지를 선정하는 것이 문제가 된다. 그러나 점포에서는 점포 이미지라고 하면 점포의 외형이나 간판, 내장 등의 환경요인 등이 이미지를 크게 좌우하는 것으로 생각하고 있다. 확실히 그와 같은 것은 어느 정도 이미지에 영향을 주는 것은 사실이다. 그러나 본질적인 것은 고객은 구입하는 것이 최대의 목적인 바 타 요인은 그것을 촉진하기 위한 수단이다.

따라서 고객에게 크게 남는 인상은 쇼핑에 직접 관계있는 내용들이다. 즉 상품과 종업원에 의해서 이미지가 좌우된다고 보아야 할 것이다. 또한 이와 같은 본질이 플러스되어 점포입지와 점포설비 등이 그 점포의 서비스 이미지에 영향을 주게 된다.

상품이 전체적으로 싸다는 감이 들면 '싼 점포'로 생각이 든다. 그러나 종업원이 그다지 친절하지 않으면 '싸더라도 서비스가 나쁜 점포이다'라는 인상이 정착되게 된다. 또는 자동차로 내점하는 고객의 경우 주차장이 넓으면 '싸고 약간 불친절하나 자동차로 가기에 편리한 점포다'라는 이미지가 생기게 된다. 이와 같이 생각해 보면 점포 이미지에 대한 결정적 요소는 이상 설명한 3가지가 된다.

① 상품 : 가격과 품질

② 종업원 : 서비스

③ 입지와 점포설비 : 서비스

따라서 점포의 외장이나 내장은 본질에 플러스 알파적인 내용이 된다. 결국 자점의 이미지를 파악하는 경우에는 상기 3가지 점을 중심으로 조사를 하여야만 핵심을 파악할 수 있다.

(1) Grade－up의 오해

상품에 대한 이미지를 문제로 하는 경우에도 저가격 이미지가 점포를 망치게 되었다고 생각하는 경우가 많으며 특히 점포가 낡고 신장이 정체된 경우 점포 내에서 그와 같은 생각을 많이 하게 된다. 이런 경우 소위 Grade－up 이미지 작전을 개시하다 결국은 도산하는 체인스토어의 사례도 과거에 있었다. 소매업은 항상 가격파괴에 의한 새로운 업태가 탄생하는 것은 하나의 도전적 창출인 것이다.

근대 소매업이 탄생한 것은 1853년 프랑스의 봉마르쉐백화점을 효시로 하고 있으나 당시 그 점포가 폭발적인 인기를 갖게 된 이유는 가격의 파괴였다. 따라서 백화점의 당초 특징은 저가격이였으나 그것이 장시간을 경과하면서 고급점으로 변화하게 되었다. 슈퍼마켓도 1930년 미국에서 탄생될 때에는 딜럭스한 형태의 점포를 구성하는 경우도 있었다. 홈센터가 순조롭게 성장하고 있는 것도 결국 가격의 파괴가 큰 이유이다. 홈센터의 저가격정책 결과, 가정일상잡화의 경우는 기존 슈퍼마켓을 능가하게 되었다.

이와 같이 근대 소매업은 어떠한 업태도 저가격의 매력에서 탄생한 것이다. 장기간에 걸쳐서 Grade－up이 되고 있으나 그것은 결국 새로운 도전적인 신업태를 창출하게 된다.

(2) C.I에 의한 이미지

C.I(Corporate Identification) 전략에 의한 로고타이프에 있어서 회사의 표시보다는 점포명 자체를 심플하게 표현하는 것이 세계적 추세이며, 이에 따라 막대한 비용을 들여서 점포명만을 알기 쉽게 표현하는 노력들을 계속하고 있다. 이것 역시 스토어 이미지의 전달을 위한 노력의 하나이다.

(3) 객층 이미지 조사방법

스토어 이미지를 조사하는 경우 “이 점포에 대해 어떠한 이미지를 갖고 계십니까?”와 같은 막연한 질문은 전혀 의미가 없다. 구체적으로 비싸다고 생각하느냐, 싸다고 생각하느냐, 서비스가 좋다고 생각하느냐, 나쁘다고 생각하느냐 등 구체적인 질문에 의해서만 스토어 이미지의 파악이 가능하다. 설문의 내용이 막연하면 비용만 들이고 결과가 없는 형태가 되고 만다.

2) 레이아웃 및 동선조사

당초 점포의 레이아웃을 작성하는 경우는 고객을 유도하는 의도에 따라 유도선의 개념으로 통로를 구성하고 이에 따른 상품의 배열을 하게 되는데 고객의 실제의 동선과 유도선이 차이가 발생하게 된다.

그 차이를 파악하여 동선에 맞는 레이아웃의 수정을 하기 위해 동선조사를 하게 된다. 동선조사에 의해 점내 통행의 통행률과 보조통로의 연속성, 점포 전체의 회유성 등이 파악되어 전체적인 매출액을 상승시키는 대책을 수립할 수 있다. 동선 조사 시는 고정배치방식과 추적조사 및 양자의 병행형태가 있다.

3) 광고효과의 측정(전단지)

자점의 전단지 효과를 측정하기 위해서는 전제로서 될 수 있는 한 정밀한 상권조사를 행하는 것이다. 따라서 전단지가 불필요하게 투입되는가 어떤가에 대해 체크하는 것이 매우 중요하다.

현재의 전단지 배포에는 실제로 배포되었는지 여부에 대한 문제가 있는바 모니터에게 전단지의 배포 여부를 전화로 체크하라는 방법 등을 사용하여 배포의 내용을 확인하는 것도 중요하다.

3 | 점포활성화 실전방법

1) 고객조사를 통해 점포를 살리는 방법

(1) 점포의 입지조사 및 내점한 고객의 객층 및 시간대별 판매동향을 조사

먼저 점포의 입지조건을 파악하고 내점한 고객의 객층을 파악해야 한다. '영업이 부진하다. 고객이 떨어진다'라고 말하는 점포에 있어서 대다수의 점포가 점포에 맞는 상품을 구비하지 못한 경우가 많다. 점포의 편리에 의해서, 점포 경영주의 취향에 의해서 점포의 입지, 고객층이 고려되지 않고 점포의 모든 것이 운영된다면 그 점포는 매출부진 점포가 되는 것이다. 나의 고객이 누구이며 무엇을 원하는지를 파악하는 것이 점포활성화의 첫 단계이다.

1 각종 데이터의 수집

자기 점포의 객관적인 입지상황을 파악하기 위해서는 각종 통계자료를 수집하여야 한다. 눈대중으로 주변의 동업종의 숫자나 거주세대의 숫자를 파악하는 것은 자기 점포 상권입지에 대해 정확한 파악을 하고 있지 못하는 것이다. 전체적인 시각으로 점포의 입지를 파악할 수 있어야 한다. 따라서 각종 데이터를 관공서 등을 통하여 수집 정리하여야 한다. 조사해야 할 항목을 다음과 같다.

2 1차상권 조사

1차상권이란 내점고객 중 70%를 차지하는 경우로서 일반 소점포의 경우에는 점포를 기점으로 반경 500m 내를 말한다. 대형음식점의 경우에는 반경 1km를 1차상권으로 정의한다. 먼저 지번에 나와 있는 교통지도를 구입하여 자기 점포를 기준으로 원을 그려 잠정적인 1차상권 범위를 확정한 후 원 내의 세대수 및 인구수를 파악한다. 다음으로 점포 앞의 유동통행량을 파악하여야 한다. 자기 점포 앞을 통행하는 통행인을 성별, 연령별로 시간대별로 구분하여 파악한다(유동인구 조사서 참고). 고객의 내점에 있어서 차량 주차가능 여부가 큰 요인을 차지하는 업종은 차량의 이동량도 파악해야 한다. 이러한 조사는 평일과 주말을 구분하여 파악해야 하며, 조사일자의 날씨, 온도, 주변의 행사진행 여부도 파악해야 한다. 특히 방학 때나 여름휴가 철에는 고객의 흐름에 있어서 특별한 경우가 발생될 수 있기 때문에 이때에는 조사된 결과에 어느 정도 조정치를 가감해야 한다.

3 2차상권 조사

2차상권은 점포를 기준으로 반경 1km 거리를 포함하는 지역으로 조사에 있어서 중요한 포인트는 점포를 기준으로 각종 도로의 현황과 경쟁점 및 유사업종의 위치를 파악하여 지도에 표시하는 것이다. 또한 2차상권의 전반적인 입지의 특성을 파악하는 것도 중요하다. 물론 2차상권을 기준으로 한, 인구수 및 세대수를 파악하는 것은 기본적인 사항이다.

4 3차상권 조사

3차상권이란 점포를 중심으로 약 2~5km 되는 지역으로 이 기점으로부터 고객이 거의 100%가 되는 지역이다. 이 상권에서는 거주세대에 대한 정밀조사가 필요하다. 홍보를 통하여 나의 고객으로 유인할 수 있는 잠재적인 지역으로 거주세대의 직업분류, 성별, 연령별 자료를 조사하여야 한다.

5 고객의 객층 및 매출요인 조사

과연 나의 점포를 이용하는 고객이 연령별로 성별로 그것도 시간대별로 어떻게 구성하고 있을까? 아마도 현대적인 POS시스템을 구비하고 있지 않은 점포는 자기 점포의 주고객층이 누구인지를 대충은 짐작하겠지만 전체의 구성비 중에서 얼마를 차지하고 있는지는 정확히 파악하고 있지 못할 것이다. 현재 이러한 객층 데이터의 분석은 점포의 방향을 잡는 데 매우 중요한 역할을 하고 있다. 따라서 첨단의 컴퓨터시스템이 없다면 수작업으로 일일 매출집계표를 작성해서라도 내 점포의 정확한 객층 파악을 하여야 할 것이다. 객층을 조사할 때에는 가급적이면 오전(08:00～12:00), 오후(13:00～18:00), 저녁(19:00～22:00), 심야(23:00 이후)의 시간대로 구분하여 남녀 성별을 기본으로 어린이, 청소년, 직장인, 중장년, 노인 등으로 분류하여 조사한다. 이와 마찬가지로 각 시간대별의 매출액을 기록 유지하여 각 시간대별로의 매출액 비중을 조사하여야 한다. 이 조사를 통하여 각 시간대별로의 인력 수급사항을 조정할 수 있으며, 상품 재고관리에도 참고로 쓸 수가 있다. 이러한 시간대별 객층조사와 매출조사를 통하여 점포경영주는 자기 점포의 정확한 영업현황을 파악할 수 있는 것이다. '우리의 점포는 주고객층이 중장년층, 그것도 여성고객이 70%를 차지하며, 매출액은 오후 4시에서 6시에 가장 피크를 이루며 전체의 50%를 점유하고 있다.' 최소한 이 정도의 점포 영업현황 파악이 있어야만 향후 매상증대를 위한 전략 수립에 충분한 기초자료로 활용할 수 있는 것이다.

| 표 10-2 | **유동인구조사서**

유동인구조사서

일자 : 날씨 : (℃)

시간대	객층	( )요일		( )요일		( )요일		합 계	
오전 (~)	어린이								
	청년								
	중년 이상								
	계								
오후 (~)	어린이								
	청년								
	중년 이상								
	계								
심야 (~)	어린이								
	청년								
	중년 이상								
	계								
합계	어린이								
	청년								
	중년 이상								
	계								

특기사항

| 표 10－3 | 매출일계표

매출일계표
(단위 : 명, 원)

구분		/ 월	/ 화	/ 수	/ 목	/ 금	/ 토	/ 일	합계
오전 (08:00～12:00)	매출액								
	고객수								
	객단가								
오후 (13:00～18:00)	매출액								
	고객수								
	객단가								
저녁 (19:00～22:00)	매출액								
	고객수								
	객단가								
심야 (22:00 이후)	매출액								
	고객수								
	객단가								
헙계	매출액								
	고객수								
	객단가								
객단가=매출액÷고객수									
특기사항									

(2) 진단결과와 현상을 비교한다

현재까지의 설명을 통하여 점포의 입지조사 및 객층조사가 가능해 졌으며, 이 조사를 통하여 자기 점포의 고객층 및 입지의 특성을 파악할 수가 있을 것이다. 그러면 개점 초기에 생각했던 점포의 고객층 및 입지요소와 최근에 조사한 점포의 현황과 맞아 떨어지는가? 변동이 없이 맞는다면 별문제가 없지만 그 상황이 많이 달라졌다면 즉시 최근에 조사된 고객층과 입지요소에 맞는 영업방침을 수립하여 새로이 조사된 고객층을 향한 영업이 진행되어야 한다. 또한 입지분석을 통한 상품 가격정책의 변화 및 주력상품의 조정을 시행하여야 한다. 예를 들어 개점초기에는 청소년들이 많이 이동하는 상권이었으나 2년 후 대형할인 매장이 입점하여 주된 유동인구가 주부층으로 변했다면 이 주부층을 타깃으로 하여 영업정책을 변경하고 판매상품의 조정을 실시하여야 하는 것이다.

(3) 고객설문조사를 통한 고객의 점포만족도를 조사한다

고객설문조사란 일정형식의 고객설문조사표를 통해서 고객의 점포에 대한 만족도를 점검하는 조사를 말하는 것이다. 설문조사는 사람이 직접 고객과 대면하여 진행하는 대면조사 방법과 점포의 일정한 곳에 설문지를 비치하여 놓고 조사를 하는 방법이 있다. 설문지를 작성할 때에는 4가지의 큰 분류로 작성한다. 상품에 대한 만족도조사, 가격에 대한 만족도조사, 고객서비스에 대한 만족도조사, 이용행태에 대한 조사 등이다.

고객조사를 통하여 얻을 수 있는 점은 4가지 항목에 대한 고객의 만족도를 조사하여 점포의 강점 및 약점을 파악할 수 있다는 것이다. 다시 말하면 이러한 조사를 통해 "우리 점포는 상품의 질은 좋으나 점포가 불결해서 고객이 오기를 꺼려 한다"는 결과를 얻을 수 있는 것이다.

또한 점포를 주로 이용하는 고객이 우리 상권 내에 어떻게 분포하고 있는지도 알 수 있다. 즉, 모아진 설문지의 주소를 참고로 하여 지번도에 고객의 거주지대로 점을 찍은 후 제일 외곽에 거주하는 고객을 선으로 이으면 점포의 상권범위가 어디까지인지를 알 수 있는 것이다. 이 자료를 기초로 차후 신규고객을 확대시키려고 할 때 어떠한 지역에 집중적으로 광고나 홍보를 할지 알게 되는 것이다.

설문조사 시에는 비용을 적게 들이기 위해서 점포에서 직접 실시하는 것이 보통이지만 가급적이면 아르바이트를 고용하여 진행하는 것이 좋을 것이다. 왜냐하면 점포

직원 또는 주인이 내미는 설문지에 정확하게 불만을 적는 고객은 드물기 때문이다. 또한 설문조사를 할 때에는 감사의 표시로 조그마한 기념품이나 선물 등을 준비하는 것이 고객들의 참여도를 높일 수 있다.

| 표 10-4 | **고객설문조사**

고객설문조사

저희는 보다 나은 점포로 거듭나기 위해 본 조사를 준비했습니다. 바쁘시더라도 고견을 말씀해 주시면 점포 개선에 큰 도움이 될 것입니다.

1. 항목 조사

◆ 점포의 청결상태는?
① 매우 좋다　② 좋다　③ 보통이다　④ 나쁘다

◆ 종업원의 태도는?
① 매우 좋다　② 좋다　③ 보통이다　④ 나쁘다

◆ 상품(서비스)의 품질은?
① 매우 좋다　② 좋다　③ 보통이다　④ 나쁘다

◆ 상품(서비스)의 가격은?
① 매우 싸다　② 적정하다　③ 비싸다

◆ 점포에는 1주일에 몇 회 정도 이용하십니까?
① 5회 이상　② 3회　③ 2회　④ 1회 미만

◆ 점포방문 시 교통수단은?
① 자동차　② 대중교통　③ 자전거　④ 도보

2. 건의사항을 적어 주십시오

주소 :

이름 : 　(성별 : 남 / 여)

직업 : 　(나이 : 　세)

생년월일 :

협조해 주셔서 감사합니다.

(4) 종업원과의 회합을 통하여 점포의 강점과 약점을 진단한다

점포의 운영은 점포경영주 혼자서 하는 것이 아니라는 점을 앞에서 충분히 언급했다. 점포경영주와 종업원이 공동으로 점포를 이끌어 나가는 것이다. 따라서 점포경영주의 입장에서 보는 점포의 장점과 단점은 종업원의 입장에서 보는 장점과 단점과는 차이가 나타나게 된다. 이렇게 각자의 시각에서 느끼는 점포의 장・단점이 종합이 되어야만 매출증진을 위한 행동계획을 도출할 수 있는 것이다.

점포경영주의 입장에서는 어떻게 하면 종업원의 허심탄회한 의견을 이끌어낼 수 있을까 하는 것이 중요한 문제이다. 왜냐하면 사장님 앞에서 점포의 단점을 직설적으로 말할 수 있는 종업원은 드물기 때문이다. 일단은 가벼운 주제를 종업원들에게 주어 일정기간을 두고 생각하게 한 후 회합의 자리를 만든다. 이 자리는 절대 무겁게 이끌어서는 안 되며 가급적 점포경영주는 듣기만 하고 종업원의 의견에 대해 '옳다, 그르다'라는 의견을 말해서는 안 된다. 경영주는 이야기의 방향만을 던져 주면 된다. 예를 들면 '우리 점포의 고객서비스 수준은 어떠한가?', '상품의 품질은 어떠한가?' 등으로 각 주제별로 의견이 개진될 수 있도록 하여야 한다.

점포 내부환경의 장점과 단점을 파악할 때는 다음 사항을 중점적으로 검토하여야 한다.

① 고객에 대한 서비스는 우수한가?

② 점포는 청결한가?

③ 상품의 품질은 우수한가?

④ 가격은 적정한가?

⑤ 진열은 우수한가?

⑥ 광고는 적절하게 하고 있는가?

⑦ 종업원에 대한 급여는 적정한가?

⑧ 점포의 영업시간대는 적절한가?

내부환경분석		
항목	내부적인 장점	내부적인 단점
내부환경 파악 시 검토사항		

- ◆ 상품력은 우수한가?
- ◆ 진열은 우수한가?
- ◆ 광고는 적절하게 하고 있는가?
- ◆ 고객에 대한 서비스는 우수한가?
- ◆ 가격은 적정한가?
- ◆ 점포는 청결한가?

외부환경분석		
항목	포착해야 할 기회	극복해야 할 위협
외부환경 파악 시 검토사항		
◆ 일반적인 경기동향을 파악한다. ◆ 경쟁요소에 대한 동향 및 현상을 파악한다. ◆ 상권의 변화를 파악한다. ◆ 현재의 업종이 상승세인가, 하향세인가?		

(5) 개선 Action Plan을 수립한다

입지조사, 설문조사, 종업원과의 토의를 통해서 점포의 문제점을 도출해내고 이에 따른 개선방향이 수립되었다면 다음은 그 결과에 대한 행동계획이 수립되어야 한다. 이 개선계획은 일정별로 작성되어야 하며, 각 항목별 업무가 명확하게 분장되어야 작업의 진행 및 점검이 확실해질 수 있을 것이다.

| 표 10-7 | 매출증진 행동계획표

매출증진을 위한 행동계획표					
항목	일정				담당자
	( )월	( )월	( )월	( )월	
1. 점포의 장점 및 단점 정리					
2. 개점시점의 입지현황과 현재 변동사항 도출					
3. 입지분석과 주력상품군 대비 분석					
4. 객층 분석과 주력상품군 대비 분석					
5. 고객설문 요구사항 분석정리					
6. 종합 개선방향 도출					
- 주력상품군 재조정					
- 신상품 도입계획					
- 판촉계획 수립 • 목적 • 판촉방법 • 예산					
- 고객서비스 개선방안 수립 •체크리스트 보완 •종업원 교육 •인센티브제도 도입					
- 점포 청결 • 점포 인테리어/간판 보완 • 체크리스트 보완 • 종업원별 직무할당					

2) 점포의 운영실적 조사를 통하여 점포를 살리는 방법

(1) 상품별 판매동향을 조사한다

모든 제품에는 수명이 있다. 사람이 출생하여 성장하고 또 사망하는 것과 같이 상품에도 이와 비슷한 주기가 있는 것이다. 신상품은 시장에 도입되면 4가지의 단계를 겪게 된다. 도입기, 성장기, 성숙기, 쇠퇴기이다. 이것을 제품수명주기라고 한다. 이러한 각 단계마다 매출 및 이익이 정도가 틀려지며, 각 단계별 마케팅 전략 및 점포의 운영방법도 변화되어야 하는데 점포경영주는 자신이 취급하는 상품이 현재 어느 단계에 있는지를 정확하게 파악하는 것이 매우 중요하다고 할 수 있다. 따라서 점포경영주는 자기 점포의 주력상품에 한해서는 판매결과를 신규 입점 시부터 기록유지하여 상품의 판매가 상승세인지, 최고의 절정에 있는지, 하향세인지를 늘 파악하여 여기에 맞는 적절한 판매대책을 강구하여야 한다.

| 표 10-8 | **제품수명주기에 따른 특징과 전략**

특징	도입기	성장기	성숙기	쇠퇴기
판매량	적다	빠른 속도 증가	절정에 이름	감소 트렌드
판매이익	적다	빠른 증가	최고수준	감소
고객형태	혁신적인 고객	적응이 빠른 고객	보통고객	보수적인 고객
경쟁상품	거의 없음	증가 추세	감소 시작	감소
판매방향	상품인지도를 높이기 위한 시험 구매 촉진활동 실시	상품판매율을 극대화	상품판매량을 유지하며 이익을 극대화	판매부대비용 최소화
광고	혁신적인 고객을 위한 상품의 인지도 제고	일반고객에게 상품을 알리고 구매 유도	상품의 유용성 강조	상품 선호고객은 계속 유지하고 광고를 줄임
판매가격	시장가격 적용	시장침투가격으로 조정	경쟁업체와 같은 가격유지	가격인하
판매촉진	판매촉진으로 시험구매유도 (예 : 무료시음, 견본제공)	판촉의 강도를 약간 줄이며, 고객의 수요를 받아줌	상품충성도를 제고시킬 판촉행사 진행	최소한의 판매촉진 진행

(2) 잘 팔리는 상품과 안 팔리는 상품을 구분하여 ABC군으로 분류한다

ABC분석이라는 것은 품목이 많은 상품군을 매출액을 기준으로 ABC의 3가지 등급으로 분류하여 각 등급별로 적합한 관리를 하는 상품분류 체계이다. 보통 A등급은 매출구성비가 전체의 75%를 점하는 품목군이며, B등급은 매출구성비가 5~25%를 점하는 품목, C등급은 5% 미만을 점하는 품목으로 분류한다. 이러한 상품의 판매현황을 ABC군으로 나누어 분류하려면 점포경영주는 평소에 상품판매 일일집계표를 정확하게 기록 유지하여야 한다.

| 표 10-9 | 일일판매집계표

상품명	판매수량						합계 (A)	판매 단가 (B)	매출액 (A×B)
	1일	2일	~	29일	30일	31일			

ABC 분석표를 통하여 점포에서 취할 수 있는 행동은 2가지가 있다.

첫째, 상품관리의 측면에서 매출의 비중이 높은 A그룹은 B, C그룹보다 진열량이나, 진열면적이 많이 할당되어야 한다. 상품의 진열은 품목순으로 일정하게 상품의 진열량을 결정하는 것이 아니라, 잘 팔리고 있는 A그룹인 중점관리 상품부터 진열량의 비중을 높여 매출증대를 꾀하는 것이다.

둘째, A, B, C등급의 품목수를 통하여 각 등급을 조정 보완한다. 예를 들면 전문점에 있어서는 A등급, B등급, C등급 모두 동일한 품목수를 보유하고 있으면 이 전문점은 인기상품군이 없다는 말이 된다. 인기상품이 많이 있어도 A등급 품목수의 상품종류가 많은 것이 양호한 것이 된다. 따라서 이 점포에서는 인기가 높은 신상품을 도입하는 데 주력해야 하는 것이다. 반면에 A상품군의 비중이 적은 경우는 전문점의 경우에는 큰 문제가 없겠지만 일반 대중적인 판매점이라면 상품구색 면에서 문제가 있다고 할 수 있다. 점포가 일반판매점이라면 A, B, C등급 각 부문이 균등한 것이 바람직하다고 볼 수 있다.

A, B, C 각 등급별 체크포인트는 다음과 같다. A등급은 입지 및 객층에 적합한 상품으로 구성되어 있는가를 점검해야 한다. B등급은 판매가 잘 되지도 안 되지도 않는 품목으로 이 상품군 중에 이익률이 적거나, 상품관리에 많은 비용이 들어가는 품목은 과감히 삭제하는 것을 검토해야 한다. C등급의 상품은 전체적으로 판매량 추세를 검토하여 하향추세에 있거나, 계절이 지난 상품이라면 과감히 삭제하고 신상품으로 교체하는 것이 바람직하다.

| 표 10-10 | ABC분석서

ABC분석서
(기간 : ~)

순위	상품명	상품코드	판매수량	판매단가	판매액	구성비	누계구성비
1							
2							
3							
4							
5							
6							
7							
8							
9							
10							

1. 판매액=판매수량×판매단가
2. 구성비=(판매액÷총판매액)×100
   총판매액 : 각 상품별 판매액을 합산한 금액
3. 누계구성비 : 각 상품별 구성비를 더하면 된다.
   마지막 상품 누계구성비가 100%가 된다.
4. 등급 구분 : A등급=누계구성비가 75% 이하인 상품
   B등급=누계구성비가 75%~95% 사이의 상품
   C등급=누계구성비가 95%~100% 사이의 상품

(3) 판매촉진의 방법을 점검한다

이제 앉아서 고객을 맞이하는 시대는 지났다. 적극적으로 고객을 유인하기 위한 유인책이 필요하다. 작게는 점포의 POP, 간판 등을 통하여, 크게는 적극적인 판촉행사의 시행으로 고객을 유인해야 한다. 어떤 경우에는 점포의 영업시간을 연장하여 판매시간을 늘리는 지혜도 필요하다. 그러나 이러한 모든 것이 점포의 체질과 능력에 맞는 것이 되어야 한다. 판촉행사는 많이 할수록 좋다. 그러나 작은 규모의 점포에서 많은 비용을 들여서 판촉행사를 자주 할 수는 없는 일이다. 남들이 한다고 무조건 따라서하는 판촉행사는 오히려 점포의 손익을 악화시킨다. 따라서 내 몸에 맞는 판촉방법을 연구하고 찾아내야 하는 것이다. 이러한 판매촉진 행사를 효과적으로 진행하려면 다음과 같은 상황을 명확히 점검하여야 할 것이다.

첫째, 판매타깃은 누구인가? 진행하려고 하는 판촉행사의 목표 타깃이 누구인지를 명확하게 설정해야 한다. 여기에 따라서 행사의 연출 및 판촉물의 준비 등이 좌우될 수 있다.

둘째, 어떠한 방법을 사용할 것인가? 판촉행사 진행방식에 대한 것이다. 가격할인 방법으로 할 것인가, 판촉물 제공의 방법으로 할 것인가 등을 결정해야 한다.

셋째, 판촉기간은 어느 정도로 할 것인가? 요즘 대형 할인점이 많이 등장하여 연중 세일정책으로 상품을 판매하고 있다. 이에 따라 고객은 판촉에 대한 반응이 점점 약해지고 있으며 아예 무감각해지고 있는 상태이다. 따라서 어느 시점에 어느 기간 동안 판촉행사를 진행할지를 결정하는 것은 무척 중요하다. 가급적이면 지역의 행사기간과 연계하여 일정을 잡으면 효과적인 판촉행사가 될 수 있을 것이다.

넷째, 행사 예산은 적정하게 수립되었는가? 판촉행사를 진행하기 위해 소요되는 각종 예산이 적정한가를 점검해야 한다. 또한 매출목표와 대비하여 판촉비용을 커버할 수 있는지 판단해야 한다. 이때 비용은 최대한 계상해야 하며, 매출이익은 최소발생액을 기준으로 해야 한다.

(4) 상품의 진열상태를 점검한다

앞에서 매출을 올려주는 효과적인 진열방법을 소개했었다. 이러한 진열원칙에 따라 점포의 진열이 잘 갖춰져 있는지를 점검해야 한다. 종업원의 이동, 신상품의 입점, 상품의 판매로 인해 수시로 상품이 빠졌다 보충진열됨에 따라 진열상태가 변경될 수 있다. 따라서 점포경영주는 진열에 대한 점검서를 작성하여 주기별로 상품진열 상태를 점검해야 한다.

| 표 10-11 | 진열점검서

항목	현황평가	평가	개선사항
관련 상품과의 진열 상태			
선입선출에 의한 진열			
가격비교가 가능한 진열			
색상, 크기가 조화된 진열			
엔드 진열의 상태			
쇼윈도 진열의 상태			
진열의 상태가 깨끗한가			
※ 평가기준 : 우수 ●, 보통 ▲, 불량 ×			

(5) 점포의 청결상태를 점검한다

점포는 3요소, 즉 M(Merchandising), S(Service), C(Clean)가 잘 갖춰져 있으면 매출을 증대시킬 기본적인 요소를 갖췄다고 말할 수 있다. 이 3가지 중에서 점포의 청결부분은 어떻게 보면 가장 하기 쉽고 또 어떻게 보면 가장 귀찮은 업무이기도 하다. 그러나 점포의 청결은 점포운영의 가장 기본적인 조건으로 절대 게을리해서는 안되는 중요한 업무이다. 특히 음식을 가공, 조리해서 판매하는 패스트푸드점이나 전문음식점에서는 점 내의 청결함 뿐만 아니라 상품취급에 의하여 발생되는 악취제거 등에도 세심한 주의를 기울여야 한다.

'어떤 점포의 운영상태를 알아보려면 화장실을 가 보아라'는 말이 있다. 요즘 국내에서도 음식점의 화장실이 어느 정도 청결해지고 있는 상태이지만 아직까지도 불결하기 짝이 없는 점포내 화장실을 많이 볼 수 있다. 이것은 점포경영주가 청결에 대한 마음자세 내지 중요성을 깨닫지 못하고 있는 것이라고 판단할 수 있다. 점포를 깨끗이 유지하는 것은 쉽지만은 않은 일이다. 그러나 청결의 중요성을 깨닫고 꾸준히 노력하며 체계적인 점검서를 통하여 관리를 하며, 직무 할당을 통하여 수시로 체크한다면 쉽게 청결한 점포를 유지할 수 있다. 또한 점포경영주는 수시로 점포의 청결상태를 확인하며 솔선수범하여 점포를 깨끗이 청소하는 자세가 필요하다.

| 표 10-12 | 점포청결점검서

점포청결점검서			
장소	점검항목	예	아니오
간판	• 간판은 깨끗한가? • 간판의 전등은 고장난 것이 없는가? • 거미줄이 끼어 있지 않은가? • 전면 유리창은 깨끗한가? • 창틀에는 먼지가 끼어 있지 않은가?		
현관	• 매트는 깨끗한가? • 현관 천장은 깨끗한가, 거미줄은 없는가? • 쓰레기통은 깨끗한가, 악취가 나지 않는가?		
점포내부	• 계산대 주변은 정리가 잘되어 있는가? • 진열대의 상품들은 먼지가 없으며 깨끗한가? • 바닥에는 껌 또는 얼룩이 있지 않은가? • 고장난 전등은 없는가? • 테이블과 의자는 깨끗한가, 테이블 밑은 청결한가?		
화장실	• 악취가 나지 않으며 청결한가? • 환기는 잘 되는가? • 휴지 및 비누는 준비되어 있는가? • 수건은 깨끗한가? • 변기 내에 오물이 묻어 있지 않은가? • 휴지통은 깨끗한가?		
주방	• 싱크대 배수구는 청결한가? • 환기는 잘 되는가? • 천장은 깨끗한가? • 음식물 찌꺼기가 묻어 있지 않은가? • 배수구로 물은 잘 빠지는가? • 조명상태는 문제가 없는가? • 바퀴벌레 등 해충은 없는가?		
장비	• 점포 내 에어콘의 필터는 깨끗한가? • 냉동고에 성에가 끼어 있지 않는가? • 냉장고에 오래된 음식물이 있지 않은가? • 싱크대 밑부분, 뒷부분은 깨끗한가?		
창고	• 창고의 시건 장치는 잘 되어 있는가? • 환기는 잘 되고 있는가? • 쥐 등 해충류는 없는가? • 바닥이 청결한가? • 불필요한 폐품이 놓여 있지 않는가?		

3) 시장조사로 점포의 기회, 위협요인을 파악하라

점포 내부의 진단 및 점검을 통하여 점포의 장점 및 단점을 파악할 수 있다. 이렇게 파악된 장점은 더욱 보강하여 계속해서 살려 나가고, 단점은 제거하며 보완해 나가야 한다. 점포 운영은 이렇게 내부를 단단하게 구축한 후에야 비로소 활성화되는 것이다. 그러나 이러한 내부의 운영 상태가 잘 갖춰졌어도 외부환경이 바뀌게 되면 점포운영에 있어서 차질이 발생하기 마련이다. 따라서 점포에서는 내부적인 결속도 중요하지만 항상 외부환경의 변화에도 예의주시하여 빠르게 대응하여야 한다. 그러면 점포운영에 있어서 외부의 어떠한 점을 점검해야 하는가?

첫째, 상권의 변화에 민감하라.

점포사업을 하는 입장에서는 외부환경요소 중, 가장 중요하게 점검을 해야 하는 점이다. 점포의 1차상권을 중심으로 건물의 신축, 증축의 계획, 사무실의 이동사항, 관공서의 신설, 병원의 건립, 아파트 재건축 사업의 시행 등의 사항을 평소에 탐문조사를 통하여 파악하고 있어야 한다. 한 예로 슈퍼마켓을 하던 점포경영주는 장사가 부진하여 3년간 영업을 해오던 점포를 헐값에 처분을 했다. 그런데 1년 후 점포 인근에 병원이 입주하여 매출이 증가함으로써 점포를 인수받은 점포경영주는 가만히 앉아서 매출증가에 따른 이익금의 발생분과 상권 활성화에 따른 권리금 상승의 이익을 얻게 되었다.

둘째, 경쟁점의 출현에 민감하라.

점포경영주는 주변의 정보에 민감해야 한다. 특히 신규 경쟁점포 출현의 정보는 신속히 파악을 하여 이에 대비를 해야 한다. 점포 공사가 어느 정도 진행이 되었을때 경쟁점의 개점을 파악하는 것은 이미 이에 대한 대응을 하기에는 시간이 너무 부족하게 된다. 경쟁점이 개점하기 전에 이에 따른 영업방침 및 판촉행사 등을 기획해 놓아야 하기 때문이다. 점포경영주는 주변의 정보입수에 신속해야 한다.

셋째, 주변의 업종 변화를 파악하라.

하루 아침에 점포가 개점을 하고 또 폐점을 하기도 한다. 이것을 잘 관찰한다면 상권 내에서 새로이 부상되는 업종이 무엇이며, 어떤 업종이 잘 되며, 반대로 어떠한 업종이 쇠퇴하여 사라지는 것을 판단할 수 있다. 따라서 점포의 업종이 과연 장기적으로 볼 때 발전 가능성이 있는가 하는 점도 이러한 주변업종의 변화를 관찰함으로써 판단을 할 수 있다.

넷째, 주변경기의 흐름을 파악하라.

주변의 경기가 불경기인지 아니면 호황인지에 따라 점포의 매출에 많은 영향을 준다. 주변의 경기흐름이 하락하는 추세라면 점포 자체 내에서도 이에 대비한 긴축운영 태세를 갖추어야 한다. 이러한 흐름을 파악치 못하고 방만하게 운영을 한다면 점포의 손익은 점점 악화될 게 뻔한 이치이다.

'위기는 또 하나의 기회이다'라는 말이 있다. 특히 외부환경의 변화로 인한 위기는 점포가 생존할 수 있느냐 없느냐를 결정지을 수 있는 중요한 갈림길의 상황이다. 이러한 위기상황을 빨리 파악하여 점포의 영업방향의 전환 및 체질개선으로 활용한다면 이러한 위기상황은 점포의 또 다른 도약을 위한 기회요인이 된다는 것을 점포경영주는 명심해야 할 것이다.

4) 경쟁점을 조사하라

"내 점포의 경쟁은 누구인가?" 라는 질문을 점포경영주에게 던지면 소갈비를 전문으로 취급하는 점포는 아마도 점포 인근의 모든 음식점을 경쟁상대로 인식하고 있거나, 또는 돼지고기든 소고기든 육류를 취급하는 음식점은 모두 경쟁상대로 생각하는 경우가 많을 것이다. 그러나 이러한 생각은 경쟁이라는 의미를 명확하게 파악하지 못하고 있는 것이다. 일반고객을 상대로 하는 소매업의 특성은 경쟁과 양립이 모두 결합되어 있다. 다시 말해서 점포를 운영하는 데는 극심한 경쟁과 서로 간의 양립관계가 동시에 진행되고 있는 것이다.

그러면 양립이란 무엇인가? 이것은 하나의 상권 내에 유사업종이 모여 있는 상태에서 상호 간의 매출이 상승효과를 얻을 수 있는 관계이다. 즉, 다시 말하면 경쟁의 관계는 이익을 점포 간에 서로 많이 차지하려는 관계이지만 양립관계는 상호의 이익을 상승시키는 관계인 것이다. 이러한 경쟁과 양립관계를 명확히 파악하여 과연 진정한 나의 경쟁자가 누구인지를 파악해야만 하는 것이다.

위에서 예를 든, 소갈비집과 돼지갈비집은 경쟁관계다라기보다는 집적이익이 발생될 수 있는 양립관계일 확률이 높다. 다시 말하면 주변에서 같이 존재하면서 상호 간의 이익에 도움을 주는 관계라고 할 수 있다. 이와 같이 점포의 경쟁개념이 확고해졌다면 경쟁점을 정의하고 그 경쟁점보다 비교우위를 점할 수 있는 차별화의 방법을 모색해야 한다. 이러한 차별화를 모색하기 위해서는 경쟁점의 강점을 먼저 조사해야 한다.

그러면 경쟁점의 무엇을 조사해야 하는가? 보통 고객이 자기 점포를 이용하지 않고 주변의 경쟁점을 이용하는 경우를 조사해 보면 첫째 가격이 저렴하다. 둘째, 상품의 품질이 우수하다. 셋째 점포가 청결하다. 넷째 종업원이 친절하다 등 많은 이유가 있다. 따라서 경쟁점 조사에 있어서 왜 고객이 경쟁점을 선호하는가를 파악할 필요가 있다.

다음은 이러한 강점과 자기 점포의 상태를 비교 분석하여 문제점을 개선하는 것이다. 경쟁점 조사는 가급적 상호 간의 마찰이 발생하지 않는 범위 내에서 시행해야 한다. 따라서 적절한 방법을 통하여 진행하여야 하는데 사실 경쟁점에서 조사를 할 경우에는 드러내놓고 조사를 한다면 조사를 거부당하거나 이상한 오해를 받기 쉬운데 이러한 상황에서는 비밀리에 가격이라든가, 판촉방법 등을 암행조사하여 내용을 정확히 기록하는 것은 매우 어려운 일이다. 따라서 조사를 하기 전에 미리 조사내용을 적을 수 있는 양식을 준비해야 조사 즉시, 점포를 나와서 암기한 내용을 기록할 수가 있다. 또 한 가지 방법은 2인 1조가 되어 녹음기를 몸에 지니고 들어가 자연스럽게 점포의 상황을 이야기하며 조사한 내용을 녹음시키는 방법도 있다.

경쟁점의 조사는 조사의 목적에 따라 시기가 달라질 수 있다. 이러한 시기는 적절한 시점에 진행해야 효과를 볼 수 있다. 그러면 어느 시점에서 조사를 시행해야 하는가?

① 원인없이 매출이 하락할 경우에는 즉시

② 정기적인 시점(월별, 분기별)

| 표 10-13 | **경쟁점 조사의 순서**

단계	주제	점검사항
1단계	조사의 포인트 결정	자점의 문제점이 무엇인가(상품력, 가격, 서비스)? 조사 포인트는 가급적 세분화하여 진행한다. 막연한 조사는 시간과 인력만 낭비할 뿐이다.
2단계	조사의 목적 수립	새로운 판촉방법 도입 고객을 접객하는 방법
3단계	자점의 현상 요약	먼저 내 점포의 문제점 정리
4단계	세부 조사항목 결정	계산대 접객요령, 인사방법, 판촉아이템 및 방법
5단계	현장조사 실시	사실에 근거한 조사 실시
6단계	조사결과 정리	각 항목별 기록 유지 및 사진 자료 첨부
7단계	자점과 대비 분석	자점과 비교검토를 통해 개선점 파악
8단계	교육 후 현장에 반영	개선점을 명문화한 후 현장에 반영
9단계	시행결과 피드백	점포에 반영 후 결과에 대한 평가

③ 가격을 인상시키고자 할 때

④ 경쟁점이 판촉행사를 시행할 때

⑤ 지역에 행사가 있을 경우 등이다.

| 표 10-14 | **경쟁점조사서**

<table>
<tr><td colspan="7">경쟁점조사서
조사일시 : . . . (am/pm 시)</td></tr>
<tr><td>상호</td><td>자점과의 이격거리</td><td>평수</td><td>점포근무 인 원</td><td>영업시간</td><td colspan="2">비고</td></tr>
<tr><td>1.</td><td>m</td><td></td><td></td><td></td><td></td><td></td></tr>
<tr><td>2.</td><td>m</td><td></td><td></td><td></td><td></td><td></td></tr>
<tr><td>3.</td><td>m</td><td></td><td></td><td></td><td></td><td></td></tr>
<tr><td>4.</td><td>m</td><td></td><td></td><td></td><td></td><td></td></tr>
<tr><td colspan="7">가격조사</td></tr>
<tr><td colspan="3">상품명</td><td>1</td><td>2</td><td>3</td><td>4</td></tr>
<tr><td colspan="3"></td><td></td><td></td><td></td><td></td></tr>
<tr><td colspan="3"></td><td></td><td></td><td></td><td></td></tr>
<tr><td colspan="3"></td><td></td><td></td><td></td><td></td></tr>
<tr><td colspan="3"></td><td></td><td></td><td></td><td></td></tr>
<tr><td colspan="7">고객 서비스 (우수 : ○, 보통 : △, 불량 : ×)</td></tr>
<tr><td colspan="3">항목</td><td>1</td><td>2</td><td>3</td><td>4</td></tr>
<tr><td colspan="3">신속한 서비스</td><td></td><td></td><td></td><td></td></tr>
<tr><td colspan="3">친절</td><td></td><td></td><td></td><td></td></tr>
<tr><td colspan="3">복장 상태</td><td></td><td></td><td></td><td></td></tr>
<tr><td colspan="3">영수증 교부</td><td></td><td></td><td></td><td></td></tr>
<tr><td colspan="7">점포 이미지</td></tr>
<tr><td colspan="2">항목</td><td>자 점</td><td>1</td><td>2</td><td>3</td><td>4</td></tr>
<tr><td colspan="2">청결 상태</td><td></td><td></td><td></td><td></td><td></td></tr>
<tr><td colspan="2">진열 상태</td><td></td><td></td><td></td><td></td><td></td></tr>
<tr><td colspan="2">조명</td><td></td><td></td><td></td><td></td><td></td></tr>
<tr><td colspan="7">강점, 약점, 기타</td></tr>
<tr><td>상호</td><td colspan="2">강점</td><td colspan="2">약점</td><td colspan="2">기타</td></tr>
<tr><td>1.</td><td colspan="2"></td><td colspan="2"></td><td colspan="2"></td></tr>
<tr><td>2.</td><td colspan="2"></td><td colspan="2"></td><td colspan="2"></td></tr>
<tr><td>3.</td><td colspan="2"></td><td colspan="2"></td><td colspan="2"></td></tr>
<tr><td>4.</td><td colspan="2"></td><td colspan="2"></td><td colspan="2"></td></tr>
</table>

5) 신규고객 창출방법

마지막으로, 여기에서는 매출의 구조를 알아보자. 매출액은 점포를 이용한 고객수와 이 고객들이 구매한 상품금액에 비례한다.

매출액=총고객수×고객단가

이상에서의 매출 구조에서 볼 때 매출을 증가시키려면 고객수를 늘리든가 아니면 고객이 구매하는 단가를 높이는 방법이 있다. 여기서 고객을 증가시킨다는 것은 새로운 고객을 점포로 유인한다는 것이다. 따라서 먼저 고정고객의 주거 위치를 파악한 후, 고정고객 거주지 이외의 지역에 방문홍보 및 전단지를 뿌려 신규 고객을 유인해야 한다. 이러한 방법은 소상권을 타깃으로 하는 점포에 유용한 방법으로서 앞에서 설명했듯이 먼저 고객명부작성 및 설문조사를 통하여 내 점포의 고객 위치를 지도상에 점으로 표시한 후 점포의 상권을 파악한다. 자기 점포의 범위가 정해졌으면 '새로운 고객맞이 대행사'식의 표어 아래 판촉행사를 준비하고 전단지를 제작한다.

다음 단계로 상권범위 이외의 지역을 관할하는 신문보급소를 섭외하여 2~3회 정도 전단지를 신문지에 끼워 배포하도록 한다. 특히, 이 기간 중에는 방문하는 고객에게 점포에서 준비한 사은품을 증정하며 고객카드를 작성토록 유도한다. 이렇게해야만 신규고객이 얼마나 증가했는지를 알 수 있으며 행사종료 후 나의 상권이 얼마나 넓어졌는지도 확인할 수 있는 것이다. 또한 이 자료는 행사 후에 다시 한 번 고객에게 우편을 통하여 피드백을 줄 수 있는 중요한 자료가 되는 것이다. 전단지를 홍보할 때에는 판촉행사 내용도 중요하지만 점포의 특징 및 장점을 부각시키며 반드시 점포의 위치 및 연락처를 정확하게 표시해야 한다.

6) 매출하락에 대응하는 매출증진방안의 실행

매출하락에 대응하는 매출증진방안의 실행과정은 점포를 운영하면서 현저한 매출하락 현상이 나타날 때, 그 대책으로서 취해야 할 구체적인 계획을 명확하게 수립할 수 있도록, 점포를 대상으로 그 구체적인 원인을 분석하고 또한 적절한 대응방안을 실행하여 지속적인 매출과 이익을 확보하기 위한 것이다.

이것은 모두 4단계의 과정을 거치는데 ① 매출추이조사, ② 요인조사작업, ③ 결과분석작업, ④ 대책실행작업이다. 매출하락에 대응하는 매출증진방안을 실행하기 위해서는 먼저 매출추이조사를 하는 것으로 시작한다.

(1) 제1단계 : 매출추이조사

매출추이조사는 점포의 조별 매출, 즉 아침시간대, 점심시간대, 저녁시간대 등으로 영업시간을 세분화하여 그 추이를 분석하고, 또한 점포 전체의 매출추이를 조사하여야 한다. 추가적으로 체인점을 운영하는 체인본부라면 각자 구분하여 놓은 지역별 매출현상도 함께 조사하여야 한다. 조사는 다음의 매출추이조사표에 의거하여 조사한다.

| 표 10－15 | **매출추이조사표**

매출추이조사표
단위 : 월, %

조별매출추이	전월	2개월 전	3개월 전	4개월 전	5개월 전	6개월 전
아침시간대						
점심시간대						
저녁시간대						
합 계						
추이현상요약 :						

점포매출추이	전월	2개월 전	3개월 전	4개월 전	5개월 전	6개월 전
전 년						
금 년						
성 장 률						
추이현상요약 :						

지역매출추이	전월	2개월 전	3개월 전	4개월 전	5개월 전	6개월 전
전 년						
금 년						
성 장 률						
추이현상요약 :						

위와 같은 사항을 조사표에 의거하여 조사한 후에는 조사결과가 어떠한 현상을 나타내는 것인가를 파악하여야 한다.

첫째, 점포의 매출추이가 지역평균의 매출추이와 비교해 볼 때 부정적인가, 아니면 긍정적인가?

둘째, 점포의 매출추이가 해당점포의 전년 대비 매출추이와 비교해 볼 때 부정적인가, 아니면 긍정적인가?

셋째, 점포의 매출추이가 해당점포의 목표 대비 매출추이와 비교해 볼 때 부정적인가, 아니면 긍정적인가?

결론적으로 조사표에 나타난 결과가 부정적인 현상인가, 아니면 긍정적인 현상인가를 파악한 후에 구체적인 매출하락 현상이 나타난 일시가 언제부터인지를 파악한 후 다음 단계인 요인조사작업을 시행한다.

(2) 제2단계 : 요인조사작업

요인조사작업에는 내부요인 조사작업과 외부요인 조사작업으로 이루어지는데 먼저, 내부요인 조사작업으로 점포근무자 평가와 점포관리상태 평가를 실시하여야 한다.

| 표 10-16 | **점포근무자 평가**

항목구분	기준	현상	평가 점수	비고
적정근무 인원수	20점			
근무자의 용모와 태도	20점			
각종 규정준수 정도	20점			
고객서비스 수준	20점			
근무자의 근면성	20점			
종합평가점수	100점			
각각의 현상 평가점수가 10점 이하일 경우 비고란에 이유를 기재한다.				

| 표 10-17 | **점포관리상태 평가**

항목구분	기준	현상	평가점수	비고
장비 관리상태 및 작동	20점			
상품의 레이아웃 및 금전등록기 작동	20점			
가격표 부착과 정확한 가격 표시	20점			
매대별 상품진열 여부 상태	20점			
점포의 내부 및 외부청결 위생 상태	20점			
종합평가점수	100점			
각각의 현상평가점수가 10점 이하일 경우 비고란에 이유를 기재한다.				

내부요인 조사작업을 마친 후에는 다음으로 외부요인 조사작업을 실시한다. 외부요인 조사작업은 점포 주변을 직접 순회하면서 조사를 하여야 하는데 지역 내 상권의 변화나 경기의 변동사항, 업종의 변동사항 등 지역 내 명백한 변동사항이 매출하락 요인에 직접적인 관련을 가지는 것을 파악하여야 한다. 주요한 조사항목으로는, 첫째 유동인구의 흐름 형태의 변화(새로운 도로건설, 새로운 교통수단, 도로공사 진행 등), 둘째 지역 주거환경의 변화(인구의 증감변화, 경기의 침체 등), 셋째 고객층의 변화(사무실 빌딩 신축, 학교, 신축건물, 지역행사 등), 넷째 기타사항(날씨 변화 등) 등이다.

이와 같이 점포 내부 및 외부요인들의 조사를 마친 후에는 그 결과가 점포의 매출이 떨어진 원인인가를 파악하여야 하는데, 즉 점포매출의 하락이 내부요인에 의한 것인가 아니면 외부요인에 의한 것인가를 결정하여야 한다. 만일 점포의 매출하락이 내부요인에 의한 것이라면 각 조사항목별로 개선사항을 정하여 실행하여야 하고, 외부요인에 의한 것이라면 정밀한 상권분석, 경쟁조사 및 시장조사를 실행하여야 할 것이다.

(3) 제3단계 : 결과분석 작업

결과분석은 내부적인 변화와 경쟁 및 상권의 현황 변화를 파악하여야 한다. 먼저, 내부적인 변화를 점검할 때는 지난 6개월 동안 또는 가장 최근의 분석서를 참조하여 점포에서 취급하는 각 상품별로 판매가격의 증가 또는 감소가 주요 상품군에서 있었는지를 파악한다.

다음으로는 점포주변의 상권조사서와 경쟁점 현황조사서를 작성한다. 결국 이 단계의 결과분석 작업을 거쳐서 점포의 매출하락이 어디에서 기인된 것인가를 명확하게 파악하여야 한다.

① 특정 상품의 매출이 다른 상품들과 달리 예외적으로 매출이 떨어졌는가?
② 주요 상품군의 매출이 다른 상품군들과 달리 예외적으로 매출이 떨어졌는가?
③ 특정 상품 또는 주요 상품군의 매출이익률이 예외적으로 감소했는가?
④ 점포직원 또는 서비스에 문제가 있는가?
⑤ 점포운영 및 관리에 문제가 있는가? 등을 파악하여야 한다.

이렇게 점포의 매출하락에 대한 원인을 결정한 후, 최종 단계인 매출하락에 대한 대책방안을 수립하고 실행하는 단계로 진행하여야 한다.

| 표 10-18 | **매출하락에 대한 대책**

상품명	변경 전	변경 후	변경일자

| 표 10-19 | 상품군별 조치사항

예외적인 매출하락 주요 상품군	해당 상품군에 대한 점포의 실정	해당 상품군에 대한 경쟁 점포의 상황	점포의 대응책은 무엇인가?

(4) 제4단계 : 대책실행 작업

본 단계는 점포에서의 매출하락 현상의 원인을 분석하고 대책방안을 수립함으로써 다시 점포의 매출을 상승시키기 위한 방안을 수립하기 위한 것이다. 먼저, 적절한 상품군별 조치사항을 마련하여야 하는데 다음과 같이 실시한다.

일반적으로 매출하락 상품군에 대한 대응책은 4가지의 형태를 보이는데 ① 판매가격의 인하, ② 판매가격의 인상, ③ 신상품/서비스의 개선, ④ 저회전상품의 삭제이다. 이러한 대응책은 다음에서 설명하는 프로모션의 개발에 있어서 반영되어야 한다.

그 다음으로는, 적절한 프로모션 전략을 마련하여야 하는데 우선 사전에 작성한 경쟁점 현황조사서와 상권분석서를 활용하면서 다음에 설명하는 프로모션 개발 지침과 경쟁 대응지침을 활용하여 수립한다.

| 표 10-20 | **프로모션 개발 지침서**

1. 어떤 프로모션을 실행할 것인가?

2. 상품가격변경을 어떻게 실행할 것인가?

상품명	현재가격	희망가격

3. 프로모션 상품을 무엇으로 정할 것인가?

상품명	현재가격	희망가격

4. 어떤 판촉물이 필요한가?

| 표 10-21 | **경쟁대응지침**

경쟁점이 다음과 같다면	다음을 실행한다
1. 신규점포로서 가격이 비슷하면	• 특별히 자신의 점포 장점 상품을 부각시켜라 • 경쟁점포의 판매촉진 가격과 부합하는 것을 고려하라
2. 신규점포로서 주요 상품군 판매가가 더 쌀 때	• 경쟁적이 되기 위해 주요 상품을 조정하라 • 장점 상품을 부각시켜라
3. 독립자영점포로 판매가가 대체적으로 더 쌀 때	• 주요 상품가격을 평가하고 필요하다면 조정하라 • 경쟁점포의 장점, 특히 광고된 상품을 반영하라 • 전형적으로 독립자영점포의 장점인 고객서비스의 중요성을 강조하라
4. 신규점포로 뛰어난 물적 설비를 가졌을 때	• 리모델링을 고려하라 • 점포 외장을 유지 보수하라 • 경쟁점포와 부합하게 내·외장을 향상시켜라
5. 새로운 장비/개선된 물적설비를 갖춘 오래된 점포	• 관련된 상품에 대한 매출/판매가를 분석 검토하라 • 경쟁자의 새로운 개념에 대한 고객반응을 조사하라 • 비용 투입/리모델링보다는 오히려 가격/머천다이징/광고에 대해 경쟁자와 부합되게 하라
6. 자신의 점포보다 대형점일 때	• 점포의 강점 상품을 더욱 강화하라 • 대형점의 단점인 고객서비스의 중요성을 강조하라
7. 자신의 점포보다 소형점일 때	• 경쟁점포보다 상품을 다양하게 하라 • 소형점의 장점인 고객서비스의 장점을 더욱 강조함으로써 경쟁점포에 대응하라

• Tip 전업 또는 폐업 시의 포인트

전업이나 폐업을 결정하는 것도 활성화의 한 방법이 될 수 있다. 앞서의 점포 내부분석과 외부분석을 하고 또한 점포활성화 방안을 실행한 결과가 점포의 상권이 쇠퇴기에 있다거나, 주변 시장환경이 침체기에서 헤어나지 못하거나, 매출이 지속적으로 하향곡선을 그리고 있어서 도저히 영업을 계속하는 것이 불가능하다는 판단이 나는 경우에는 생존을 위한 방법으로서 전업이나 폐업을 고려하여야 할 것이다.

1) 전업은 과감하게 결정하라

상품에 라이프사이클이 있듯이 업종에도 도입기, 성장기, 성숙기, 쇠퇴기가 있기 마련이다. 고객선호 변화에 의해서 또는 상권의 변화에 의해서 업종은 흥망성쇠를 맞게 된다. 따라서 점포경영주는 이러한 사업의 전환 포인트를 잘 포착하여 변신을 시도해야 한다. 이러한 변신이 성공적인 방향으로 진행되기 위해서는 다음과 같은 사항을 점검하여야 한다.

1 전업을 결정할 때

① 최소한 3년간의 매출동향을 점검하여야 한다. 장사가 잘되는 경우에도 전업을 하는 경우가 있다. 새로운 신업종을 찾았다거나, 아니면 업종이 적성에 맞지 않는다든가의 경우이다. 그러나 대부분의 경우가 장사가 안될 때 전업을 하는 경우가 많다. 이럴 때에는 정말로 현재의 업종이 전망이 없는지를 앞서 설명한 점포 내부 및 외부분석과 함께 점포활성화 방안을 통해 파악하여야 한다. 먼저 가장 중요한 체크포인트로 점포의 매출이 어떻게 진행되어 왔는지를 검토하여야 한다. 최소한 3년간의 매출액을 월별로 분석하여 매출의 곡선이 하향세를 그리고 있는지를 검토한다. 만약 점진적인 하향세를 나타내고 있다면 이러한 점포는 과감하게 전업을 결정해야 한다.

② 상권의 변화를 파악하여야 한다. 상권은 시시각각으로 변한다. 따라서 1년 전의 상권과 현재의 상권은 많은 변화를 가지게 된다. 1년 전에는 주변에 학원이 많아 학생들을 상대로 한 상권이라면 현재는 학원의 이전으로 일반 회사원이 많아질 수가 있는 것이다. 이 상황에서는 만약 학생들을 상대로 한 패스트푸드점을 운영하고 있었다면 상권이 변한 지금에서는 회사원을 상대로 하는 음식점으로의 과감한 변신이 필요한 것이다.

2 전업을 결정한 후

전업을 하기로 결정을 했다면 과연 어느 업종으로 전업을 해야 하는가? 업종을 선택하는 데 있어서 점포경영주가 고심하는 사항은 기존에 영업을 하면서 사용했던 집기 및 인테리어를 어떻게 하느냐 하는 사항이다. 따라서 점포경영주가 업종을 변경할 때에 고려하여야 할 사항은, 첫째 기존에 운영했던 업종과 비슷한 부류의 업종을 선택하면 점포에 투자한 인테리어를 어느 정도 활용할 수 있다는 점이다. 둘째, 업종을 선택할 경우, 믿을 수 있고 튼튼한 체인본사와 상의를 하면 기존 인테리어의 활용이 가능하며, 또한 자금융자도 가능하다는 점이다.

2) 전업은 유사업종으로 전업하라

전업을 결정했다면 현재의 상황에서 어떤 업종을 선택할 것이냐 하는 것은 매우 중요한 문제이다. 전업의 결정은 과감하게 하되 업종의 결정은 위험을 최소화하는 업종을 선택하는 것이 전업의 원칙이라고 할 수 있다. 따라서 투자비용을 고려하는 것은 물론 점포영업에 있어서 서로 관련이 있는 업종을 선택하는 것이 전업에 따른 손실을 최소화할 수 있다. 먹는 장사를 했다면 새로운 유망 음식업종으로의 전업을, 판매소매업을 했다면 유망한 판매 소매업종을 선정하는 것이 전업으로 인한 성공의 지름길이다.

3) 폐업 시 권리금 회수에 총력하라

현재 운영하는 점포의 위치가 상권의 변화로 인하여 도저히 점포경영주가 희망하는 사업을 영위하기 어렵다거나, 점포경영주의 개인사정으로 인하여 현재의 위치에서 계속

영업을 할 수 없다면 기존에 점포를 포기하고 다른 상권의 점포를 물색하여야 한다. 이때 점포경영주는 기존 점포에 투자했던 투자액을 회수하는 데 총력을 기울여야 한다. 특히 권리금 회수에 노력해야 한다. 권리금이라는 것이 영업이 잘되었을 때에는 충분한 보상을 받을 수 있으나, 그렇지 못한 경우에는 지불한 권리금에 훨씬 못미치는 금액에 점포를 내놓아야 한다. 따라서 적정한 권리금을 확보하기 위해서는 점포를 내놓을 경우 절대 주변이나 중개업소에 장사가 안돼서 점포를 내놓는다는 인상을 주어서는 안될 것이며, 개인적인 사정에 의해서 불가피하게 점포를 내놓는다는 것을 알려야 할 것이다. 그 다음이 투자된 인테리어 금액 중에서 그동안 운영했던 기간 동안의 감가상각액을 제외한 금액을 회수해야 하는데 가장 좋은 방법은 기존에 운영했던 업종으로 개업하려는 사람에게 점포를 넘기는 방법이다. 주변의 소개를 통하거나 비슷한 업종을 운영하는 체인본사에 연락을 취하여 이러한 사람을 찾는 데 최선을 다해야 한다. 마지막으로 점포경영주는 점포가 매각될 때까지 최선을 다해 점포운영을 해야 한다. 점포를 매각하겠다고 결정을 하게 되면 대다수의 사람들은 작자가 나타날 때까지 대충 대충 영업을 하는 경우가 많다. 이렇게 점포를 운영하다 보면 앞에서도 언급했듯이 점포가 운영이 안 된다는 모습을 보이게 되어 적정한 권리금을 회수하기 어렵게 된다. 따라서 적정한 임차희망자가 나타날 때까지 점포운영에 있어서 최선을 다하는 것이 점포경영주 입장에서 손해를 최소화하는 것이다.

4) 전업, 폐업 전에 세금문제는 반드시 확인하라

전업 또는 폐업을 할 때에 소홀히 취급하기 쉬운 것이 세금문제이다. 이때에 점포경영주는 점포의 인수가격이나 재고처리에만 신경을 쓰기 때문이다. 그러나 나중에 예상치 못한 부가세를 내느라 큰 어려움을 겪는 경우가 비일비재하게 발생이 된다. 세금문제는 점포를 개업하기 이전부터 점포를 전업 또는 폐업할 때까지 항시 충분한 검토를 해야 하는 사항이다. 개업을 할 마음을 결심했다면 점포가 영업을 개시하지 않았어도 먼저 사업자등록을 신청해야 한다. 왜냐하면 점포운영을 위해 구입하는 각종 집기, 비품 등에 대한 매입부가세를 환급받을 수 있기 때문이다. 사업자등록 이전에 구입한 물품에 대해서는 부가세에 대한 환급을 받을 수 없다. 또한, 점포를 폐업할 때에는 잔존재고는 세무상으로 점포경영주 자신에게 판매한 것으로 간주가 되므로 이에 대한 부가세를 납부해야 한다. 이때 부가세는 재고자산에 대해서는 시가에, 감가상각이 되는 기계비품류는 50%씩 공제한 금액에, 건물이나 구축물은 1년에 20%씩 공제한 금액에 각각 부가세를 내게 되어 있다. 전업이나 폐업 시 다음과 같은 사항을 점검하면 절세를 할 수 있으니 점포경영주는 사전에 충분한 검토를 해야 하며, 특히 세무상의 문제는 인근의 전문 세무사 사무실에 의뢰를 하여 정확한 처리를 하여야 불필요한 비용을 절감할 수 있는 것이다.

① 잔존재고를 시가보다 낮게 팔아야 하는 상황에서 사업체를 정리하는 경우라면 재고자산을 지닌채 폐업하지 말고 재고를 모두 처분한 뒤에 폐업하는 것이 유리하다.

② 전업하는 경우 기존 사업을 폐업하고 신규사업을 시작하려면 기존 사업체의 재고에 대해 부가세를 물어야 한다. 하지만 기존사업체의 사업자등록증 내용만 변경하는 형식으로 전업하면 부가세 문제를 피할 수 있다.

③ 사업체를 다른 사람에게 넘길 때에는 단순히 폐업하지 말고 사업 양수도 계약서를 작성해 사업체의 권리, 의무를 포괄적으로 인수자에게 넘기면 부가세 문제가 전혀 일어나지 않는다.

쉬어가기 | 색의 효능

컬러 테라피에 따르면 사람에 따라 더 끌리는 색이 있고 회피하는 색이 있을 뿐 절대적으로 좋은 색, 나쁜 색은 없다. 인도 차크라와 중국 음양오행철학, 영국 오라소마에서 말하는 색의 고유한 성질, 빛의 스펙트럼에 있는 색만 따지기 때문에 검정색과 흰색에 대한 정의는 빠져 있다.

• 삶의 에너지를 상승시키고 생존욕구를 되살리는 색
기운 없을 때 빨간 의자에 앉으면 기력이 회복된다. 신체 부위 중에선 생식기를 상징해 빨간 속옷을 입으면 에너지가 충전된다.

• 관계를 원활하게 해주는 색
책임감과 협동심을 키워 준다. 단전과 장에 해당해 주황색을 배에 대고 있으면 변비가 완화되고 식욕도 좋아진다. 뱃심(배짱)을 키워 주는 면도 있다.
음식이든 지식이든 소화 흡수가 잘 되도록 돕는다. 배울 때 노란색 학용품을 쓰면 효과가 좋다. 몸에서는 위에 해당. 소화 안될 때 노란색 차를 마시면 편안해진다.

• 마음을 열어 주는 색
차 내부를 녹색으로 꾸미면 교통체증으로 짜증날 때 마음을 편안하게 가라앉혀 준다. 간이 안좋은 사람이 가까이 하면 좋다.

• 드러내는 색
자기 안의 능력을 발휘하고 의사소통을 잘하게 돕는다. 파란 옷은 남에게 신뢰감을 주지만 한편으론 차가운 느낌도 준다. 목 아플 땐 파란 스카프가 도움이 된다.

• 새로운 것으로 나아가는 변화의 색
신체에서는 정수리에 해당해 두통이 있는 사람에겐 보라색 모자가 효과가 있다. 한편 식욕을 떨어뜨리는 면도 있다.

• 색 가운데 가장 위에 위치한 색
자식을 잉태한 어머니 같은 온화함과 자애를 상징한다. 남을 돌보고 감싸는 에너지가 있으며, 창조를 돕는 문화적인 색이기도 하다.

〈자료출처 : 오라소마코리아〉

Chapter

11 매출증대전략

학습목표

1. 매출이 늘어나는 원칙 및 조건을 숙지한다.
2. 매출이 증대되는 점포설계방법을 알 수 있다.
3. 매출증대를 위한 판매촉진방법을 알 수 있다.

학습목차

1. 매출, 이렇게 해야 늘어난다
2. 점포설계로 매출증대
3. 판매촉진방법으로 매출증대

Chapter 11

매출증대전략

1 | 매출, 이렇게 해야 늘어난다

1) 점포주인의 경영철학이 명확해야 한다

아무리 매출을 증대시키고 우수한 점포로 만들려고 노력해도 방향이 틀렸다면 이것은 점포가 쇠퇴해지는 길로 들어선 것이다. 점포를 운영해 나가는 데 있어서 제일 기본이 되어야 할 것은 우수한 상품력, 우수한 서비스만 필요한 것이 아니다. 그것은 점포가 무엇을 목적으로 운영을 하는 것인가, 장래 되고 싶은 바람직한 점포의 모습이 무엇인가를 명확히 하는 것이다. 이러한 기본적인 사업의 방향이 수립되어야만 점포는 고객이 늘어나고 매출이 늘어나게 되는 것이다.

그렇다면 점포운영의 목적은 무엇인가? 아마도 점포를 운영하는 사람들의 십중팔구는 상품을 많이 팔아 이익을 많이 내어 점포 주인의 재산을 증식하는 것이라고 말할 것이다. 물론 틀린 이야기는 아니다. 점포는 매출액을 많이 올려 이윤을 발생시키고 또 이것을 계속적으로 늘려야 하는 점포 존립의 의무가 있는 것이다. 그러나 발생된 이윤은 주인 100%의 몫이 아닌 것이다. 이 이윤은 종업원들의 생활보장을 위해서 쓰여져야 하며, 지역사회의 발전을 위해서 쓰여져 지역경제, 나아가 국가경제의 순환과정의 일부분이 되어야 하는 것이다. 이렇게 보다 멀리 보는 안목으로 점포운영을 생각해야만 진정한 점포경영자로서의 행복이 올 수 있는 것이다.

점포가 번성하려면 고객들의 지지가 있어야 하고, 고객의 지지가 있으면 이윤이 발생되고, 또 이 이윤이 계속적으로 늘게 되면 종업원에 대한 대우가 좋아져 종업원들이 행복해지며 따라서 종업원들은 더욱더 열심히 일하게 되어 점포는 계속적으로 발전하게 되는 것이다. 점포의 발전은 곧 점포경영자의 행복이 되는 것이다.

점포운영의 목적이 설정되었다면 다음은 점포운영에 있어서의 명확한 목표가 필요하다. 점포의 목표를 설정하고 점포경영주 이하 전 종업원이 한 몸이 되어 설정된 목표를 향해 노력해 나가는 것이 점포의 매출을 늘리고 또한 지역에서의 최고의 점포가 되는 것이다. 이렇게 하는 것이 점포경영주, 종업원들의 각자 바라는 꿈과 목표를 실현시키게 되는 것이다. 그러나 점포의 목표가 없다면 그냥 하루하루의 영업을 남의 탓으로 돌려 장사가 잘되면 내 탓, 안 되면 남의 탓으로 돌리게 될게 뻔한 일이다.

점포의 목표는 점포의 상황 및 여건을 고려하여 월간, 연간, 5년 후 등으로 구분해서 수립해야 하며, 이때에는 목표 자체를 숫자로 나타내어야 한다. 예를 들면 '당월 우리점포의 매출목표는 3천만 원이다.', '5년 후에 우리 점포의 연간 매출목표는 10억 원이다.', '5년 후에는 분점을 하나 더 개점한다' 등으로 점포경영주의 의지가 담긴 구체화된 목표가 설정되어야 한다. 이러한 목표가 있어야만 점포경영주 이하 전 종업원들이 목표를 달성하기 위해 노력할 것이며, 장래의 10억 매출을 달성하기 위해 개개인의 생각과 행동이 적극적으로 변하게 될 것이다.

1997년 모그룹이 경영난에 봉착해 도산을 한 일이 있다. 경제 및 사회전반에 미치는 영향이 대단히 큰 사건이어서 전 국민들의 관심이 집중되었는데 그 과정에서 그 그룹 회장이 한 말이 대단히 놀라운 말이었다. "종업원은 머슴이다." 소위 머슴론이었다. 이 말은 세상을 떠들썩하게 했고 평범한 직장인들 사이에서는 자조섞인 농담으로 유행이 됐었다. 물론 발언의 배경이 무엇인지는 본인이 아니기 때문에 잘 모르겠지만 일단 말로만 볼 때는 종업원은 머슴이기 때문에 주인이 시키는 일만 잘하면 된다는 말이다. 그룹의 최고책임자가 그런 경영철학을 갖고 있어서 그 그룹이 파산을 했는지도 모를 일이다.

그렇다면 종업원은 점포경영에 있어서 어떠한 위치에 있을까? 한마디로 종업원은 사업의 동반자이다. 결코 점포경영주의 필요에 의해서 일시적으로 사용되는 소모품이 아닌 것이다. 따라서 점포경영주는 '내가 일자리를 주고 먹여 살려준다'라는 사고방식을 버려야 한다. 종업원들은 공동의 꿈을 실현하기 위한 최상의 사업동반자인 것이다. 점포라는 사업 장소는 결코 경영주 자신의 재산을 증식시키는 장소만이 아니며 따라서 타인을 고용하여 운영하는 점포라면 종업원들의 꿈과 목표를 제시하여 주고 실현시킬 수 있는 장소로서의 역할이 필요한 것이다. 그래야만 종업원은 공동의 꿈을 실현시키기 위해 분발하고 열심히 일을 하게 되는 것이다.

장사가 잘되는 점포를 조사해보면 종업원들이 활기차고, 언제나 명랑하다. 이것은 종업원의 마음속에 내가 열심히 하면 점포의 매출이 오르고 점포의 영업실적이 향상되면 나에게 보다 나은 기회가 주어질 것이라는 신념이 있기 때문이다. 따라서 점포경영주는 종업원에게 점포경영에 대해 공개를 하며 종업원들이 참여할 수 있는 기회를 만들어줘야 한다. 내가 하라는 대로 따라오라는 경영방식은 앞에 예를 든 어느 재벌그룹과 똑같이 파산의 길을 걷게 될 것이 자명하다.

2) 운영원칙은 반드시 세워야 한다

점포를 운영하는 데 있어서 기본적인 점포의 운영원칙은 반드시 세워야 한다. 사실 조그마한 점포에 무슨 경영방침이 필요한가? 라고 반문할 수도 있다. 그러나 한 가정에도 가훈을 정하여 온 가족이 가훈에 어긋나지 않도록 생활하듯이 점포운영에서도 점포의 근본적인 운영방향인 경영방침은 반드시 있어야 하고 필요한 것이다.

경영방침이라는 것은 점포를 경영해 나가는 데 있어서 어떠한 신념을 갖고 활동하느냐 하는 기본적인 태도로써 점포경영주가 이루고자 하는 마음가짐인 것이다. 이러한 경영방침은 점포경영에 있어서의 모든 판단의 기준이 되며, 경영주 이하 전 종업원이 합심을 하여 이루어낼 수 있는 요인이 되는 것이다.

어떠한 사업이든 사업을 하는 데 있어서는 소명의식이 필요한 것이다. 그저 돈을 많이 벌고자 사업을 한다는 것은 발전이 없고 문제를 발생시켜 점포경영을 위기로 몰고 갈 수 있다. 점포의 경영방침이 '고객에게 봉사, 사회에 공헌하자'라는 점포가 있다고 하자. 만약 이러한 경영방침이 없다면 점포경영주는 눈에 보이는 돈만을 노려 종업원 숫자도 줄이고 기타 점포의 기존 서비스에 들어가는 모든 비용을 줄일 것이다. 단기적으로는 물론 돈이 좀 모일지는 모르겠지만 이러한 점포는 결국 얼마 안가 고객서비스가 우수한 점포에게 고객들을 모두 빼앗기고 말 것이다.

반면에 위와 같은 경영방침을 갖고 점포를 운영하는 경영주는 고객들에게 항상 친절한 쇼핑을 할 수 있는 방안을 모색하고 새로운 서비스를 도입하여 고객들을 대하게 되므로 초기에는 다소의 비용이 들어갈지 모르겠지만 이러한 고객서비스 비용으로 말미암아 기존고객들은 고정고객이 되고 또 새로운 고객들을 계속 유치하게 되어 매출과 이익이 계속적으로 늘어나게 되는 것이다.

이와 같이 점포운영에 있어서의 방향이 있는 점포 하고, 없는 점포의 미래는 현격하게 차이가 나는 것이다. 그러므로 아무리 소점포 사업에 있어서의 사상과 철학이 없으면 사업을 번창시킬 수 없는 것이다.

위에서의 경영방침은 점포운영의 포괄적인 측면에서 결정되는 것이고 경영주의 점포경영 의지가 중요한 것이라고 할 수 있다. 그 다음에는 구체적으로 점포 내에서 모든 사람들이 행동강령으로 삼고 일할 수 있는 영업방침이 필요하다. 이것은 고객을 맞이하여 판매를 하는 데 있어서 언제나 또는 누구나 행동의 판단지표로서 활용되는 것으로서 좀 더 고객을 생각하는 데 도움이 될 수 있으며 대외적으로 점포의 이미지를 나타내는 것이라고 할 수 있다. '신속한 서비스', '깨끗한 매장'이라는 영업방침을 세웠으면 다른 것은 몰라도 고객들로부터 '저 가게는 계산 하나는 정말 빨라서 좋아', '저 집은 항상 깨끗해서 상품도 모두 좋은 것 같아'라는 평가를 받을 수 있도록 경영주와 종업원들이 합심해서 노력함으로써 자신의 점포이미지를 고객들에게 인지시킬 수 있어야 할 것이다.

3) 최고매출점포의 4가지 조건

일반적으로 최고매출을 올리는, 즉 매출우량점포의 조건은 4가지가 있다. 여기서의 최고매출, 매출우량점이라는 것은 물론 상권에 따라, 업종에 따라 또 규모에 따라 각기 내용이 다를 것이다. 동일한 입지에서 50평규모의 음식점이 일매출액 100만 원을 올리지만 매출부진점포일 수 있고, 10평규모의 작은 점포에서 일매출 30만 원을 올리지만 매출우량점일 수가 있다. 메출우량점을 판단하는 기준은 이렇듯이 각자의 상황과 조건 아래에서 가능한 최고의 매출을 올리는 점포를 말하는 것이다. 매출우량점포를 구성하는 4가지의 조건은 우량한 입지, 우수한 상품, 고객서비스, 마케팅력이라고 할 수 있다.

첫째, 우량한 입지라는 요인을 보면, 점포사업의 성공을 위해서는 우수한 입지에 점포를 개점하는 것이 그 성공의 80% 정도를 좌우하게 된다. 따라서 좋은 입지에 점포가 입지하는 것이 점포의 번성을 이루는 데 필수불가결한 요소인 것이다. 아무리 업종이 좋고 자금준비가 원활하더라도 적정한 입지에 점포를 개점하지 않으면 사업의 성공은 불투명한 것이다. 물론 개점 초기에는 점포의 배후세력, 접근성, 경쟁세력, 향후의 발전가능성 여부를 다각적으로 검토한 후 점포를 계약하고 사업을 시작하게 마련이다. 그러나 개점 후에도 점포경영주는 점포의 입지변화에 대해 늘 예의주시해야 한다. 점포의 입지조건은 고정되어 있는 것이 아니고 변화하기 때문이다. 개점할 때 조사해 놓은 입지조건에 맞추어 점포를 1년 후에나 3년 후에도 여전히 같은 영업 방식으로 운영하는 것은 잘못된 생각이다. 초기에는 매출이 좋고 고객도 많았으나 2, 3년 후에는 영업이 어려워져 고전을 하고 있는 점포를 보면 십중팔구는 변화하는 입지조건에 발빠르게 대응하지 못하고 개점초기의 판매방법, 고객응대를 계속해서 사용하는 점포이다. 입지는 고객층의 변화, 교통수단의 변화, 경쟁점의 출현 등으로 변화되는데 이러한 입지조건의 변화를 정확히 파악하여 점포운영에 반영하는 것이 영업을 안정화시키고 나아가 매출을 증대시킬 수 있는 좋은 요인이 되는 것이다.

둘째, 우수한 상품이라는 요인을 보면, 점포는 고객에게 상품을 진열, 제공하는 장소이므로 점포의 핵심은 상품이라고 할 수 있다. 아무리 서비스가 좋다고 하더라도 고객이 원하는 적절한 품질과 가격의 상품이 점포에 없다면 판매는 성사되지 못할 것이다. 그러나 상품은 그 자체의 질이 우수해야 고객이 구매를 하며 계속해서 점포를 이용하게 되는 것이다. 그러면 상품력의 체크포인트는 무엇일까? 물론 상품 자체의 품질이 우수해야 하지만 그 상품이 훌륭하다 라는 평가를 받기 위해서는 진열이 우수해야 하며, 상품포장이 적절해야 하고, 적정한 가격, 종업원의 우수한 서비스가 곁들여져야 하는 것이다. 따라서 점포경영주는 자신의 점포의 기준을 설정하여 그 기준을 틀림없이 행하는지를 체크하고 노력해야만 경쟁점에 뒤지지 않는 상품력을 확보할 수 있는 것이다.

셋째, 고객서비스라는 요인을 보면, 고객에 대한 성의있는 서비스는 매출을 올리는데 있어서 기본적으로 중요한 요소라고 할 수 있다. 그렇다면 고객의 입장에서 이 점포는 참 서비스가 좋은 점포이다 라는 평가를 받기 위해서는 어떠한 점이 잘 지켜지며 준비되어야 하는 것일까?

① 깨끗한 매장이다. 아무리 판매하고 있는 상품이 우수하고 가격이 저렴하다고 해도 점포 내부가 더러우며 불결하다면 고객은 이러한 점포를 다시는 방문하지 않을 것이다.

② 종업원이 친절해야 한다. 고객의 눈을 보면서 "어서 오십시오"라고 응대하며 미소를 짓는 종업원은 좋은 품질의 상품 이상으로 고객을 점포로 유인하는 요소이다.

③ 빠른 서비스를 제공해야 한다. 절도가 있고 정확하며, 빠르게 고객을 응대하는 태도는 현재 소매업계에 있어서 공통적으로 시행하려고 노력하는 항목이다. 이제는 고객이 점포를 평가하는 수준도 많이 높아져 질 높은 서비스를 제공받기를

원하는 것이다.

④ 종업원의 복장, 용모이다. 아무리 종업원의 얼굴이 잘 생기고 태도가 공손하더라도 입고 있는 복장이나 용모상태가 불량하면 고객을 진심으로 기쁘게 할 수 없다. 고객을 상대하는 경영주 이하 종업원은 항상 자신의 용모, 복장을 점검해야 할 것이다.

넷째, 마케팅력이라는 요인을 보면, 우수한 상품력, 훌륭한 서비스가 준비되어 있더라도 이것만으로는 많은 고객을 점포로 끌어들이는 데는 역부족이다. 과거에는 상품이 우수하면 이러한 점이 구전에 의하여 전해져 새로운 고객이 점포를 찾아오는 경우가 많았으나 현재의 시장상황은 동 업종 간의 경쟁이 치열하고, 하루가 다르게 경쟁점이 출현하고 있는 상태이다. 이러한 상황에서는 점포에서의 적극적인 고객유치를 위한 마케팅력이 필요한 것이다. 구전에 의존하는 것이 아니라 지역사회에 자신의 점포를 적절한 방법을 사용하여 선전함으로써 점포의 존재를 알리는 것이 중요하며, 한 번 찾아온 고객을 2번, 3번 계속해서 올 수 있게 하여 고정고객으로 만드는 판매촉진 방법의 도입이 필요한 것이다.

이제까지 매출우량점의 4가지 조건에 대해서 알아보았는데, 결론적으로 매출이 좋은 점포는 고객이 많이 오는 점포이고, 고객이 많으면 점포는 매출우량점이 되는 것이라고 할 수 있다. 따라서 매출우량점이 되기 위해서는 고객을 점포로 끌어들여야만 하는 것이다. 여기에는 3가지 방법이 있는데, 첫째 고객의 인지율을 높이는 방법이다. 이것은 점포 앞을 이동하는 고객에게 점포에 관심을 갖게 하는 것으로서 점포 앞 연출 또는 매장입구의 이벤트 연출을 시행하는 방법이다. 둘째, 고객의 내점률을 높이는 방법이다. 이것은 점포 내 상품에 대해 고객이 흥미를 갖고 매장 안으로 들어오게 하는 것으로 쇼윈도에서 점포 내부가 잘 보이도록 하며 점포 내부로 고객이 들어올 때 종업원과의 불편한 시선이 부딪치지 않게 하는 방법이 고려되어야 한다. 셋째, 고객의 회유력을 높이는 방법으로서 한 번 점포에 들어온 고객이 점포에 계속 머무르면서 진열된 상품에 관심을 갖게 하는 것으로 엔드 곤도라(상품 진열대 끝부분)의 적절한 활용 및 매장 공간의 적정한 배치가 필요하다.

2 | 점포설계로 매출증대

1) 무엇을 파는 점포인지 명확히 하여야 한다

고객의 입장에서는 점포에 구비된 상품, 가격, 서비스에 대해 밖에서 보아 한눈에 알 수 없으면 선뜻 그 점포에 들어가려 하지 않는다. 따라서 상점의 외관은 그 특징이 한눈에 띌 정도로 인상적이어야 한다. 또한 상호도 판매하는 상품을 직접적으로 연결시킬 수 있는 것으로 정해야 한다. 과거에는 상호 자체가 좀 모호한 면이 많았으나 오늘날과 같이 점포가 산재되어 있는 상황, 특히 그 업종이 전문화되고 세분화되는 상황에서는 고객이 한 번에 상호만 보고도 그 점포가 어떤 업종의 점포인지, 주로 취급하는 상품이 무엇인지를 알 수가 있어야 한다.

예를 들면 음식점에서 '미원정'이라는 상호는 누구나 여러 음식을 취급하는 음식점이라는 것은 알겠지만 이 점포가 잘 하는 음식이 무엇이고 또 내가 먹고 싶은 음식이 과연 이 점포에서 판매하는가 하고 고객은 주저하게 된다. '날으는 통닭, 헤엄치는 골뱅이', '치킨 투고' 등과 같이 자신이 취급하는 상품을 상호에 포함시킨 이러한 상호들은 매우 인상적이며 고객에게 이 점포에서 무엇을 먹을 수 있다는 것을 쉽게 판단할 수 있게 한다. 이렇듯 상호의 선정에서부터 고객에게 쉽게 다가갈 수 있도록 무엇을 파는 점포인지 명확히 하여야 한다.

2) 간판은 점포의 얼굴이다

간판은 점포의 얼굴이다. 점포의 얼굴이 벗겨지거나 낡아서 더러워진 간판은 점포의 외관은 물론 이미지를 해치게 된다. 간판은 한 번도 점포를 이용하지 않은 고객에게는 점포에 들어가느냐 말아야 하느냐를 결정하는 중요한 판단요소임을 명심해야 한다. 따라서 간판을 시공할 때에는 글자체, 색, 형태를 고객의 눈길을 주목시킬 만하게 하여 고객이 한 번 들어가고 싶어할 정도로 시공해야 하며 가급적 다른 부문에서 비용을 절약하고 간판만은 신경을 써서 시공하는 것이 좋을 것이다. 이때의 간판형태는 간단, 명확, 눈에 잘 띄며, 쾌감을 주는 간판이 되어야 보다 효과적이다. 점포입지

의 형태에 따라 간판의 형태를 조정하는 것도 효과적인 방법이다. 예를 들면,

① 도로폭이 10m 이하일 경우에는 간판을 낮게 달아준다.

② 도로폭이 좁을 때는 돌출 간판을 사용한다.

③ 도로폭이 넓을 경우에는 횡간판으로 강조한다.

그러나 간판을 시공할 경우에는 경영주 자신이 업계조사를 통하여 우수한 간판을 조사함으로써 간판제조회사에 구체적인 방향을 제시하는 것이 좋을 것이다. 그렇지 않고 간판업자에게 일임하면 획일화된 보통의 간판이 제작되기 마련이어서 다른 점포들과 차별화되기 어려워진다. 간판 제작에서부터 점포경영주의 노력과 사업의 의지가 들어가야 한다는 것이다. 또한 간판의 사이즈 및 색상은 관할 구청에서 정해 놓은 일정기준이 있는데 이러한 점을 사전에 파악하여 다 만들어 놓은 간판을 못다는 불상사를 피해야 할 것이며 제작업체와 면밀히 상담을 통하여 결정해야 할 것이다. 기본적인 기준은 3층까지의 건물은 가로길이가 3.5m 이상의 대형간판을 설치할 때에는 관할 동사무소에 신고해야 하며 만일 3.5m 이상의 간판을 4층 이상의 높이에 설치하려면 구청의 허가를 받아야 한다. 색에 있어서는 붉은색은 가급적 제한을 두고 있음을 고려해야 한다.

3) 상품과 상품 간의 관계가 연결된 레이아웃을 만들어라

장사가 잘 되는 점포를 방문하게 되면 매장의 레이아웃이 잘 되어 있는 것을 발견할 수 있다. 매장의 레이아웃이 잘 되고 있다는 것은 고객이 점포로 들어섰을 때 점포내부의 구조를 알기 쉽게 구성하는 것이다. 이러한 우수한 레이아웃은 고객의 회유성을 높게 하며, 이에 따라 구입량이 증가되어 매출과 이익을 증대시키기 마련이다. 그러면 효율적인 레이아웃이란 무엇인가? 이것은 각 진열부문과의 구획과 통로가 유기적으로 연결되어 있는 레이아웃이다. 점포의 적정한 레이아웃은 상품구성의 편성과 그 배열의 방법이 중요한 포인트이다. 따라서 알맞은 상품을 명확한 목적으로 진열해야 하는 것이다.

점포의 레이아웃 구성에 있어서의 포인트는 점포 전체가 전반적으로 잘 보이게 하는 것이다. 이때에 체크해야 할 포인트는 다음과 같다.

① 고객의 동선을 고려하여 부분영역을 계획한다.

② 주력상품군은 주통로의 가장 좋은 위치에 가장 넓은 면적으로 배치한다.
③ 주력상품 이외의 준주력상품이나, 관련상품에도 고객의 시선을 끌 수 있도록 만들어야 한다.
④ 주통로와 연결통로가 유기적으로 연결되어야 한다.

4) 제1 주통로는 고객유인의 지름길이다

제1 주통로는 고객이 상품을 구입하러 점포의 문을 열고 들어설 때 제일 먼저 마주치는 통로이다. 이 주통로는 고객이 처음 점포로 들어와 이용하는 통로이기 때문에 매출을 증가시킬 수 있는 많은 포인트를 갖고 있다. 따라서 주통로에서 많은 매출을 일으키기 위해서는 주통로는 다음과 같은 특징이 있어야 한다.

① 주통로는 점포의 개성을 나타내야 하기 때문에 주력상품 위주의 진열이 되어야 한다.
② 고객을 기쁘게 환영한다는 의미에서 주통로는 보조통로보다 폭이 넓어야 한다. 반면에 보조통로는 무엇인가 은밀한 느낌을 갖게 하여 고객을 유인할 수 있게 주통로보다는 좁아야 효과가 있다.
③ 주통로는 점포 각자의 독창적인 연출을 통하여 상품을 진열함으로써 고객의 시선을 끌어야 한다.
④ 주통로의 표준 사이즈는 120~150cm이며 보조통로는 90~120cm이다.
⑤ 주통로는 점포의 형태에 따라 다르겠지만 2곳 이상을 만드는 것이 매출증대에 효과적이다.

5) 사게 만드는 진열이어야 한다

상품진열은 소비자에게 의사를 전달하는 방법의 하나로 이러한 의사전달이 효과적일수록 매출은 올라가게 된다. 다시 말하면 고객이 보게 하여 사게 만드는 진열이 필요한 것이다. 따라서 점내 진열의 상태가 매출액을 증가시키는 데 차지하는 공헌율이 매우 크다고 할 수 있다. 진열의 원칙은 다음과 같다.

1 보기 쉽고

① 상품을 즉시 알기 쉽게
② 가격을 즉시 알기 쉽게
③ 용량을 즉시 알기 쉽게

2 구매하기 쉽게

① 자연스럽게 고객의 손이 닿을 수 있도록
② 상품의 진열이 안정되어 무너지지 않게
③ 마음이 편하고 불안하지 않게

3 유도력이 있어야

① 페이싱(상품의 전면)을 정연하게
② 브랜드(상표)를 정면에
③ 품종경계를 명확하게
④ 동일 상품군을 한자리에
⑤ 색채대비가 조화롭게

4 마지막으로 깨끗하게 진열하는 것이다

진열의 포인트는 상품의 전면이 잘 보이도록 하는 것이다. 즉 페이싱 상태가 우수해야 하는 것이다. 고객이 진열대를 보았을 때 상품의 규격 및 가격이 한눈에 들어오게 하는 진열이 필요한 것이다. 또한 상품의 사이즈 및 중량을 고려하여 무겁거나 큰 사이즈는 하단에 진열토록 하고, 상품 간의 색채의 조화를 고려하여 진열함으로써 고객의 시선을 집중시켜야 한다. 주력상품 또는 특매행사가 실시 중인 상품에 대해서는 볼륨있는 진열을 해야 한다. 대량진열된 상품은 고객의 입장에서 볼 때 상품의 신선감을 느낄 수 있으며 가격도 저렴하게 느낄 수 있는 진열형태라고 할 수 있다. 반면에 저회전 상품 또는 유사품이 없는 고액의 상품은 도난 또는 악성재고를 방지하기 위해 최소한의 양을 진열하도록 해야 한다.

6) 원칙에 충실한 진열을 해야 한다

상품진열의 목적은 단지 고객에게 보이게 하는 것이 아니고 고객이 보고 즉시 구입하도록 유도하는 것이다. 따라서 진열의 방법에 따라서 매출이 증가하기도 하며 또한 매출이 감소하기도 한다. 그러면 효과적인 매출증대의 원칙은 다음과 같다.

1 연관된 상품을 같이 진열한다

상하 간 좌우로 또는 매대 간에 서로 관련된 상품을 배치하는 것은 고객이 쇼핑을 편리하게 할 수 있고 점포입장에서는 매상을 2배로 증진시킬 수 있는 것이다. 편의점에서의 진열상태를 살펴보면 주류 냉장고 옆 매대에는 안주류가 있는 것을 볼 수 있다. 이것이 바로 연관된 상품의 진열배치이다. 맥주를 사러온 고객은 계산을 하러 가다가 안주류를 발견하고 추가적으로 안주를 구매하게 되는 것이다.

2 잘 팔리는 상품을 잘 보이는 곳에 진열한다

3 너무 높거나 너무 낮은 곳에 상품을 진열하지 않도록 한다

어떤 매장을 가보면 상품의 진열량을 많게 하기 위해서 진열대의 크기를 높여 고객이 겨우 손을 뻗어야 상품을 잡을 수 있는 곳에 상품을 진열하는 경우를 볼 수 있다. 이것은 점포에서 일하는 종업원들의 게으름 때문에 만들어진 결과이다. 진열대에서 상품이 빠지면 즉시 상품을 채워 넣어야 하나 너무 많이 진열하면 이러한 횟수가 줄어들기 때문이다. 그러나 고객의 입장에서 이러한 진열상태는 쇼핑의 즐거움을 빼앗는 요인이므로 고객은 다른 점포로 발길을 돌리게 되는 것이다.

4 점포의 이동공간을 넓게 하여 상품이 잘 보일 수 있도록 한다

동네에 있는 구멍가게에 가보면 고객이 이동할 공간도 없게 진열대 이외의 통로에도 상품을 빽빽히 진열하는 경우를 많이 볼 수 있다. 이것은 매출을 증가시키는 요인이 아니고 오히려 고객이 답답함을 느껴 빨리 점포를 벗어나게 하는 상태이다. 고객이 편리하고 유쾌하게 쇼핑을 할 수 있는 공간의 제공은 보다 많은 구매를 증진시키는 요인이 되는 것이다.

5 유사상품 간의 상품가격의 비교가 될 수 있도록 진열한다

고객은 상품을 선택할 때, 상품의 디자인, 브랜드, 가격 등을 신중히 고려하고 구매

결정을 하게 된다. 물론 고객의 취향에 따라 선택의 기준은 다르겠지만 그래도 상품 가격이 상품 구매결정을 할 때 가장 중요한 고려대상이다. 따라서 점포에서는 고객이 상품의 가격을 잘 인지하도록 진열해야 하며, 유사상품은 한 곳에 진열을 하여 고객의 가격비교가 신속하게 이루어지도록 해야 한다.

그렇다면 진열을 할 때 기본적인 행동요령은 무엇인가? 진열을 시행할 때에는 기본적인 점포의 레이아웃 설계를 첫 단계로 하여 레이아웃에 맞추어 상품을 진열하게 된다. 이때에 점포경영주의 머릿속에는 다음과 같은 생각을 하며 진열작업을 시행해야 한다.

1 무엇을 진열할 것인가

어떤 상품을 진열할 것인가와 또한 어떤 상품을 주력으로 돋보이게 진열할지를 결정해야 한다.

2 언제 진열할 것인가

특매행사 때 진열할 것인가, 계절시즌 전에 진열할 것인가, 보통 때에 진열할 것인가를 결정해야 한다.

3 어느 위치에 진열할 것인가

점포의 어느 위치에 진열하느냐는 매우 중요한 고려사항이다. 점포 안쪽에 진열할 것인가, 냉장 쇼케이스 안에 진열할 것인가, 계산대에 진열할 것인가 등을 결정한다.

4 누구를 위해 진열할 것인가

상품의 주요 고객층을 찾아내어 진열을 연출해야 한다. 여기서 한 가지 점포 내에서 특별히 주의해서 진열해야 하는 부분이 있는데 바로 계산대 주변의 진열이다. 계산대 주변은 고객이 구매를 마치기 위해 상품대금 계산을 위해 접근하는 위치로 이때에 종업원의 재치있는 행동과 계산대 주변에 적절한 상품의 진열로 고객의 추가구매를 유도할 수 있어 점포의 매출을 증대시키기 위한 중요한 위치이다. 따라서 이곳은 이익률이 높은 상품이 진열되어야 하며 주로 점포의 정책적인 상품이 진열되어야 할 것이다.

7) 효과적인 진열의 방법

효과적인 진열이란 고객이 쉽게 찾아 고를 수 있도록 하는 진열이다. 이렇게 하기 위해서는 상품을 어떤 종류끼리 분류하고 묶는 방법을 연구하는 것이 대단히 중요하다.

1 용도별 진열

용도별 진열이란 상품의 품종별, 용도별, 가격별로 상품을 분류 진열하여 고객이 쉽게 선택하여 구매하도록 유도하며 대량구매를 유도하여 고객 1인 구매액 증가를 꾀하는 진열방법이다.

예) 용도별 : 주방용품, 목욕용품, 스포츠용품 등
품종별 : 차류(국산차, 외제차), 주류(맥주류, 소주류, 양주류, 와인류, 청주류 등)
가격별 : 특매상품의 경우 990원대류, 1,000원대류, 9,900원대류 등
크기별 : 신발의 진열에 많이 사용(200mm, 250mm, 265mm 등)
색채별 : 색채에 따라 상품을 잘 조화시켜 통일성있게 분류하여 진열

2 관련상품의 진열

주력상품이라 하면 목적 구입상품으로 점포에 있어서 가장 판매에 역점을 두는 상품으로 예를 들면 양복점의 양복류, 안경점의 안경과 렌즈를 말하며, 관련상품은 목적 상품을 구매하러 와서 주력상품과 관련되어 충동구매를 통하여 구입하는 상품류를 말한다. 양복점의 넥타이, 양말류, 안경점의 렌즈용 크리너, 식품점에서 주류를 구입할 때 안주류를 구매하도록 진열하는 방법이다. 그러면 주력상품과 관련상품의 진열은 어떻게 진열하는 것이 효과적인 것일까? 이때에는 가급적 서로 가깝게 진열함으로써 주력상품을 구매하고 바로 관련상품을 구매할 수 있도록 해야 한다.

3 엔드(End)진열

진열선상의 엔드 곤도라에 상품을 대량진열하는 방법으로 상품의 대량진열, 특매상품의 진열, 계절상품의 진열로 고객의 이목을 집중시켜 사고 싶은 충동을 유발시키는 진열로서 고객의 점내 체류시간을 늘리는 효과도 있다. 이때에 보다 효과적인 진열이 되기 위해서는 적절한 P.O.P를 부착하면 진열의 효과를 배가시킬 수 있다. 종합해 보면 이러한 엔드진열은 다음과 같은 효과를 보기 위해 사용된다.

① 충동구매를 유발하여 매상의 증진을 유도
② 특매상품을 진열하여 점포의 쇼핑분위기를 활기차고 재미있게 유도
③ 신상품의 인지도를 제고
④ 흥미를 자극하는 상품의 진열로 고객의 점내 체류시간을 높여 상품의 구매량을 증가시키며 고정진열 매대로의 유도가 가능하다. 또한 엔드 진열은 가격, 대량진열, 품목수의 세 가지 조건이 만족되어야 효과적인 진열이 될 수 있다.
⑤ 품목수는 한정지어 진열한다. 품목수는 가급적 제한을 두어 1~2개의 품목을 선정 진열해야 고객이 알기 쉽고, 신속하게 구매결정을 할 수 있다.
⑥ 가격은 가급적 염가인 상품을 진열한다. 동질의 2류 브랜드 또는 점포 자체에서 기획한 개인브랜드를 진열하는 것이 효과적이다.
⑦ 상품의 진열량은 대량진열하여 시선을 집중시킨다.

4 이벤트진열

이벤트진열이란 각 계절에 관련된 상품을 진열하여 매출을 올리는 방법으로서 이벤트진열의 포인트는 적기의 상품준비와 효과적인 진열의 연출을 위한 색다른 연출이 필요하다. 이때의 진열은 행사와 관련된 소품류를 준비하고 이에 따른 음향도 곁들이면 효과가 배가될 수 있다. 또한 다른 코너보다 돌출될 수 있게 P.O.P 등을 부착하여 들뜬 분위기를 연출한다. 크리스마스 시즌에는 산타 복장의 종업원이 각 코너에서 특별판매 활동을 벌여 고객유인에 있어서 정적이 아닌 동적인 동작을 통하여 큰 소리로 고객을 유인하는 준비도 필요하다.

5 윈도우진열

윈도우진열은 고객을 점포 안으로 이끄는 자석과 같은 역할을 한다. 따라서 윈도우진열의 포인트는 점포 앞을 지나가는 고객의 시선을 붙잡아 점포 안으로 고객을 유도하는 것에 있다. 효과적인 진열을 만들기 위해서는 다음과 같은 진열원칙을 고려해야 한다.

① 단순하지만 파격적인 진열을 유지한다.
② 윈도우진열은 매일 고객이 지나면서 보기 때문에 한 번에 메시지를 전달할 수 있도록 단순해야 하며 항상 흥미롭고, 깨끗한 진열을 유지해야 한다. 따라서 상품 이외에 고객의 눈길을 끌 수 있는 작은 소품(희귀동물, 움직이는 철제)을 진열하면 더욱 효과적이다.

③ 점포에서 판매하는 시즌에 맞는 주력 상품과 베스트상품을 진열한다.

④ 계절 또는 절기 행사 시에 변화에 민감한 진열이 되어야 한다.

⑤ 정기적인 이벤트 계획과 연관되어 진열상품 및 진열상태를 변화시켜 주어야 한다. 거의 1년 내내 똑같은 진열은 고객의 이목을 집중시킬 수 없으며 고객들이 점포에 대한 흥미를 잃게 된다.

⑥ 주위 환경조건과 부합된 진열이 이루어져야 한다.

⑦ 조명을 적절히 활용해야 한다.

윈도우는 상점의 최고의 광고수단이다. 따라서 진열될 상품이나 디스플레이도 중요하지만 여기에 걸맞는 적절한 조명은 윈도우 진열을 더욱 돋보이게 한다. 주력상품에는 강렬한 스포트라이트를 비추는 것도 하나의 방법이다. 낮에는 태양광선 때문에 윈도우진열 내부가 약해지는 경우가 많다. 이때에는 윈도우진열대 위에 차양막을 설치하여 태양광선을 적게 함으로써 윈도우 내부진열을 효과적으로 살릴 수 있다.

⑧ 윈도우의 청소는 매일 하라.

더러워진 윈도우진열은 이미 영업 끝이라고 할 수 있다. 특히 유리창은 매일 깨끗이 세제로 청소하여 상큼하고 깨끗한 상태를 유지하여 청결한 인상을 주어야 한다.

8) 고객이 편리한 진열을 하여야 한다

앞에서도 말했듯이 진열의 목적은 고객이 쉽게 상품을 인지하고 선택할 수 있게 만드는 것이다. 따라서 고객의 행동형태 및 고객심리를 고려한 진열이 필요하게 된다.

1 수직진열

수직진열은 세로로 분류하여 진열함으로써 고객이 한 번에 상품을 파악할 수 있도록 진열하는 방법으로 어떤 상품의 범주를 상, 중, 하로 한곳에 정리해 수직으로 진열하는 것이다. 쇼핑은 고객이 한곳에 머물러 시선과 손을 위, 아래로 움직이며 상품을 결정한다. 이때에는 고객이 어느 방향으로 시선을 움직여도 그 범주가 반드시 눈에 들어와야 하며 눈에 들어오면 충동구매를 일으키게 되는데 이것은 시각적 볼륨감 때문이다.

2 수평진열

상품의 아이템이 많아 1개의 진열대에 가로로 길게 용도별로 상품을 진열해 놓는 방법으로 이러한 진열법은 전문점의 경우에 많이 활용되는 진열방법이다. 예를 들면 방충제라면 속옷용, 스웨터용, 가죽점퍼용, 담요용, 실크용으로 진열하고, 시계라면 스포츠시계, 탁상시계, 예물용시계, 숙녀용 패션시계순으로 진열함으로써 한 상품을 사러 와서 용도별로 갖추어 사거나, 일반용품을 사러 와서 보다 고급제품을 제안받고 사게끔 하는 방법이다. 주의할 점은 물품군을 가로방향으로 길게 진열하는 것은 나쁜 진열이며, 이때에는 상품의 이용층 또는 용도에 따라 구비하여 수평진열한다. 예를 들면 상품회전이 빠른 고빈도상품은 제일 하단에 진열하고, 중단에서 상단으로 갈수록 빈도가 낮은 것으로 진열하도록 하며, 중량에 의할 경우에는 제일 하단에는 무거운 상품을, 크기에 따라서 가벼운 상품을 상단에 위치하도록 하는 것이다.

3 판매가격에 따른 진열방법

점포 내에서 저가격대 상품군의 진열은 싸게 느껴지도록 함으로써 충동구매를 유발시켜 이 상품을 구매한 후 이득을 본 느낌이 들도록 하여야 하며, 고가의 고급아이템은 정해져 있는 독립 진열대에 진열시켜 고급스러운 이미지를 나타내도록 정연하고 화려한 진열이 필요하다. 저가 상품의 진열은 무질서한 진열, 몇개씩 묶어서 진열, 저가의 동일가격코너를 만들어 진열하면 가격 자체의 싼 맛을 더욱 느끼게 할 수 있다.

4 전진입체진열

상품을 진열대에 진열할 때 진열대 앞으로 전진시켜 입체적으로 쌓아 올리는 진열방법이다. 이 진열은 상품의 양감이 강조되고 진열면이 넓어져 고객의 시선을 끌 수 있는 진열이며, 이 진열의 형태는 판매의 진행에 따라 형태가 무너지므로 항상 전진입체진열을 유지하도록 세심한 노력이 필요하다. 특히, 진열대 안에 숨어 있는 상품은 고객의 시선과 멀어지고 또한 볼륨감이 떨어져서 상품의 이미지가 저하되기 쉬운데 이러한 고객의 시선이 집중되지 않는 진열대 하단에 집중하여 적용하면 비록 상품이 많지는 않지만 보기에는 풍부한 느낌을 들게 하여 판매를 촉진할 수 있다. 결국 상품을 진열할 때에는 깊숙히 밀어넣어 진열하지 말고 진열대 앞으로 끌어내어 진열하도록 하고, 상표면을 정면으로 하며, 작은 면보다는 큰 면을 정면으로 놓이게 진열해야 한다.

5 점블진열

동일한 상품류, 즉 캔, 껌, 사탕류 등을 바구니 모양의 진열공간에 아무렇게나 쌓아 진열하는 방법으로 진열시간이 적으며, 고객에게 특가품이란 인식을 주어 충동구매를 통한 추가구매를 일으킬 수 있는 방법이다. 이러한 점블진열은 점포 내의 재고로 남아 있는 저가의 계절상품 등을 염가에 처분할 경우에 사용된다. 크기가 작은 상품이 유리하며 상품은 다양하게 하여 그 속에서 찾는 재미를 고객이 느끼도록 해야 한다.

6 크기별 진열

상품의 사이즈에 맞춰 보통 바라보는 입장에서 왼쪽에서 오른쪽으로, 작은 사이즈로부터 큰 사이즈로 진열하는 방법이다. 보통 의류점에서 사용하는 방식으로 행거에 왼쪽부터 작은 사이즈를 진열하고 오른쪽 끝에는 제일 큰 사이즈의 의류를 진열하는 것이다. 진열대에 수직진열할 경우에도 큰 사이즈의 상품은 하단에, 작은 사이즈의 상품은 상단에 진열함으로써 고객이 쉽게 상품을 선택할 수 있으며 상품의 선택 시 파손 또는 안전사고를 예방할 수도 있다. 종업원의 입장에서도 진열작업에 있어서 매우 편리한 진열방법이다.

3 | 판매촉진방법으로 매출증대

1) 판매촉진의 목적과 종류

고객들이 자기 점포에 있는 상품을 알지 못하면 상품을 사러 오지 않는다. 따라서 점포에서는 고객들에게 자기 점포가 취급하는 상품들을 적극적으로 소개하고 그것을 구입하면 만족을 얻을 것이라는 메시지를 담은 다양한 판매촉진을 하는 것이다. 판매촉진이라는 것은 여러 가지 방법을 통하여 고객의 행동에 변화를 일으키게 하는 점포와 고객과의 의사소통이라고 할 수 있는 것이다. 판매촉진의 목적은 관점에 따라 몇 가지로 나누어 볼 수 있다.

(1) 정보를 제공한다

고객에게 점포 및 상품의 존재를 적극적으로 알리는 것이다. 상품이 신제품이면 더욱 고객들에게 알려야 하며 새로 개점한 점포라면 점포 자체에 대한 홍보를 해서 고객들에게 점포의 존재를 인식시켜야 한다.

(2) 고객을 유인한다

판매촉진의 근본적인 목적은 고객들을 많이 점포로 유인하여 상품의 판매를 증대시키는 것이다.

(3) 매출을 유지하기 위해서이다

계절적으로 기복이 심한 매출을 안정시키는 역할을 한다. 예를 들어 겨울에는 아이스크림의 매출이 부진하기 때문에 아이스크림점의 매출이 부진하게 된다. 이 시점에서 떨어진 매출을 올리려고 할 때 판매촉진이 사용되는 것이다.

(4) 매출의 증대

'많이 팔릴 때 더 많이 팔아라'는 마케팅원칙에 따라 잘 팔리는 상품에 대하여 판매촉진을 함으로써 상품의 판매량을 더욱 증가시킨다.

현대는 광고의 시대라고들 한다. TV나 라디오를 켜봐도, 신문이나 잡지를 봐도 각종 광고들이 잠재고객들에게 자신의 상품이 좋다고, 사 달라고 요구하고 있는 것이다. 소점포의 경우에도 예외는 아니다. 점포의 간판에서부터 각종 사인물, 신문에 끼워 들어오는 전단지 등 그 방법과 숫자는 매우 다양하며 쉴새없이 고객들을 유혹하고 있는 것이다. 점포사업을 하고 있거나 새로이 시작하려고 하는 사람들은 대부분 조그만 가게 하나 하는데 무슨 광고선전까지냐 하고 말할 지 모르겠지만 앞으로의 점포사업도 경쟁이 더욱 치열해지는 만큼 경쟁점들과 비교하여 우위에 서고 고객들을 자기 점포로 끌어들이기 위해서는 광고선전의 종류와 특징에 대해서 알아두어야 할 것이다. 여기에서는 우리가 주위에서 쉽게 접할 수 있는 광고선정 방법인 광고, 판매촉진, 홍보에 대해서 그 특징을 알아보기로 한다.

1 광고

신문, TV, 라디오, 잡지, 옥외광고판 등을 통하여 선전하는 방법으로서 대규모상권에 필요한 방법이고 장기적인 효과가 있다.

① **TV광고** : TV광고는 시각과 청각을 동원하며, 시청대상이 폭이 넓고 반복이 가능하기 때문에 효과가 큰 방법이다. 반면에 비용이 비싸고 목표로 하는 고객을 정확히 조준할 수 없다는 단점이 있다. 따라서 전국적인 TV광고는 소점포의 광고선전 차원에서는 거의 활용하기가 힘들지만 근래 케이블 TV의 보급으로 지역채널을 이용한 광고도 꽤 활용하고 있는 상황이다.

② **신문광고** : 대다수의 성인이 신문을 읽으며 학력이 높을수록 그리고 주말에 신문을 많이 읽는다고 한다. 신문광고는 지역별 선택이 가능하고 전달하고자 하는 메시지를 할당된 지면에 마음껏 표현할 수가 있다. 그러나 광고수명이 짧으며 TV, 라디오와 같이 반복광고가 불가능하다.

③ **잡지광고** : 특별한 고객층을 선정하여 공략하기가 쉬우며, 신문보다 오래 볼 수 있으므로 광고 수명이 길다. 또한 여러 가지 인쇄기술을 적용할 수 있다. 반면에 지역적인 제한을 둘 수 없다는 것이 단점이다.

④ **DM광고** : 고객관리를 통한 DM광고는 광고 대상을 점포에서 선택할 수 있으며, 상품 및 점포의 특매행사에 대하여 자세히 고지할 수 있어 매출에 직접적으로 연계시킬 수 있다. 비교적 비용이 싸며, 손쉽게 시행할 수 있는 장점이 있다. 따라서 효율적으로 DM광고를 실시하려면 평소에 고객에 대한 데이터베이스를 구축해야 하며, 가능한 방법을 통하여 예상 고객 리스트를 많이 확보할 수 있어야 한다.

⑤ **옥외광고** : 야외광고판, 벽보, 플랭카드 등을 이용한 광고로서 간단한 광고로 특정 지역에 의사전달이 가능하지만, 자세한 내용의 전달이 불가능하며, 지역환경을 해친다는 불만을 사기가 쉽다. 플랭카드를 설치할 경우에는 관할 관청에서 지정하는 위치에 부착하여야 한다.

⑥ **생활정보신문** : 동네입구, 건널목 앞 등 우리 주변에는 언제부터인가 생활정보신문들이 많이 등장해 있다. 이러한 지역신문들을 활용하면 광고비가 저렴하며 지역을 한정시켜 광고를 할 수 있으나 생활정보신문의 특성상 점포의 이미지를 실추시킬 수 있어 특별히 이미지에 관계없이 대량판매를 위한 아이템의 소개 등에 활용한다.

⑦ **전화번호부 광고** : 전화번호부는 114 전화안내가 유료화되어 과거보다 이용률이 높아진 상태이다. 따라서 전화번호부에 광고를 게재했을 때에는 과거보다 그 효과가 높아졌다고 볼 수 있다. 전화번호부 광고는 TV, 신문 등과 비교해 볼 때, 확인, 구매 등을 목적의식으로 하는 목적광고이기 때문에 실고객층의 주목률이 매우 높다. 또한 1회 광고로 1년 내내 지속적인 광고효과를 창출할 수 있는 가장 경제적인 광고이다. 전화번호부 광고는 가까운 한국통신 지역본부에 연락하면 직접 영업사원이 방문하여 광고를 접수하여 이용하기가 편리하다.

⑧ **인터넷의 활용** : 가정용 컴퓨터의 보급이 활발해지고 있으며, 이를 통한 각종 정보를 인터넷을 이용하여 얻는 추세가 증가하고 있다. 각 인터넷사업자들은 일정 비용을 받고 인터넷 화면에 광고를 게재하고 있으며 개인이나 소규모사업자를 위하여 무료로 광고를 게재할 수 있는 공간도 제공하고 있다. 물론 광고의 효과는 예측하기 어려우나 통신판매가 가능한 아이템에 한하여 이러한 방법도 한 번 이용해 보는 것이 필요하다.

2 판매촉진(Sales Promotion)

공급이 수요를 초과하는 경쟁시대에서는 앉아서 고객이 오기만을 기다라는 방법은 끝이 나고 고객을 유인하여 판매확대를 도모해야 한다. 고객의 욕구는 다양해지고 선택의 폭도 넓어져서 이제 고객은 상품 이외의 서비스나 혜택을 제공받기를 원한다. 판매촉진은 주로 시험구매를 유도하거나 기존의 매출을 증가시키기 위해 실시하며, 가격할인, 경품제공 등의 방법으로 단기적으로 시행하는 직접적인 인센티브 활동이라고 할 수 있다. 판매촉진활동은 주로 한정된 기간 내에 시행하기 때문에 적극적이고 빠르게 판매를 늘릴 수 있으며 결과에 대한 효과 분석이 가능하다.

3 홍보(PR : Public Relations)

점포의 선행 및 점포의 우수한 점을 각종 매체에 기사화시켜 알림으로써 점포가 위치한 지역사회와의 좋은 유대관계를 알려 간접적인 매출증대를 꾀하는 방법으로 이 방법의 특징은 광고비용이 들지 않으며, 신뢰성이 매우 높다.

광고선전은 여러 가지 방법을 통하여 많이 시행하는 것이 매출증진에 도움이 된다. 그러나 점포사업에 있어서 지출해야 하는 비용은 한정되어 있기 때문에 자신의 점포에 적합한 선전방법을 통하여 적정한 광고선전을 시행해야 한다. 그래야만이 점포의 매출을 증대시키고 점포의 이익이 극대화되는 것이다. 적합한 선전방법을 선택하는 기준은 각 점포의 특성에 맞추어 결정해야 한다. 한 지역의 장사가 잘되는 슈퍼마켓이 많은 비용을 들여 TV광고를 시행한다면 광고를 통한 매출증대는 있겠지만 과다한 광고비용의 지출로 점포의 손익은 악화될 것이다. 광고선전방법을 선택하는 데 있어서 가장 크게 고려해야 할 사항은 취급상품의 특성과 이 상품을 어디의, 누구한테 팔 것인가 등일 것이다.

2) 점포사업의 효과적인 판매촉진방법

고객들을 대상으로 구매의욕을 상승시키게 하는 판매촉진방법에는 여러 가지 방법이 있을 수 있다. 여기서는 소점포사업에 있어서 활용 가능한 일반적인 판매촉진방법을 소개하기로 하는데, 어떤 사람은 새로운 판매촉진 아이디어로 매상을 2~3배로 높이는가 하면, 또 어떤 사람은 기존의 방법을 아무 생각없이 답습하면서 비용만 지출하는 사람이 있다. 결국 다양한 판매촉진방법에 대해서 꾸준히 공부하면서 자기의 점포에 맞게, 자신의 업종에 맞게 새롭게 변형, 개발하는 사람만이 판매촉진의 효과를 얻을 수 있을 것이다.

① **샘플제공** : 고객의 구매욕구를 자극하여 주의를 집중시키며 인지도를 제고시킬 목적으로 사용된다. 보통 샘플은 신상품의 도입 시, 모델 변경 시, 캠페인 행사 시 제공된다.

② **경품제공** : 고객확대 및 고정고객화를 목적으로 사용하는 방법으로 고객에게 사은품을 제공하는 방식이다. 사은품 제공은 구입자 일부에게 제공하는 현상경품 방법과 구입자 전원에게 제공하는 기념품 제공방식이 있다. 일정액 이상을 구매하는 고객에게 그에 상응하는 사은품을 증정하는 방식이 많이 사용되고 있으며, 일정 구매액 단위로 스티커를 제공하여 일정 매수 이상의 스티커를 모으는 고객에게 경품을 제공하는 방식도 많이 사용되고 있다.

③ **가격할인** : 고객의 구매를 촉진시키며 신규고객을 확대하기 위해 사용하는 방식으로 특매 캠페인, 시즌 캠페인을 통하여 시행한다. 비수기 및 불경기가 지속될 때, 특정 상품의 과다재고를 처분할 때, 전략적으로 경쟁점을 이기기 위할 때 사용된다. 이 방법은 일반적으로 1회에 5~10일 정도 시행하는 것이 효과적이다. 이 방법은 가장 손쉽게 매상을 증진시킬 수 있으나 이를 남발할 경우에는 점포 이미지의 실추 및 싸구려 상품이라는 이미지로 매출에 악영향을 미칠 수 있음을

유의해야 한다. 또한 가격할인의 판매촉진 방법을 시행할 때에는 먹는 음식에는 가급적 사용하지 말아야 한다. 먹는 음식에 할인행사를 하면 고객입장에서는 품질 자체에 의구심을 갖게 되기 때문이다. 이때에는 앞에 설명한 경품제공 방식을 사용하는 것이 더욱 합리적이다.

④ **회원제도** : 고객을 조직화하여 각종 정보제공 등의 혜택을 줌으로써 고객확대 및 고정고객화를 하기 위하여 사용하는 방법이다. 우수고객으로 고객을 분류하여 멤버십카드를 발급하여 각종 행사에 초대하거나 할인 특전을 제공한다.

⑤ **전단지 배포** : 점주 사진을 넣어 그의 경영이념, 신조를 강력히 피력하면서 고객을 위한 점포라는 것을 강조하고 점포의 주요 아이템 및 가격대를 소개한다. 배포 방법은 직접 가두에서 배포하는 방법이 있고, 신문에 끼워 배포하는 경우가 있는데 이때에는 2차상권(일반적으로 점포반경 1km)까지를 대상으로 하서 배포한다.

⑥ **지역봉사활동 참여** : 지역의 고객과 밀착하여 점포의 이미지를 상승시키기 위한 목적으로 각종 지역행사에 참여, 지원하며, 지역 불우단체를 방문한다. 이 방법은 장기적으로 점포의 이미지를 제고시켜 지역의 고정고객을 많이 창출시킬 수 있는 방법이다.

⑦ **지불조건의 다양화** : 신규고객 확대 및 구매를 촉진시키기 위해 사용하는 방법으로 고객의 신용도에 따라 무이자 할부판매, 현금가 분할판매 등을 시행하는 방법이다.

위에서 설명한 다양한 판매촉진방법 중에서 자신에게 적합한 방법을 결정하고 효과적으로 진행하기 위해서는 행사에 맞는 적절한 고지방법이 있어야 한다.

3) 판매촉진활동의 계획

판매촉진행사를 시행한 후 우수한 결과를 얻으려면 사전에 치밀한 계획이 필요하다. 판매촉진 활동의 계획단계에서의 단계별 체크포인트는 다음과 같다.

(1) 제1단계 : 상황분석 및 자료수집

- 준비사항 : 계절상황, 고객니즈 파악

지역의 행사 상황
경쟁점의 판촉계획

- 체크포인트 : 고객의 입장에서 가장 원하는 사항이 무엇인가?
  경쟁점의 판촉시기 및 행사방법

(2) 제2단계 : 판매촉진 계획수립

- 준비사항 : 목표설정
  행사기간 설정
  목표고객 설정
  판매촉진방법 결정
  판매촉진 고지수단 결정
  종업원별 직무 할당
  예산수립
- 체크포인트 : 목표설정은 세분화하여 일일 단위로 객수, 품목별, 객단가, 매출액 목표 설정
  판매촉진 방법은 과거의 경험을 바탕으로 획기적인 방법 강구
  소요예산은 세분화하여 정확히 수립
  효과성을 기준으로 행사기간을 결정

(3) 제3단계 : 준비

- 준비사항 : 전단 등 고지물 제작
  상품 확보
  판촉물 구입
  P.O.P 부착, 가격표 준비
  고지물 배포
- 체크포인트 : 행사내용이 정확히 고객에게 전달될 수 있는 고지수단 결정

(4) 제4단계 : 행사 시행 및 정비

- 준비사항 : 고객반응 점검
  행사 참여도 조사

점포청결 유지
추가고지 여부 검토
일별계획 대비 목표관리
판매촉진상품의 재고확보

- **체크포인트** : 행사장은 판매촉진 행사 분위기를 연출할 수 있도록 동적인 분위기 마련
  일일 고객반응 조사를 통해 행사 내용을 보완
  일일목표 점검으로 잔여행사일 목표 조정

(4) 제5단계 : 결과분석

- **준비사항** : 매출결과 집계
  효과분석
  문제점 도출 및 개선책 강구
  고객리스트 정리
- **체크포인트** : 정확한 행사 손익분석
  다음번의 행사 진행을 위해 금번행사의 문제점 및 개선사항을 문서화하여 기록 유지

소점포 사업에 있어서는 보통 판매촉진 행사가 점포 위주라기보다는 납품업자의 주도하에 이루어지는 경우가 많다. 다시 말하면 체계적인 판매촉진이 아닌 이끌려가는 판매촉진 행사를 진행하는 것이다. 공급업자가 제공한 가격, 경품, 판촉사원 등을 이용하여 판매촉진 행사를 진행하고 있는 것이다. 물론 이런 행사는 안하는 것보다는 하는 것이 좋겠지만 이왕이면 철저한 계획을 수립하여 계속적인 판매촉진 활동을 진행하는 것은 점포에 대한 고객의 기대심리를 증대시켜 고정고객을 증가시킬 수 있으며, 연간 계획을 통한 시행으로 고정적인 매출의 확보 및 판매촉진 행사에 대한 경영기법을 습득하고 개선시킬 수 있는 것이다.

쉬어가기 | 작은 실패에 연연하지 말고 신념을 믿어라

스티브잡스(Steve Jobs, 1955. 2. 24~2011. 10. 5)

곧 죽게 된다는 생각은 인생에서 중요한 선택을 할 때마다 큰 도움이 된다. 사람들의 기대, 자존심, 실패에 대한 두려움 등 거의 모든 것들은 죽음 앞에서 무의미해지고 정말 중요한 것만 남기 때문이다. 죽을 것이라는 사실을 기억한다면 무언가 잃을 게 있다는 생각의 함정을 피할 수 있다. 당신은 잃을 게 없으니 가슴이 시키는 대로 따르지 않을 이유도 없다."

– 스티브 잡스의 스탠퍼드대학교 졸업식 연설(2005년) –

전 세계에 PC붐을 일으킨 애플컴퓨터의 스티브 잡스는 타고난 엔지니어였다. 마케팅의 귀재인 빌게이츠가 MS-DOS 왕국을 이룰 수 있었던 것도 따지고 보면 잡스가 개발한 기술력이 바탕이 되었기 때문이다.

스티브 잡스가 애플컴퓨터의 신화를 창조한 것은 대학 시절의 일이다. 1976년 친구 스티브 위즈니악과 함께 자신의 집 차고에서 만든 컴퓨터 키트를 세상에 내놓은 것이다. 당시 스티브 잡스의 꿈은 '곧 망하더라도 우리만의 회사를 한 번이라도 가져보는 것'이었다고 한다.

그의 소박했던 꿈은 1977년 16비트 표준 메모리에 두 개의 게임팩과 시험용 카세트테이프를 기본 사양으로 내놓은 애플컴퓨터가 대히트를 치면서 충분히 이루어졌다.

그것은 PC의 붐을 알리는 신호탄이었다. 애플은 성능 좋고 세련된 디자인으로 그때까지의 컴퓨터와는 비교할 수 없을 정도의 명성을 쌓아갔다.

그러나 1981년 컴퓨터 업계의 거인인 IBM이 본격적으로 개인용 컴퓨터 시장에 뛰어 들면서 애플컴퓨터는 위기를 맞게 되었다. IBM은 막강한 마케팅을 가지고 있어서 애플이 따라잡기에는 역부족이었던 것이다.

스티브 잡스는 IBM과 경쟁하기 위해 팹시콜라를 코카콜라와 엇비슷한 위치로 끌어올린 존 스컬리를 전문 CEO로 영입했다. 그러나 애플의 매킨토시와 다른 컴퓨터와의 호환성이 낮아 실패로 끝났다. 그리고 존 스컬리가 스티브 잡스는 애플사의 경영에 도움이 안 된다고 판단하고 그를 애플에서 내보낸다.

IBM과 애플이 경쟁하는 동안 개인 PC시장은 폭발적으로 확대되었고 빌 게이츠는 이때 프로그램 소스를 사들여 개조한 MS-DOS를 내놓아 컴퓨터 업계의 샛별로 떠올랐다.

스티브 잡스가 이런 시련을 겪어야만 했던 것은 엔지니어로서의 능력은 뛰어났지만 경영은 잘 몰랐기 때문이었을 것이다. 그러나 그는 자신의 가장 중요한 노하우인 기술력을 믿고 꾸준히 재도전해 다시 일어섰다. 자신이 창업한 애플에서 쫓겨났지만 실망하지 않고 1985년 '넥스트'라는 회사를 만들어 천재 엔지니어로서의 기량을 다시 한 번 보여주었다. 이 회사는 프로그램을 마치 레고 조립하듯 만들어 간다는 철학으로 '넥스트 스텝'을 내놓았다. 그러나 시장에서 외면당하고 라이벌인 빌 게이츠가 이것을 응용해 윈도우즈를 개발할 수 있는 길을 터주고 말았다.

스티브 잡스는 실망하지 않고 경영부진으로 고전하던 픽사라는 애니메이션 영화사를 사들여 컴퓨터 그래픽 영화 〈토이스토리〉와 〈벅스 라이프〉를 히트시킨다. 주저앉은 것으로 보였던 스티브 잡스의 명성이 컴퓨터 애니메이션으로 영화계 거성의 반열에 올랐던 것이다. 그러는 동안 스티브 잡스를 쫓아낸 애플사는 마이크로소프트, IBM, 모토로라와 합작 생산한 '파워 PC'라는 새로운 마이크로프로세서 상품이 외면받아 큰 위기에 처한다. 이 일로 애플이 큰 경영위기를 맞자 주주들은 창업자인 스티브 잡스를 다시 경영진으로 복귀시키기로 한다. 결국 그는 애플에서 봉급은 안 받기로 하고 복귀한다. 애플 경영진으로 복귀한 지 1년 만에 세계적인 명품으로 인정받은 아이팟(ipod)을 만들어 대 히트를 하고 적자투성이인 회사를 흑자로 돌려 놓는다. 아이팟은 적은 금액의 저작료로 자기 마음에 드는 음악을 다운받을 수 있는 기기로 불법 다운으로 위기에 처했던 음반 회사들도 다시 떠오르게 만들었다. 스티브 잡스의 명성은 다시 한번 세상에 널리 퍼져 나갔다.

스티브 잡스는 1955년 태어나자마자 버려져, 폴과 클라라 잡스 부부에게 입양된 고아였다. 어릴 때부터 전자 부분에 관심이 높았다. 1972년 고등학교를 졸업하자 휴렛패커드의 여름 인턴 사원으로 취업했는데 엔지니어로서의 천재성이 그때 발견되었다.

그리고 그는 버클리대학에 입학한 친구 위즈니악을 통해 처음으로 컴퓨터를 알게 되었다. 그러나 스티브 잡스는 포틀랜드에 있는 리드 칼리지로 물리학을 공부하기 위해 떠나게 되면서 위즈니악과 헤어졌다. 스티브 잡스는 물리학이 적성에 맞지 않자 한 학기 만에 휴학해 버린다. 그리고 문학과 철학에 심취해 시간을 보내다가 우연한 기회에 비디오게임 디자이너로 아타리에 취직한다.

그러나 그가 본격적으로 컴퓨터 사업에 뛰어든 것은 스티브 위즈니악이 만든 '손수 만든 컴퓨터 클럽'에 가업한 후 부터였다. 클럽 활동을 통해 더욱 가까워진 그들은 개인용 컴퓨터를 만드는 사업을 해보기로 했고 그것이 애플컴퓨터의 시작이었다.

스티브 잡스는 출생에서부터 시작된 여러 시련에도 끝내 굴하지 않고 끊임없는 실험정신으로 회사를 살려냈다. 그의 이런 불굴의 정신은 새로운 경제질서의 새로운 리더십 모델이 되어 많은 저서와 강연으로 이름을 높여갔다.

흐름을 타고 일정하게 돌아오는 경제위기와 이에 따른 구조조정으로 어수선한 때에, 잡스처럼 시련에 굴하지 않고 끊임없이 도전하는 의지는 누구나 닮고 싶어 하는 인격이 아닐 수 없을 것이다.

〈자료 : 이정숙 저, 리더들의 인격수업, 왕의서재, 2009. 7〉

Chapter 12 고객서비스관리

학습목표

1. 고객의 심리를 이해한다.
2. 매출증대방법을 알 수 있다.
3. 점포활성화를 위한 실전요령을 숙지한다.

학습목차

Chapter 12

고객서비스관리

1 | 고객관리 일반

1) 고객관리의 기본

고객이란 말을 정의하면 협의의 의미로는 단순히 우리의 상품과 서비스를 구매하거나 이용하는 손님을 뜻하며 광의의 의미로는 상품을 생산하고 이용하며 서비스를 제공하는 일련의 과정에 관계된 자기 이외의 모든 사람을 말한다. 고객관리는 이들 고객을 통하여 매출증대와 비용감소를 도모하고 궁극적으로 경영자(점주)의 이익창출을 위하여 고객을 관리함을 고객관리라 한다.

20 : 80의 법칙이라는 것이 있다. 상위 20%에 속하는 A급 고객이 전체 매출의 80%를 차지한다는 원칙이다.

우리가 고객과 만나는 순간 순간을 '고객과의 접점의 순간'이라고 하는데 이러한 고객과의 접점의 순간에 대한 중요성을 강조한 스칸디나비아항공사의 칼슨 사장은 1,000만 달러의 적자 기업을 1년 만에 20억 달러의 매출과 7,100만 달러의 흑자를 자랑하는 기업으로 만들어 놓았다.

"고객에게 지고 경쟁에서 이기라"는 이야기가 있다. 한편, 어느 아파트에는 당시 성업중이던 비디오가게를 인수하여 운영하던 중 '테이프의 반납지연 문제'로 고객과 자주 트러블을 일으키더니 고객의 단절로 인하여 개업한 지 1년 만에 폐업한 업주가 있었다.

상기의 두 가지 사례에서 보듯이 고객은 우리에게 소득을 주고 급여를 주는 존재의 근원인 것이므로, 우리가 고객에게 서비스로서 호의를 베푸는 것이 아니라 고객이 우리에게 서비스할 기회를 제공해줌으로써 결국 고객이 우리에게 호의를 베풀어주는 존재가 된다.

(1) 고객의 일반적 심리

① 기억되기를 바란다 : 환영받고 싶어하는 기대심리
② 관심을 끌고 싶어한다 : 독점하고 싶어하는 심리
③ 중요한 사람으로 인식되고 싶어한다 : 우월감을 느끼고 싶어하는 심리
④ 편안해지고 싶어한다 : 가까운 이웃집과 같은 느낌을 받고 싶은 심리
⑤ 기대와 욕구를 수용해 주기를 바란다 : 자기 본위의 심리
⑥ 모방하고 싶어한다 : 모방의 심리
⑦ 손해보기 싫어한다 : 손해보고 싶지 않은 심리

(2) 고객응대(접객) 일반

1 접객서비스의 3S원칙

① 스피드(Speed)

주문받은 요리(상품)나 고객의 요망사항에 대해서는 단시간에 제공하는 등 기민하게 서비스가 이루어져야 한다.

② 스마트(Smart)

종업원의 단정한 복장, 건강한 얼굴, 명랑한 음성 등을 통하여 고객에게 신뢰와 만족을 줄 수 있도록 평소 상황에 따른 대응훈련이 이루어져야 한다.

③ 스마일(Smile)

점내에서 서비스를 담당하고 있는 점원의 얼굴에는 항상 밝고, 깨끗한 미소가 넘쳐흘러 고객을 즐겁게 할 수 있도록 해야 한다.

2 접객매뉴얼 제작

고객에게 좋은 이미지의 점포를 연출하기 위해서는 경영자도 점원도(종업원) 공통적인 생각을 가지고 접객서비스를 해야 하며 그러기 위해서는 매뉴얼을 만들어 둘 필요가 있다.

이처럼 접객매뉴얼을 만드는 이유를 보다 상세히 언급하면 다음과 같다.

① 점포의 경영방침을 명확히 하게 된다.
② 점내에서의 통일성이 확립된다.
③ 신입점원(아르바이트)의 교육에 편리하다.

④ 접객서비스의 기준이 마련된다.

⑤ 접객서비스의 중요성을 항상 확인할 수 있다.

즉, 매뉴얼에는 가급적이면 기계적인 용어는 피하고 경영자의 마음자세나 정성, 이념 등이 가득 담긴 접객서비스의 태도나 방법을 간결히 표현하면 된다.

3 접객태도의 방법

매뉴얼화된 접객 용어는 그 자체가 해당 점포의 방침을 나타내게 된다. 점포에 따라서는 고객이 방문할 시 "어서오십시오"보다는 "안녕하세요"쪽이 분위기에 맞는 곳도 있다. 이처럼 어떤 용어를 매뉴얼화하든 간에 점내에서 사용되는 용어가 통일된다는 점에 매뉴얼화의 의미가 있는 것이다. 일본의 경우를 한 가지 소개하면 도쿄 시내의 어느 오끼나와 요리점에 들어서면 점내에서 통용되는 인사는 전부 오끼나와의 방언을 그대로 사용함으로써 기존의 다른 음식점과 차별화하여 승부를 걸고 있다. 또 시간대에 따라 인사말을 바꾸는 것도 하나의 포인트라고 하겠다.

다음으로 「접객・판매의 응대방식」을 만든다. 고객이 들어온 순간부터 물건을 구입하고 돌아가기까지 점원의 접객방법에 관하여 응대방식을 만들어 두자. 예를 들면 "무엇을 찾으십니까?" 하고 말을 걸 것인지 아니면 "어서오세요"라는 인사만 하고 나머지는 고객이 손수 점내를 둘러보도록 내버려 둘 것인지를 결정한다.

특히, 중요한 것은 점원 스스로 대답할 수 없는 질문을 고객으로부터 받았을 경우와 고객으로부터 반품 요청이 있을 때의 대응이다. 당황한 나머지 적당한 말로 대답을 한다든지 무턱대고 "그렇게는 안됩니다"라는 어투로 응대하여 고객을 화나게 하지 않도록 사전에 철저하게 지도하여야 한다.

또 수금 시에는 고객으로부터 받은 지폐가 5천 원인지 1만 원인지를 금액으로 인한 문제가 발생하지 않도록 하며, 고객이 거스름 돈을 확인할 때까지 지폐는 금전등록기 속에 넣지 않도록 한다. 이와 같은 예방책은 평상시 습관화할 필요가 있다.

그리고 점내에서의 점원 간 규칙도 매뉴얼화할 필요가 있다. 가령 고객의 입장에서 본다면 영업 중에 점원 간의 잡담은 점내의 분위기를 산만하게 할뿐만 아니라 고객을 무시하는 태도로까지 비추어지기 때문이다.

그렇지만 매뉴얼이 너무 세부적이라든지 양이 많다든지 기억하기 어렵다든지 하여서는 오히려 역효과를 가져오게 된다.

(3) 용어와 사례

1 고객응대(접객) 및 판매매뉴얼의 한 예

① 개점시간을 엄수한다.

② 상품관리나 진열 등의 준비는 개점 전에 반드시 끝낸다.

③ 점내는 항상 청결하고 정리정돈을 철저히 한다.

④ 자신의 복장상태를 항상 확인한다.

⑤ 명랑한 인사와 미소를 잃지 않는다.

⑥ 적절한 타이밍을 골라 고객에게 접근한다.

⑦ 고객의 질문에는 정중하고 간결하게 대답한다.

⑧ 잘 모를 때는 얼버무리지 말고 그에 대한 지식이 풍부한 다른 점원이나 상사를 부르든지 아니면 "대단히 죄송합니다"라고 사과한다(경우에 따라서는 "조사해 보겠습니다"라고 한다).

⑨ 받은 금액은 확인하고 반드시 구두로도 확인한다. "○○원 받았습니다", 카드의 경우는 "감사합니다, ○○카드 받았습니다."

⑩ 상품은 가벼운 목례를 하면서 두 손으로 고객에게 양도한다.

⑪ 고객이 계산을 끝내고 돌아갈 때에는 고객이 등을 뒤로 한 경우라도 목례를 하고 입구까지 배웅한다.

2 가장 기초적인 접객용어

점원이 고객에게 사용하게 되는 가장 기초적이며 흔히 사용되는 접객용어 몇 가지를 들어보면 다음과 같다.

• 어서 오십시오. • 안녕하십니까? • 어떻게 오셨습니까? • 무엇을 도와 드릴까요? • 대단히 감사합니다. • 잠깐 실례합니다.	• 예, 잘 알겠습니다. • 잠시만 기다려 주십시오. • 항상 저희 가게를 찾아주셔서 감사합니다. • 다음에 또 뵙겠습니다. • 안녕히 가십시요.

3 접객태도를 체크하라

고객을 맞이하기 이전이나 접객 도중에 해당점포의 경영자 및 종업원들이 체크해야 할 사항을 열거해 보면 다음과 같다.

• 매일 아침 거울 앞에서 미소 체크 • 고객과의 대화는 항상 미소로 • 점내의 청소(개점 전, 개점 후)	• 머리모양, 화장 등 복장체크 • 손톱(매니큐어)상태 체크 • 생각난 점에 대해서는 항상 메모습관

4 고객과 접하는 횟수와 대화의 '음식점' 사례

① 고객을 맞이하고 좌석으로 안내한다. "어서 오십시오.", "몇 분이 십니까?", "이쪽 테이블 괜찮으시겠습니까?"

② 물이나 차를 낸 후 메뉴판을 내민다. "안녕하세요?", "메뉴판 여기 있습니다"

③ 주문을 받는다. "주문하시겠습니까", "--와 --가 오늘의 특선 메뉴입니다" "--을 -인분 주문받았습니다", "감사합니다, 잠시만 기다려 주십시오."

④ 주문한 음식을 낸다. "많이 기다리셨습니다, --입니다", "주문한 음식은 모두 나왔습니까?", "감사합니다, 천천히 맛있게 드십시오."

⑤ 물이나 차를 중간에 서비스한다. "물이나 차가 더 필요하십니까? "따뜻한 차를 가지고 오겠습니다."

⑥ 식기를 치운다. 계산서를 테이블에 올려둔다. "치워도 괜찮으시겠습니까? 감사합니다"

⑦ 계산, 정산한다. "대단히 감사합니다, --와 --합계 -얼마입니다."

⑧ 고객을 전송한다. "감사합니다, 안녕히 가십시오." 다음에 또 뵙겠습니다.

2) 고객의 구매심리

고객이 점포를 방문하여 진열된 상품을 둘러보고 구매를 결정하기까지에는 하나의 흐름이 있다. 먼저, 특정 상품에 흥미를 느끼기 시작하게 되며 다음으로 그 상품을 구입했을 경우 어떤 장점이 있는지를 상상하게 된다. 장점이 있다고 느껴지게 되면 다음으로 그 상품을 손에 넣고 싶은 욕구가 발생하게 된다. 그렇게 되면 좀 더 품질이 좋은 상품이나 가격이 저렴한 상품은 없는지 이것저것 비교하게 되고, 그 결과 가장 마음에 흡족하다고 생각되는 상품을 구입하기로 결심하게 되는 것이다.

고객이 어느 특정 상품에 흥미를 느끼기 시작하고 있을 때 "이것 외에 이런 좋은 제품도 있습니다"라고 다른 상품을 점원으로부터 소개받게 되면 고객은 집중력을 잃게 된다.

고객이 특정 상품을 한참 응시한다거나 가격표시가 붙어 있는 라벨을 체크하기 시작하였다면 상품은 마음에 들었지만 적정가격 여부 등 왠지 걸리는 점과 확인하고 싶은 점, 의문점 등이 있기 때문일 것이다. 이러한 타이밍의 경우가 접근에 둘도 없는 '어프로치의 찬스'라고 하겠다.

상기에서와 같이 적절한 서비스 제공을 통한 상품판매 방법에는 고객이 상품을 구입하려는 마음이 어느 단계에 와 있는지 여부를 꿰뚫어 볼 수 있는 능력이 필요하다. AIDA모델을 통해 고객의 구매심리 단계를 알아보면 다음과 같다.

| 표 12-3 | **구매심리 9단계와 고객반응 사례**

	구매심리	고객의 심리상황 사례	비고
1단계	주의 (Attention)	"야!, 저기 걸려 있는 넥타이가 멋있네."	
2단계	흥미 (Interest)	"이 넥타이는 색상과 질감이 정말 괜찮은데."	
3단계	연상 (Association)	"이 넥타이를 지금 입고 있는 양복과 맞추면 이번 모임에 적격이겠군!"	
4단계	욕망 (Desire)	"나에게는 이런 수평무늬의 심플한 넥타이가 없는데... 그래, 갖고 싶다."	
5단계	기억 (Memory)	"그러나 잠깐! 집에 넥타이가 많은데, 또 살 필요가 있을까?", "TV광고에서 보았던 제품은 무엇이었던가?"	
6단계	비교선택 (Comparison)	"이것 말고 또 다른 것은 없을까?", "또 다른 코너는 어떨까?", "타사 것은 어떨까?"	
7단계	확신 (Conviction)	"그래, 이것으로 한다. 가격도 적절하고 색상도 좋고 나에게 잘 어울려, 이것으로 결정하자."	
8단계	구매 (Action)	"이것으로 주세요."	
9단계	만족 (Satisfaction)	"사길 참 잘 했다"(안도감, 만족감, 정당화 등 자기합리화).	

3) 고객유형별 고객관리

(1) 거만한 고객

가능한 프라이드를 세워주도록 한다.

(2) 빈정투의 고객

설령 고객이 놀린다 할지라도 화를 내지 말고 온화한 표정으로 농담을 되받아주게 되면 오히려 매출로 이어지게 될 가능성은 훨씬 높아진다.

(3) 성급한 고객

신속하고 명확한 어투나 태도로 대응한다.

(4) 수다스러운 고객

말을 도중에 끊어 버리게 되면 감정을 상하게 하기 쉬우므로 마지막까지 열심히 들어주도록 한다.

(5) 혼자 중얼거리는 고객

정해진 시간 범위 내에서 스스로 결정할 깨까지 인내심을 가지고 모르는 척 내버려 둔다.

(6) 우유부단한 고객

고객의 요망사항이나 취향 등을 충분히 파악한 후 적합하다고 생각되는 상품에 대하여 구체적으로 설명한다.

(7) 박식한 고객

이야기를 잘 들어주고 고개를 끄덕이며 수동조의 말이나 제스처를 보여주게 되면 효과적이다.

(8) 내성적인 고객

보다 자세한 설명이나 질문을 던짐으로써 고객과의 심리적인 거리감을 좁히도록 한다.

(9) 인색한 고객

두 가지 방법이 있다. 첫째는 가격이 싼 물건을 보여주는 것이며, 둘째는 그만한 가치가 있는 상품이라는 것을 믿게 한다.

(10) 지방에서 온 고객

쇼핑에 대해 불안감을 가지기 쉬우므로 더욱 친절하게 응대하여 부담스럽지 않은 분위기를 조성하여 좋은 인상을 남기도록 한다.

(11) 동행이 있는 고객

동반자에게도 신경을 쓰되 동조를 얻어낼 수 있는 말을 끌어내어 상품을 살 수 있는 분위기를 조성한다.

(12) 염치없는 고객

고객이 염치없게 구는 것은 그의 자유이며 그의 자유를 뺏는 것은 곧 판매의 실패를 가져온다. 그의 자유를 침해하지 않는 범위에서 적당히 응수하여야 한다.

(13) 심부름으로 온 어린이 고객

심부름 보낸 사람을 대하는 마음으로 정중히 맞는다. 간단한 선물을 해도 좋다.

(14) 단골 고객

새로운 상품정보를 제공해 주면서 우대하여야 하지만 다른 고객이 있을 경우 특별대우는 바람직하지 못하다. 고객은 모두 왕이기 때문이다.

2 | 고객응대 화법

1) 고객응대 화법의 기본

(1) 상대방의 입장에서 대화하여야 한다

상대방의 입장은 고려하지 않고 자기 입장에서 일방적으로 말하는 것은 대화라고 할 수 없다. 상대방의 약점이나 불리한 점을 꼬집어 체면과 자존심을 손상하게 하는 언행은 금기사항이다.

① 정당이나 종교에 관한 사항
② 경쟁사의 비방
③ 비밀에 관한 사항
④ 상대방의 출신지, 모교, 소속단체 등의 혹평
⑤ 거짓말, 유언비어, 남의 험담
⑥ 상대방이 들어서 불쾌한 이야기
⑦ 부정적인 이야기 등

(2) 적절한 유머나 화제를 제공하여 대화 분위기를 리드해 나가야 한다

주제	대화법
날씨와 계절	오늘은 덥군요. 좋은 날이네요.
취미	요즘 즐기고 계시는 취미가 있으십니까? 하신지 얼마나 되셨습니까?
뉴스	아침 뉴스 보셨습니까? 왜 그런지 모르겠습니다.
여행	모레면 황금연휴인데 어디 가실 계획이 있으십니까?
친구·친지	이 계통에 혹시 아는 분이 있으십니까?
가족	자제분은 몇이세요? 혹시 아드님이 계세요?
건강	혈색이 좋으신데 무슨 운동을 하고 계세요?
일	무슨 일을 하고 계세요?
의류	멋진 넥타이군요. 직접 고르셨습니까?
음식	어떤 음식을 좋아하세요?
주택	댁은 지금 어디신지요?

① 일반적인 주변 이야기

이것은 고객과 자기 주변에서 일어난 일, 알고 있는 지식을 정리했다가 상대에게 주제에 관해 질문하는 방식이다. 그렇게 하면 고객은 대답하기가 쉽고, 고객의 생각이나 행동과 관련된 이야기를 쉽게 들을 수 있다.

② 업계 주변의 이야기

동종업계의 화제나 좋은 뉴스를 말하면 고객의 신뢰감을 얻을 수 있다.

③ 상품과 관련된 전문적인 이야기 소재

고객이 구매하려고 하는 제품에 대한 이야기는 고객 입장에서 볼 때 매우 흥미롭고 관심도 또한 높다고 볼 수 있다. 접객 요원이 제품과 관련한 풍부한 지식과 상식을 소유하고 있다면 고객은 이러한 점포에 큰 신뢰를 하게 될 것이다.

(3) 평안하고 자연스러운 분위기를 유지하여야 한다

어려운 말, 특수한 전문용어, 외국어를 구사하며 자기를 과시하는 듯한 대화 태도는 분위기를 어색하게 만들 뿐 아니라 상대방의 기분까지 상하게 만든다.

명랑하고 명쾌한 말씨, 부드러운 음성과 적절한 톤, 적당한 말의 속도, 강약 등은 평안하고 안정된 대화를 이끌 수 있는 수단들이다.

(4) 마음으로 대화하는 자세를 갖는다

얼굴은 그 사람의 마음을 나타내는 거울이다. 감사한 마음, 진실한 마음이 없는 대화는 형식적인 대화가 될 뿐만 아니라 상대방의 마음을 움직일 수 없다. 마음에서 우러나오는 밝은 미소로 대화한다면 그 대화는 일단 성공적이라고 하겠다.

(5) 상대방의 이야기는 하나도 빠짐없이 기억해 둘 정도로 관심을 가지고 듣는다.

(6) 저속한 용어나 남의 비방 같은 말은 하지 말아야 하며 코웃음을 치는 행위는 금물이다.

(7) 상대방의 성격을 파악하여 화법의 형태를 변화시킬 수 있어야 한다.

(8) 말의 내용이나 자세는 품위 있고 예의가 있어야 하며 화제는 평이하되 인상적인 것으로 선택한다.

(9) 상품의 특색이나 장점을 전문적으로 연구하고 자신 있는 태도를 유지한다.

(10) 대화의 기본 요령을 철저히 지킨다.

Tip 고객과의 대화방법

① 알기 쉬운 표현으로 요령 있고 간결하게 이야기한다.
② 일방적으로 대화를 끌지 말고 고객과 보조를 맞추며 대화를 이끌어 간다.
③ 고객이 이해하기 어려운 전문용어나 외래어는 가급적 삼간다.
④ 고객의 반응을 살피면서 맞장구를 쳐가며 대화를 유도한다.
⑤ 고객의 연령 및 성별, 성격(행동) 등에 적합한 표현을 사용한다.

2) 판매와 설득화법

화법과 설득 기술을 익히기 위해서는 우선 '설명'과 '설득'의 차이를 이해하여야 한다. 설명이란 '풀어서 밝힌다'는 뜻으로 상대에게 제시하여 알게 하는 것이 목적이고 결과는 '알았다'이다.

그러나 설득이란 '상대에게 설명하여 상대가 충분히 알고 그 결과 상대방의 태도가 변화하는 것'을 말한다. 설득은 태도의 변화를 목적으로 하고 그 결과는 '하겠다'로 나타난다. 따라서 판매사원에게 요구되는 것은 설명이 아니라 구매하도록 하는 설득기술이다.

고객의 설득에서 주의할 사항은 설득에 성공하였다고 하더라도 고객이 설득당했다고 생각한다면 이는 성공한 것이 아니라는 사실이다. 고객이 원하는 것을 스스로 판단하여 구매했다고 믿고 만족할 때 설득에 성공했다고 할 수 있는 것이다.

아래의 도표는 판매사원이 목적을 명확히 하고 적극적 설명과 암시 기술, 적극적 경청을 종합적으로 활용하여 고객을 설득하는 과정을 나타내고 있다. 고객을 설득하는 과정은 물론 판매 화법의 전개를 말한다. 판매 화법은 이와 같이 단순히 말만 잘하는 것이 아니라 적극적인 설명과 동의를 구하는 기술(암시기술), 적극적인 경청과의 종합적 설득기술이라고 할 수 있다.

Tip 상품설명방법

고객에게 해당 상품을 설명할 때에는 먼저 결론(상품이 가진 특성이나 장점)을 이야기하고 그 이유를 말하도록 한다. 그리고 기존의 상품 특성과 비교(신제품, 신기술·기능)하면서 이야기한다. 이렇게 설명하게 되면 고객은 쉽게 상품에 대해서 이해, 수긍하고 구매를 결심하게 된다.

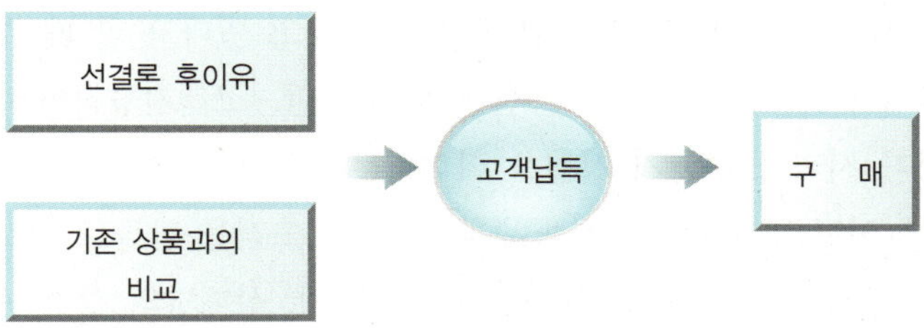

3) 고객응대 화법

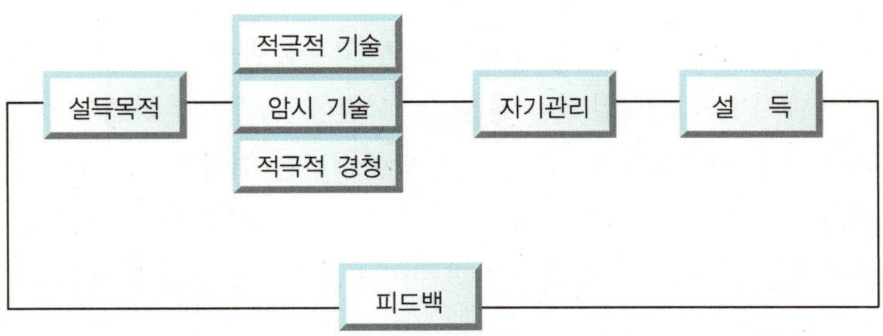

대화는 흔히 공을 주고받는 것과 비유된다. 공을 던졌으면 다음은 받는 쪽이 되어야 한다. 똑같은 대화도 서로가 이야기하는 쪽이 되었다가 듣는 쪽이 되었다가 하면서 진행되어 나가야 한다. 접객영업도 역시 마찬가지이다. 고객과 접객요원(판매사원)의 역할교대가 자연스럽게 진행되면 대화도 순조롭게 진행이 된다. 물론 이 역할교대를 조정하는 것은 판매사원의 일이다. 판매사원 자신이 이 역할교대를 잘 하지 못하면 즉시, '속단'이나 '단정'이란 함정에 빠져버린다.

사실 좀처럼 매출이 오르지 않는 판매사원에게 흔히 있는 현상은 고객의 이야기에 귀를 기울이려고 하지 않고 혼자서 마구 지껄이는 형태가 많다. 베테랑 판매사원에겐 달변가가 의외로 적다. 말하는 기술보다 듣는 기술은 고객응대 화법의 양륜(兩輪)이다. 아무리 능변가라도 듣는 기술이 수반되지 않는다면 효과적인 고객응대 화법의 전개는 있을 수 없다. 고객응대 화법은 이런 측면에서 항해하는 배의 '키'와 같다고 볼 수 있다. 배가 어느 방향으로 나아갈 것인가는 선장의 판단에 달려 있지만 그것을 실행하고 있는 역할은 키가 하고 있는 것처럼 대화에서 고객응대 화법을 어떻게 활용하느냐에 따라 대화의 방향은 달라진다.

예를 들어 식당에서 고객이 '맛'에 대해 불만을 갖고 있다고 할 때 주인(판매원)은 어떻게 대응하여야 할까? 물론 모른 체할 수도 있지만, '고객지향적인 주인'이라면 그 고객에게 다가가 사과를 하든지 사실을 확인하든지 어떠한 행위를 할 것이다. 이때 대화의 기법 중 어떤 형태를 선택하느냐에 따라 그 고객을 단골로 확보하느냐, 잃느냐의 여부가 결정된다. 다시 이야기하면 그때의 상황, 상대방의 성격, 불만의 진의에 따라 고객응대 화법을 적절히 사용하지 않으면 안 된다.

4) 적극적인 경청과 칭찬

고객응대 화법이 논쟁을 하기 위한 테크닉이 아니라는 것은 어디까지나 판매사원 편에서의 원리원칙이다. 고객의 입장에서 보면 고객응대 화법이란 고객의 불만이나 반론에 대한 판매사원의 반격일 수밖에 없다. 그만큼 고객응대 화법의 사용법이 잘못되면 오히려 고객은 경계심을 더욱 더 굳게 닫아버리는 결과가 되기 쉽다. 서툴게 응대하면 고객은 오히려 화가 나서 거절이나 반론을 고집하게 되는 것이다. 따라서 고객응대 화법에서는 절대로 "이렇게 말하면 이렇게, 저렇게 말하면 저렇게" 하는 인상을 주어서는 안 된다.

사실은 고객이 저렇게 말하면 이렇게 대답하라는 것이 고객응대 화법의 본질임에는 틀림이 없지만, 그것을 절대로 노출시키지 않는 것이 고객응대 화법의 성공비결의 하나이다. 그러기 위해서 가장 효과적인 화법은 고객의 이야기를 잘 들어주는 사람이 되는 것이다. 좋은 청취자란 질문도 요령 있게 하고 상대방의 말도 잘 이해하여 듣는 사람이란 뜻이다. 질문하는 기술만으로는 고객의 마음의 경계를 돌파해서 그 진의를 알아내기는 힘들다. 세상에 범람하고 있는 판매화법의 책에서도 질문한 기술에 대해서는 언급이 되어 있지만 좋은 청취자가 되는 기술을 언급하고 있는 책은 그리 흔치 않다.

판매의 현장에서도 의외로 소외되는 경우가 많은 것이 청취의 기술이다. 그렇다고 해서 그렇게 어려운 청취의 테크닉이 요구되는 것은 아니다. 청취기술의 포인트는 다음 두 가지 원칙에 국한된다.

① 절대로 상대방의 말을 차단하거나 방해해서는 안 된다.

② 적당한 수긍이나 맞장구가 이야기하는 사람의 입을 가볍게 만든다.

특히, 타이밍이 맞는 적당한 맞장구는 상대방의 입을 가볍게 할뿐만 아니라 그 저항을 부드럽게 하고 마음의 경계를 유순하게 만드는 효과도 크다. 수긍하는 제스처의 비결들은 약간 과장하여 표현하는 데 있다. 예를 들어 고객의 자랑에 "그러실 것입니다", "대단하십니다"는 크게 표현하면 이야기한 사람은 결코 싫어하지 않는다. 작은 일이라도 "네? 정말입니까?" 하고 놀랜 표정을 지어 보이면 상대방도 이야기하기가 재미있게 된다. 그러나 이때 연기과잉으로 보이면 역효과를 초래할 수도 있다.

또 입으로 동의를 표현하는 것뿐만이 아니라 동작으로도 나타내지 않으면 안 된다. 아무리 타이밍이 좋게 맞장구를 쳐도 동작이 수반되지 못하면 듣고 있는 체 하는 것으로밖에 보이지 않을 수도 있다. 이때의 끄덕이는 제스처도 도가 지나치면 비굴하게 보이거나 경박한 인상을 줄 때가 있으니 조심해야 한다. 무슨 일에도 정도가 문제이다. 물론, 이 밖에도 경어의 사용법이라든가 몸치장 등 여러 가지 판매사원의 태도에 의해서 고객응대 화법의 효과는 좌우된다. 그러나 응대화법의 기본목적은 어디까지나 고객의 진의를 정확하게 파악하여 살 마음을 어떻게 하면 일으키게 하는가에 있다.

따라서, 고객응대 화법의 성패는 듣는 기술과 질문하는 기술을 어떻게 활용하는가에 달려 있다고 해도 결코 과언이 아니다.

Tip 남의 말을 잘 듣는 경청의 10원칙

① 침묵, 귀를 기울일 것
② 표정과 동작을 주시할 것
③ 감각을 총동원하여 들을 것
④ 분위기를 깨지 말 것
⑤ 맞장구를 칠 것
⑥ 중단시키지 말 것
⑦ 흥미를 가질 것
⑧ 구체적으로 정리할 것
⑨ 상대방의 입장에서 들을 것

⑩ 상대방의 거울이 될 것

Tip 칭찬의 방법 8가지

① 대담 찬사법(대담하게 칭찬)
"선생님! 정말 멋있습니다."
② 단순 찬사법(사실 그대로, 본 대로 느낀 대로)
"목소리가 참 좋습니다."
③ 호칭 변형 찬사법
"박사님!", "사장님"(실제는 박사나 사장이 아님)
④ 감탄 찬사법
"어쩜!…" "역시!…"
⑤ 반문 찬사법
"아! 그렇습니까? 놀랐습니다."
⑥ 비유 찬사법(유명인이나 좋은 것에 비유하며)
"아주머니의 눈은 마치 '나탈리 우드'같아요."
⑦ 간접 찬사법(소문이나 남의 이야기를 인용)
"소문이 자자하시더군요."
⑧ 소유물 찬사법(소유물이나 어린 아이, 가족관계)
"아드님이 정말 똑똑하더군요."

3 | 고객응대 기법

1) 고객특성별 응대요령

	고객유형	고객특성	판매사원의 대응방법
1	수다스러운 사람	욕구불만으로 남에게 동조를 얻고 싶어한다.	가능한 한 따뜻하게 수용한다.
2	유창하게 말하는 사람	능력은 있으나 때로 자신을 과시하는 타입이다.	반론은 좋지 않고 질문식 설득화법으로 대응한다.

3	무엇이든 반대하는 사람	콤플렉스나 자존심이 특히 강하다.	질문으로 대응하되 자존심을 건드리지 않는다.
4	금방 말의 허리를 자르는 사람	이기적인 성격의 소유자이다.	대화시간을 충분히 갖고 판매사원의 생각을 납득시킨다.
5	격렬한 어조로 말하는 사람	사교적이지 못한 사람이다. 판단력, 비판력이 직관적이다.	여유를 가지고 정신적 우위에서 들어주는 것이 좋다.
6	같은 말을 장시간 되풀이하는 사람	자아가 강하고 끈질긴 성격의 소유자이다.	문제를 압축하고 요점을 정리하여 상대방의 말에 지나치게 동조하지 않는다.
7	이야기를 그대로 받아주는 사람	주체성이 결여된 자기방어형이다.	상대의 기분을 이해하면서 이야기를 보조해 준다.
8	말을 더듬는 사람	내향적이거나 행동력이 강하다.	상대의 기분을 이해하면서 이야기를 보조해 준다.
9	비유를 잘하는 사람	머리가 좋은 타입이다.	논리적인 화법으로 설득한다.
10	이야기의 맞장구를 잘 치는 사람	사교적인 타입이다.	상대와의 기분에 사로잡혀 말을 많이 하는 것을 삼간다.
11	주저하면서 이야기하는 사람	상대를 경계하거나 콤플렉스 소유자이다.	상대가 부담없이 말할수 있는 분위기를 조성해 나간다.
12	과장되게 말을 잘하는 사람	콤플렉스를 감추고 있는 사람이다.	상대의 진의를 파악하고 말보다 객관적인 자료로 대응한다.
13	이치를 따지기 좋아하는 사람	완고하면서 남다른 성격의 소유자이다.	이론적으로 맞서지 말고 상대의 의견을 존중한다.
14	생각에 생각을 거듭하는 사람	신중하나 판단력이 부족한 사람이다.	이쪽에서 딱 잘라 결론을 내주는 화법이 좋다.
15	빈정거리기 좋아하는 사람	열등감, 허영심이 강한 사람이다.	자존심을 존중해 주면서 대응한다.
16	제스춰가 풍부한 사람	감수성이 풍부하고 말하기 좋아하는 타입이다.	신중하게 말하고 상대의 말을 가로채지 않도록 한다.
17	마음을 열지 않는 사람	모르는 사람에 대한 경계심이 강하고 콤플렉스 소유자이다.	판매사원이 먼저 진지하게 마음의 문을 열고 접근한다.
18	익살을 잘 떠는 사람	생활을 즐기는 타입이다.	지나치게 수다를 떨어도 가능하면 받아준다.
19	스스로 비하하는 사람	실은 속으로 칭찬 받기를 희망하는 사람이다.	상대의 장점이나 칭찬을 사항을 찾아내 좋게 이야기 한다.

20	자랑을 잘하는 사람	콤플렉스의 반사적 표현이다.	칭찬이나 인정을 해준다.
21	생각난대로 즉석에서 말하는사람	자아의식이 강하고 상대방에 대한 배려가 없는 사람이다.	인내력과 포용력을 갖고 응대한다.
22	낙천적인 사람	판단력, 실행력이 뛰어난 적극적인 성격의 소유자이다.	감정 설득화법으로 응대한다.
23	확신없이 횡설수설하는 사람	주의력이 산만하고 사고력이 결여된 사람이다.	판매사원이 주도권을 쥐고 이야기해 나간다.
24	곧바로 타협하려는 사람	충분한 경계가 필요한 사람이다.	이야기는 진행시키되 상대방의 상태를 예의주시해야 한다.

2) 고객응대의 행동모델

Tip 접근시 요령

① 판매사원의 첫 인상이 중요하다. 표정, 언어, 태도, 용모 등에서 불쾌감이나 위화감을 주면 안 된다.
② 여유와 자신 있는 분위기가 고객의 마음을 움직이게 한다. 의기소침한 패자의 모습은 절대 금물이다.
③ 꼭 팔겠다는 절박한 심정을 보여서는 안 된다. 오히려 불신감, 거부감을 유발한다.
④ 고객의 입장을 존중하고 충분히 귀를 기울인다. 적극경청이 고객의 기분을 좋게 한다.
⑤ 쇼핑에 도움이 되는 제안이나 정보를 제공한다.
⑥ 일인 일객의 원칙을 지켜라. 한 명의 판매사원은 한 명의 고객을 대응한다.
⑦ 선객 우선의 원칙을 지켜라. 먼저 온 고객을 먼저 접객한다.

Tip 고객에게 접근할 시기

① 어떤 상품을 눈 여겨 볼 때
② 상품을 만져 볼 때
③ 시선이 마주쳤을 때
④ 판매사원을 찾을 때
⑤ 고객이 말을 걸어 올 경우

Tip 고객에게 접근 시 금지사항

① 불러도 즉각 대답을 않는다.
② 부르면 마지못해 혹은 천천히 접근한다.
③ 고객의 복장이나 언어 등으로 차별하는 것 같은 행동을 보인다.
④ 고객이 충동적으로 물어보는 것이라 짐작하여 소홀히 대한다.
⑤ 어린이 손님에게 반말을 한다.

3) 상품의 제시

| 표 12-7 | 판매행동 9단계와 고객의 행동과 판매사원의 기본동작

	행동단계	판매사원의 기본 용어	판매사원의 기본동작
1단계 : 대기			쇼케이스에서 10~15cm 떨어져서 양손을 앞으로 포개모으고 밝은 표정으로 바르게 대기한다.
2단계 : 접근	구매를 위해 두리번거리거나 접근해온다.	"어서 오세요", "스웨터를 찾으십니까?"	30도 각도의 인사를 한다. 고객의 눈을 주시, 밝은 표정으로 응대한다.
3단계 : 제품제시	"네, 저것좀 보여주세요. 얼마지요?"	네, 알겠습니다. 26,000원입니다.	제품을 두 손으로 정중히 보여주고 정찰표를 고객이 보기 쉽도록 보여준다.
4단계 : 제품설명	제품을 뒤적여 보며 관찰한다.	고객의 욕구와 제품지식을 바탕으로 효용성을 설명하고 생활아이디어도 제시한다.	성실하고 진지하게 설명한다. 겸손하고 예의바른 태도가 중요하다.
5단계 : 대금수령	"이것으로 주세요." 대금 30,000원을 제시한다.	"감사합니다"(상품결정에). "감사합니다"(대금제시에). "30,000원 받았습니다."	구겨진 돈은 반듯하게 펴서 확인시킨다.
6단계 : 입금		"잠깐만 기다려 주십시오."	등록기 캐쉬어에게 3만원을 전달하고 큰 소리로 "스웨터 26,000원짜리 30,000원 받았습니다"라고 한다.
7단계 : 포장날인	거스름 돈과 포장을 기다린다.		신속하고 아름답게, 튼튼하게 포장한 후 필요시 영수증과 제품에 도장날인한다.

8단계 : 인계	영수증과 거스름돈을 인계받는다. 제품을 인계받는다.	"오랫동안 기다리셨습니다. 26,000원짜리 영수증과 거스름돈 4,000원입니다. 감사합니다."	영수증은 고객이 보기 쉽도록, 거스름돈은 한편으로 보기좋게 펴서 확인토록하여 전달한다. 쇼핑백에 제품을 넣어 손잡이 쪽을 고객쪽으로하여 두 손으로 전달한다.
9단계 : 전송	돌아간다.	"안녕히 가십시오." "또, 방문해주십시오."	통로 밖으로 나와서 45도 각도로 인사한다.

Tip 판매의 성공과 접근방법

판매성공 여부를 가리는 가장 중요한 것 중의 하나가 접근방법이다. 세일즈맨의 운명은 고객을 처음 만난 30초 내에 결정되고 그것은 세일즈맨 자신의 손에 달려 있다.
미국의 유명한 세일즈맨인 '프랭크 베트커'는 판매의 성패는 최초의 일순간에서 거의 70%가 결정된다고 말하고 있다. 접근은 세일즈 단계에서 가장 어려운 단계이다. 접근부터 실패한 세일즈맨은 상품설명도 못한 채 물러서고 타자가 1루에서 아웃되었을 때 2루 진출의 꿈은 물거품이 되고 만다.

Tip Coffee Break

판매를 잘하는 사람의 3요소
① 고객과 대화를 잘한다.
② 고객의 심리를 잘 파악한다.
③ 사과를 잘한다.

Tip 까다로운 고객이 단골손님이 된다

최근에 주목받고 있는 것이 이른바 컴플레인 마케팅(Complain Marketing)이라는 것으로, 고객의 불만이나 짜증을 판매사원 미소로 전부 받아들이는 것이다. 그런 다음 애프터서비스를 완벽하게 수행하고 다양한 캠페인이나 방법을 동원하여 고객과 정기적으로 접촉함으로써 단골고객을 만들어 가는 것을 말한다.
즉, 구입상품에 대하여 조그마한 불만이라도 제기하는 고객들이야말로 진짜 단골손님으로 이어질 가능성이 높다는 것이다. 게다가 이러한 고객들의 마음을 잘 맞추어 주게 되면, 주위의 오피니언 리더(Opinion Leader)로서 활용할 수도 있어 매출액 향상에도 많은 도움이 된다.

쉬어가기 | 미스터리 쇼퍼(Mystery Shopper)

프랜차이즈 가맹점의 서비스 · 청결상태 · 품질 · 응대법을 손님을 가장해서 비밀리에 체크하여 가맹점의 문제점을 고치는 자료로 활용된다.

미스터리 쇼퍼는 본사의 지정을 받은 모니터 등이 고객을 가장해 기업이나 매장의 서비스, 청결상태, 품질 등을 비밀리에 체크하고 고객만족도 등을 점검하는 신종 직업이다. 주로 백화점 등 대기업에서 많이 활용했지만 '고객만족경영'이 확산되면서 최근에는 중소기업과 프랜차이즈 업체들도 적극 활용하고 있다.

미스터리 쇼퍼는 무엇을 체크하나?

구분 \ 상호	원할머니 보쌈	취하는건 바다
매장을 방문할 때	• 고객이 들을 수 있도록 인사하는가? • 고객 인원수를 체크하는가? • 테이블로 안내는가? – 빈자리가 없을 경우 기다려 달라고 양해를 구하는가? • 고객이 자리에 앉은 후 신속하게 물과 물수건, 메뉴북을 갖다 주는가? • 고객이 선택한 메뉴를 확인시켜 주는가? • 잠시 기다려 달라고 양해를 구하는가? • 응대 중 무릎을 굽히고 고객과 눈높이를 맞춰 응대하는가? • 메뉴를 제공할 때 주문한 메뉴를 확인한 후 서비스하는가? • 메뉴를 제공한 후 더 필요한 것이 없는지 묻고 맛있게 드시라는 내용의 인사를 하는가?	• 주메뉴가 올바르게 만들어졌는가(온도/맛/외형)? • 친절한 인사말로 손님을 맞이 하는가? • 테이블 안내가 있었는가? • 주문한 메뉴는 제대로 제공되었는가? • 추가적인 관심을 보였는가? • 첫 주문까지 기다린 시간 • 주문 메뉴를 기다린 시간 • 점포 외관 및 정문 주변 • 홀 전체 바닥
배달시킬 때	• 전화받을 때 "감사합니다. 원할머니 보쌈 ○○점입니다"라고 말하는가? • 밝은 목소리로 친절하게 응대하는가? • 전화 끊기 전에 주문한 메뉴와 메뉴가격을 재확인시켜 주는가? • 메뉴 도착시간을 알려주는가? • 배달직원이 유니폼을 입고 있는가? • 고객에게 주문내용과 금액을 확인시켜 주는가?	

※ 위 항목은 보쌈전문점 '원할머니 보쌈'과 해산물 주점 '취하는건 바다'의 미스터리 쇼퍼용 체크리스트 일부를 발췌한 것임.
(자료 : 중앙일보)

Chapter 13

프랜차이즈 창업

학습목표

1. 프랜차이즈 개념을 이해한다.
2. 프랜차이즈 창업 성공요소를 설명할 수 있다.
3. 가맹계약을 결정할 때 검토사항을 숙지한다.

학습목차

1. 프랜차이즈의 이해
2. 프랜차이즈 성공 창업
3. 가맹계약 결정 시 고려사항
4. 가맹사업시스템에서의 분쟁방지

Chapter 13

프랜차이즈 창업

1 | 프랜차이즈의 이해

1) 프랜차이즈의 정의

프랜차이즈란 "가맹본부(Franchisor)는 가맹점의 영업에 대하여 노하우나 연구 등의 분야에서 계속적으로 이익을 제공하기로 약정하고, 가맹점(Franchisee)은 자기자본으로 가맹본부가 보유 또는 통제하는 상호, 양식, 기타 절차에 따라 영업하기로 약정함으로써 성립하는 계약관계를 말한다"라고 "국제프랜차이즈협회(IFA)는 정의하고 있다.

가맹본부가 가맹사업자로 하여금 자기의 상표, 서비스표, 상호, 간판 그 밖의 영업표지를 사용하여 일정한 품질기준에 따라 상품 또는 용역을 판매하도록 함과 아울러 이에 따른 경영 및 영업활동에 대한 지원, 교육과 통제를 하며, 가맹사업자(Franchisee)는 영업표지의 사용과 경영 및 영업활동 등에 대한 지원 교육의 대가로 가맹금을 지급하는 계속적인 거래관계를 말한다. "가맹사업거래의 공정화에 관한 법률 제2조"에서 정의하고 있다.

2) 가맹금의 정의

'가맹사업거래의공정화에관한법률 제2조'에서 말하는 가맹금이란 가맹사업을 운영·유지하기 위하여 가맹점사업자가 가맹본부에게 명칭이나 지급형태에 불구하고 지급하는 다음의 대가를 말하며, 가맹사업법의 적용 여부(가맹금예치 및 가맹금 반환)의 판단기준이 된다.

항목	내용	비고
개시지급금	가입비, 입회비, 가맹비, 교육비 또는 계약금 등 가맹점사업자가 영업표지의 사용허락 등 가맹점운영권이나 영업활동에 대한 지원, 교육 등을 받기 위하여 가맹본부에 지급하는 대가	가맹금 예치제에 해당
이행보증금	가맹점사업자가 가맹본부로부터 공급받는 상품의 대금 등에 관한 채무액이나 손해배상액의 지급을 담보하기 위하여 가맹본부에 지급하는 대가	
설비구축비	가맹점사업자가 가맹점운영권을 부여받을 당시에 가맹사업을 착수하기 위하여 가맹본부로부터 공급받는 정착물, 설비, 상품의 가격 또는 부동산의 임차료 명목으로 가맹본부에 지급하는 대가	
로열티	로열티 등의 명목으로 정액 또는 매출액 등의 비율로 정기적으로 또는 비정기적으로 지급하는 대가 상품, 원재료, 부재료, 정착물, 설비, 원자재가격 또는 부동산 임차료의 도매가격을 초과하는 대가	
취득유지비	그 밖의 가맹희망자나 가맹점사업자가 가맹점운영권을 취득하거나 유지하기 위하여 가맹본부에 지급하는 모든 대가	

3) 가맹사업(FC)의 발전

가맹사업은 프랑스어로 Franc와 Francher로 "자유를 주다"라는 의미로 중세 가톨릭교회가 세금을 징수하는 관리에게 일정한 몫을 관리인 자신이 갖고 나머지를 교황에게 납부한데서 기인한 것으로 보는 것이 일반적이다.

가맹사업의 개념을 최초로 도입한 회사는 1850년경 자본 확보를 위하여 판매촉진의 일환으로 도입한 미국의 재봉기 제조사인 The Singer Sewing Machine Co.이다. 이후 자동차회사인 제너럴모터스가 자본조달 목적으로 도입하였으며, 제2차 세계대전 종전 후 McDonald's, Kenterky Fried Chicken 등 패스트푸드업체들이 도입하였다.

일본의 가맹사업의 효시는 1963년도에 분진통제기 대여(Renting out dust control Products)를 주업으로 하는 Duskin사와 과자 비즈니스를 주업으로 하는 Fujiya사이다. 이어 1969년도에 단행된 2차 자본통제자유화 조치에 따라 외식업을 포함한 많은 외국 가맹사업체들이 일본에 진출하였으며 1960년대 말부터 1970년대 초반까지 가맹사업의 붐이 일었다.

국내 가맹사업의 효시는 1975년에 개점한 림스치킨으로 보는 견해와 1979년 7월 동숭동 샘터사 자리에 커피전문점으로 개점한 난다랑으로 보는 견해가 있으나, 일반적으로는 1979년 10월 선진화된 가맹사업시스템을 갖추어 개점한 패스트푸드점인 롯데리아의 소공1호점을 국내 가맹사업의 효시로 보고 있다.

4) 프랜차이즈시스템의 분류

가맹본부는 가맹점에 해당지역 내에서의 독점적 영업권을 주는 대신 가맹본부가 취급하는 상품의 종류, 점포 인테리어, 광고, 서비스 등을 직접 조직하고 관리하는 것은 물론 가맹점에 교육지원, 경영지원 및 판촉지원 등 각종 경영 노하우도 제공한다.

이에 대해서 가맹점은 가맹본부에 가맹비, 로열티 등의 일정한 대가를 지불하고 가맹점 운영에 필요한 자금을 직접 투입하여 가맹본부의 지도와 협조 아래 독립된 사업을 영위하는데 이 같은 가맹본부와 가맹점 간의 지속적인 협력사업 관계를 프랜차이즈시스템(Franchise System)이라 한다.

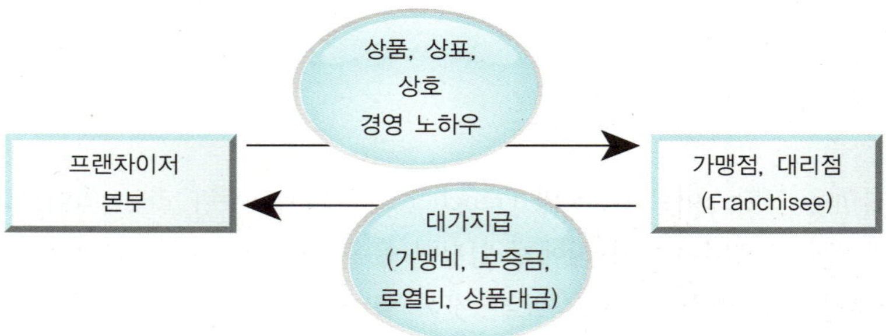

(1) 유통경로상의 운영주체별 분류

① 제조업자－소매업자시스템(The Manufacturer Sponsored－Retailer System)

오랫동안 지속돼 온 일반적인 프랜차이즈시스템으로 교통이 편리한 경우에 제조업자가 일정한 지역에서 판매망을 확보하고 소매상들이 이용하는 방법이며 상호, 상표 등에 관한 프랜차이즈를 개발하여 가맹점인 소매점에게 제품과 서비스를 유통시킬 특권을 부여하여 계열화하는 사업형태로써 다음과 같은 유형이 있다.

- 소매점 자체를 프랜차이즈 하는 것(Franchising an Entire Retail Outlet)

  Fords, Chrysler, General Motors 등이 대표적이며, 페인트와 주유산업의 90% 이상이 이 형태의 프랜차이즈 취급점에서 팔리고 있다.

- **소매점 내 하나의 판매부문 프랜차이즈(Franchising a Singles Department) :** 보다 전문화된 프랜차이즈 업체로서 일부 백화점과 전문점에서 비내구재(Soft goods)와 주류업체에 의해 이용된다.
- **하나의 제품계열을 프랜차이즈 하는 것(Franchising a Singles Productline) :** 기계, 라디오, TV 등의 제조업체에서 주로 이용되며, 소매점은 여러 경쟁 제조업자의 제품을 판매한다.

② 제조업자-도매업자시스템(The Manufacturer Sponsored-wholesaler System)

시장이 너무 분산되어 있거나 소량의 제품을 취급하여 규모의 경제성을 확보할 수 없는 경우, 제조업자가 자신을 대신하여 유통기능을 수행할 도매상과 프랜차이즈를 계약하여 운영할 수 있는 전방통합의 방법이다. 대표적인 예로는 Coca-cola , Pepsi-cola, Seven-up 등의 음료 제조업자가 도매상에게 음료수 원료(Beverage-base)를 제공하면 도매업자는 이를 채택하여 소매업자에게 판매한다. 이 시스템은 1891년의 프랜차이징 초기부터 운영되어 왔으며 현재 청량음료 매출액의 90% 정도가 이 시스템에 의해 이루어지고 있다.

③ 도매업자-소매업자시스템(The Wholesaler Sponsored-retailer System)

제조업자가 생산하는 제품의 품목수가 제한되어 있으므로 도매업자가 여러 제조업자들로부터 다양한 품목을 제공받아 프랜차이즈를 개발하고 소매상을 체계화하는 시스템이다. 즉, 도매상이 본부가 되고 소매상이 가맹점이 되어 도매상 중심의 프로그램에 의해 소매상을 모집한다. 이 형태는 규모 면에서 전국적으로 또는 일부 지역적으로 다양한 수준에서 이용된다. 제약업, 잡화상점, 자동차 보수 시장체인, 스포츠 용구 등의 업종에서 이용되며, 대표적인 예로서, Independent Grocers Alliance(IGA)와 Butler Brothers, Western Auto Supply, Super Valy Sores, Inc. 등이 있다.

④ 서비스제조업자-소매업자시스템(Service Firm Sponsored-retailer System)

서비스회사가 서비스를 소비자에게 효율적으로 제공하기 위하여 소매업자에게 표준화된 상호, 상표, 서비스 제조·판매방법 등을 직접 제공하는 방법이다. 여기에서는 유명상호, 상표 또는 경영자가 중요한 자산이 될 수 있다.

이와 같은 시스템은 생산, 마케팅상의 혁신적인 노하우를 가졌으나 자력으로 시장을 개척하는 데 필요한 자금이나 인력을 충분히 갖추지 못한 기업에게 새로운 발전의 기회를 제공한다. 대표적인 예로는 모델체인(Motel Chain)으로서 Holiday Inn,

Sheraton Inn 등이 있으며, 레스토랑 체인(Restaurant Chain)으로서 Howard Johnson's 와 Mcdonald's, KFC, Dunkin's, Burgerking 등이 우리나라에 진출한 대부분의 패스트푸드 업종이 여기에 속한다. 그리고 자동차 렌탈업에서도 Herts, Avis, Budget, Rent a car 등이 이 유형의 시장을 주도하고 있다.

(2) 프랜차이즈 계약의 종류에 따른 분류

① 지역 프랜차이즈

프랜차이즈가 일정한 지역을 통해서 형성되는 형태로써 가맹점주는 자신의 지역 내의 가맹점 설립과 교육에 책임을 지며, 매출액에 대한 수수료를 받는다.

② 운영 프랜차이즈

개별 독립 가맹점들이 자신의 프랜차이즈를 운영하는 형태로써 가맹점들은 모기업 혹은 지역 프랜차이즈 본부와 직접적으로 거래를 한다.

③ 이동 프랜차이즈

가맹점이 소유하거나 본부에서 임대한 자동차를 이용하여 상품을 판매하는 프랜차이즈이다.

④ 총판

가맹점들이 다양한 상품에 대한 권리를 갖고 하위 가맹점들에게 상품을 배분하는 형태이다. 분배업자인 가맹점들은 광범위한 지역에서 배타적 권리를 가지며 하위 가맹점에 대하여 공급자로 행위한다.

⑤ 공동소유

가맹점과 본부가 투자와 이익을 공유하는 제도이다. Denny 레스토랑이 이와 같은 형태의 프랜차이즈이다.

⑥ 공동운영

본부가 투자의 주요한 부분을 관리하며 가맹점들은 자신들이 관리하는 부분에 비례적으로 이익을 공유하는 형태이다.

⑦ 임대

본부가 가맹점들에게 토지, 건물, 장비들을 임대하여 주는 형태이며 임대는 다른 설비와 연결하여 이용된다.

⑧ 라이센싱

본부가 가맹점들에 자신의 상표와 사업기술의 사용을 허가하여 주는 제도로서 본부는 상품공급 또는 승인된 공급업자 목록을 가맹점에게 제공한다.

⑨ 제조 프랜차이즈

본부가 가맹점으로 하여금 특정한 재료와 기술을 이용하여 상품을 제조하는 것을 허락하는 제도이다. 이와 같은 방법은 유통비용이 상당히 높을 경우 전국적인 제조업자가 상품을 분배하기 위해 이용한다.

⑩ 서비스 프랜차이즈

본부가 고용대리인(employment agencies) 같은 가맹점들로 하여금 전문적인 서비스를 제공할 수 있도록 하는 시스템이다.

(3) 본부의 시스템 채용 목적에 의한 분류

① 상품유통 목적의 프랜차이즈시스템(Product Distribution Franchise)

제조업체 또는 도매업자가 자사의 상품을 유통시키기 위한 프랜차이즈 시스템으로서 본부가 되어 어떤 지역에 존재하는 소매업자에게 그 지역에서의 상품의 판매권을 부여하는 방식이다. 그러한 시스템을 바탕으로 해서 회사의 지도, 지원이 이루어지게 되며 통일된 상표, 상호 아래에서 가맹점은 영업을 하게 된다.

② 프랜차이즈 비즈니스로서의 프랜차이즈시스템(Business Format Franchise)

가장 보편화되어 있고, 현재 성장하고 있는 프랜차이즈 영역이라고 할 수 있다. 체인회사는 특정한 상품을 유통시킴으로써 생긴 이익을 얻는 것이 아니라 프랜차이즈 패키지라고 불리는 상표와 상호의 제공, 각종 지도 및 지원, 상품, 자재의 판매 등을 포괄적으로 규정한 프로그램을 개발하며 그 위에서 가맹점을 모집하고 주로 가맹점이 지불하는 가입금, 로열티에 의해 이익을 얻으려는 방식이다.

	직영점 (Regular Chain)	임의적 체인 (Voluntary Chain)	가맹점 (Franchise Chain)
가격	본부지시	임의	본부추천
운영방법	시스템	시스템 이용자유	시스템(매뉴얼)
영업개폐	본부의사	자유	본부와 가맹점 협의
교육훈련	완전한 교육훈련	이용자유	완전한 교육훈련
경영지도	SV의 순회지도	이용자유	SV의 순회지도
판매촉진	본부통일실시	자유	본부통일실시
본부통제	본부의 명령권	약	강
본부와의 관계	동일기업	임의공동체	경영이념공동체
점포이미지	통일이미지	거의 없다	통일이미지
주체	본부	소매	FCS전문기업
자본	본부의 단일자본	본부와 가맹점의 독립	본부와 가맹점의 독립
경영	비독립	독립	독립
점포운영	본부소속 점장이 직접운영	본부와 별개의 독립된 가맹점	본부와 별개의 독립된 가맹점
점포개발	신점포 개발	주로 기존된 가맹	신점포 개발
출점속도	한정	급속출점가능하나 한정됨	급속출점가능
계약범위	없음	경영일부	경영전반
상품공급	본부지시	본부일괄사입	본부공급, 알선

2 | 프랜차이즈 성공 창업

1) 독립점 창업과 체인점 창업

창업을 준비하는 예비창업자는 창업을 향한 확고한 목표 설정, 마음가짐의 정립, 주변에서의 적극적인 지원 확인 등에 대한 과정을 거친 후에는 자신이 하고자 하는 구체적인 업종의 선택을 하여야 하는데, 업종 선택과 동시에 독립점포로 운영할 것인지 체인점의 형태로 운영할 것인지에 대한 결정을 내리게 된다.

독립점 창업이냐 체인점 창업이냐 하는 점포운영 형태를 결정하는 것은 업종을 선택하는 일과 떨어져 생각할 수 없는데, 그것은 구체적인 업종마다 유리한 운영형태가 대략 정해져 있기 때문이다.

패스트푸드 업종, 특별한 노하우가 필요한 업종, 체인본부의 브랜드인지도가 높은 업종은 독립점 창업이 매우 어려운 것이 사실이어서 체인점에 가입하여 창업하는 것이 유리하고, 특별한 노하우가 필요없이 상품의 구매경로만 잘 알고 있고 약간의 경험과 노력만 있으면 창업할 수 있는 업종들은 독립점이 유리하다.

근래 점포창업 환경을 보면 여러 가지 업종 분야에서 프랜차이즈화가 시도되고 있

| 표 13-3 | **독립점과 가맹점 창업의 특징 비교**

구분	독립점	가맹점
사업형태	경험자에게 유리한 사업	초보자에게 용이한 사업
창업비용	창업비용 절감 (본부에 지불하는 비용절감)	가맹비, 보증금, 로열티 등 비용발생
이익률	높음	낮음
사업책임	본인	본인
창업가능업종	특별한 노하우가 필요한 업종 기계설비가 있는 일부 업종	모든 업종 창업가능
상호	독자적인 상호개발	본부 브랜드
점포인테리어	창업자의 독자적인 컨셉	본부의 통일된 컨셉
상품구매	독자적인 구매처 확보	본사공급
경영노하우	독자적인 경영노하우 개발	본부가 경영노하우 제공
경영대처능력	고객욕구나 시장변화에 신속한 대응가능	본부의 통일된 의사결정으로 신속한 대응 불가능
경영노하우	창업자의 능력에 따라 창의적인 경영노하우	본부의 축적된 노하우
홍보마케팅	독자적인 홍보전략 구사	본부의 공동마케팅 지원
상권조사 (입지선정)	창업자 스스로 판단	가맹본부의 입지조건 또는 상권조사 조언
창업소요기간	창업기간이 오래 걸림	창업기간 단축

는데 이러한 경향은 날이 갈수록 확산될 것으로 예상되어 점포창업 분야에서 점차 독립점 고유의 영역은 줄어들고 체인점이 활성화되고 있어 예비창업자들은 이러한 현상을 감안하여 독립점보다는 체인점의 영업형태로 창업을 고려하는 것이 유리할 것으로 판단된다.

그러나 독립점과 체인점의 영업형태는 각자 장·단점을 가지고 있기 때문에 예비창업자들은 자기 자신의 여건과 상황을 잘 고려하여 가장 적합한 영업형태를 선정하여야 할 것이다.

2) 프랜차이즈 성공요소

(1) 프랜차이즈의 성공요소

프랜차이즈 사업 성공의 3요소라고 한다면 상표인지도, 운영시스템 확립, 지속적인 지원이라고 할 수 있다.

첫째, 상표인지도는 체인본부의 브랜드가 소비자들에게 얼마만큼 잘 알려져 있으며 인정받고 있는가에 대한 문제이다. 브랜드에 대한 고객충성도가 높다면 체인점으로서 영업에 큰 도움이 된다. 체인본부에서는 상표인지도를 높이는 문제가 사업성패의 중요한 포인트가 된다.

둘째, 운영시스템 확립이라는 것은 개점 후에 본부에서 영업활동을 위하여 운영하는 영업시스템이 얼마만큼 잘 구축되어 있는가에 대한 문제이다. 가맹점주의 영업을 활성화하기 위한 본부의 전반적인 운영시스템이 체계적으로 구축된 체인본부가 가맹점주의 지원 면에서도 우수하다.

셋째, 지속적인 지원서비스라는 것은 가맹점에 대한 본부의 영업지원이 창업 이후 지속적으로 이루어지는지에 대한 문제이다. 가맹점의 영업상태에는 관심을 기울이지 않고 수금에만 신경을 쓴다든지 가맹점 관리요원(수퍼바이저)을 통하여 지속적인 영업지원을 해주는지가 중요하다.

상표인지도, 운영시스템 확립, 지속적인 지원서비스라는 프랜차이즈의 3요소는 프랜차이즈 사업의 당사자인 체인본부와 가맹점주가 상호 동반자적인 관계에서 자신들의 목표, 목적, 희망사항을 달성할 수 있게 해주는 최고의 성공요소라고 할 수 있을 것이다.

(2) 프랜차이즈가 왜 성공적인가?

① 시장을 지배하는 마케팅 능력
② 고객지향적인 상표인지 정책
③ 상표에 대한 고객충성도 확보
④ 과학적으로 응용된 운영시스템
⑤ 지속적인 지원
⑥ 가맹점주에 대한 동기부여
⑦ 이익의 증진

3) 프랜차이즈 창업을 위한 10계명

① 자기 자신에 대한 분석을 철저히 하라.
② 가족의 지원이 가능한 사업을 선택하라.
③ 사업 및 프랜차이즈시스템에 대한 이해를 하라.
④ 유망업종에 대한 환상을 버려라.
⑤ 노하우 및 브랜드 파워의 타당성을 분석하라.
⑥ 창업자금에 알맞은 사업결정을 하라.
⑦ 실패 시 자금회수율을 고려하라.
⑧ 상권과 입지에 대한 현황을 직접 분석하라.
⑨ 사업계획을 객관적으로 수립하라.
⑩ 사업결정 시에는 본사와의 관계를 원활하게 하라.

3 | 가맹계약 결정 시 고려사항

1) 가맹사업(FC)의 장 · 단점

(1) 소비자 측면

1 장점

① 우수한 경영방법을 개발한 기업이 본부가 됨으로써 그 뛰어난 노하우가 널리 일반에게 개방되어 소비자에 대한 서비스 제공의 수준이 상승한다.

② 소비자는 본부에 의해 미리 연구되고 표준화된 균질의 서비스와 상품을 언제든지 또한 어디에서나 받을 수 있다.

③ 가맹점이 효율적인 경영을 해 나갈 수 있도록 본부에 의해 시스템이 개발되고 있기 때문에 판매에 필요한 코스트가 억제되어 염가의 상품서비스를 받을 수가 있다.

2 단점

① 본부의 힘이 강력하게 작용하면 거래상 가맹점이 불리한 입장에 놓이게 되어 결과적으로 가격 면이나 서비스 면이나 소비자에게 불이익이 되는 위험이 있다.

② 프랜차이즈시스템을 악용하는 자가 생김으로써 거래상 불안이 일어나며 서비스를 받는 소비자에게도 나쁜 영향을 준다.

③ 영업상 책임의 소재가 본부인지 가맹점인지 분명치 않은 경우가 일어나서 소비자의 호소처가 불분명하게 된다.

(2) 본부 측면

1 장점

① 자신이 체인점을 설치하는 것이 아니라 사업의욕이 있는 사람을 가맹점으로 확보함으로써 점포투자액을 적게 하고 넓은 지역에 단기간 내에 판매망을 확보할 수 있다. 그리고 프랜차이즈시스템의 실적이 오르고 지명도가 높아짐에 따라 체

인 전개 가속화 가능

② 가입비와 로열티 등을 착실히 확보할 수 있기 때문에 안정된 사업을 수행할 수 있다.

③ 가맹점 점포 스타일, 판매원의 유니폼 등을 통일할 수 있기 때문에 소비자와 업계에 대하여 통일적인 이미지를 강력히 어필할 수 있다.

④ 상품의 유통을 목적으로 한 프랜차이즈시스템의 경우 확실한 상품유통의 루트가 설정되기 때문에 일정상품의 판매망을 확보할 수 있다.

⑤ 가맹점 영업상황, 본부체계, 환경조건의 변화를 보면서 가맹점 모집을 조절, 유연하게 성장시켜 나갈 수 있다.

2 단점

① 계속적인 지도 원조를 위한 비용과 노력이 필요하다.

② 가맹점이 급증한 경우 본부의 지도력 체계가 뒤따라가기 힘들며 통제를 할 수 없게 될 우려가 있다.

③ 가맹점이 프랜차이즈시스템이라는 권리 위에 안이한 생각으로 있게 되어 프랜차이즈시스템 전체에 활력이 없어질 우려가 있다.

④ 투자효율이 높다고 해서 자기 스스로 점포전개를 하는 것보다 이익액 그 자체를 대폭 증가시키는 것은 곤란하다.

(3) 가맹점 측면

1 장점

① 본부가 합리적인 방법에 의해 프랜차이즈 패키지를 개발하여 그것에 입각하여 지도 원조를 하기 때문에 실패의 위험성이 적다.

② 단독으로 시작하는 것보다 설비의 대여, 금융지원 등의 혜택을 받을 수 있다.

③ 사업에 경험이 없더라도 본부의 교육 프로그램, 매뉴얼의 정비, 각종 지도에 의해 그 사업의 수행이 가능

④ 본부가 개발한 우량상품, 점포디자인, 상표 등을 사용해서 사업을 수행하기 때문에 지명도가 높은 사업이 가능

⑤ 본부가 일괄적으로 광고캠페인을 하기 때문에 개별적으로 하는 것보다 훨씬 영향력이 큰 판매촉진책의 수행 가능

⑥ 본부의 대량구매를 통해서 공급을 받음으로써 싼 가격으로 상품의 판매가 가능, 품질적으로 안정된 공급을 받을 수 있다.
⑦ 환경변화, 소비자행동에 따라 본부가 개발·개선을 지속적으로 수행하므로 시장의 변화에 능동대처 가능
⑧ 판매활동 이외의 사업처리, 노무관리 등의 부분을 본부가 수행해 주기 때문에 판매에 전념할 수가 있다.
⑨ 개인점포에서는 불가능한 법률, 점포디자인, 경영의 전문가의 지도와 원조를 받을 수가 있다.
⑩ 가맹점으로 성공하여 자금여유가 생기면 그 실속을 토대로 또 다른 가맹점 개설의 사업확대 가능
⑪ 가맹점의 점주가 사망의 경우에 상속자가 본부와 계약을 갱신 후 사업을 계속하는 것이 가능하다.

2 단점

① 본부가 프랜차이즈 패키지를 만들고 그것에 의해 지도, 원조를 하기 때문에 가맹점 스스로가 문제해결이나 경영개선의 노력을 게을리 할 우려가 있다.
② 프랜차이즈는 표준화, 통일적인 운영을 하기 때문에 가맹점 자체적으로 좋은 방법을 개발하더라도 그것을 이용할 수 없다.
③ 전체의 효과를 생각해서 시책을 입안, 실시하기 때문에 특정 가맹점의 실정에 맞지 않는 일이 생길 우려가 있다.
④ 본부와 가맹점의 이해가 상반되는 경우 쌍방 독립의 사업자이기 때문에 자신의 이익만을 고집하는 경우가 발생할 수 있다.
⑤ 어떤 가맹점이 실패한 경우 이미지와 신용의 다운이라는 영향을 받을 수가 있다.
⑥ 본부방침 등의 변경이 있을 경우 가맹점은 그 의사결정에 참여할 수가 없다.
⑦ 계약이 부합계약이기 때문에 가맹점 희망자가 자기의 요망, 조건 등을 붙일 여지가 없다.
⑧ 프랜차이즈시스템은 본부의 노하우를 토대로 운영되기 때문에 계약해제 후 가맹점은 노하우를 살릴수 없다.
⑨ 본부가 약체화되거나 판매정책을 대폭 변경한 경우 지도, 원조를 충분히 받을 수 없게 될 우려가 있다.

⑩ 계약해제 시에는 가맹 시에 지불한 보증금이 계약조건에 따라서 손실이 발생되는 경우가 있다.

2) 가맹사업 당사자의 역할과 기능

(1) 본부와 가맹점과의 역할

1 본부의 역할

① 자격이 있는 개개인에 대하여 프랜차이즈 사용권을 부여함으로써 현재의, 그리고 잠재적인 고객에 대하여 상표의 가치 인식을 구축하는 것
② 운영시스템을 개선시키고, 능률적이고 효과적으로 이익을 창조하는 가맹점주의 능력을 증대시키며, 더욱더 많은 고객을 유치하고, 취급상품 수를 증대시키고, 적당한 이익을 유지하는 것
③ 가맹점주가 매출을 높이고, 고객을 창출하고, 고객을 유지하여 이익을 낼 수 있는 능력을 개발하고 성숙시킬 수 있도록 지속적인 지원을 제공하는 것

2 가맹점의 역할

① 사업을 운영함으로써 현재의 고객과 지역사회에 대하여 상표의 가치를 인식시키고 증대시키는 것
② 지속적으로 개선된 운영시스템과 마케팅에 의해 더욱더 많은 고객을 얻고 유지하는 것
③ 회사에 의해 제공되는 지속적인 지원서비스를 활용하여 보다 능률적이고, 효과적으로 이익을 내게 하는 것
④ 개인의 목표, 목적과 희망을 성취하도록 프랜차이즈를 활용하는 것

(2) 가맹사업 당사자의 기능

1 가맹본부의 기능

본부의 기능은 크게 노하우 개발기능과 시스템운영기능으로 설명할 수 있으며, 전자는 본부의 노하우를 매개로 하여 그 사용 권리와 준수의무관계를 구축하면서 성립

되는 비즈니스 관계의 지속적 유지를 위해서 요구되며 후자는 가맹점의 정상적인 운영을 위해서 요구되는 기능이다.

| 표 13-4 | 가맹본부의 기능

기능		내용
노하우 개발기능	상품 · 서비스 개발기능	가맹사업시스템의 존립기반은 고객의 욕구에 즉시 적절하게 제공될 수 있는 상품/서비스이며, 본부의 중요한 기능이다.
	시장개발기능	본부가 개발한 상품/서비스를 가장 효율적으로 시장에 진입시킴으로써, 본부의 사업 기반을 확충케 하는 것을 목적으로 하는 본부의 기능이다.
시스템 운영기능	본부/가맹점 수직적 관계유지기능	① 판매촉진기능 : 본부가 자신의 시스템에 대한 시장개발을 위해 추진하는 판촉활동을 의미한다. ② 교육훈련기능 : 본부는 가맹계약 체결과 동시에 제공하여야 하며, 가맹점이 영업을 계속하는 한 본부는 새로운 시스템을 계속 부단하게 제공하여야 한다. ③ 정보기능 : 가맹점의 경영실적 향상과 그 유지를 위해 필요한 모든 자료를 정보화하는 것을 말한다. ④ 금융기능 : 가맹점의 일시적 자금문제를 지원할 수 있는 것은 그 시스템 전체의 원활한 운영을 위해 본부에게 매우 유익한 제도이다. ⑤ 물류기능 : 이 기능은 업종과 업태에 따라 상당한 차이가 있으나, 편의점과 같이 수천 품목에 달하는 상품을 취급하는 업태나 외식업태 등에서는 매우 중요하다. ⑥ 수퍼바이징기능
	본부/가맹점 간 조정기능	① 상권관리기능 : 가맹점의 수적 증가를 위한 적합한 입지와 인재의 확보가 대단히 중요하다. ② 가맹점회의와 조정기능 : 본부 대 전 가맹점이라는 조직과의 조정의 문제를 의미한다.

궁극적으로 가맹본부는 경영관리를 가장 효율적으로 운영하여 최소의 비용으로 최대의 효과를 발휘할 수 있는 시스템을 구축하는 것이다.

2 가맹점사업자의 기능

가맹점의 궁극적인 기능은 본부의 브랜드 가치를 높여 더 많은 고객을 확보하고, 본부가 제공하는 상품/서비스를 판매하여 최대의 이익을 창출하는 데에 있다.

기능	내용
발주기능	잘 팔리는 상품과 신상품에 대하여 정확한 매출을 예측하고 상품을 주문하는 기능
상품구색/진열기능	고객의 욕구에 부합하는 상품의 구색과 찾기 쉽도록 진열하는 기능
정보수집기능	고객이 많이 찾는 상품, 잘 팔리는 상품, 신제품 등의 정보를 수집하여 파악하는 기능
고객서비스기능	청결하고 쾌적한 공간에서 신속, 친절한 서비스를 제공하는 기능
손익관리기능	사업을 통하여 얻고자 하는 목표이익을 설정하고 달성하기 위하여 비용관리, 판매촉진 등의 기능
의무준수기능	정부규정 등의 각종 의무사항을 준수하고, 가맹본부와의 가맹계약을 준수하는 기능. 특히 가맹점위원회에 적극 참여하는 기능
인력관리기능	종업원을 효과적으로 모집, 고용, 교육, 개발하는 기능

3) 프랜차이즈 결정 시 검토사항

항목	내용
자기 자신에 대해 고려해야 할 사항	• 자신이 감당할 수 있는 사업인가? • 자본과 노력을 투자해서 결코 후회하지 않을 것인가? • 가족의 동의를 구할 수 있는 업종인가? • 사회적으로 도움받을 수 있겠는가? • 사업에 능동적일 수 있는가? • 관련분야의 경험이나 기술 또는 이론적 지식이 있는가? • 관련분야의 정보입수나 공부에 적극적인가? • 본사의 통일적이고 표준화된 운영방법을 수용할 수 있는가? • 프랜차이즈의 장·단점을 이해하고 있는가?
체인본부 선정에 고려해야 할 사항	• 창업하고자 하는 업종과 관련된 프랜차이즈 본사의 정보 확인 • 취급상품의 범위와 종류, 품질의 우위성, 기존 체인점 조사, 상품 라이프사이클, 유통상의 메리트, 본사의 지원시스템, 브랜드이미지 체크 • 본사의 기본적 영업방침에 대한 수행 시스템 • 본사의 취급상품과 자신의 사업목적과의 조화 여부 • 체인점으로서 본사에 대해 부담해야 할 의무에 대한 확인 • 체인점의 선정기준이 명확한가?
체인본부 기업에 대해 고려할 사항	• 기업의 설립시기와 영업실적, 경영방침과 인재구성, 경영능력 등에 대한 정보를 수집하고, 장기 경영계획 조사 • 체인점 모집과정의 타당성 파악 • 체인점의 판매지역 규정 여부와 사업성 확인

선정 후의 검토사항	• 입지 결정 후 주변 경쟁점포 조사와 동일브랜드 가맹점 확인, 상권에서의 업종에 대한 타당성 검토 • 개점 소요자금 조달에 대한 가능성 확인, 판매 및 이익계획과 아울러 운전자금에 대한 분석 시행 • 본사에 의한 광고선전, 홍보 등에 대해서 체크
지도 및 원조사항 체크	• 점포의 인테리어 등 공사에 관련하여 본부의 지도 및 지원의 한계 • 경영 노하우 및 본사의 교육훈련 계획 확인 • 개점할 때 본부의 광고선전 지원을 파악 • 영업 중의 수퍼바이저에 의한 경영컨설팅의 실시 여부를 확인 • 본사의 경영분석지원시스템 • 회계 경리상의 시스템에 대한 표준방법 확립 여부 • 매출 부진 시 본사의 지원시스템 확인
계약에 관한 사항	• 계약의 성격 확인 • 프랜차이즈 계약서는 본사의 정형화된 양식으로 준비한 것에 서명을 하면 프랜차이즈시스템의 모든 권리와 의무가 효력을 발생하므로 체인가맹 희망자는 계약의 각 조항을 면밀히 파악 필요

4) 가맹본부에 대한 사항

(1) 프랜차이즈 본사의 역할

① 브랜드 소유권이 있고 직접 구축한 노하우가 있어야 한다.

② 시스템을 개발하여 프랜차이즈 패키지를 만들어 내는 일이다.

- 원자재 개발
- 제품 및 서비스 개발
- 교육 훈련 지도
- 판매촉진
- 금융, 정보
- 경영관리

(2) 본사 결정 시 참고사항

① 계약주체가 가진 구체적인 노하우는 무엇인가?

② 브랜드 소유권을 가지고 있는가?

③ 본사의 지명도와 조직구성(system)의 신뢰도는?
④ 본사 설립연도와 대표의 경력, 각 가맹점의 평균매출액은?

(3) 부실체인 선별법

① 가맹점을 방문해서 가맹점주의 의견을 청취하라.
가맹점주의 애로와 사업성 여부, 본사 지원체계에 대한 정확한 정보를 얻을 수 있다.

② 각 가맹점의 평균매출을 직접 확인하라.
가맹점주에게 매출에 대해서 물어보도록 한다.
점포매출액은 확인이 쉽지 않지만 가맹점의 매출 확인은 필수인 것이다.

③ 본사의 설립연도와 자금력을 확인하라.
회사의 법인명만 알고 있으면 상업등기소에서 회사의 개략적인 사항을 알아볼 수 있다. 역사가 오래 됐고, 자본금이 크면 건실하다는 판단을 할 수 있지만, 참신하고 기발한 아이디어로 체인사업을 전개하는 경우도 있다는 것도 명심하자.

④ 계약내용을 확실히 확인하고 계약하라.
본사 계약서의 타당성을 철저하게 확인하여야 한다. 부실의 소지가 있다면 조심해야 한다. 표준약관을 기초로 계약서를 작성했다면 위험요소는 적을 수밖에 없다.

⑤ 법적으로 하자가 없는 회사인지 확인하라.
프랜차이즈 전개에 대한 법적인 하자 여부에 대한 확인은 필수이다. 또한 유령회사를 조심해야 한다. 계약금은 냈는데 갑자기 회사가 사라지는 경우가 있다.

(4) 피해사례 유형

① 본사의 고의적인 부도
② 계약금 챙기기
③ 부실한 본사
④ 과다비용 요구
⑤ 재고품 떠 넘기기
⑥ 보장받지 못하는 독점영업권
⑦ 과도하게 제시하는 예상수익액

⑧ 상권분석의 실패
⑨ 홍보 및 판촉활동의 미비
⑩ 해약 시 보증금 미반환

5) 가맹계약에 관한 사항

가맹본부와 가맹점의 권리와 의무를 명시하고 앞으로 발생될 수 있는 제반 문제점을 처리하는 방법을 문서상으로 기록하여 남기는 것이 프랜차이즈 계약이다. 모든 계약이 그러하듯이 양 당사자의 계약에 의하여 비로소 효력이 발생되는 것이며 이러한 내용들은 프랜차이즈시스템에 있어 대단히 중요한 의미를 가지고 있다.

가맹본부가 사업에 대한 계약내용을 미리 정한 상태에서 진행되는 것으로 프랜차이즈 계약의 경우는 전형적인 부합계약으로 가맹본부에 의해 일방적으로 만들어 진다는 특성이 있고 가맹점이 이러한 계약내용에 동의하는 경우에만 해당 프랜차이즈 시스템에 참가하는 것이다.

| 표 13-7 | **계약 시 체크사항**

서류	확인내용
법령	• 가맹관련 비용 등 금전의 관리, 귀속사항 • 상품판매조건, 경영지도 관련사항 • 계약갱신, 계약해지에 관한 사항
계약서	• 각 조문에 대한 정밀 검토 • 설명과 실제 계약 내용의 점검 • 운영규정 분석
운영계약서	• 매출 산출기준의 객관적 합리성 • 상품원가율의 조사 • 시설, 비품의 가격
매뉴얼	• 매뉴얼의 체계 • 회사 안내서 • 경영진의 이력사항

| 표 13-8 | 프랜차이즈 계약서 작성 시 참고사항

항목	주요 내용
전문	• 계약 당사자 명시 • 본부의 상표, 영업기법, 시스템, 이미지 등 프랜차이즈의 소유자 명시
가입비, 착수금, 보증금	• 가맹점주의 납입금에 관한 사항 명시 • 가맹절차에 따라 별도의 약정서 작성
교육훈련	• 가맹점주의 교육훈련 내용과 자격부여
시스템 사용권리	• 오직 인정된 가맹점주에 한하여 회사의 시스템 사용권리 부여
점포, 기계장비 등	• 점포, 기계장비 등의 소유권 명시 • 임차시 권리관계
계약기간	• 계약기간 명시
로열티	• 로열티 지급관련 사항
가맹계정 및 정산	• 가맹점주와 본부와의 거래비용에 대한 계정설정 및 정산방법 규정
회계 관련 의무	• 장부기록, 서류제출, 매출액 송금 등의 의무규정 • 회계관련 업무의 회사대행 서비스
재고조사	• 재고실사 시행규정 • 결과 불인정에 대한 조치방법
머천다이징과 재고 관리	• 초도물량, 진열, 영업개시에 있어서의 회사의 서비스와 가맹점주의 의무 • 상품결정 시의 준수사항 • 판매가격의 설정문제
광고	• 회사에 의한 광고와 비용부담 문제 • 가맹점 자체 광고 허용 문제
유지보수와 수도광열비	• 유지보수 실시의무와 회사 강제 • 수도광열비 등 경비의 회사 보조 규정
손해부담	• 회사와 가맹점주의 보험 등 비용부담 내역
가맹점의 기타 의무사항	• 성실운영 의무 • 회사의 정책 등 준수의무 • 판매가격 등의 유지 의무 • 유니폼 착용 등 통일성 유지의무 • 회사에 손해를 끼치는 행위 금지의무와 손해배상규정
세금	• 세금의 부담 규정
독립된 계약자	• 회사와 가맹점주의 독립된 사업자관계 확인
권리포기의 효력	• 권리행사 포기의 법적 효력 문제

비밀공개 제한	• 비밀에 대한 주의의무 • 비밀누설 시 손해배상규정
불가항력	• 불가피한 사항으로 인한 영업정지의 경우 법적 효력규정
통보	• 통보사항의 효력발생 요건
계약의 갱신	• 계약갱신의 요건과 절차
계약의 양도	• 계약양도의 요건과 절차
계약의 해지	• 계약해지의 형태 규정과 의무조치사항 • 해지 시의 비용 등 상호 의무관계
기타 규정	• 계약만료 시의 인수인계 규정 • 계약서의 효력발효 규정 • 계약의 일부무효 규정 • 적용법규 및 재판권, 기타 서명 등

6) 계약체결 시 주의사항

① 가맹사업의 특성을 충분히 이해한 후 가맹본부를 선택한다.
② 반드시 서면으로 정보공개서를 신청한다.
③ 거래모델, 수익모델 및 가맹점지원체계를 꼼꼼히 살펴본다.
④ 매출액, 순이익에 관한 주장은 반드시 그 근거를 확인한다.
⑤ 신규브랜드의 경우 더욱 신중할 필요가 있다.
⑥ 5개 이상의 기존 가맹점을 방문한다.
⑦ 전문가, 경험자와 상담 후 계약체결 여부를 결정한다.
⑧ 냉각기간(Cooling-off)을 갖는다.

7) 정보공개서 주요 기재 및 확인사항

① 가맹본부의 일반현황에 대한 설명
② 가맹본부 및 그 임원의 법위반사실에 대한 설명
③ 가맹점사업자의 부담에 대한 설명
④ 가맹점사업자의 영업활동에 대한 조건 및 제한에 대한 설명
⑤ 가맹본부의 가맹사업현황에 대한 설명

⑥ 소요기간 및 절차

⑦ 교육 · 훈련프로그램

| 표 13-10 | 정보공개서 기재사항 중 중점 확인사항

No.	기재사항	세부검토사항	검토기준
1	가맹본부의 재무정보	• 총자본과 총부채 의 비교 • 매출액 대비 영업이익 • 영업이익, 당기순이익의 연도별 변화추이	• 자본잠식상태(총자본이 음수)인 경우 가맹본부의 재무건전성이 낮은 것임 • 매출액 대비 영업이익이 낮은 경우 가맹본부 운영이 비효율적일 수 있음 • 영업이익이나 당기순이익의 수치가 개선되는 추세라면 긍정적 신호이며 악화되는 추세라면 부정적 신호임
2	임원의 사업 경력 및 임직원 수	• 가맹사업 전문가의 임원포함 여부 • 임직원 수와 가맹점 수 비교	• 임원진 중 유사업종 가맹본부 임원 또는 가맹점 운영 경력이 있는 사람이 포함되는 것이 바람직함 • 가맹점 수 대비 임직원 수가 지나치게 적은 경우 관리가 제대로 되지 않을 가능성이 높음
3	가맹사업 개시일	• 가맹사업운영기간	• 가맹사업을 장기간 운영한 경우 성장가능성은 높지 않으나 안정성은 높은 경우가 많음
4	최근 3년간 가맹점 수 변동현황	• 가맹점 수 대비 직영점 수 • 가맹점 수 변동추이 • 가맹점 폐점(계약종료 및 해지)비율	• 직영점 없이 가맹점만 운영하는 경우 가맹본부의 노하우가 축적되기 어려움 • 가맹점 수가 지속적으로 증가하는 경우 성장가능성은 높으나 상대적으로 가맹본부의 지원이 약해질 수 있음 • 폐점률이 높은 경우 가맹사업이 불안정하다는 의미로서 기존 가맹점사업자의 불만사항이 무엇인지 파악해 볼 필요가 있음
5	가맹점사업자 평균매출액	• 매출액 및 지역 • 산정근거	• 자신이 개점할 지역의 가맹점매출액이 높은 것이 좋으나 상대적으로 창업소요비용도 증가할 가능성이 있음 • 매출액이 가맹본부의 일방적이고 추상적인 판단에 근거하여 산정된 경우 실제 영업과정에서의 매출액과는 상당한 차이를 보일 수 있음
6	임원의 법위반사실	• 공정거래위원회의 시정조치 • 형의 선고	• 법 위반행위가 있는 경우 향후 반복될 수 있으므로 관련된 내용을 정확히 숙지하여야 함

7	가맹점사업자의 비용부담	• 가맹금의 적정성 • 가맹금의 반환 여부 • 숨겨진 비용이 있는지 여부	• 가맹금 액수를 확인하고 동종업종에 비하여 가맹금이 높은지 파악해 보아야 함 • 가맹금의 반환사유를 구체적으로 적지 않은 경우 분쟁이 발생하더라도 돌려받기 쉽지 않을 우려가 있음 • 인테리어비용, 감리비, 홍보, 판촉비용 등 가맹본부에 직접 지급하지 않는 부대비용도 총창업비용에 포함하여 전체비용을 계산하여야 함
8	거래상대방 구속	• 구입처를 지정하는 물품의 종류 • 가맹점사업자가 임의로 거래처를 변경하는 경우의 불이익	• 가맹본부가 구체적인 품목을 적지 않은 경우 향후 분쟁발생가능성이 높을 수 있음 • 계약해지 사유에 해당하는 경우가 많으므로 그러한 내용이 포함되어 있는지 반드시 확인하여야 함
9	영업지역 보호	• 영업지역을 보장하는지 여부	• 가맹본부가 협의를 거쳐 신규 가맹점을 설치한다는 동의내용이 있는 경우 영업지역이 보장되지 않는 것이므로 주의할 필요가 있음
10	겸업금지	• 겸업금지 기간 • 겸업금지 업종 • 겸업금지 지역	• 가맹점사업자가 계약종료 후 사업에 종사하지 못하는 기간이 길수록, 업종이 포괄적일수록 지역이 넓을수록 불리한 것이므로 그 내용을 정확히 파악하여야 함

4 | 가맹사업시스템에서의 분쟁방지

1) 분쟁방지는 예방의 인식으로부터

분쟁이란 너무 엄청난 정신적, 시간적, 경제적 손실을 요구하는 것이기 때문에, 자칫 잘못 대처하거나 실수하는 경우 시스템 전체의 붕괴로까지 이어질 수 있다.

2) 가맹점 계약을 둘러싼 분쟁

가맹사업 비즈니스에서 가장 많이 발생되는 분쟁이 계약을 둘러싼 분쟁이다. 비록 분쟁까지는 가지 않는다 하더라도 가맹단계에서의 불평 또는 불만은 반드시 본부와 가맹점 간의 원활한 의사소통을 저해하는 요인이 된다.

(1) 가맹계약 체결 시 분쟁예방을 위한 가맹점의 기본자세

① 본부의 예상매출 또는 이익에 대한 설명을 듣게 될 경우는 그 근거를 자세히 들어야 하며 본인이 충분히 이해할 수 있을 때까지 이를 검토하고 검토해야 한다.

② 본부의 설명을 무조건 믿는 것은 가맹점사업자의 잘못이다. 자신의 독자적 사업을 위한 사업계획의 수립 또는 검토과정이라는 자세에서 모든 것을 스스로 판단해야 한다는 의지로 본부와 협의를 진행하여야 한다.

③ 만일, 본부가 일정한 매출액 또는 이익을 보증한다는 약속조건부계약을 유도하는 경우에는 이를 확실하게 서면으로 작성하여 보관하도록 한다.

(2) 부실한 시스템의 분쟁예방을 위한 가맹점 측의 사전대응책

① 투자소요자금의 과다 : 계약체결 전에 자신이 참여하고자 하는 본부시스템의 기존 가맹점 여러 곳을 방문, 견학한다. 가능하다면 그 곳에서 몇 일 일을 해 본다.

② 철저한 계약서 검토 : 계약서를 철저히 읽고 검토하여야 한다. 자신이 희망하는 조건이 포함되어 있는지 여부를 중점적으로 체크하여야 한다. 자신이 준수할 수 없는 조항이 있을 경우는 계약하지 않는 것이 좋다.

③ **상권보호** : 조금이라도 이해하기 어려운 부분이 있을 경우는 계약체결 전에 이를 본부와 서로 철저하게 협의하면서 이해하거나 조정하도록 한다. 계약이 체결되고 나면 불평/불면은 시간적으로 이미 늦어 버리게 되는 것이다. 문제는 계약체결 전에 완벽하게 해소하지 않으면 안 된다.

④ **취급상품/서비스의 규제** : 타 업종에서 업종전환을 한 경우로, 기존 취급상품의 취급이 허용되지 않는다.

(3) 부도덕한 가맹사업시스템 사칭업체를 피하기 위한 자세

① 일확천금의 꿈을 꾸어서는 안 된다. 너무 솔깃한 권유에는 반드시 함정이 있다는 것을 예감하고 의심하는 자세를 견지해야 한다. 사업의 성공이란 반드시 착실한 노력을 통해서 만이 실현되는 것이다.

② 상대의 실태를 정확하게 확인한다. 직접 대화를 통해 확인하고 기존 가맹점포를 견학하고, 관련단체에 등록된 업체인가의 여부도 확인하는 동시에 이 업체에 관하여 그 기관에 문의해 보기도 한다.

③ 제공된 그 업체의 경영실태에 관해 철저히 확인한다. 가맹사업시스템을 갖춘 업체라면 비교적 완전한 계약서를 갖추고 있을 것이다. 이와 같은 서류들을 점검하면서 냉정하게 판단한다. 과대모집 광고나 너무 솔깃한 권유를 액면 그대로 믿지 않도록 한다.

3) 경영상의 분쟁

(1) 시스템관련 가맹점의 불만사례

① 노하우에 차별성 또는 경쟁력이 없고 로열티에 상응할 만한 가치가 인정되지 않는다.

② 경영지도의 전문성이 부족하다.

③ 실력이 있는 수퍼바이저를 파견하라.

④ 취급상품의 종류가 너무 적다.

⑤ 상품의 선택이 적정하지 못하다.

⑥ 상품의 개발능력이 부족하다.

⑦ 상품에 경쟁력이 없다.

⑧ 불필요한 상품을 강매한다.

(2) 가맹점의 대 본부 불편사항

① 가맹점을 추가로 출점하고자 하나 본부가 이를 승낙하지 않는다.

② 본부가 다른 가맹점을 출점함으로써 기존상권을 침해당하는 피해를 입고 있다.

③ 다른 시스템에 가맹하고자 하나 본부가 이를 승낙하지 않는다.

④ 문제가 발생하고, 이를 본부에 연락하지만 즉시 정확한 응답을 해 주지 않는다.

⑤ 본부와의 의사소통에 문제가 너무 많다.

(3) 불편사항에 대한 가맹점의 유의사항과 대응 · 대책방안

① 본부의 시스템을 정확하게 이해하고 전체 가맹점이 이를 통일적으로 수행하지 않으면 안 된다는 것을 먼저 인식하고, 본부와 약간의 의견차이가 있더라도 이를 수렴하여야 한다.

② 건설적인 의견은 제시할 수 있는 한 제시하는 것이 좋다. 특히 고객과의 접점관계에 있는 가맹점사업자의 의견 및 아이디어는 상당한 의미를 갖기 때문이다.

③ 시스템의 기본에 속하는 부분은 이미 계약에서 명시되어 있어, 원칙적으로 이에 반하는 요청은 본부가 받아들일 리가 없다. 따라서 이것이 가맹점 경영에 막대한 지장을 준다면 그 가맹점은 탈퇴 여부를 결정하지 않으면 안될 것이다.

4) 프랜차이즈 분쟁 및 대처

(1) 프랜차이즈 갈등

| 표 13-11 | 가맹점이 가맹본부에 느끼는 갈등

갈등의 유형	갈등의 결과
개점 전 시설공사의 하자	개점 지연으로 연결되어 가맹점의 불만초래
공급품목의 배달 지연	정상 영업 불가 및 영업력 감소
상권보장의 불확실	가맹점의 영업부실에 대한 구실이 될 가능성이 크며 본부에 소송을 제기하거나 상권 내 가맹점 간의 갈등 발생
반품규정의 불확실	본부에 대한 신뢰도 저하
초기 상권조사의 불충실	영업부진이 계속될 경우 폐점으로 이어지며 이에 대한 책임 소재 논란 발생
본부의 재무구조 불량	프랜차이즈시스템 존립 위협, 정상적인 지원 불가능
본부의 사회적 이미지 실추	고객의 신뢰도, 충성도 감소 및 가맹점 영업 위축
본부의 직영실적 부진	프랜차이즈시스템의 신뢰도 저하
본부의 영업 노하우 취약	프랜차이즈시스템의 수명 단축
본부의 연계판매 강요	합당성에 대한 논란 및 본부에 대한 신뢰도 저하
재계약 갱신의 거절	거절사유의 합당성 관련한 분쟁 발생 소지

| 표 13-12 | 가맹본부가 가맹점에 느끼는 갈등

갈등의 유형	갈등의 결과
가맹점 임의로 규정 외의 제품(메뉴) 취급	고객 혼선 초래 및 프랜차이즈시스템 훼손, 본부 통제력 약화
가맹점 임의로 가격, 제품(메뉴) 등 변경	고객 혼선 초래 및 프랜차이즈시스템 훼손, 본부 통제력 약화
가맹점의 결제대금 지연	불신의 원인, 제품공급 등 지원 중단 사태 발생
가맹점의 무리한 요구(광고, 영업지원 등)	빈번할 경우 본부의 정상적인 영업활동에 지장 초래
영업권을 제3자에게 양도	본부의 경영방침 재전달 등 운영상의 문제점 발생
영업 노하우 외부 유출	계약해지 사유

(2) 프랜차이즈 분쟁 대처 사례

분쟁발생		해결방안
보증금 반환	프랜차이즈 세탁 편의점을 운영하고 있는데 가맹본부 측의 실수로 세탁물 분실 사고가 발생하고 세탁상태 불량, 약속시간 불이행 등 고객의 항의가 매우 잦다. 계약기간이 만료되어 계약 해지하고 보증금 200만 원을 반환받고 싶은데 방법은?	'계약기간 만료에 따른 계약 해지와 보증금 반환'을 내용증명으로 발송한다. 반환기한은 요청일로부터 7일 정도로 하고 이에 응하지 않으면 민사지법에 소액사건 심판청구를 한다. 소송비용은 청구금액의 5/1,000이며 소송기간은 통상 5주 내에 끝나고 1회 판결로 종료된다.
	호떡체인점을 개업하여 영업한지 4개월째인데 매출실적이 부진하여 보증금을 포함하여 기계대금 등을 반환받고 싶다. 계약만료 전이지만 해지하고 반환받을 수 있는 방법은?	영업부진을 이유로 계약만료 전 해지를 원하는 경우, 가맹본부의 귀책사유는 없다. 단, 품질불량이나 공급 불이행 등 계약서에 명시된 가맹본부의 지원사항이 지켜지지 않은 경우는 예외이다.
반품	속옷 대리점을 운영한다. 안 팔리는 이월상품을 반품하려는데 가맹본부가 이를 거부하고 있다. 해결방법은?	계약서상에 반품보장 조항이 있을 경우에 한하여 계약기간에 상관없이 가맹본부에 계약불이행의 책임을 물을 수 있다.
영업 허가	무점포 족발배달점을 운영하는 가맹점인데 다른 지역의 가맹점들이 구청에 단속되었다고 한다. 가맹본부는 묵묵부답인데 어떻게 해야 하나?	일단 구청 위생과에 문의하여 단속사유를 확인하여야 하며 현행 식품위생법에 따르면 해당 업종은 식품제조업 허가와 일반음식점 허가를 취득한 후 영업하여야 한다.
강매	만화체인점을 운영하고 있는데 가맹본부에서 주문하지도 않은 책을 갖다 놓고 강매를 요구한다. 다른 책으로 교환도 안해주고 전량 반품하고 계약 해지하고 싶은데 가능한가?	이 경우 계약서 내용이 관건이다. 계약서상에 물품공급 규약과 반품규정이 명기되어 있으면 계약만기 여부와 관계없이 소액청구소송으로 해결할 수 있다.

5) 분쟁 시 피해구제방법

분쟁이 발생할 경우 가능하면 가맹본부와 가맹점이 직접 타협점을 찾는 것이 가장 좋은 방법이며, 타협이 안될 경우 아래 기관에 구제를 요청할 수 있다.

- 대한가맹거래사 협회(www.fea.or.kr)
- 한국공정거래조정원(www.cofair.or.kr)
- 공정거래위원회(www.ftc.go.kr)
- 법원에 소(訴)제기

쉬어가기 | 정부 '프랜차이즈 활성화 지원' 팔 걷었다

중소기업청 산하 소상공인진흥원이 소상공인들의 경쟁력 강화를 위해 갖가지 사업을 알차게 추진하고 있다. 자영업컨설팅 및 교육, 시니어창업, 나들가게 육성지원, 정책자금 융자 등이 대표적 사례다. 그 중에서도 최근 급격히 성장하고 있는 프랜차이즈시장 속에서 소상공인들의 축적된 노하우를 공유하고 프랜차이즈시스템 수준에 부합하는 연계 지원을 통해 성공 가능성이 높은 가맹점을 양산하기 위해 '프랜차이즈 활성화 지원사업'에 박차를 가하고 있다.

프랜차이즈 활성화 정책방향으로는 △잠재 가맹점주에 대한 중소 프랜차이즈 정보제공 강화 △중소 프랜차이즈의 정확한 수준 진단 및 고도화 방향점검 △일률적 지원에서 수준별 맞춤형 지원이라는 큰 틀 안에서 세부적인 지원을 적극적으로 추진하고 있다. 그 첫 번째로 '유망 소상공인 프랜차이즈화 지원사업'이 있다. 성공한 소상공인이 자신의 성공 체험과 노하우를 체계적으로 정리해 프랜차이즈 기업으로 성장할 수 있도록 지원하는 사업이다. 외식업은 직영점이 2개 이상, 소매업 및 서비스업은 직영점이 1개 이상인 사업자로서 1년 이상 운영하고 있는 소상공인을 지원대상으로 하고 있다. 이 밖에도 사업에 참여한 업체는 프랜차이즈 박람회 참가 시 비용의 일부를 지원받을 수 있으며, 소상공인 전용 케이블방송을 통한 브랜드 홍보의 기회도 가질 수 있다.

다음으로 '가맹본부에 대한 프랜차이즈 수준평가'와 더불어 브랜드 및 디자인 개발 지원, 가맹점 창업자에 대한 창업자금 지원, 가맹본부 및 가맹점에 대한 교육지원 등의 '연계지원'에 대한 내용이다. 각 가맹본부는 진흥원 소속의 별도 심사원들로부터 평가를 받은 후 평가등급별로 지원혜택을 받을 수 있게 된다.

가맹본부에 대한 지원내역

연계지원	대상	내용
지도사업	1~4등급	수준평가 후 그 결과 및 개선방안에 대한 지도
교육		본사 직원, 가맹점주, 수퍼바이저 교육
디자인·브랜드 R&D		브랜드이미지를 확립하기 위한 BI·CI 개발, 포장디자인, 인테리어, 모바일 웹, QR코드 등의 개발 지원
가맹점 자금 융자지원	1~3등급	수준평가를 받은 브랜드의 가맹점주 대상 융자지원 (최대 5,000만 원) • 자금지원 모든 기준은 소상공인정책자금 운영기준에 따름
해외진출 지원	1, 2등급	해외진출을 위한 프랜차이즈 박람회 참가 등을 지원
우수프랜차이즈 지정		우수 프랜차이즈 브랜드로 지정하여 지정식 개최 및 엠블럼 제작지원, 홍보지원 등
프랜차이즈 체계 구축 및 컨설팅	2~4등급	프랜차이즈 본사체계 구축을 위한 시스템 개발 및 시스템의 가맹점 적용을 위한 가맹점 컨설팅

이 같은 지원과 더불어 KOTRA와 연계한 해외박람회 참가 지원, 중소기업 기술정보진흥원과 연계한 서비스 연구개발 지원, 모바일오피스 구축 지원, 중소기업진흥공단의 신성장기반자금 중 운전자금과 시설자금 융자 우대, 해외규격인증 지원 등 다양한 맞춤형 지원도 제공된다. 한편 프랜차이즈 가맹점의 경우 독립형 점포에 비해 폐업률이 상대적으로 낮고 월 매출은 높게

나타나 수익성이 높은 것으로 드러났다. 이에 따라 자영업자의 창업 후 5년 차 생존율은 23.9%인 데 비해 프랜차이즈 편의점 창업 후 5년 차 생존율은 75%에 달했다. 월 매출에서도 프랜차이즈형 점포가 독립형 점포에 비해 높게 나타났다. 이를 바탕으로 자영업자의 수익률을 높여 줄 수 있는 프랜차이즈 가맹본부를 육성하는 것이 프랜차이즈지원사업의 목적이다. 정부의 프랜차이즈산업 육성정책이 지향하는 최종 목표는 2012년 가맹점 1,000개 이상 브랜드 100개 육성과 세계 100대 프랜차이즈에 국내 브랜드 3개 이상을 진입시키는 것이다. 그 기반을 닦는 올해는 프랜차이즈 시장에 중요한 한 해가 될 것으로 보인다.

참고문헌

강태봉 역, 매출증대 이렇게 합시다, 형설출판사, 1995.

국세청, 중소기업 창업과 알기쉬운 세금, 2005.

권경순 외 3인, 창업 일반, 삼양미디어, 2007. 12.

김규태, 비실비실 점포 빵빵 살리기, 영언문화사, 1999.

김두형, 부가가치세법, 한일조세연구소, 2005. 1.

김승용, 창업·프랜차이즈 성공포인트 140가지, 김승용, 하이비전, 2004.

김용만 외 2인, 유통업 창업과 경영, 형설출판사, 2000. 1.

김진호 외 1인, 기업의 회계와 세무실무, 세학사, 2004. 6.

김충렬 외 1인, 21세기 창업경영론, 형설출판사, 2003.

김현창 외 4인, 창업 일반, 씨마스, 2006. 12.

박달규, 한국산업훈련연구소, 1993.

박정기 외 1인, 소상공인 창업과 경영실무, 두남출판사, 2005.

박주관, 사업타당성분석과 사업계획서 작성, 21세기북스, 2002. 2.

서울지방중소기업청, 뉴트렌드 창업 아이템, 2002.

서정헌, 창업초보자가 꼭 알아야 할 102가지, 원앤원북스, 2006.

서종상, 소자본창업실무, 세학사, 2004. 8.

손준상, 전략적 마케팅 계획, 노보컨설팅, 2001. 3.

이강원, 쉽게 알자! 실전창업, 더난출판, 2002.

송석명, 창업실무가이드 경영과회계, 2007.

이상석 외 1인, 기업가정신과 창업, 학현사, 2006.

이성봉 외 1인, 창업일반, 삼양미디어, 2005.

이신모, 대학생 창업학, 두영사, 2007.

이응렬 외 1인, 창업자금 씨티미디어, 1998. 11.

이종영, 기업윤리, 삼영사, 2007.

이형래 외 1인, 세법개론 어울림, 2005. 1.

이창호 외 3인, 비즈쿨 일반 중소기업청·한국교과서, 2002.

임 호 외 3인, 기업가정신, 삼양미디어, 2006.

정대용 외 2인, 창업론, 형설출판사, 2006.

정보철 외 1인, 대한민국 베스트 프랜차이즈 성공창업, 넥스웍, 2006.

정승화, 사업개발론 박영사, 2005.

중소기업청 중앙소상공인지원센터, 소상공인 창업교육교재(1), 2005.

중소기업청 중앙소상공인지원센터, 소상공인 창업교육교재(2), 2005.

중소기업청 중앙소상공인지원센터, 경영진단우수사례집, 2004.

중소기업청 중앙소상공인지원센터, 전국 100대 주요상권 분석, 2004.

중소기업청 중앙소상공인지원센터, 현장입지분석 우수사례집, 2004.

한국기업상담(주), 사업계획서 작성가이드, 한국생산성본부, 1995.

한국산업훈련연구 편역, 소번창하는 상점만들기, 1993.

채서일, 마케팅(3판) 학현사, 2001.

피터 드러커, 기업가정신 한국경제신문. 2005.

찾아보기

❙ 저자약력 ❙

유재욱

학력

동아대학교 경영대학 무역학과 졸업(경영학사)
동아대학교 경영대학원 경영학과 졸업(경영학석사)

경력

㈜삼보컴퓨터 근무(인사총무팀장)
한국인사관리협회 회원 역임
한국통상정보학회 이사 역임
노동부 훈련과정심사위원회 위원 역임
안산공과대학 국제통상정보과 겸임교수 역임
현재, 한양대학교 사회교육원 경영학과 겸임교수
미소금융중앙재단 근무(기획조정부장)

안수진

학력

명지대학교 경제학과 졸업(경제학사)
명지대학교 대학원 경제학과 졸업(경제학석사)
명지대학교 대학원 경제학과 졸업(경제학박사)

경력

명지전문대학 교양과 겸임부교수(소자본창업실무)
중소기업청 중앙소상공인지원센터 교육조사팀장
한국 창업학회 이사
서울경제 창업경영인대상 심사위원
아름다운재단 창업지원사업 희망가게 전문심사위원
하나은행 소호비즈니스센터 자문위원
현재, 휴면예금관리재단 근무
숭실대학교 중소기업대학원 강사
한양대학교 사회교육원 경영학과 강사
(소자본창업경영)
경희대학교 사회교육원 경영학과 강사
대구사이버대학교 경영학과 강사
(소자본창업실무와 마이크로크레딧)
한국소상공인컨설팅협회 자문교수

소자본창업경영

2012년 2월 25일 1판 1쇄 발행
2020년 2월 25일 1판 6쇄 발행

저　　자 | 유재욱 · 안수진
발 행 인 | 이수영
발 행 처 | 도서출판 청람
서울시 마포구 독막로 288(대흥동, 세양상가 109호)
전　　화 | 02)3272-2601(대)~2
팩　　스 | 02)3272-2603
홈페이지 | www.crbooks.co.kr
이 메 일 | crbooks@daum.net
등　　록 | 2000년 8월 26일 제6-0509호

ISBN 978-89-5972-238-9 93320　　[정가 25,000원]